目　　次

Ⅰ 工場立地法の概要 …………………………………………………………………… 1
第1節　工場立地法の概要 ………………………………………………………… 1
　　　　工場立地法の概要（図表1）………………………………………………… 2
　　　　工場立地に関する準則における工場敷地利用の考え方（図表2）……… 3
　　　　既存工場に適用される準則の考え方（図表3）…………………………… 4
第2節　本法の制定及び改正の経緯 ……………………………………………… 5
第3節　工場立地法にかかる特例措置 …………………………………………… 15
第4節　「工場立地法解説　第7版」（平成22年4月）発行以降の主な改正 ……… 17

Ⅱ 工場立地法令詳解 ………………………………………………………………… 19
第1節　工場立地法逐条解説 ……………………………………………………… 19
　　第1条（目的）………………………………………………………………… 19
　　第2条（工場立地に関する調査）…………………………………………… 22
　　第3条（工場立地調査簿）…………………………………………………… 26
　　第4条（工場立地に関する準則等の公表）………………………………… 27
　　第4条の2（都道府県準則及び市準則の設定）…………………………… 39
　　第5条（工場立地に関する助言）…………………………………………… 46
　　第6条（届出）………………………………………………………………… 47
　　第7条（政令改廃による特定工場の届出）………………………………… 56
　　第8条（変更の届出）………………………………………………………… 59
　　第9条（勧告）………………………………………………………………… 62
　　第10条（変更命令）…………………………………………………………… 67
　　第11条（実施の制限）………………………………………………………… 70
　　第12条（氏名等の変更の届出）……………………………………………… 71
　　第13条（承継）………………………………………………………………… 72
　　第15条の2（国の援助）……………………………………………………… 73
　　第15条の3（報告）…………………………………………………………… 74
　　第15条の4　削除 …………………………………………………………… 75
　　第15条の5（経過措置）……………………………………………………… 75
　　第15条の6（主務省令）……………………………………………………… 76
　　第16条～第20条（罰則）……………………………………………………… 76
第2節　工場立地に関する準則の解説 …………………………………………… 80
　　1．生産施設面積率 …………………………………………………………… 80
　　2．緑地面積率・環境施設面積率 …………………………………………… 82

  3．工業団地等の特例……………………………………………………………… 90
  4．準則の備考…………………………………………………………………… 92
 第3節 緑地面積率等に関する区域の区分ごとの基準の解説……………………… 112
 第4節 緑地面積率等に関する同意企業立地重点促進区域についての区域の区分ごとの基準
    の解説……………………………………………………………………… 116

Ⅲ 工場立地法届出書作成要領……………………………………………… 121
 第1節 届出の要否…………………………………………………………………… 121
 第2節 届出書の記載要領…………………………………………………………… 128
 第3節 添付書類の記載要領………………………………………………………… 137
 第4節 届出手続……………………………………………………………………… 139
 第5節 届出の記載例………………………………………………………………… 153

Ⅳ 資料編……………………………………………………………………… 165
 第1節 関係法令集…………………………………………………………………… 165
  1．工場立地法…………………………………………………………………… 165
  2．工場立地法施行令…………………………………………………………… 179
  3．工場立地法施行規則………………………………………………………… 182
  4．工場立地に関する準則……………………………………………………… 198
  5．緑地面積率等に関する区域の区分ごとの基準……………………………… 206
  6．緑地面積率等に関する同意企業立地重点促進区域についての区域の区分ごとの基準 208
  7．企業立地の促進等による地域における産業集積の形成及び活性化に関する法律（抄） 210
  8．総合特別区域法（抄）……………………………………………………… 214
  9．東日本大震災復興特別区域法（抄）……………………………………… 219
  10．工場立地法運用例規集……………………………………………………… 225
 第2節 参考資料……………………………………………………………………… 291
  1．既存工場の緑地創出ガイドライン………………………………………… 291
  2．視覚的な緑量による評価導入のためのガイドライン…………………… 302
  3．敷地外緑地等………………………………………………………………… 310
  4．生産施設面積の敷地面積に対する割合一覧表…………………………… 312

Ⅰ 工場立地法の概要

第1節　工場立地法の概要

　工場立地法は、工場立地が環境の保全を図りつつ適正に行われるように導き、その結果、国民経済の健全な発展と国民の福祉の向上に寄与することを目的とした法律であり、主に次のような項目についての規定があります。

　(1)　工場適地、工場立地の動向及び工場立地に伴う公害の防止等に関する調査の実施
　(2)　工場立地に関する準則等の公表
　(3)　一定規模以上の工場の設置等に係る届出義務
　(4)　届出内容に関する勧告及び変更命令

　これらの項目のうち、(1)以外の項目は工場の敷地利用に関係することから、特に事業者との関わりが深いと考えられます。
　具体的には、製造業等に属する事業者が拠るべき基準として、工場の敷地面積に対する生産施設の面積や緑地等の面積の割合を定めた準則を公表し、一定規模以上の工場（特定工場）を設置する事業者に対してこれらを守るよう義務づけ、届出内容が準則不適合の場合は、都道府県知事や市長等から勧告、変更命令が行われる制度となっています。
　ただし、工場立地法が施行された昭和49年以前に設置されている工場については、設置当初には準則が存在せず、準則に合わせた敷地利用計画を立てることが不可能であったことから、同法施行後に設置された工場と一律に準則を適用するのではなく、準則の備考として、段階的に準則値に近づいていく仕組みを適用します。
　この仕組みを簡単に図説すると次のとおりです。

　　図表1　「工場立地法の概要」（P.2）
　　図表2　「工場立地に関する準則における工場敷地利用の考え方」（P.3）
　　図表3　「既存工場に適用される準則の考え方」（P.4）

I．工場立地法の概要

図表1　工場立地法の概要

1．目的（法第1条）
　工場立地が、環境保全を図りつつ適正に行われるようにするため、工場立地に関する調査の実施、工場立地に関する準則の公表及びこれらに基づく勧告、命令等を行い、これらを通じて国民経済の健全な発展と国民の福祉に寄与することを目的としている。

2．制度の仕組み

届出（法第6条等）：工場の新設・増設に関する届出義務

法第4条に基づき公表された工場立地に関する準則（法第4条の2に基づく都道府県準則又は市準則、企業立地促進法第10条、総合特区法第23条又は復興特区法第28条に基づく市町村準則）に適合しているか検証

1. 敷地面積に対する生産施設の面積の割合の上限　30～65％
　（業種によって30、40、45、50、55、60、65％のいずれかになる。　　）

2. 敷地面積に対する緑地面積の割合の下限　20％
　（市町村が準則を定める場合→（5～30％）　　　）
　（企業立地促進法に基づき市町村が条例を定める場合→（1～20％））
　（総合特区法又は復興特区法に基づき市町村が条例を定める場合→（1％～））

3. 敷地面積に対する環境施設面積（含む緑地）の割合の下限　25％
　（都道府県、市が準則を定める場合→（10～35％）　　　）
　（企業立地促進法に基づき市町村が条例を定める場合→（1～25％））
　（総合特区法又は復興特区法に基づき市町村が条例を定める場合→（1％～））

※既存工場（法施行以前に設置された工場）に対しては、生産施設の変更等の際、逐次緑地の整備を求める措置が設けられている。

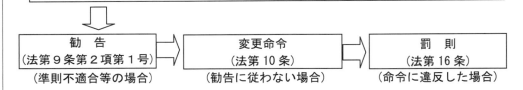

3．届出対象工場（特定工場）
　業種：製造業、電気・ガス・熱供給業者（水力、地熱及び太陽光発電所は除く）
　　　　　　　　　　　　　　　　　　　　　　　　　（施行令第1条）
　規模：敷地面積　9,000㎡以上　又は　建築面積　3,000㎡以上　（施行令第2条）

4．届出先
　特定工場が立地している市町村の窓口。

図表2　工場立地に関する準則における工場敷地利用の考え方

工　場　敷　地

○生産施設の面積の敷地面積に対する割合の上限が、業種によって
　30、40、45、50、55、60、65％に決められる。

○その他の施設（駐車場、事務所、研究所、倉庫等）に関する規制はない。

○緑地を含む環境施設の面積割合について
　→25％以上（ただし、敷地周辺に15％以上配置）
　→25％のうち緑地20％以上（下欄）。残り5％は緑地又は緑地以外の環境施設（噴水、水流等の修景施設、屋外運動場、広場、体育館等屋内運動施設、企業博物館等教養文化施設、雨水浸透施設及び太陽光発電施設等）
　→市町村が地域の実情に応じて、10～35％の範囲で独自に設定できる。
　→企業立地促進法に基づき市町村が対象地域を1～25％の範囲で独自に設定できる。
　→総合特区法又は復興特区法に基づき市町村が対象地域を1％以上で独自に設定できる。

　○緑地面積の割合について
　　→20％以上
　　→市町村が地域の実情に応じて、5～30％の範囲で独自に設定できる。
　　→企業立地促進法に基づき市町村が対象地域を1～20％の範囲で独自に設定できる。
　　→総合特区法又は復興特区法に基づき市町村が対象地域を1％以上で独自に設定できる。

Ⅰ．工場立地法の概要

図表3　既存工場に適用される準則の考え方

　　工場立地法施行（昭和49年）以前に設置されていた工場、いわゆる「既存工場」において、既存生産施設の一部をスクラップ＆ビルドや生産施設の増設をする場合には、<u>下記の図の斜線部分に示す、ビルド分の生産施設面積から逆算される相当分の緑地を整備することが必要となる。</u>

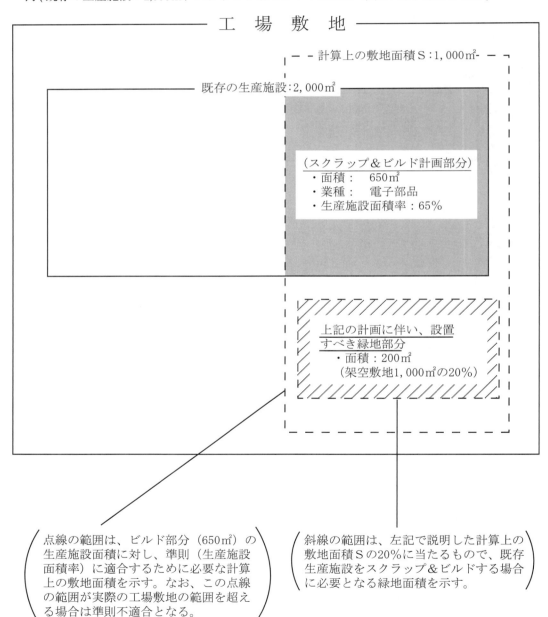

例（既存の生産施設：2,000㎡、スクラップ＆ビルド：650㎡、業種：電子部品の場合）

工　場　敷　地

計算上の敷地面積S：1,000㎡

既存の生産施設：2,000㎡

（スクラップ＆ビルド計画部分）
・面積：　　650㎡
・業種：　　電子部品
・生産施設面積率：65％

上記の計画に伴い、設置すべき緑地部分
・面積：200㎡
　（架空敷地1,000㎡の20％）

（点線の範囲は、ビルド部分（650㎡）の生産施設面積に対し、準則（生産施設面積率）に適合するために必要な計算上の敷地面積を示す。なお、この点線の範囲が実際の工場敷地の範囲を超える場合は準則不適合となる。）

（斜線の範囲は、左記で説明した計算上の敷地面積Sの20％に当たるもので、既存生産施設をスクラップ＆ビルドする場合に必要となる緑地面積を示す。）

第2節　本法の制定及び改正の経緯

1．工場立地の調査等に関する法律の制定（昭和34年）

　工業立地論の始祖 Alfred Weber によれば、工業立地とは「工業がある場所を選んで、そこで生産活動を営むこと」をいう。工業立地政策とは、この意味での工業立地を国民経済の健全な発展、国民の福祉の向上といった国の政策的見地から最も適正な方向に向かわせるための諸施策をいうものである。

　わが国における工業立地政策としては、既に戦前昭和10年頃疲弊した農山漁村の救済を図るため、工業の地方分散の問題を検討したときにその萌芽が見られる。戦後においては、昭和24年のシャウプ勧告に基づき地方税制が改正され、固定資産税が地方税とされたのを契機として、地方公共団体の工業誘致の萌芽がみられる。また、国際競争力の強化の要請から産業基盤の整備がクローズアップされ、昭和27年に企業合理化促進法が制定され、さらに最も隘路化が顕著であった工業用水については昭和31年工業用水法及び同33年工業用水道事業法の制定、国庫補助制度の創設がみられる。

　以上のように戦後の経済成長にともない、立地の問題が成長の外部条件として重大な意味を有するものとして次第に認識され、産業基盤の整備等の施策が展開されてきたのであったが、工場立地に対する統一的な考え方及び方策はまだこれを欠如している状態であった。すなわち、産業基盤の整備といっても既存工業地帯に重点があり、またその他の地域については立地条件に関する基礎的データも欠けていた。したがって、工業立地に関する方針の確立と工場適地に関する全国的な調査が要請され、さらには工業立地に関する基本的法制の整備が強く要望されることとなったのである。経済産業省においては、このような事態に対処するため、昭和33年から全国的規模において、総合的な工場立地条件の調査を開始することとなり、その調査に基づく資料によって、工場立地に関する万般の指導相談に応ずることとなった。

　ついで、翌34年にこの体制の法律的裏付けとして「工場立地の調査等に関する法律」が制定されるに至った。同法の概要は、以下のとおりである。

　① 目的

　　工場立地の適正化に資するため、工場適地の調査及び工場の設置に関する助言を行い、もって国民経済の健全な発展に寄与することを目的とする。

　② 工場適地の調査

　　通商産業大臣（現 経済産業大臣 以下同じ。）は、調査方法等の重要事項について工場立地調査審議会の意見をきいて、工場適地の調査を行うものとする。

　③ 報告

　　通商産業大臣は、工場適地の調査を適正にするため必要があるときは、事業者に対し報告をさせることができる。

　④ 工場立地調査簿

　　通商産業大臣は、②の調査及び③の報告に基づいて工場立地調査簿を作成し、事業者、工場を設置しようとする者その他の利用者の閲覧に供するものとする。

　⑤ 工場立地に関する助言

　　工場を設置しようとする者は、通商産業大臣に対し、工場立地に関する事項について、

資料の提供又は助言を求めることができる。この場合において、通商産業大臣は、その所掌事項に関し、必要な助言をするものとする。
⑥ その他、工場立地調査審議会及び罰則に関する規定。

2. 昭和36年の一部改正
(1) 改正の背景

　当時の工場立地の動向をみると4大工業地帯、特に東京、大阪、名古屋の大消費地の周辺に集中する傾向がきわめて根強かった。これを放置することは、
① わが国経済の長期的円滑な発展に支障をきたす
② 都市生活の環境悪化をもたらす
③ 地域格差が一層拡大し、均衡のとれた国民生活水準の向上が図り得ない
などの弊害があることが指摘されていた。

　他方、工場の新増設の動きは、ますますさかんになっていた。ちなみに、当時の新長期経済計画では経済成長率を年6.5％と見込んでいたが、昭和34年度は11.7％、昭和35年度は13.3％とこれをはるかに上廻る伸び率を示しており、技術革新を伴う設備投資がきわめて旺盛であって、産業基盤の整備との間のギャップも拡大してきていた。

　かくして、工場生産の場を新しい地域に拡大し、適地適業の実現を図ることが強く要請されるに至ったが、その方法としては次の4つのことが考えられた。

　第1は、新しい適地への誘導の目標を定めること
　第2は、新しい地域について先行的に立地条件を整備すること
　第3は、当該地域に立地する企業に対して税制、金融等の面で優遇措置を講ずること
　第4は、特定地域に対する集中等による弊害を防止する措置を講ずることである。

　工場立地の調査等に関する法律は、このような事態の急速な発展を背景として、単なる調査法あるいはインフォメーション・サービスのための法律に留まることは許されなくなった。すなわち、調査体制の充実を図るとともに、主として第4の観点から新たに特定地域に立地する企業に届出義務を課し、著しく問題がある場合は勧告をなし得るものとする等の改正を行い、指導法的性格をそなえることとなった。

　(注) なお、前記第1の点については昭和36年6月「工業適正配置構想」が発表されており、その内容は「全国総合開発計画」の中に盛り込まれている。また前記第2および第3の点ではこの改正法案と同じ国会で成立した「低開発地域工業開発促進法」において一部具体化されており、この後各種の地域開発立法により拡充されていくことになる。

(2) 主要な改正点
① 届出、勧告制度の創設

　製造業のうち一定の業種に属する一定規模以上の工場を一定地域に設置しようとするときは、あらかじめ、通商産業大臣及び事業所管大臣に届け出なければならないものとし、その届出の内容が次のいずれかに該当するときは、設置の場所に関し必要な事項について勧告をすることができるものとする。

・届出に係る工場の設置によりその周辺一帯の工場の立地条件が著しく悪化するおそれがあると認められるとき
・届出に係る工場の業種の用に供するよりも他の業種の製造業等の用に供することが国民経済上きわめて適切なものであると認められるとき

② 工場立地の動向の調査の追加
　　通商産業大臣は、従来の工場適地の調査とともに、工場立地の動向の調査を行うこととする。
③ 事業者の判断の基準となるべき事項の公表
　　通商産業大臣および事業所管大臣は、工場立地調査審議会の意見をきいて、製造業等に係る工場又は事業場の立地に関し事業者の判断の基準となるべき事項を公表するものとする。

3．昭和48年の一部改正（工場立地法となる）

(1) 改正の背景

　①工場立地の調査等に関する法律が制定されて以来すでに14年が経過し、この間、低開発地域工業開発促進法（昭和36年）、新産業都市建設促進法（昭和37年）、工業整備特別地域整備促進法（昭和39年）、過疎地域対策緊急措置法（昭和45年）をはじめ多くの地域開発立法が行われた。とくに、昭和46年には農村地域工業導入促進法が、さらに昭和47年には工業再配置促進法が制定され、工業の大都市周辺への偏在を打破し、国土の均衡ある発展と真の国民福祉の向上を図ろうとする施策が強力に講じられようとしていた。

　しかるに、既成工業地帯を中心とした公害問題の深刻化は、工場の周辺の住民および工場立地が行われようとしている地域の住民の不安を増大させており、また、工業化と都市化の進行とともに地域の自然との調和は失われる一方であった。この意味で、従来みられた工業開発に対する手放しの賛成ではなく、工業開発への疑問が強く意識されはじめたところであり、地域環境と産業活動との関係について何らかの解決策が望まれていた。

　②他方、「企業の社会的責任」ということがとりあげられるようになり、改正の直接の契機ともなった四日市の公害裁判の判決では、企業は工場立地の段階において将来の周辺の環境に与える影響について十分な注意を払う義務があるということが示された。

　製造業等の企業の社会的責任とは、従来は、㋐社会が必要としている製品を適正な価格で供給することであり、また㋑工場立地という形では地域社会に働き甲斐のある職場を提供することであった。しかし、今後はこれに加えて、㋒公害、災害等の防止に万全を期し、いやしくも地域住民に公害災害等の不安を抱かせないようにすること、さらには㋓地域の同居人として、進んで工場の緑化等を行い、積極的に地域の環境づくりに貢献することが求められてきた。

　③以上のような観点から問題を解決していくためには、公害に関する規制強化、防止技術の開発等だけでは不十分であり、工場立地の段階から、企業自ら周辺の生活環境との調和を保ちうる基盤を整備し、社会的責任としての注意義務を全うするよう誘導・規制していくことが必要であると考えられるに至った。

　昭和48年の一部改正は、今後はこのような新たな観点を加えて工場立地の適正化を推進しようとしたものである。

(2) 主要な改正点

① 題名の改正
　　「工場立地の調査等に関する法律」という題名を「工場立地法」に改める。
② 工場立地に際しての敷地利用のあり方に関する規制等の追加
　ア　工場の生産施設、緑地等の環境施設の面積の敷地面積に占める割合ならびに環境施設

　　　　および特定の施設の配置などに関する準則を公表するものとする。
　　イ　準則に係る事項についても、届出を義務づけるものとする。
　　ウ　その届出の内容が公表された準則に適合せず、周辺の生活環境の保持の観点から問題があると認めるときは、必要な勧告、命令を行うことができるものとする。
　　エ　環境施設の整備を促進するため、既存施設の廃棄によるものに対する税制上の措置及び国の援助について規定する。
　③　大規模な工場の集中立地が予想される地域についての特別の規制の追加
　　ア　このような地域は、公害の防止につき、特に配慮をする必要があることにかんがみ、とくに工場立地に伴う公害の防止のための調査を実施するものとする。
　　イ　このような地域に配置される工場については、大気または水質に関する公害の防止のための措置等の事項についても届出を義務づけるものとする。
　　ウ　届出の内容からみて、重合汚染を生ずるおそれがあると認めるときは、必要な勧告、命令を行うことができるものとする。
　④　その他
　　　罰則、権限の委任、経過措置等について所要の規定の整備を行う。
(3)　一部改正法成立までの経緯
　①　検討段階
　　　47年7月25日　関係5省庁事務次官会議で総理大臣が工場法の制定等を指示
　　　同　9月13日　工場法（仮称）要綱案を同会議で説明
　　　48年3月13日　一部改正法案閣議決定
　②　国会審議
　　　48年3月15日　国会提出
　　　同　4月5日　衆議院商工委に付託
　　　同　4月6日　衆議院商工委で提案理由説明
　　　同　6月19日　衆議院商工委第1回審議
　　　同　6月20日　〃　　　　第2回審議
　　　同　6月26日　〃　　　　第3回審議
　　　同　6月27日　〃　　　　第4回審議
　　　　　　　　　　自民、民社2党共同提案にかかる修正案可決
　　　　　　　　　　法案（修正部分を除く）につき採決し、可決
　　　　　　　　　　自民、社会、公明および民社の4党共同提案にかかる附帯決議を決定
　　　　　6月28日　衆議院本会議にて可決　参議院に送付
　　　同　7月3日　参議院商工委で提案理由説明　同捕足説明　衆議院修正説明
　　　同　7月10日　参議院商工委第1回審議
　　　同　7月12日　〃　　　　第2回審議
　　　同　9月13日　〃　　　　第3回審議
　　　　　　　　　　法案につき採決し、可決
　　　　　　　　　　自民、社会、公明および民社の4党共同提案にかかる附帯決議を決定
　　　同　9月14日　参議院本会議において可決
　　　両院における審議の主な論点としては次のようなものがあった。
　　ア　工場立地政策の基本姿勢

「工場立地は、環境の保全を大前提としてはじめて認めるべきであり、いやしくも環境の保全を図り得ないような工場立地は認めるべきではない。」

この点については、一部改正のねらいが環境の保全の観点から工場立地の適正化を図ることにあるので、その点を明確にする意味で、第1条（目的）に「環境の保全」という文言を入れる修正が行われた。

イ　既存工場

「新増設だけでなく、既存工場も規制すべきである。」

この点については、本法の性格が立地段階の入口規制を扱う法律であること、既存工場は改善するための裁量の余地が一般に少ないこと、各既存工場の改善の余地には差があり一律的規制になじまないことなどから、既存工場については緑地等の整備について指導していくことにより対処することとした。

ウ　許可制

「工場立地については、強力な規制を行なうべきであり、届出・勧告・命令ではなく、許可制をとるべきである。」

この点については、許可制は免罪符的印象を与えること、規制水準が最低限のものとなりやすいこと、届出・勧告・命令制をとるから必ずしも規制がゆるいことにはならないことなどから、届出勧告命令制による適正な運用を図ることとした。

エ　地域住民の意見の尊重

「工場立地の可否については、直接その影響を受ける地域住民の意見を聞くべきである。」

この点については、現在の民主主義のルールは地方公共団体を通して地域住民の意見を反映することになっていること、行政効率の面などからみてその方法論に難点が多いことなどから、

a　勧告、命令等の権限はかなり大幅に都道府県知事に委任する

b　委任しない案件についても届出は、すべて都道府県知事を経由して提出させる

などにより、できるだけ地元に密着した運用を図ることによって対処することとした。

オ　コンビナートの災害防止

「コンビナートの災害防止についても、この法律上対処すべきである。」

この点は、コンビナートの爆発事故が相ついでおこり、コンビナート保安体制の強化が痛感されたところであるが、この問題については高圧ガス取締法その他の保安法体系があり、今回の事故を契機にすでにその具体的強化策が検討されているので、その早急な実施を図ることにより対処することとした。

国会審議においては、このほか、日本列島改造論との関係、総量規制との関係、事業者の秘密の保持と工場立地調査簿との関係、助成措置とP. P. P.（汚染者負担の原則）との関係などについて活発な論議がなされた。

これらの論議の結果、次のような法律原案の修正及び附帯決議がなされた。

③　衆議院における修正

修正点は、次の2点である。

ア　第1条の目的について、環境の保全の観点を明確にする観点から、原案の「工場立地の適正化に資するため」を「工場立地が環境の保全を図りつつ、適正に行なわれるようにするため」に改めた。

イ 第6条第1項6号の届出事項について、原案の「最大排出予定量及びその予定量をこえないこととするための措置」を「最大排出予定量並びにその予定量をこえないこととするための当該汚染物質に係る燃料及び原材料の使用に関する計画、公害防止施設の設置その他の措置」に改め、例示によりその内容を明確にした。

④ 衆議院商工委員会における附帯決議（昭和48年6月27日）

政府は、公害防止、環境保全に関する諸般の施策を一層推進するとともに、本法施行にあたり、特に次の諸点につき、適切な措置を講ずべきである。

一、工場適地の調査の実施にあたっては、特に公害防止、環境保全について配慮するとともに、工場立地に伴う公害の防止に関する調査については、その一層の充実を図ることとし、予算、人員につき十分な措置を講ずるよう努めること。

二、工場立地調査簿から、特に汚染物質の排出に関する事項の記載が除かれることのないよう第3条第2項の規定を運用すること。

三、工場立地の届出について地元住民の意見が反映されるよう、届出内容を地方公共団体に周知させるとともに、勧告及び変更命令に関する規定の運用にあたっては、地元住民の意見を十分尊重すること。

四、環境施設の整備を図るための助成措置は、中小企業向けに行なうよう努めること。

五、工場が集中して設置されることによる生物の分布等その生態系への影響について調査研究を進めること。

六、既存工場についても、本法の趣旨にのっとり公害防止、地域環境保全のため、緑地等の整備について強力に指導すること。

⑤ 参議院商工委員会における附帯決議（昭和48年9月13日）

政府は、本法施行にあたり、次の諸事項の実現につき努力すべきである。

一、環境問題の改善に資するため、産業構造を省資源・省エネルギー型の産業構造に早急に改めるとともに、これにそった工場立地政策を進めること。

一、公害発生源となるような工場の立地にあたっては、とくに環境の保全を全うするような本法の厳正な運用を期するなど諸般の施策の強化を図ること。

一、工場立地に伴う公害の防止に関する調査の完ぺきを期するため、調査手段の改善、調査体制の充実等を図ること。

一、地域社会の福祉向上に資するため、立地企業にレクリエーション施設等福利厚生施設を進んで地域住民に利用されるよう指導すること。

一、コンビナートの災害防止に万全を期すため、コンビナートの立地条件等について再検討するとともに、保安距離の拡大、保安管理の強化等抜本的な防災体制を確立すること。

右決議する。

(4) 法令の施行

昭和48年9月14日に成立をみた一部改正法は、同年10月1日に公布されたが、その後通商産業省事務当局等で同法施行のための準備が進められ、次のような経過を経て昭和49年3月31日に施行された。

48年10月1日　工場立地の調査等に関する法律の一部を改正する法律（昭和48年法律第108号）を公布

49年2月22日　工場立地の調査等に関する法律の一部を改正する法律の施行期日を定める

政令（昭和49年政令第28号）を公布
工場立地法施行令（昭和49年政令第29号）を公布
3月29日　工場立地法施行規則（昭和49年大蔵省・厚生省・農林省・通商産業省・運輸省令第1号）を公布
工場立地に関する準則（昭和49年大蔵省・厚生省・農林省・通商産業省・運輸省告示第1号）を告示
3月31日　新法令の施行

4．平成9年の一部改正

(1) 改正の背景
　① 工場立地法は、48年の法改正以降、企業が工場の新増設を行う際に、一定の緑地整備を求める等の措置を実施してきた。これにより工場の緑地面積率が施行前に比べ2倍以上改善しており、本法が工場と周辺環境との調和に果たした役割は評価されてきた。
　② 他方、工場立地法が、地域の実情に沿った緑地整備の要請、地方分権の要請、公害防止技術の進歩等に十分対応していない、或いは老朽化工場の立替えに対する支障となっている等の指摘が各方面から行われていた。
　③ このような指摘を踏まえ、規制の適正化・合理化を図り、地域の実情に応じた効果的な緑地整備や工場施設のリニューアルの進展により、工場と周辺環境との調和を促進する等のため、工場立地法の見直しを行い、具体的な措置を講じることが決定された。

(2) 主要な改正点
　① 地方公共団体による緑地面積率の設定
　　都道府県及び政令指定都市は、緑地面積率、環境施設面積率について、国の定める範囲内において、従来の国による全国一律の基準に代えて、地域の実情に応じて、地域準則を条例で定めることができることとされた。
　② 届出先等の地方公共団体への全面的委譲
　　特定工場の新設をしようとする者等が必要事項等を届け出る際の届出先やその届出のあった場合における勧告、変更命令等の主体が国から都道府県知事及び政令指定都市の長に全面的に委譲された。
　③ 工場集合地に工場等を設置する場合の特例の導入
　　複数の工場が集中して立地する工業集合地に隣接する一団の土地に緑地等が計画的に整備されることにより、周辺の地域の生活環境の改善に寄与する場合には、これらの緑地等を工場敷地内の緑地等と同様に緑地面積率等へ算入する特例が導入された。
　④ その他
　　罰則規定における罰金額の引き上げ、権限の委任規定の廃止等について所用の規定の整備や、政令、準則、基準の整備が行われた。

(3) 一部改正法成立までの経緯
　① 検討段階
　　平成8年11月〜4月　通商産業省環境立地局内に設置された工場立地法研究会において改正方針検討
　　平成9年　5月19日　第18回工場立地及び工業用水審議会
　　　　　　　　　　　通商産業大臣から「工場立地の適正化に向けた施策の今後のあり

　　　　　　　　　方如何」諮問
　　　　　9月11日　第19回工場立地及び工業用水審議会　答申発表
　　　　　　　　　「今後の工場立地の適正化に向けた施策のあり方」
　　　　同　10月9日　一部改正法案閣議決定
② 国会審議
　　平成9年　10月15日　国会提出
　　　　同　10月24日　衆議院商工委に付託
　　　　同　11月18日　衆議院商工委審議
　　　　　　　　　　　法案につき採決し、可決
　　　　　　　　　　　自民、新進、民主、社民・市民連合、太陽、無所属クラブの6派
　　　　　　　　　　　共同提案にかかる附帯決議を決定
　　　　同　11月20日　衆議院本会議にて可決、参議院に送付
　　　　同　11月27日　参議院商工委に付託
　　　　同　12月4日　参議院商工委審議
　　　　　　　　　　　法案につき採決し、可決
　　　　　　　　　　　自民、平成会、民主・新緑風会、社民・護憲連合の各会派共同提
　　　　　　　　　　　案による附帯決議を決定
　　　　同　12月5日　参議院本会議において可決
③ 衆議院商工委員会における附帯決議（平成9年11月18日）
　　政府は、本法施行に当たり、次の諸点について適切な措置を講ずるべきである。
　一　本法に係る規則の見直しにおいては、工場と周辺環境との調和に十二分な配慮をすること。
　　　また、準則の改正等に当たっては、効果的な緑地等の整備が推進されるとともに、工業集合地における特例措置については、隣接緑地等の適正な認定により、環境の保全に資することになるよう努めること。
　二　地方への権限の委譲に当たっては、地方の自主性を極力尊重するとともに、地域準則の基準等の適時適切な見直し等を行い、地方分権の趣旨と整合性のとれた措置が講じられるよう努めること。
　三　地域経済の発展及び産業の適正配置の観点から、工場等制限制度の見直しを始めとする工場立地施策のあり方等についての検討を深めること。
　四　企業が地域市民の一員として地域と共生することを促進するため、工場内の環境施設（緑地を含む）を可能な限り市民が利用できるよう検討を行うこと。
④ 参議院商工委員会における附帯決議（平成9年12月4日）
　　政府は、本法施行に当たり、次の諸点について適切な措置を講ずべきである。
　一　本法に係る緑地面積等の規制の見直しについては、緑地等の整備が効果的に推進されるよう努めること。また、工業集合地における特例措置については、準則の改定に当たって、隣接する緑地等が適正に認知され、周辺環境との調和に配慮するよう努めること。
　二　地域準則の導入に当たり国が定める区分ごとの基準については、地方分権の推進を図る観点から、地方の自主性を十分に尊重し、適時適切な見直しを行うこと。
　三　工業集合地の特例の適用に当たっては、事業者の緑地等の整備に向けた主体的な取組

みが促進されるよう、規制の趣旨を周知すること。
　　四　企業が地域市民の一員として地域と共生することを促進するため、工場内の環境施設（緑地を含む）を可能な限り市民が利用できるよう検討を行うこと。
　　五　内外の経済情勢の変化に応じた工場立地政策について検討を深めること。
　右決議する。

(4) 法令の施行

　平成9年12月5日に成立をみた一部改正法は、同年12月12日に公布。

　その後、通商産業省事務当局等で同法施行のための準備が進められたのち、次のような経過を経て平成10年1月31日に施行された。

　9年12月12日　工場立地法の一部を改正する法律（平成9年法律第119号）公布
　10年1月5日　工場立地法の一部を改正する法律の施行期日を定める政令（平成10年政令第1号）を公布
　　　　　　　　工場立地法施行令の一部を改正する政令（平成10年政令第2号）を公布
　同　1月12日　工場立地法施行規則の一部を改正する省令（平成10年大蔵省・厚生省・農林水産省・通商産業省・運輸省令第1号）を公布
　　　　　　　　工場立地に関する準則（平成10年大蔵省・厚生省・農林水産省・通商産業省・運輸省告示第1号）を告示
　　　　　　　　緑地面積率等に関する区域の区分ごとの基準（平成10年大蔵省・厚生省・農林水産省・通商産業省・運輸省告示第2号）を告示
　同　1月31日　法律、政令、省令等の施行

5. 地方分権の推進を図るための関係法律の整備等に関する法律（平成12年）

　平成12年4月1日付け、「地方分権の推進を図るための関係法律の整備等に関する法律」の施行により、機関委任事務は廃止され、国が直接実施する事務以外の自治体が行う事務は、自治事務及び法定受託事務に区分された。工場立地法における従前の機関委任事務（第6条特定工場の届出等）はすべて自治事務とされた。

6.「地域の自主性及び自立性を高めるための改革の推進を図るための関係法律の整備に関する法律」（平成23年法律第105号）による工場立地法の一部改正（平成23年）

　住民に身近な行政は、地方公共団体が自主的かつ総合的に広く担うようにするとともに、地域住民自らの判断と責任において地域の諸課題に取り組むことができるようにするという地域主権改革の理念の下、平成22年6月に地域主権戦略大綱が閣議決定された。

　その結果、平成23年8月に「地域の自主性及び自立性を高めるための改革の推進を図るための関係法律の整備に関する法律」（第2次一括法）が成立し、この中で工場立地法についても、都道府県及び政令指定都市の条例による緑地面積率等に係る地域準則の制定権限並びに関連する事務をすべての市に移譲するべき旨が盛り込まれ、平成24年4月1日より、工場立地法におけ

る地域準則制定権限及び関連事務が全ての市に移譲されることとなった。
　具体的には、市の区域については、市が緑地面積率等に係る準則を定めることができることとするとともに、この法律に基づく事務を市長が行うものとした。
　なお、「工場立地法施行規則」及び「緑地面積率等に関する区域の区分ごとの基準」も上記に合わせて一部改正を行った。（平成24年2月17日）

第3節　工場立地法にかかる特例措置

1．「企業立地の促進等による地域における産業集積の形成及び活性化に関する法律」（平成19年法律第40号）による工場立地法の特例措置（平成19年）

　産業集積が地域経済の活性化に果たす役割の重要性を踏まえて、産業集積の形成及び活性化のために地方公共団体が行う主体的かつ計画的な取組を効果的に支援するための措置を講ずることで地域の自律的な発展、ひいては国民経済の健全な発展に資することを目的とし、「企業立地の促進等による地域における産業集積の形成及び活性化に関する法律」（以下「企業立地促進法」という。）が平成19年5月11日公布、同年6月11日施行された。企業立地促進法においては、市町村が都道府県と共同で定める基本計画について、相当程度の産業集積の形成又は活性化の効果が見込まれるものとして国の同意を得た場合には、緑地及び環境施設面積率について、工場立地法による準則に代えて条例で、適用すべき準則を国の基準の範囲内で定める権限を委譲するなどの工場立地法の特例措置が盛り込まれた。

　これを受けて、国の基準を定めた「緑地面積率等に関する同意企業立地重点促進区域についての区域の区分ごとの基準（平成19年財務省、厚生労働省、農林水産省、経済産業省、国土交通省告示第2号）」を制定した。

2．「総合特別区域法」（平成23年法律第81号）による工場立地法及び企業立地促進法（地域産業集積形成法）に関する特例措置（平成23年）

　産業構造及び国際的な競争条件の変化、急速な少子高齢化の進展等の経済社会情勢の変化に対応して、産業の国際競争力の強化及び地域の活性化に関する施策を総合的かつ集中的に推進することにより、我が国の経済社会の活力の向上及び持続的発展を図るために構想された「総合特別区域法」が、平成23年6月29日に公布・施行された。

　総合特別区域法においては、国際戦略総合特別区域としてのポテンシャルのある地域における工場等の新増設を促進する観点から、特定国際戦略事業として工場等新増設促進事業を国際戦略総合特別区域計画に記載し、内閣総理大臣の認定を受けた場合には、現行制度（工場立地法及び企業立地促進法）のもとで定められた準則に代えて適用できる準則を、当該国際戦略総合特区の認定を得た市町村の条例において定めることを可能とする工場立地法及び企業立地促進法の特例措置が盛り込まれた。

3．「東日本復興特別区域法」（平成23年法律第122号）による工場立地法及び企業立地促進法（地域産業集積形成法）に関する特例措置（平成23年）

　平成23年3月11日に発生した東日本大震災の被災地の力強い復興を実現するため、被災地等において、新たな産業や投資を呼び込み、雇用機会の創出と持続可能で活力ある社会経済の再

生に寄与する復興産業集積区域を形成することを目的に、東日本大震災復興特別区域法が平成23年12月14日に公布され、12月26日に施行された。

　東日本大震災復興特別区域法においては、特定地方公共団体が、復興産業集積事業を定めた復興推進計画について、内閣総理大臣の認定を受けた場合には、認定を受けた特定地方公共団体（市町村に限る。）は、当該計画において定められた復興産業集積区域で適用できる緑地面積率等の基準を、工場立地法又は企業立地促進法の準則に代えて条例において定めることを可能とする工場立地法及び企業立地促進法の特例措置が盛り込まれた。

第4節 「工場立地法解説 第7版」(平成22年4月) 発行以降の主な改正

1．平成23年の一部改正

　平成23年6月、「地域の自主性及び自立性を高めるための改革の推進を図るための関係法律の整備に関する法律（第2次一括法）」（平成23年法律第105号）により「工場立地法」の一部を改正し、工場立地法の事務権限について、従来は都道府県と政令指定都市が有していたところ、全ての市にまで拡大された。（施行は平成24年4月）

　また、平成23年9月、「工場立地法施行規則」、「工場立地に関する準則」、「緑地面積率等に関する区域の区分ごとの基準」及び「緑地面積率等に関する同意企業立地重点促進区域についての区域の区分ごとの基準」を一部を改正し、以下のような見直しを行った。

①植栽規定の変更

　工場立地法上の「緑地」の定義規定を改め、面積あたりの木の本数に係る規定及びこれまで10m²としていた「緑地」として取り扱う土地の面積の下限を撤廃した。

②都道府県準則、市準則及び市町村準則の一層の活用にむけて

　都道府県準則等の導入を促進するため、より自治体にとって自由度が高く使いやすいものとなるよう緑地面積率等に関する区域の区分ごとの基準を改正した。地域準則の第2種区域（準工業地域）及び第3種区域（工業地域・工業専用地域）の緑地面積率及び環境施設面積率の下限をそれぞれ5％引き下げ、さらには、用途地域の指定がなされていないが、工場の周辺に森林や河川、海、運河、環境施設等が存在しているなど、その区域内の住民の生活環境に及ぼす影響が小さい地域を新たに第4種区域として規定し、当該区域に係る基準を設定した。

　また、市町村準則においても甲種区域（準工業地域）及び乙種区域（工業地域・工業専用地域）の緑地面積率及び環境施設面積率の下限を同様に引き下げた。

　さらに、重複緑地についても、緑地として算入が出来る上限を、従来は「敷地面積×緑地面積率×25％」としていたところ、都道府県準則及び市準則及び市町村準則で、「敷地面積×緑地面積率×（25〜50％までの任意の値）」と定めることを可能とした。

図表4　都道府県準則及び市準則における緑地面積率緩和の状況

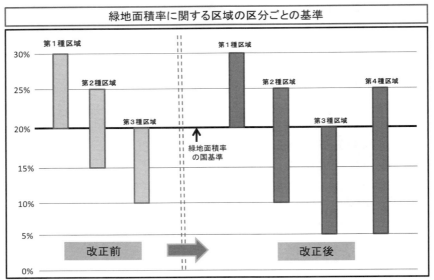

③手続きの簡素化・迅速化に向けて

　手続きの簡素化・迅速化に向けて、届出項目の見直しを行い、さらに緑地及び環境施設の移設であって、それぞれの面積の減少を伴わないものについては、周辺の地域の生活環境の保持に支障を及ぼす恐れがないものに限り、施行規則第9条に定める軽微な変更として変更届を不要とした。

2. 平成24年の一部改正

　東日本大震災による電力需給逼迫等を契機に、エネルギーを巡る内外の経済的社会的な環境の変化が見られ、再生可能エネルギーを利活用することの重要性が一段と高まってきたことを背景に、太陽光発電施設の設置件数は急激に増えてきた。さらには、「電気事業者による再生可能エネルギー電気の調達に関する特別措置法」（平成23年8月30日法律第108号）の施行を控え、国内各地で設置に向けた積極的な動きが見られたことから、「工場立地法施行令」を改正し、電気供給業に属する発電所で太陽光を電気に変換するものについては、工場立地法上の届出対象施設から除外するとともに、施行規則を改正し、売電用の太陽光発電施設についても環境施設に位置付けることとした。

II 工場立地法令詳解

第1節 工場立地法逐条解説

――目 的――
第1条 この法律は、工場立地が環境の保全を図りつつ適正に行なわれるようにするため、工場立地に関する調査を実施し、及び工場立地に関する準則等を公表し、並びにこれらに基づき勧告、命令等を行ない、もつて国民経済の健全な発展と国民の福祉の向上に寄与することを目的とする。

〔要旨〕
本条は、本法の目的を定めた規定である。本法の解釈、運用等にあたっては本条の定めが基本となる。

本法の目的は、
① 工場立地が環境の保全を図りつつ適正に行なわれるようにするため、工場立地に関する調査の実施、工場立地に関する準則等の公表及びこれらに基づく勧告、命令等を行ない、
② これらを通じて、国民経済の健全な発展と国民の福祉の向上に寄与することをねらいとしたものである。

〔解説〕
1．工場立地の適正化の意義

本法の目的は、工場立地が適正に行われるようにすることにある。

工場立地の適正化とは、工場と工場をとりまく外部条件とが最も望ましい形で結びつくように、工場立地を行わせることである。

このような工場立地の適正化の観点は、経済事情、社会情勢等に応じて変遷があるが、次のようなものがある。

(1) 国民経済上、用地、用水、労働力等の立地条件に最も適合した工場立地を促進する観点

これは、主として産業あるいは経済的側面からの資源の効率的利用を図ろうとするものである。

(2) 国土の均衡ある発展、過密過疎の解消、低開発地域の開発促進等の観点

これは、工場立地の促進が地域開発の最も有効な手段であることから、地域間格差の是正等に利用しようとするものである。当該地域が立地条件上のポテンシャルを有する場合は(1)と一致することになる。

(3) 周辺の地域の生活環境からみて工場立地を適正な内容をそなえたものとする観点

本法では、主として(1)及び(3)の観点から、工場立地の適正化の具体的内容として次の3つ

のことを意図している。
① 設置場所の選定の適正化（主として(1)の観点）
② 工場の敷地利用の適正化（(2)の観点）
③ 大規模な工場の集中的立地が予想される地域についての重合汚染の未然防止（(3)の観点）

このうち、②および③は昭和48年の改正により、加えられたものである。

2．昭和48年改正のねらい

近時における既存工業地帯を中心とした公害問題の深刻化は工場の周辺の地域の住民あるいは工場立地が行なわれようとしている地域の住民の不安を増大させている。また工業化と都市化の進行とともに、地域の自然との調和は失われる一方である。そして、このことは一部において工業開発そのものへの疑問にも発展しつつある感がある。このような難しい局面下にあって、昭和48年の改正は工場立地のあり方について、工場が公害や災害を起さないように万全の対策をとることはもちろん、自らも快適な環境づくりに積極的に貢献することを基本として、次のような新しい方向を打ち出したものである。

(1) 緑豊かな環境を提供する工場の立地へ

今後の工場は、生産施設だけのいわば「工場砂漠」ではなく、地域の人々からも快く受け入れられ、従業員も気持よく働ける環境を提供する考え方で建設されるべきものである。

このため、周辺に緑をめぐらせ、並木道や芝生の広場を配置し、工場の建物は整然とつくり、全体として公園を思わせる、いわゆるインダストリアル・パークのような形態のものとすることが望まれる。

本法では、生産施設でつかうスペースを敷地の一定割合以下とし、また緑地や公園的施設のスペースを十分とらせることにより、これからのすべての工場の立地をこのような形態のものとすることをねらいとしている。

(2) 公害のない工業基地の建設へ

大工場が集中して立地するいわゆるコンビナートのような工業基地は、空気や水を汚染する物質の発生量が一般的に多いため、とくに工業基地をつくる前に、公害を防止するための万全の対策をたてる必要がある。

本法では、このような工業基地の建設については計画段階から環境汚染を予測するための科学的調査を十分に行ない、その結果に基づいて工場の立地を審査し、重合汚染の生じないよう汚染物質の排出量を抑えることとしている。

3．本法のしくみ

本法の工場立地の適正化の具体的内容は、前述した1の①、②、③の3つの柱に分かれるが、本法の全体のしくみのうえでは図2-1のような関係になっている。

4．「工場立地に関する調査を実施し、及び工場立地に関する準則等を公表し、並びにこれらに基づき勧告、命令等を行ない」

本法において工場立地の適正化に資するため行なう具体的措置のうち主要なものをかかげたものであり、これらの措置を講ずることが本法の最も直接的な目的である。

「工場立地に関する準則等」は、第4条の工場立地に関する準則及び工場立地に関し事業者

第1節　工場立地法逐条解説

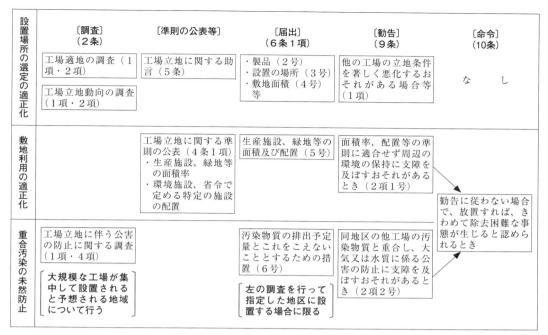

図2−1　工場立地法のしくみ

の判断の基準となるべき事項をさすものである。

「これらに基づき」の「これら」は工場立地に関する調査と工場立地に関する準則等をいう。

「基づき」は、個々の勧告、命令等が必ずこの調査又は準則等に結びついて行われることを意味するものではない。後述するように準則は原則的に勧告・命令等と結びつくが、調査や事業者の判断の基準となるべき事項は勧告、命令等の判断の基礎資料となり、また調査の結果やこの事項に即して立地を行なっている場合には、通例、勧告、命令等が行われることにならないであろうといった関係にある。「これらに基づく」は、このような2つの関係をあわせて表現したものである。

「勧告、命令等」の「勧告」は第9条の勧告を、「命令」は第10条の変更命令を、「等」は第5条の工場立地に関する助言などをさすものである。

5．「国民経済の健全な発展と国民の福祉の向上に寄与する」

本法において工場立地の適正化のため諸々の措置を講ずる究極の目的が「国民経済の健全な発展と国民の福祉の向上に寄与すること」にあることを表わしたものである。

「国民経済の健全な発展」とは、経済の規模の拡大および産業間のバランスある発展をいうものであり、「国民の福祉の向上」とは、職業生活の安定、教育、文化の向上、生活をとりまく環境の改善等広く国民がより幸福になることをいう。国民経済の健全な発展を国民の側からとらえれば、国民の福祉の向上ということになるのが通例であるが、工業開発により経済の発展がもたらされるとしても、同時に生活環境がそこなわれることになれば、真の国民福祉の向上につながらないのではないかという問題がある。

従来のように経済成長を追求するあまり生活環境がおろそかにされることがあってはならないが、「福祉は天から降ってくるものではなく、外国から与えられるものでもない」のである

から、「成長か福祉か」という二者択一式の考え方も誤りであろう。要は、成長を行いつつ、いかにこれを真の福祉につなげていくかである。本法は、この点について工場立地を環境の保全という観点から適正化することにより、その両方に寄与することを明記したものである。

工場立地に関する調査

第2条 経済産業大臣（工場立地に伴う公害防止に関する調査にあつては、経済産業大臣及び環境大臣。次条第1項及び第15条の3において同じ。）は、あらかじめ、調査の対象、調査の方法その他調査に関する重要事項について産業構造審議会の意見を聴いて、工場適地の調査、工場立地の動向の調査及び工場立地に伴う公害の防止に関する調査を行なうものとする。

2　前項の工場適地の調査は、調査をすべき地区内の団地を実地に調査し、並びに当該地区の地形、地質その他の自然条件及び用水事情、輸送条件その他の立地条件に関する資料を収集することにより行なう。

3　第1項の工場立地の動向の調査は、製造業（物品の加工修理業を含む。以下同じ。）、電気供給業、ガス供給業又は熱供給業（以下「製造業等」という。）を営む者（以下「事業者」という。）の主要な工場又は事業場の設置の状況及びその設置に関する長期の見通しを個別的に調査することにより行なう。

4　第1項の工場立地に伴う公害の防止に関する調査は、大規模な工場又は事業場の設置が集中して行なわれると予想される地区及びその周辺の地域で調査をすべきものを実地に調査し、当該地区及びその周辺の地域に係る地形、風向、潮せきその他の自然条件並びに土地利用の現況、環境保全及び開発整備の方針その他の社会的条件に関する資料を収集し、並びにその実地調査の結果及び収集した資料に基づき、電子計算機、模型その他の機械及び装置を使用して解析をすることにより行なう。

〔要旨〕
　この規定は、工場立地に関する調査として、工場適地の調査、工場立地の動向の調査及び工場立地に伴う公害の防止に関する調査の3種の調査を行うものとし、その調査の対象、調査の方法等の概略について定めた規定である。

〔解説〕
1．趣旨
　工場立地が適正に行われるようにするための基礎的な施策として、国自らが工場立地に関する調査を詳細かつ正確に実施することとしたものである。この調査のねらいは、調査の結果を工場又は事業場を設置しようとする者その他の関係者の利用に供するとともに、必要な助言等を行い、工場立地を全体として適正な方向に誘導することにある。また、この調査の結果は、届出に対する勧告、命令等の判断に直接的に結びつくものではないが、届出の審査等の基礎的資料ともなるものである。特に工場立地に関する公害の防止に関する調査は、大規模な工場が集中して立地することが予想される特定の地域についてあらかじめ科学的手法により周囲の環境に及ぼす影響を調査、解析するものであり、勧告等の判断とは条文上の直接的結びつきはないが、実際上極めて密接に関連するものである。

　なお、このような国の意図を事業者に明確に示す方法として、本条の調査に基づき、工場又

は事業場の立地に関し事業者の判断の基準となるべき事項を公表することも規定されている。（第4条第2項参照。）

2．調査は、経済産業大臣が産業構造審議会の意見を聴いて実施する。
　(1)　これらの調査は、「産業立地」を所管する経済産業大臣が実施する。（経済産業省設置法第4条第9号）
　(2)　「産業構造審議会の意見を聴いて」
　　　調査の対象、調査の方法等の概略については、第2項から第4項までの規定に定めているが、その具体的内容については工業立地に関して専門的な学識経験を有する者の意見をきいておくことが適当であるので、産業構造審議会の意見を聴くこととしている。
　　　産業構造審議会は、経済産業省の付属機関として平成12年に設置された審議会であり（経済産業省設置法第7条）、本法の各規定の他、生涯学習の振興のための施策の推進体制の整備に関する法律（平成2年法律第71号）、伝統的工芸品産業の振興に関する法律（昭和49年法律第57号）、航空機・工業振興法（昭和33年法律第150号）、自転車競技法（昭和23年法律第209号）及び小型自動車競走法（昭和25年法律第208号）の規定に基づきその権限に属せられた事項を処理する。

3．工場適地調査（第2条第1項及び第2項）
　(1)　趣旨
　　　全国にいかなる工場適地があり、その立地条件はいかなるものであるかを詳細正確に調査し、その結果を工場を設置しようとする者等の利用に供するとともに必要な助言等を行い、全国的な規模で工場立地の適正化を図ろうとするものである。
　(2)　内容
　　　適地調査であるから調査の最終的な対象となるのは工業に適した個々の団地であるが、その立地条件等を調べるためには、まずその周辺地区における既存産業の実態、輸送条件、用水事情等々の社会的、自然的諸条件を調べることが必要である。なお、「団地」とは、一定の広さを有するまとまった土地をいい、いわゆる工業団地だけをさすものではない。調査する事項は、およそ工場を設置しようとする際あらかじめ調査をしておかなければならない事項一般で次のようなものである。
　　①　地形、地質、気候等の自然条件
　　②　工業用水源、使用可能量、排水条件等の用排水事情
　　③　港湾、道路、鉄道等の現状、整備計画等の交通条件
　　④　電力その他のエネルギー事情
　　⑤　通信インフラ、産業廃棄物処理施設等の状況
　　⑥　労働力
　　⑦　地価
　　⑧　地域開発法等の指定、都市計画区域、緑地率、建坪率等土地利用規制

4．立地動向調査（第2条第1項及び第3項）
　(1)　趣旨
　　　工場適地調査が、工場立地の客体である地域に関する調査であるのに対し、工場立地の主

体である企業の工場又は事業場の設置の状況、見通しに関する調査であって、工場立地の状況、見通しを全国的に把握することによって、立地に関する情報の提供、立地政策の資料として役立てるものである。
(2) 内容
主要な工場又は事業場について、立地地点、敷地面積、建築面積、設備投資額、労働力、輸送条件、用水事情、立地地点選定理由等の事項について調査するものである。
(3) 製造業等の範囲は、原則として日本標準産業分類（総務省）による製造業、電気業、ガス業及び熱供給業と解される。製造業に含まれるものとされている「物品の加工修理業」とは、製造と修理又は加工と修理をそれぞれ合わせて行う船舶製造・修理業、鉄道車両製造業等の事業をいい、自動車整備工場のように単に修理のみを行う事業は物品の加工修理業に含まれないと解される。なお、加工業は、製造業そのものに含まれるものと解されるが、単に製品を選別するとか、包装の作業を行う事業所は製造業とは解されない。
(4) 「主要な工場又は事業場」について行うこととしているのは、悉皆調査を要求するものではなく、工場立地の動向を把握できる範囲内で行うことを意味したものである。実際に現在行われている調査は、敷地面積が1,000平方メートル以上の工場用地を取得したものについて行われている。

5．工場立地に伴う公害の防止に関する調査の実施（第2条第1項及び第4項）
(1) 産業公害総合事前調査の法制化
工場立地に伴う公害の防止に関する調査は、通商産業省が昭和40年度から実施している産業公害総合事前調査を法制化したものである。産業公害総合事前調査は、従来から予算措置で実施されてきているものであるが、この調査を法律上の調査とすることとし、判断の基準となるべき事項の公表、指定地区の指定、届出、勧告、命令という一連の措置に結びつけることによって、大規模な工場が集中して設置される地域における環境の保全に万全を期そうとするものである。
(2) 工場立地に伴う公害の防止に関する調査の意義
① コンビナート等の大規模な工場が集中して設置される地域においては、大量の汚染物質が多数の汚染源から集中的に出されるため、その地域に特有な自然的諸条件の影響を受けながらこれらの汚染物質が重合し、局地的な環境水準の悪化を招くことがある。このような著しい重合汚染は、このような地域に特有の環境汚染の現象である。
② 著しい重合汚染を防止するための措置は、工業の開発が進行してからではなく、工業開発の計画段階から徹底的な事前調査、適切な将来予測を行い企業の工場立地を指導していくことにより講ずる必要がある。これがいわゆる未然防止対策である。
③ 産業公害総合事前調査は、昭和40年度以降全国の主要な工業地帯について延べ85地域にわたって実施されており、この調査の結果に基づいて工場立地の段階から企業指導を行ってきている。
④ 工場立地法の制定により、全国の工場について立地場所を問わず、工場立地に際しての敷地利用の適正化のための措置を講じさせることとし、工場立地の段階から周辺環境との調和につとめさせることとしたが、コンビナート等の大規模な工場が集中して設置される地域については、特に、工場立地に伴う公害の防止に関する調査を実施するとともにこれに関連する措置を講ずることによって、周辺環境との調和に万全を期すこととしたもので

(3) 調査対象地域

「大規模な工場又は事業場の設置が集中して行なわれると予想される地区及びその周辺の地域で調査をすべきもの」とは、いわゆるコンビナート等の大規模な工場が集中して設置される地域を本調査の対象地域とする旨の規定である。

このような地域を調査対象地域にすることとしたのは、前述のようにこのような地域においては、著しい重合汚染の発生する可能性が多く、これを防止するためには、工場立地に伴う公害の防止に関する調査を行う必要があるからである。

このような地域以外の地域については一般的に著しい重合汚染のような環境汚染の発生はないものと考えられるので、公害規制法による規制に委ねれば足りるものと考えられる。

① 「大規模な工場又は事業場」

「大規模な工場」というのは出荷額、従業員数、敷地面積等の指標を総合的に判断して決められるものである。著しい重合汚染を引き起こすようないわゆるコンビナート等の大規模な工場が集中して設置される地域については、外形的、かつ著しい特徴の１つとして、鉄鋼、電力、石油精製、石油化学等の大規模な工場が複数立地している点があげられる。

② 「集中して行なわれる」

これは、複数の工場が一定の地域内において近接し合って立地することをいう。

③ 「予想される」

工場立地の集中が予想されるというのは、工業の開発段階を次の７段階に分類すると、概ねアからカに該当すると考えられている。

ア 立地は完了し、新増設は考えられない。
イ ほぼ立地は終了したが、まだ新増設がありうる。
ウ 立地は進んでいるがまだかなりの立地が考えられる。
エ 立地が開始されているがまだ少数である。
オ 計画がにつまり、用地買収または工事に着手している。
カ 具体的な計画はあるが、まだ動いていない。
キ 単なる構想の段階である。

④ その周辺の地域

本調査は、大規模な工場が集中して設置される地域から排出された汚染物質が重合することにより、周辺の地域の住民の健康や、生活環境に悪影響を与えるような事態の発生を防止するために行われるものであり、当然、周辺の地域において環境汚染がどのように発生し、進行するのかを調べることが必要となる。

⑤ 「調査をすべきもの」

「大規模な工場又は事業場の設置が集中して行われると予想される地区及びその周辺の地域」については著しい重合汚染の発生を未然に防止する観点からすべて本調査を実施すべきであるし、しなければならないものであるが、このような地域であっても本調査の必要性が薄いものもあろうし、また、緊急性の程度も考慮すべきなので審議会に調査すべき地域について審議してもらうこととしている。

(4) 調査方法

① この規定では、現在の産業公害総合事前調査の手法の概略をそのまま示しているが、こ

こに規定してある手順をすべて踏んで行う必要はなく、必要がない場合には、その手法を省略して行っても差支えないものである。
② 調査の対象となる公害の種類
　この規定は、調査方法を定めることを目的としているので、本調査が対象とする公害の種類は、明らかにしていないが、本調査の対象となる公害の種類は、大気汚染と水質汚濁であり、当面、大気汚染については、いおう酸化物、窒素酸化物及びばいじんを、水質汚濁については、化学的酸素要求量（又は生物化学的酸素要求量）、浮遊物質量及びノルマルヘキサン抽出物質量を中心として実施し、必要に応じ他の汚染物質も対象にすることにしている。
　大気汚染と水質汚濁に限ったのは、これらが、特に著しい重合汚染を発生させやすく、広範囲に影響を与えるものなので、特別な対策を講ずる必要があるからである。
③ 「実地に調査し」
　これは、現地において、調査、測定することをいい、大気関係においては、エアートレーサー実験、拡散条件調査等を、水質関係においては、海況調査、拡散実験等を行うことをいう。
④ 「当該地区及びその周辺の地域に係る地形、潮せきその他の自然条件並びに土地利用の現況、環境保全及び開発整備の方針その他の社会的条件に関する資料を収集し」
　この規定は、本調査実施の基礎となる諸資料を収集、整理することを指したものである。
　本条第2項の「立地条件」は、工場立地にあたって直接考慮されるようなものをいい、本項の「社会的条件」というのは、工場立地にあたって直接考慮されるようなものではないが、広い意味で立地にあたって考慮されることとなるものをいう。その他の社会的条件としては、下水道の整備の状況、漁業資源保護の方針、その海岸が海水浴場として利用されるか等が考えられる。なお、「工場適地調査」「立地動向調査」の結果も大いに活用されることとなろう。
　この資料の収集は、実際には「実地調査」よりも先行して行われる場合が多いものと思われる。
⑤ 「電子計算機、模型その他の機械及び装置を使用して」
　模型を使用するというのは、大気関係では風洞実験、水質関係では、水理模型実験を行うことであり、これにより現地の状況を再現して当該地域又は海域の汚濁予測を行うことである。
⑥ 「解析をする」
　解析をするというのは、収集した資料を単に分析するにとどまらず、その資料をもとに模型実験をし、電子計算機を用いてシミュレーションをすることにより汚染予測を行なう等、資料にもとづいて高度の科学的判断を総合的に行うことを指すものである。

　　工場立地調査簿
第3条　経済産業大臣は、前条第1項の調査及び第15条の3の報告に基づいて工場立地調査簿を作成するものとする。
2　経済産業大臣は、前項の工場立地調査簿を事業者、工場又は事業場を設置しようとする者その他これを利用しようとする者の閲覧に供するものとする。

> 3　第1項の工場立地調査簿には、前条第1項の調査又は第15条の3の報告により知り得た事業者の秘密に属する事項を記載してはならない。

〔要旨〕

　この規定は、前条の調査及び第15条の3の報告に基づいて工場立地調査簿を作成し、これを利用しようとする者の閲覧に供すべきことを定めたものである。

〔解説〕

1．趣旨

　工場立地に関する調査の目的はあくまで調査すること自体にあるのではなく、調査の結果を広く事業者に公開してその利用に供し、その立地を適正ならしむることにある。従って、経済産業大臣は、調査の結果をとりまとめて工場立地調査簿を作成して、これを利用しようとする者の閲覧に供すべきことにしている。

2．「事業者、工場又は事業場を設置しようとする者その他これを利用しようとする者」

　これが工場立地調査簿の閲覧をもとめ得る者である。「その他これを利用しようとする者」としては地域振興整備公団（現　中小企業基盤整備機構）その他のように工場用地の造成、分譲を業としている者、地方公共団体等の職員で企業誘致に携っている者、経営コンサルタントや土建業者で顧客の委託を受けて工場適地を調査している者などで特に限定する趣旨ではない。しかし、工場立地の適正化に資するというこの法律本来の目的に関係なくこれを利用しようとする者、例えば不動産の買占めを目論むブローカー等に対しては、経済産業大臣はその閲覧を拒否することができると解すべきである。

3．工場立地調査簿には、事業者の秘密に属する事項は記載してはならない。

　国家公務員法第100条は、国家公務員が職務上知り得た秘密を他にもらしてはならないものとしている。本条の場合は、調査簿が広く一般に公開されることを前提として作成されるものであるので、事業者の秘密に属する事項はこれを調査簿に記載すること自体を禁止している。

── 工場立地に関する準則等の公表 ──

> 第4条　経済産業大臣及び製造業等を所管する大臣は、関係行政機関の長に協議し、かつ、産業構造審議会の意見を聴いて、次の事項につき、製造業等に係る工場又は事業場の立地に関する準則を公表するものとする。
> 1　製造業等の業種の区分に応じ、生産施設（物品の製造施設、加工修理施設その他の主務省令で定める施設をいう。以下同じ。）、緑地（植栽その他の主務省令で定める施設をいう。以下同じ。）及び環境施設（緑地及びこれに類する施設で工場又は事業場の周辺の地域の生活環境の保持に寄与するものとして主務省令で定めるものをいう。以下同じ。）のそれぞれの面積の敷地面積に対する割合に関する事項
> 2　環境施設及び設置の場所により工場又は事業場の周辺の地域の生活環境の悪化をもたらすおそれがある施設で主務省令で定めるものの配置に関する事項
> 3　前2号に掲げる事項の特例に関する次に掲げる事項で
> 　イ　工業団地（製造業等に係る2以上の工場又は事業場の用に供するための敷地及びこれ

> に隣接し、緑地、道路その他の施設の用に供するための敷地として計画的に取得され、又は造成される一団の土地をいう。以下同じ。）に工場又は事業場を設置する場合に工業団地について一体として配慮することが適切であると認められるもの
> 　ロ　工業集合地（製造業等に係る2以上の工場又は事業場が集中して立地する一団の土地（工業団地を含むものを含む。）をいう。以下同じ。）に隣接する一団の土地に緑地又は環境施設が計画的に整備されることにより周辺の地域の生活環境の改善に寄与すると認められる工業集合地に工場又は事業場を設置する場合に、工業集合地及び緑地又は環境施設について一体として配慮することが適切であると認められるもの
> 2　経済産業大臣及び製造業等を所管する大臣（工場立地に伴う公害の防止に係る判断の基準となるべき事項にあつては、経済産業大臣、環境大臣及び製造業等を所管する大臣）は、関係行政機関の長に協議し、かつ、産業構造審議会の意見を聴いて、第2条第1項の調査に基づき、製造業等に係る工場又は事業場の立地に関し事業者の判断の基準となるべき事項を公表するものとする。

〔要旨〕
　この規定は、工場立地に関する準則及び事業者の判断の基準となるべき事項の公表について定めた規定である。

〔解説〕
1．準則と事業者の判断の基準となるべき事項
（1）本条は、第1項が工場立地に関する準則について、第2項が製造業等に係る工場又は事業場の立地に関し事業者の判断の基準となるべき事項について定めている。
　　第2項の事業者の判断の基準となるべき事項が昭和48年の改正前からある規定であり、条文上は、直接第9条の勧告等と結びついていないのに対して、第1項の準則は昭和48年の改正で追加された規定であり、第9条第2項の勧告と直接結びついている点で、その性格を異にしている。
（2）昭和48年の改正の主眼は、周辺地域の生活環境との調和を保つ観点を加えて工場立地の適正化を推進することであり、その柱の第1は工場立地に際しての敷地利用の適正化、第2は大規模な工場の集中的立地が予想される地域についての重合汚染の未然防止である。工場立地に関する準則の公表は、前者について事業者の拠るべき基準を明確にするものである。
（3）従来本法において規定されていた工場立地行政は、事業者の工場立地に関する原則的自由を前提として、例外的に問題のある事例については勧告をするが、その他については調査の結果にもとづく情報提供と助言といういわばサービス的行政を行うとともに、事業者の判断の基準となるべき事項の公表という形で、一般的指針を示すことによる誘導行政を行うにとどまるものであった。
　　然るに、周辺の地域の生活環境との調和という問題は、第1に、人の生活にかかわる重要問題である。第2に、現状においては、価値観につながる問題として、個々の事業者のこれに対する認識の程度にはかなり大きな差がある。第3に、工場に対する不安感なり、反発感というものは、個々の工場の内容に対する詳細な知識をもたない一般人にとっては、ある工場の悪例に起因して、同業の他工場あるいは工場一般につながる面をもっている。
　　かかる問題の解決を図るためには、従来の方式だけでは不十分であり、個々の工場立地そのものの拠るべき基準を明確に示し、この基準に拠らないものは原則として規制することに

より、これをルールとして確立していくことが必要であると考えられるに至り、新たに第1項の規定を設けたものである。

2．工場立地に関する準則の公表
　(1)　準則の基本的性格
　　①　「準則」の一般的意味は、「準拠すべき法則の定め」をいうものである。
　　　　すなわち、明確な水準を示すものであり、指針や参考ではなく、事業者がこれに拠るべき基準である。勧告等との関係においては、これに適合している限りその事項については勧告等の規制を受けないと同時に、これに適合していない場合には原則的に規制がなされるものである。
　　　　準則は、直罰基準ではない。準則の考え方は、特に弊害のある最低限のものを排除する思想ではなく、全体として現状に比し良好なものをルール化していくという思想であること、また、準則で定める事項は工場内の敷地利用に関し公害等を発生しにくい基盤条件の整備を図るものであり、汚染物質の排出を何ppmに減らすといった定量的効果を期待する基準ではない点でも、直罰基準にはなじまないものである。
　　②　準則の水準
　　　　本条は、準則が定める基準値の水準については、何ら規定していないが、いうまでもなく、第1条の目的から「工場立地が……適正に行なわれるようにするため」必要かつ十分なものを定めるものと解され、また、第9条第2項との関係から一般的外部条件の下において「周辺の地域の生活環境の保持」を図るため、必要かつ十分なものと解される。その具体的決定は、経済産業大臣及び製造業等を所管する大臣（工場立地に伴う公害の防止に係る判断の基準となるべき事項にあっては、経済産業大臣、環境大臣及び製造業等を所管する大臣）は、関係行政機関の長に協議し、かつ、産業構造審議会の意見を聴いて、第2条第1項の調査に基づき、製造業等に係る工場又は事業場の立地に関し事業者の判断の基準となるべき事項を公表するものとする。
　(2)　準則は、経済産業大臣及び製造業等を所管する大臣が公表する。
　　　準則の公表は、周辺の生活環境との調和を保つ工場立地を実現するため、工場立地の準拠すべきルールを確立しようとするものであり、この意味で第一義的責任を有する大臣、すなわち「立地」についての責任を有する経済産業大臣及び「工場」の属する事業について責任を有する製造業等を所管する大臣が、これを行うこととしたわけである。
　　　なお、経済産業省組織令第4条第21号は、「産業立地に関すること」を同省経済産業政策局の所掌事務として規定している。
　(注)　「製造業等を所管する大臣」の製造業等とは製造業、電気供給業、ガス供給業、熱供給業をいう（第2条第3項参照）が、このうち電気供給業、ガス供給業、熱供給業および大部分の製造業は経済産業大臣の所管であり、他の大臣の所管する業種の概要は、次のとおりである。
　　　　農林水産大臣……畜産食料品製造業、水産食料品製造業、野菜缶詰・果物缶詰・農産保存食料品製造業、調味料製造業（他省所管を除く。）、糖類製造業、精穀・製粉業、パン・菓子製造業、動植物油脂製造業、その他の食料品製造業、清涼飲料製造業、茶・コーヒー製造業、飼料・有機質肥料製造業、製糸業、紡績業、化学繊維・ねん糸等製造業（蚕糸製造業のみ。）、木材・木製品製造業（他省所管を除

く。)、化学肥料製造業、医薬品製造業（動物用のみ。)、農業用器具製造業、農業用機械器具製造業等、医療用機械器具・医療用品製造業（動物用のみ。)

　　国土交通大臣……船舶製造・修理業、舶用機関製造業、鉄道車両・同部品製造業、鉄道信号機械、その他の陸運機器製造業（自動車、自動車関係を除く。）等

　　厚生労働大臣……油脂加工製品・石けん・合成洗剤・界面活性剤・塗料製造業、医薬品製造業（動物用を除く。)、化粧品・歯磨・その他の化粧用調整品製造業（他省所管を除く。)、医療用機械器具・医療用品製造業（動物用を除く。）等

　　財務大臣……酒類製造業、たばこ製造業、塩製造業等

(3) 「関係行政機関の長に協議し」

　① 工場立地に関する準則は、単に工場立地あるいは当該製造業等のサイドからの適正な基準ではなく、環境の保全、災害の防止、国土の開発、地域開発、都市計画等、各方面の判断もふまえて適正なものとする必要があるので、経済産業大臣及び製造業等を所管する大臣がこれを公表するに際して、あらかじめ関係行政機関の長に協議し、十分政府部内における調整をとろうとするものである。

　② 関係行政機関は、国家行政組織法第3条第2項および第8条第1項に基づく機関のうち、次のものが含まれる。

　　ア　生活環境の保全、災害の防止等を所管する機関としての環境省、厚生労働省、総務省（消防庁）、文部科学省

　　イ　国土の開発、地域の開発、都市計画等を所管する機関としての国土交通省、内閣府

　　ウ　地方公共団体の事務運営等に関する指導等を行う機関としての総務省など

(4) 「産業構造審議会の意見を聴いて」

　　工場立地に関する準則は、今後の工場立地のあり方に関する重要事項を定めるものであるので、その決定にあたっては、学識経験者等の各方面からの専門的意見を聴いておくことが適当であるので、産業構造審議会の意見を聴くこととしたものである。

(5) 「次の事項につき、製造業等に係る工場又は事業場の立地に関する準則を公表する」

　① 「次の事項につき」は、工場立地に関するすべての事項ではなく、次の各号に掲げる事項についてのみ準則を公表することとしたものであり、(1)で述べたような性格を有する準則として、現時点において必要性が高く、かつ、技術的にも定めうる事項を各号に法定したわけである。

　② 「製造業等に係る工場又は事業場の立地に関する準則」とは、工場立地に関する準則のことであり、これを正確に表現したものである。なお、本法において「工場立地」という言葉を用いているのは、題名、目的（「工場立地が……」)、各条の見出し（第2条、第4条、第5条)、固有名詞的用語（工場立地の動向の調査、工場立地に伴う公害の防止のための調査、工場立地調査簿等）又は目的の引用的表現（第15条の2）であり、「工場又は事業場の立地」又は「製造業等に係る工場又は事業場の立地」の略称としてつかわれている。

　③ 「公表する」とは、官報への掲載等により発表することをいう。

　　なお、「定める」ということは規定していないが、「公表」の前提として当然のことである。また、準則の変更についても規定していないのは、「定める」ことを規定しなかったことと同じ理由であり、公表の前提としてこれも当然含まれると解すべきである。準則が今後の相当長期の見通しの下に工場立地のあり方を示すものであることから、その変更が

技術革新、業種、業態の変更その他の大きな事情変更にもとづくものに限られることはいうまでもない。

3．面積比率に関する準則（第1項第1号）
(1) 準則に定める事項の第1は、工場敷地の利用形態を面積の比率の面でとらえ、一定の基準を示そうとするものである。

これを企業の採算面だけからとらえれば、いわゆる土地生産性を高める見地から、敷地全部をできるだけ余すところなく生産施設等の利益につながる用途に使うことが望ましいわけである。これに対して、準則は、周辺の地域の生活環境との調和を保つ観点から、一定の適正な限度を示そうとするものである。すなわち、工場又は事業場の敷地を「生産施設」の用地と「環境施設」の用地（これが緑地と緑地以外の環境施設の用地に分けられる。）と「その他」の用地の3つのグループに分け、敷地面積に対する前二者の割合の限度について定めることとしている。

(2) 「製造業等の業種の区分に応じ」とは、工場の敷地利用の仕方は業種により生産施設の大きさが異なるとか、倉庫類のウェイトが大きいといった特性があること、周辺の地域の生活環境との調和を保つ観点からみればその必要性の程度が業種によって差があること等からみて、一律には決め難いので、かかる相異点を前提として、業種の区分を設け、その区分に応じて面積比率に関する準則を定めることとしたものである。

「業種」とは、一般的には日本標準産業分類のような産業の分類をいうが、前記の観点から業種の区分を設ける際に日本標準産業分類によることが不適当である場合に、これを補正する意味で別の適当な分類の方法をとることを妨げるものではないと解される。

なお、この規定は、準則の定め方を示したものであり、準則を定める観点について、業種的観点以外の観点を全く排除する趣旨と解するのは妥当でない。

(3) 「生産施設」とは、物品の製造施設、加工修理施設その他の省令で定める施設をいうものとされており、省令（工場立地法施行規則）では次のように定められている。

生産施設

工場立地法施行規則第2条　法第4条第1項第1号の生産施設は、次の各号に掲げる施設（地下に設置されるものを除く。）とする。
1　製造業における物品の製造工程（加工修理工程を含む。）、電気供給業における発電工程、ガス供給業におけるガス製造工程又は熱供給業における熱発生工程を形成する機械又は装置（次号において「製造工程等形成施設」という。）が設置される建築物
2　製造工程等形成施設で前号の建築物の外に設置されるもの（製造工程等形成施設の主要な部分に係る付帯施設であつて周辺の地域の生活環境の保持に支障を及ぼすおそれがないことが特に認められるものを除く。）

（なお、生産施設の具体的な範囲については、「工場立地法運用例規集」（P.226以下）を参照のこと。）

(4) 「緑地」は、植栽その他の主務省令で定める施設をいうものとされており、省令では、次のように定められている。

緑地

工場立地法施行規則第3条　法第4条第1項第1号の緑地は、次の各号に掲げる土地又は施

設（建築物その他の施設（以下「建築物等施設」という。）に設けられるものであつて、当該建築物等施設の屋上その他の屋外に設けられるものに限る。以下「建築物屋上等緑化施設」という。）とする。
1　樹木が生育する区画された土地又は建築物屋上等緑化施設であって、工場又は事業場の周辺の地域の生活環境の保持に寄与するもの
2　低木又は芝その他の地被植物（除草等の手入れがなされているものに限る。）で表面が被われている土地又は建築物屋上等緑化施設

（緑地の具体的範囲については、「工場立地法運用例規集」（P.244以下）を参照のこと。）
(5)　「環境施設」とは、緑地及びこれに類する施設で工場又は事業場の周辺地域の生活環境の保持に寄与するものとして主務省令で定めるものをいうとされており、省令では、次のように定められている。

── 緑地以外の環境施設 ──
工場立地法施行規則第4条　法第4条第1項第1号の緑地以外の主務省令で定める環境施設は、次の各号に掲げる土地又は施設であって工場又は事業場の周辺の地域の生活環境の保持に寄与するように管理がなされるものとする。
1　次に掲げる施設の用に供する区画された土地（緑地と重複する部分を除く。）
　イ　噴水、水流、池その他の修景施設
　ロ　屋外運動場
　ハ　広場
　ニ　屋内運動施設
　ホ　教養文化施設
　ヘ　雨水浸透施設
　ト　太陽光発電施設
　チ　イからトに掲げる施設のほか、工場又は事業場の周辺の地域の生活環境の保持に寄与することが特に認められるもの
2　太陽光発電施設のうち建築物等施設の屋上その他の屋外に設置されるもの（緑地又は前号に規定する土地と重複するものを除く。）

（環境施設の具体的範囲については、「工場立地法運用例規集」（P.251以下）を参照のこと。）
　なお、「生活環境の保持」とは、生活環境の状態をある水準以上の状態に保つことをいい、工場立地により一般的には多少とも周辺の地域の生活環境を悪化させる可能性があるが、ここではこれを健全な水準より悪化させないことをいうものである。「生活環境の保全」も同様の内容をあらわすものであるが、ただ、「生活環境の保全」とは、ニュアンスとしては汚染物質の排出といった具体的危険を少なくすることにより生活環境を保護する意味に受けとられるが、本法の扱う問題はそういった危険を直接的に減少させる点をねらいとするものではなく、むしろ立地段階での基盤を整備するところにあるため、「生活環境の保持」という言葉を用いたものである。なお、ここにいう「生活環境」とは主として人の日常の生活の環境をいうものであるが、人の生活に密接な関係のある財産、動植物およびその生育環境も含むものと解される。
(6)　「それぞれの面積」のうち、生産施設の面積は、工場建屋の場合には、投影面積なのか、

延床面積なのかは、法文上は明らかでない。敷地面積と生産規模との関係を細かく考えれば延床面積という考え方もありうる。しかし、敷地面積をできるだけ、ゆったりと使わせ、緑地や環境施設などのスペースを十分とらせるという本来の考え方からは投影面積で十分である。また、建屋に入っていないプラントなどについて容積率を考えることは技術的に困難であることとのバランスも考える必要もある。したがって、実際には、投影面積で計ることとされている。

(7) 「敷地面積に対する割合に関する事項」とは、生産施設の面積の割合については、何パーセント以下と上限を定めるのに対し、緑地、環境施設の面積の割合については何パーセント以上と下限を定めることになる。このうち、緑地は環境施設に含まれるので、環境施設の面積の割合を緑地の面積だけで達成している場合には、緑地以外の環境施設はとる必要がないということになる。

(8) 工場立地に関する準則における面積比率に関する規定の要旨は次のとおりである。（詳細については、P.80以下を参照のこと。）

---

① 敷地面積に対する生産施設面積率……業種別に7段階に区分し、それぞれ30％、40％、45％、50％、55％、60％、65％以下と定めている。
② 敷地面積に対する緑地面積率…………全業種一律で20％以上と定めている。
③ 敷地面積に対する環境施設面積率……全業種一律で25％以上と定めている。

4．配置に関する準則（第1項第2号）
　(1) 趣旨
　　　準則に定める事項の第2は、工場内施設の配置に関する事項である。配置の準則を定める施設は、環境施設と設置の場所により周辺の地域の生活環境の悪化をもたらすおそれがある特定の施設である。これらの配置を適正にすることによって、周辺の地域の生活環境の保持のための効果を一層高めることができるからである。

　　　なお、ここでは「業種の区分に応じて」と定めていないのは、環境施設の配置を定める際に考慮するとすれば、周辺の状況やその見通しであり、また特定の施設については具体的な施設を省令で定めることになるので、業種の区分に応じてというよりはその施設毎に準則を定めることになるからである。
　(2) 「環境施設」の配置に関する事項
　　　環境施設の配置について何を定めるのかについては、法文上必ずしも明らかではないが、環境施設が工場又は事業場の周辺の地域の生活環境の保持に寄与するものとして選ばれていることからみて、その寄与の効果を一層高めるような配置の仕方を定めるものと解される。
　　　工場立地に関する準則の第4条は、「環境施設の配置は、製造業等に係る工場又は事業場（以下「工場等」という。）の環境施設のうち、その面積の敷地面積に対する割合が100分の15以上になるものを当該工場等の敷地の周辺部に、当該工場等の周辺の地域の土地の利用状況等を勘案してその地域の生活環境の保持に最も寄与するように行うものとする」と定めている。
　(3) 「設置の場所により工場又は事業場の周辺の地域の生活環境の悪化をもたらすおそれがある施設で省令で定めるもの」の配置に関する事項。

① 「設置の場所により」とは、周辺の地域の生活環境の悪化をもたらすことが設置の場所に起因していることをいうものであり、例えば汚水排出施設などは生活環境の悪化をもたらすおそれがある施設であっても、工場内のどこに設置しても、通常そのおそれの程度は変わらないので、ここでいう施設にはあたらないことになる。
② 「生活環境の悪化をもたらすおそれ」とは、人の日常生活等の環境の悪化を生じさせることをいうが、具体的には公害の発生のおそれなどがこれにあたる。

5．工業団地、工業集合地に設置する場合の特例（第1項第3号）
 (1) 趣旨
　① 本法にいう「工場立地」はもろもろの産業活動のうち、工場という生産活動の場が形成される入口の段階を事業者の行動という側面からとらえたものである。したがって、本法の届出、勧告、命令等の措置も個々の工場の立地行動（工場の「設置」等の用語が使われている。）をとらえている。本条第1項第1号、第2号の準則も、個々の工場敷地に対する工場内の生産施設等の面積の割合、工場敷地内の施設の配置について規定している。
　　しかし、現実には、地方公共団体等が、地域開発の一手段として「工業団地」を先行的に造成し、ここに工業を導入することが各地で行われており、「工場立地」のうちかなりの部分は、このような工業団地に立地している。
　② 工業団地については、周辺の地域の生活環境との調和の観点からは、団地立地企業の全体をとらえて、団地造成者が一体的に考慮しうる点が特色であり、最近の傾向としては、団地造成者が周辺緑地等を一体的に整備し、また公害防止措置を義務づける等の傾向がみられる。
　③ このように、工業団地造成の段階で周辺緑地等を一体的に整備することは、周辺の生活環境との調和の観点からみて、個々の工場敷地内にとるよりも効果的であり、効率的であると考えられる。また、かかる周辺緑地等は個々の工場には分譲されないのが通例であるが、その場合でもその分だけ工場への分譲価格に上乗せされており、各工場がこれを負担している。
　　また、工業団地への立地は、土地のスプロール化の防止、住工混在の防止等の土地利用の適正化の見地からも、政策的にその促進が図られている。
　④ 従来からの事業活動の過程で一団の土地に複数の工場が集中して立地している地域（以下「工業集合地」という。）においては、工業集合地をあたかも一つの工場とみなせば、個々の工場の敷地内にこだわって緑地及び環境施設（以下「緑地等」という。）を整備するよりも、敷地外であっても工業集合地と隣接するかたちで緑地等が整備された方が、周辺の生活環境との調和の観点からより効果的な場合がある。
　⑤ このような点からみて、工業団地、工業集合地に立地する場合には個々の工場敷地でなく、工業団地を一体的に考慮した方が実態に即したものといえる。かかる観点から、個々の工場敷地についての第1号及び第2号の準則に加えて、工業団地に立地する場合の特例的準則を定めることとしたものである。
 (2) 「前2号に掲げる事項の特例に関する事項」
　① 「前2号に掲げる事項」は、面積比率に関する事項および配置に関する事項について定めるものであるから、例えば公害防止施設の性能に関する事項などはもちろん、第1号又は第2号に掲げる施設以外の施設（例えば倉庫、食堂）の面積比率や配置に関する事項も

含まれない。
② 「特例」は、面積比率や配置について定める内容が第1号及び第2号に規定する内容と異なる特別の取扱いになることを示したものであり、これ自体としては広い内容を含むが、その実質的内容は、「工業団地……に工場又は事業場を設置する場合に工業団地について一体として配慮することが適切であると認められるもの」と「工業集合地……に隣接する一団の土地に緑地又は環境施設が計画的に整備されることにより周辺の地域の生活環境の改善に寄与すると認められる工業集合地に工場又は事業場を設置する場合に、工業集合地及び緑地又は環境施設について一体として配慮することが適切であると認められるものに限られる。

(3) 「工業団地」
① ここでいう工業団地は、地方公共団体、公団、事業団、地方の開発公社、第3セクター、民間デベロッパー、立地予定企業の組合などにより複数の工場を設置させる目的で先行的に取得又は造成される、いわゆる先行造成工業団地をさす主旨である。
② 「製造業等に係る2以上の工場又は事業場の用に供するための敷地」とは、工場用地として複数の立地企業に分譲される土地をさす。
③ 「これに隣接し、緑地、道路その他の施設の用に供するための敷地」とは、要するに工業団地の敷地のうち、②の工場用地以外の敷地すなわち、非分譲用地をさすものと解される。緑地等であっても、個々の立地企業に分譲されるものは、②の工場用地に含まれる。「道路」は、「工場用地に隣接」するもので、「一団の土地」を形成するものであるという前後の関係からいって、いわゆる団地内道路をいい、幹線道路と団地内道路を結ぶいわゆる取付け道路は含まないものと解される。「その他の施設」としては、共同の取水施設、管理事務所等の共同便益施設などが含まれる。
④ 「計画的に」とは、一団の土地の取得又は造成について、特定の意図をもって、あらかじめ、一連のスケジュールの下に行われることをさす。
⑤ 「取得され、又は造成される」とは、取得と造成の両方又は取得と造成のいずれか一方だけが行われることをいう。「造成」には土地の埋立、整地のほか、これに関連する排水溝工事等も含まれる。
⑥ 「一団の土地」とは、物理的に一連の土地のほか、道路、川等により分断されていても有機的一体性をもった土地を含むものと解される。

(4) 「工業団地について一体として配慮することが適切であると認められるもの」
① 「特例」を定める事項を選ぶ観点を示したものである。工業団地について一体として配慮した準則を定める方が第1号、第2号の個々の工場の準則をそのまま適用するよりも、適切と認められる事項について特例を定めることとしたものである。
② 緑地及び環境施設については、個々の工場の敷地内にあるより、工業団地を一体として整備する方が周辺の生活環境にとって効果的である。したがって、準則第6条では、工業団地入居工場の敷地面積、緑地面積、環境施設面積は工業団地の非分譲の緑地、環境施設等を含めて計算できることとしている。（詳細については、P.90を参照のこと。）

(5) 「工業集合地」
① ここでいう工業集合地は、従来からの事業活動の過程で一団の土地に複数の工場が集中して立地している地域をいう。
② 「製造業等に係る2以上の工場又は事業場が集中して立地する」とは、2以上の工場又

は事業場の用に供するための敷地を指し、住宅等の用に供するための敷地は含まれない。
　ここでいう土地は、「計画的に取得され、又は造成される」必要はなく、既存の工業地帯のように、従来からの事業活動の過程で工場等が自然発生的に集中して立地する土地でもよい。
③　「一団の土地」とは、物理的に一連の土地の他、道路、川等により分断されていても、一体性をもった土地は含まれる（工業団地と類似の考えに基づく）。
　ただし、工場等の用に供するための敷地が２以上であっても各々が点在して存在している場合には対象とならない。
④　「工業団地を含むものを含む」とは、工業集合地の構成要素としては、独立した工場又は事業場の他に、工業団地内の工場又は事業場をも含めることができるということ。その際、工業団地内の工場又は事業場のみで構成される場合も、特例の対象となり得る。
⑤　「工業集合地に隣接」（一部でも隣接していれば可）している必要があり、住宅等を隔てたいわゆる「飛び緑地」は認められない。
⑥　敷地外においては、緑地の他に、テニスコート、野球場、サッカー場、一般に開放される美術館等の環境施設も併せて整備されることが予想される。この際、環境施設についても本特例の対象となる。
⑦　「計画的に整備される」とは、工業集合地の形成に伴って、緑地等が計画的に整備される場合を指し、手入れのされない単なる自然林、原生林や工業集合地の形成と無関係に整備された緑地等は該当しない。
　また、整備とは、敷地の取得又は造成のみだけでなく、緑地及び環境施設の設置又は管理までをも含む概念であるため、造成を伴わず、単に管理がなされる場合であっても特例の対象とされる。
⑧　「工業集合地に工場又は事業場を設置する場合」の「設置」には、「新設」だけでなく「増改築」等の敷地内主要構成要素の変更も含まれる。
　従って、既存の工業集合地の周辺に後から緑地等が整備されることにより、個々の工場敷地内の緑地等を減少して生産施設を増築する場合等は本特例の適用対象となる。
⑨　「周辺の地域の生活環境の改善に寄与すると認められる」とは、工業集合地については、本特例が適用される結果、周辺の生活環境の保持に止まらず、現状に比し、周辺の地域の生活環境が改善することが見込まれなければならないということである。
　そのため、住居等との遮断効果を有していること等が重要となる。
⑩　「工業集合地及び緑地又は環境施設について一体として配慮することが適切であると認められるもの」とは、いわゆる訓辞的なものであり、特段要件はない。

(6)　工業団地特例、工業集合地特例の認定
　両特例の認定は、法第６条・７条、附則第３条、規則第６条、工業集合地の特例にあたってはさらに法第８条に規定する事業者からの届出に基づき、都道府県知事及び市長が行うことになるから、両特例適用の検討を行っている事業者は、事前に都道府県等の担当窓口（P.140を参照のこと。）に相談することが必要である。なお、工業集合地特例適用の第一義的な判断はP.38のチェックリストによって行うことができる。

（参考）

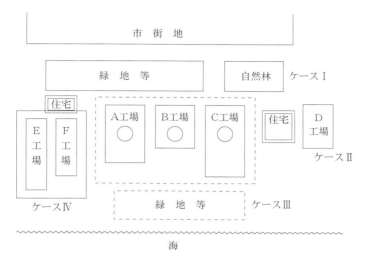

上図のような場合、A・B・C工場については、工業集合地の特例が適用される。

＊ケースⅠの場合

　隣接緑地等は、工業集合地の形成に伴って計画的に整備される必要があり、自然林、原生林等、工業集合地の形成と無関係に整備された緑地等は該当しない。

＊ケースⅡの場合

　工業集合地は製造業等にかかる2以上の工場が集中して立地していることが必要であるため、D工場だけでは工業集合地の要件に該当しない。

＊ケースⅢの場合

　隣接緑地等は周辺の地域の生活環境の改善に寄与することが必要であるが、当該地域における緑地等の整備の前進につながる等の効果を有すると認められる場合は、集合地と住宅等との間を遮断していない本ケースのような緑地であっても、工業集合地の特例の対象となる。

＊ケースⅣの場合

　工業集合地と緑地等の間に住宅が立地しており、集合地の内部または隣接する場所に緑地等が整備されていないことから、工業集合地の特例は適用されない。

Ⅱ 工場立地法令詳解

「私は工業集合地の特例の適用を受けられますか？」

① あなたの工場と隣の工場は、「一団の土地」に立地していますか。

- 「一団の土地」に立地している。
- 隣の工場と道路、川を隔てている。
- 「一団の土地」に工場があるが、非特定工場である。　等

（右：×）
- そもそも隣に工場がない。
- 隣の工場との間に住宅がある。　等

② 工業集合地に「隣接」した緑地等がありますか。

- 隣接した緑地等がある。
- 自工場の隣接にはないが、工業集合地の一部に隣接して、緑地等がある。
- 道路や川を隔てて緑地等がある。

（右：×）
- 隣接に緑地等がない。
- 緑地等との間に住宅がある。

③ その緑地等は「計画的に」「整備」されたものですか。

- 工場の新増設に伴い設置された緑地等である。
- たまたまあった緑地等だが、工場の新増設に伴い、除草等の管理がされるようになった。　等

（右：×）
- たまたま雑木林がある。

④ その緑地等は「周辺地域の生活環境の改善」に寄与しますか。

- 工業集合地と住居等の一部または全部とを遮断している。　等

（右：×）
- 海や河川等に面している。

⑤ これから工場を「設置する」のですか。

- 新設する。
- 建て替えをする。
- 緑地等を減らす。
- 新業種に進出する。　等

（右：×）
- 何もしない。

「あなたには工業集合地の特例が適用されます」

（注）　あなたの費用負担割合に応じて緑地等が按分されますが、20％を満たした場合であっても、準則第4条の規定により、敷地内に更に緑地等を整備していただく場合もございます。

6．事業者の判断の基準となるべき事項の公表（第2項）

(1) 「工場立地に関し事業者の判断の基準となるべき事項」とは、事業者が工場立地を行う場合の指針となる事項を定める趣旨であり、第1項の準則のように各工場がこれに拠るべき明確な水準を示すものではなく、原則的に勧告等と結びつくものでもないが、国の評価、見通し、判断要素等を示すことにより、事業者の判断を容易にし、全般的に適正化の方向に誘導しようとするものである。その内容としては、例えば工場立地に伴う公害の防止のための調査の結果にもとづき、当該大規模な工場の集中的立地が予想される地区への工場立地について、立地予定の工場の業種、生産規模、汚染物質の排出量などをいくつかのケースを想定し、それぞれの場合について、各工場に許される排出量、実施すべき公害防止措置などの概要を示すなどのことが考えられる。

(2) 事業者の判断の基準となるべき事項は、経済産業大臣及び製造業等を所管する大臣が公表する。趣旨は、第1項の場合と同様である。

　なお、昭和54年8月には、茨城県鹿島地区及び大分県大分地区における汚染物質に係る事業者の判断の基準となるべき事項を公表した。（詳細については、P.289を参照のこと。）

(3) 「関係行政機関の長に協議」するのは、特に工場立地に伴う公害防止に関する調査に基づき、同地区の重合汚染を未然防止する観点から事業者に指針を示す場合などは、生活環境に係る重要問題であるとともに、環境保全行政をはじめとする各方面からの広い判断をふまえて適正なものとする必要があるからである。

　この「関係行政機関」としては、
① 環境保全行政を総合的に推進する機関としての環境省
② 都市計画行政を所管する国土交通省
③ 地方公共団体の事務運営等に関する指導などを行う機関としての総務省など

(4) 「産業構造審議会の意見」を聞くこととしたのも同様の趣旨である。

(5) 「第2条第1項の調査に基づき」とは、第2条第1項の3つの調査の全部又は一部の結果を基礎資料としてという程度の意味であり、調査の結果そのものではなく、事業者の指針を定めるための評価や判断が加わることを前提としている。

都道府県準則及び市準則の設定

第4条の2　都道府県は、当該都道府県内の町村の区域のうちに、その自然的、社会的条件から判断して、緑地及び環境施設のそれぞれの面積の敷地面積に対する割合に関する事項（以下この条において「緑地面積率等」という。）に係る前条第1項の規定により公表された準則によることとするよりも、他の準則によることとすることが適切であると認められる区域があるときは、その区域における緑地面積率等について、条例で、第3項の基準の範囲内において、同条第1項の規定により公表された準則に代えて適用すべき準則（第9条第2項第1号において「都道府県準則」という。）を定めることができる。

2　市は、当該市の区域のうちに、その自然的、社会的条件から判断して、緑地面積率等に係る前条第1項の規定により公表された準則によることとするよりも、他の準則によることとすることが適切であると認められる区域があるときは、その区域における緑地面積率等について、条例で、次項の基準の範囲内において、同条第1項の規定により公表された準則に代えて適用すべき準則（第9条第2項第1号において「市準則」という。）を定め

> 3　経済産業大臣及び製造業等を所管する大臣は、関係行政機関の長に協議し、かつ、産業構造審議会の意見を聴いて、緑地面積率等について、緑地及び環境施設の整備の必要の程度に応じて区域の区分ごとの基準を公表するものとする。
> 4　第1項及び第2項の条例においては、併せて当該区域の範囲を明らかにしなければならない。

〔要旨〕

　本規定は、都道府県及び市が、第4条第1項の規定により国が全国的な観点から定めた緑地及び環境施設のそれぞれの面積の敷地面積に対する割合に関する事項に係る準則に代えて、区域を区切り、その区域の実情に則した準則（「都道府県準則」及び「市準則」）を定めることができる旨が規定されている。

　工場立地法における緑地等の整備の意味は、大気汚染防止法や水質汚濁防止法の排出排水基準等と異なり、いわゆるナショナルミニマムを達成するために行われるのではなく、心理的不安感等の低減、アメニティの向上等、環境規制法によるナショナルミニマムの達成を前提とした上での周辺環境との更なる調和を目指したものである。

　したがって、周辺環境との調和をより向上させる必要がある区域については、本条の規定に基づき、緑地面積率等を引き上げることが可能であるし、国の定める準則を適用しなくとも周辺環境との調和が保たれる区域については本条の規定に基づき、緑地面積率等を引き下げることも可能である。

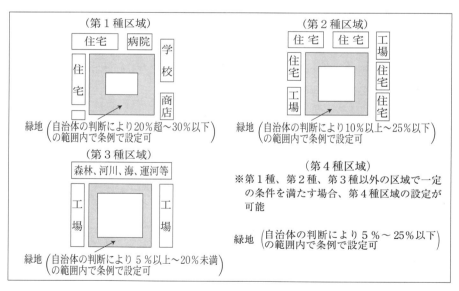

図2-2　周辺の土地利用状況等を配慮した緑地面積の設定

〔解説〕

1．「都道府県」、「市」

　　第4条第1項の準則に代えて適用すべき準則の設定は、都道府県及び市に限られている。

　　また、これは都道府県知事及び市長が行うものではなく、都道府県及び市が団体の意思とし

て行うものである。

2．「自然的、社会的条件から判断して」
　　自然的条件とは、主に、
　　　・周辺が海、林、崖等に囲まれている等の特殊な地形条件
　　　・風向・風速・気温といった気象条件
　　等を指し、社会的条件とは、主に、
　　　・土地利用状況
　　　・地域の環境保全の状況
　　　・社会経済動向の状況
　　　・地域住民のニーズ
　　等を指している。「自然的社会的条件」という表現は、環境基本法第7条、第36条、大気汚染防止法第4条等の規定に倣ったものとなっているが、自然的条件、社会的条件については、必ずしも両者を分離して考える必要はなく、両者の相互関係により特別の事情が存することも考えられる。

3．「緑地及び環境施設のそれぞれの面積の敷地面積に対する割合に関する事項（以下この項において「緑地面積率等」という。）に係る前条第1項の準則」
　　都道府県及び市が準則を設定できる対象は、第4条第1項の事項のうち、緑地及び環境施設のそれぞれの面積の敷地面積に対する割合に関する事項のみとなっている。

4．「前条第1項の準則によることとするよりも他の準則によることとすることが適切であると認められる」
　　国が定める準則は全国一律であり、個別地域の事情までは考慮して定めていないため、周辺に住居等が存在する地域、工場等が集中している地域などでは、国の準則によることとするよりも、他の準則によることとする方が適切である場合がある。

5．「その区域における緑地面積率等」について
　　緑地面積率等の設定ができるのは、4．に該当する区域であり、その他の区域については、設定できない（その他の区域については第4条第1項の規定により国が定める準則が引き続き効力を有する）。

6．「条例で」
　　本事務については、
　　　・その設定が事業者の権利義務に規制を加えるものであること、住民の生活に直接影響を及ぼすものであること等から、都道府県議会又は市議会の議決を経ることが望ましいこと
　　　・現在、地方公共団体によって行われている緑地規制の多くが、条例で定められていることから、工場立地法による緑地面積率等についても、これらと同等のレベルで規定することがその効力の面からふさわしいこと
　　から条例で定めることとされている。

7．「次項の基準の範囲内において」
　都道府県及び市が条例で都道府県準則及び市準則を定める場合の基準として、「緑地面積率等に関する区域の区分ごとの基準」において次のような基準の範囲が公表されている。
　工場立地法第4条の2第3項に規定する区域の区分ごとの基準は、次の表のとおりとする。

	第1種区域	第2種区域	第3種区域	第4種区域
緑地の面積の敷地面積に対する割合	（100分の20超100分の30以下）以上	（100分の10以上100分の25以下）以上	（100分の5以上100分の20未満）以上	（100分の5以上100分の25以下）以上
環境施設の面積の敷地面積に対する割合	（100分の25超100分の35以下）以上	（100分の15以上100分の30以下）以上	（100分の10以上100分の25未満）以上	（100分の10以上100分の30以下）以上

（備考）
1　第1種区域、第2種区域、第3種区域及び第4種区域とは、それぞれ次の各号に掲げる区域をいう。
　一　第1種区域　住居の用に併せて商業等の用に供されている区域
　二　第2種区域　住居の用に併せて工業の用に供されている区域
　三　第3種区域　主として工業等の用に供されている区域
　四　第4種区域　第1種区域、第2種区域及び第3種区域以外の区域
2　区域の設定に当たっては、緑地整備の適切な推進を図り周辺の地域の生活環境を保全する観点から、次に掲げる事項に留意すること。
　一　都市計画法第8条第1項第1号に定める用途地域の定めのある地域については、原則次の区分に従うこと。
　　ア　「第1種区域」として設定することができる区域　「第2種区域」又は「第3種区域」として設定することができる区域以外の区域
　　イ　「第2種区域」として設定することができる区域　準工業地域
　　ウ　「第3種区域」として設定することができる区域　工業専用地域、工業地域
　　　なお、工業地域であっても多数の住居が混在している場合のごとく第2種区域又は第3種区域を設定した場合に特定工場の周辺の地域における生活環境の保持が著しく困難と認められる地域については、用途地域にとらわれることなく地域の区分の当てはめを行うこと。
　二　都市計画法第8条第1項第1号に定める用途地域の定めのない地域については、原則次の区分に従うこと。
　　ア　「第4種区域」として設定することができる区域　工場の周辺に森林や河川、海、運河、環境施設等が存在している等、その区域内の住民の生活環境に及ぼす影響が小さい地域であること。
　　イ　「第4種区域」以外の区域として設定することができる区域　今後の用途地域の指定の動向、現に用途地域の定めのある周辺地域の状況等を参考に区域の設定を行うこと。
　三　また、第2種区域又は第3種区域を設定する場合には、工場の周辺に森林や河川、

海、運河、環境施設などが存在している等、その区域内の住民の生活環境に及ぼす影響が小さい地域であること。

　　さらに、第2種区域及び第3種区域の設定に当たっては、現在でも緑地面積率が数％と言う状況に留まっている、古くから形成されてきた工業集積地のような地域に第2種区域又は第3種区域を設定することによって、工場の緑地等の整備を促し、結果として現状よりも緑地等の整備が進むように配慮すること。
3　工場立地法施行規則（昭和49年大蔵省、厚生省、農林省、通商産業省、運輸省令第1号。以下「規則」という。）第4条に規定する緑地以外の環境施設以外の施設又は同条第1号トに掲げる施設と重複する土地及び規則第3条に規定する建築物屋上等緑化施設については、敷地面積に緑地面積率を乗じて得た面積の100分の50の割合を超えて緑地面積率の算定に用いる緑地の面積に算入することができない。

(1) 国が範囲を定める理由

　　都道府県及び市が都道府県準則及び市準則を定めるに際しては、国の定める範囲内において行うものとされている。平成9年6月に通商産業省が実施したアンケートによれば、地方自治体が緑地面積率等を設定するにあたり、「全て自治体に任せて欲しい」という意見がある一方、「緑地面積率等の引下げが企業誘致の手段となり、法目的を逸脱する」ことを懸念する意見も存在することから、都道府県及び市が緑地面積率等を設定するにあたっては、その自主性が尊重されることはもちろんであるが、区域の区分毎に定める上限値及び下限値の間で設定することにより、当面、法の目的に沿った適切な運用が行われるように見守る必要があると考えられるためである。

　　また、地方分権推進委員会からも、緑地面積率等の設定にあたっては、国が定める基準の範囲内で都道府県等が設定することが望ましい旨の勧告がなされている。

(2) 区域の区分ごとに定める理由

　　工場が周辺の生活環境との調和をより一層図ろうとする場合、特に土地利用状況を考慮して緑地や環境施設を整備する方が効果的であると考えられる。例えば、住宅、学校、病院等が存在する地域に立地する場合と工場等が集中して存在する地域に立地する場合では、工場が周辺の生活環境との調和を図るために必要な緑地等の面積も異なってくるはずである。さらに、地域毎の森林、河川等との一体性、環境保全に対する地域全体の取り組み、街づくりに対するコンセプト等が異なる場合も考えられる。

　　そこで、地方自治体が緑地面積率等を設定するに当たっては、地域の土地利用の現状及び地方自治体の土地利用や施設整備に関する将来計画との整合性を十分にとることが必要である。さらには地域の自然特性、環境保全の状況、経済社会動向、地域住民のニーズ等の様々な自然的社会的条件を総合的に勘案した上で、望ましい周辺の生活環境との調和を達成できるよう効果的な配慮をする必要がある。

　　なお、騒音規制法、振動規制法のように工場等の周辺地域における生活環境の保全を目的とした法律においても同様のスキームがとられている。

(3) 都道府県及び市が国の定める範囲を超えて緑地面積率等を設定することの是非

　　工場等の緑化については、地域性の強い性格のものであるが、「全国レベルでの緑化の前進」「緑地整備に対する事業者の過剰負担の回避」「設置場所選定の適正化」の観点を考慮し、上限下限が定められている。従って「当該範囲を超えた緑地面積率等の設定はなされ

べきではない。」という趣旨であり、そのような条例は制定されるべきではないと考えられる。

　　ただし、工場立地法と異なる法目的、例えば「市街化調整区域における緑地の保全或いは土地利用の調整」といった見地から、工場立地法の定める上下限値と異なる規制を条例で行うことを妨げるものではないと考えられる。

8．「同項の準則に代えて」

　「代えて」の意味は、都道府県準則及び市準則が定められると国の定めた準則はこれに代替され、条例で定めた準則が、国の準則と同等の効力をもち、勧告（第9条第2項）、変更命令（第10条）等が適用されることとなる。

9．「経済産業大臣及び製造業等を所管する大臣は、関係行政機関の長に協議し、かつ、産業構造審議会の意見を聴いて」

　第4条第1項の準則同様、緑地面積率等に関する事項については、「立地」についての責任を有する経済産業大臣及び地域準則の適用を受けることとなる「工場」の属する事業について責任を有する製造業等を所管する大臣が、準則を定める際の範囲の設定を行うこととされている。

　なお、経済産業省設置法第4条第9号は、「産業立地に関すること」を経済産業省の所掌事務として規定している。

　また、緑地面積率等は、単に工場立地あるいは当該製造業等のサイドからの適正な基準ではなく、環境の保全、災害の防止、地域開発、都市計画等、各方面の判断を踏まえて適正なものとする必要があるので、あらかじめ関係行政機関の長に協議することとされている。

　さらに、「産業構造審議会の意見を聴いて」範囲を設定することとされているのは、今後の工業立地のあり方に関する重要事項を定めるものであるため、学識経験者等の各方面からの専門的意見をきいておくことが適当であるからである。

10．「併せて当該区域の範囲」

　都道府県準則又は市準則が定められることとなれば、同一の都道府県又は市において、国が定める準則が適用される区域と都道府県又は市が条例で定める準則が適用される区域とが存在することとなるため、条例においては、当該区域の範囲を明示し、混乱のないようにする必要がある。

11．（参考）企業立地の促進等による地域における産業集積の形成及び活性化に関する法律（平成19年法律第40号、以下「企業立地促進法」という。）第10条に基づく市町村条例について（P.211参照）

　企業立地促進法第10条では、同法に基づく基本計画に定めた企業立地重点促進区域の存する市町村が、条例で、国又は都道府県若しくは市が定めた準則に代えて、緑地・環境施設面積率を定めることを可能と規定している。

　企業立地促進法に基づき市町村が定めた準則（以下「市町村準則」という。）では、重点促進区域内においてその適用区域を定める必要があるが、都市計画法の用途地域である工業専用地域等であって、住民の生活、利便又は福祉のための用に供される施設が存しない区域につい

ては、緑地・環境施設面積率を１％まで緩和することが可能となっている。
　市町村準則を定める際の基準については、区域の区分ごとの基準を以下のとおり定めている。

	甲種区域	乙種区域	丙種区域
緑地の面積の敷地面積に対する割合の下限	100分の10以上100分の20未満	100分の5以上100分の20未満	100分の1以上100分の10未満
環境施設の面積の敷地面積に対する割合の下限	100分の15以上100分の25未満	100分の10以上100分の25未満	100分の1以上100分の15未満

（備考）
1　甲種区域、乙種区域及び丙種区域とは、それぞれ次の各号に掲げる区域をいう。
　一　甲種区域　住居の用に併せて工業の用に供されている区域（緑地面積率等に関する区域の区分ごとの基準（平成10年大蔵省、厚生省、農林水産省、通商産業省、運輸省告示第２号）に規定する第２種区域と同等の区域）
　二　乙種区域　主として工業等の用に供されている区域（緑地面積率等に関する区域の区分ごとの基準に規定する第３種区域と同等の区域）
　三　丙種区域　専ら工業等の一般住民の日常生活の用以外の用に供されている区域
2　区域の設定に当たっては、緑地整備の適切な推進を図り周辺の地域の生活環境を保全する観点から、次に掲げる事項に留意すること。また、各区域の設定に当たっては、特定工場の周辺に森林や河川、海、運河、環境施設などが存在している等、その区域内の住民の生活環境に及ぼす影響が小さい区域であることを考慮すること。
　一　都市計画法（昭和43年法律第100号）第８条第１項第１号に定める用途地域の定めがある地域については、原則次の区分に従うこと。
　　ア　「甲種区域」として設定することができる区域　準工業地域
　　イ　「乙種区域」として設定することができる区域　工業地域、工業専用地域
　　ウ　「丙種区域」として設定することができる区域　工業地域又は工業専用地域のうち、設定区域における住民の生活、利便又は福祉のための用に供される施設（住宅等の居住施設、物品販売店舗及び飲食店等商業の用に供している施設、図書館等の文教施設、診療所等の医療施設、老人ホーム及び保育所等の社会福祉施設等であって、工業等の用に供している施設に付随して設置されたもの及び主として工業等の用に供している施設の従業員その他の関係者の利用に供されているものを除く。以下同じ。）が存しない区域
　二　工業地域であっても多数の住居が混在する場合など用途地域に即して区域を設定した場合に特定工場の周辺の地域における生活環境の保持が著しく困難と認められる場合については、用途地域にとらわれることなく区域の当てはめを行うこと。
　三　都市計画法第８条第１項第１号に定める用途地域の定めがない地域については、今後の用途地域の指定の動向、現に用途地域の定めのある周辺地域の状況等を参考に、特定工場の周辺の地域について、以下のそれぞれの要件を満たす範囲を特定して区域の区分

を行うこと。
　　　ア　「甲種区域」として設定することができる区域　設定区域における住民の生活、利便又は福祉のための用に供される施設が近隣の準工業地域と同程度以下の割合で存する区域
　　　イ　「乙種区域」として設定することができる区域　設定区域における住民の生活、利便又は福祉のための用に供される施設が近隣の工業地域又は工業専用地域と同程度以下の割合で存する区域
　　　ウ　「丙種区域」として設定することができる区域　乙種区域に相当する区域のうち、設定区域における住民の生活、利便又は福祉のための用に供される施設が存しない区域
　　四　各区域の設定に当たっては、現在でも緑地面積率が数％という状況にとどまっている、古くから形成されてきた工業集積地のような地域に区域を設定することによって、特定工場における緑地及び環境施設の整備を促し、結果として現状よりも緑地等の整備が進むように配慮すること。
　　　また、丙種区域の設定に当たっては、併せて丙種区域として設定しようとする区域の存する地域における緑地及び環境施設の整備に配慮する等、地域の環境の保全に留意すること。
　　五　緑地及び環境施設のそれぞれの面積の敷地面積に対する割合の下限値の設定に当たっては、区域内の状況のみにとどまらず、区域に接する地域が当該地域の住民の生活の用に供されている状況を勘案して、特定工場の周辺の生活環境の保持がなされるように配慮すること。
　3　工場立地法施行規則（昭和49年大蔵省、厚生省、農林省、通商産業省、運輸省令第1号。以下「規則」という。）第4条に規定する緑地以外の環境施設以外の施設又は同条第1号トに掲げる施設と重複する土地及び規則第3条に規定する建築物屋上等緑化施設については、敷地面積に緑地面積率を乗じて得た面積の100分の50の割合を超えて緑地面積率の算定に用いる緑地の面積に算入することができない。

工場立地に関する助言

第5条　工場又は事業場を設置しようとする者は、経済産業大臣に対し、その工場又は事業場の立地に関する事項について、資料の提供又は助言を求めることができる。この場合において、経済産業大臣は、その所掌する事項に関し、必要な助言をするものとする。

〔要旨〕
　この規定は、工場又は事業場の立地に関する資料の提供及び助言について、定めたものである。
〔解説〕
1．趣旨
　工場立地の問題は非常に広い範囲の分野にわたる深い知識と経験を必要とする極めて困難な問題であって、個々の事業者が単独には容易に適切な判断を下し得ないところである。第3条の工場立地調査簿の閲覧は確かに事業者にとって有力な参考資料となることは言を俟たないと

ころであるが、これはあくまで単なる素材の提供であってこれのみでは事業者は判断に迷う場合も多いものと思われる。

　また、国の意図を表わす手段としては、前条の工場立地に関する準則、事業者の判断の基準となるべき事項の公表があり、また具体的に立地をしようとする段階では第6条等の規定による届出についての判断があるが、むしろ具体的立地計画を決める前のできるだけ早い機会に国の意図を知り、勧告等を受けることのない立地計画をたてることが行政的にみても、また事業者からみても望ましい。

　そこで、そのような場合に事業者はその立地に関する事項について資料の提供又は助言を求めることができることとしている。

2．「助言」とはある行為をなすように相手方に対して進言することである。無論強制力はない。勧告、命令と異なって当該事業者の利益には反しても、国家的な利益をまもるために敢えてこれに従うべきことを勧めるものではない。この場合の助言はあくまで助言を求めてきた当事者の判断をたすける意味での助言である。

3．「その所掌に係る事項について」とは、経済産業省設置法に基づき経済産業大臣の所掌に属するものとされている事項のことである。工場立地の問題は非常に広い分野にわたるものであるから、なかにはこれと関係して道路をどのように整備したらよいかとか、専用ふ頭は港湾区域内のどのような位置に設けるべきかなどという他大臣の所掌に関する事項についての助言も考えられないことはない。助言であるから拘束力はないとはいえ国の機関の意思の表示であることにはかわりないから、このような求めに対して経済産業大臣が単独で助言をすることは不適当であるし、又実際することは不可能である。本条の後段の規定はこの当然のことを明定して、一般国民が経済産業大臣に対して期待し得る助言の範囲を過大なものに誤解することのないよう注意するという意味をもつといえよう。

届　出

第6条　製造業等に係る工場又は事業場（政令で定める業種に属するものを除く。）であつて、一の団地内における敷地面積又は建築物の建築面積の合計が政令で定める規模以上であるもの（以下「特定工場」という。）の新設（敷地面積若しくは建築物の建築面積を増加し、又は既存の施設の用途を変更することにより特定工場となる場合を含む。以下同じ。）をしようとする者は、主務省令で定めるところにより、次の事項を、当該特定工場の設置の場所が町村の区域に属する場合にあつては当該特定工場の設置の場所を管轄する都道府県知事（以下単に「都道府県知事」という。）に、当該特定工場の設置の場所が市の区域に属する場合にあつては当該特定工場の設置の場所を管轄する市長（以下単に「市長」という。）に届け出なければならない。ただし、当該特定工場の設置の場所が、第2条第4項に規定する地区のうち同項の規定による調査の結果に基づき大気又は水質に係る公害の防止につき特に配慮する必要があると認められる地区で経済産業大臣及び環境大臣が産業構造審議会の意見を聴いて指定するもの（以下「指定地区」という。）に属しない場合には、第6号の事項については、この限りでない。
　1　氏名又は名称及び住所

2　特定工場における製品（加工修理業に属するものにあつては加工修理の内容、電気供給業、ガス供給業又は熱供給業に属するものにあつては特定工場の種類）
3　特定工場の設置の場所
4　特定工場の敷地面積及び建築面積
5　特定工場における生産施設、緑地及び環境施設の面積並びに環境施設及び第4条第1項第2号の主務省令で定める施設の配置（次のイ又はロに掲げる場合にあつては、それぞれイ又はロに定める事項を含む。）
　イ　工業団地に特定工場の新設をする場合には、当該工業団地の面積並びに緑地、環境施設その他の主務省令で定める施設の面積及び環境施設の配置
　ロ　工業集合地に特定工場の新設をする場合であって、第4条第1項第3号ロに掲げる事項に係る同項第1号及び第2号に掲げる事項の特例の適用を受けようとするとき　当該工業集合地に隣接する一団の土地に計画的に整備される緑地又は環境施設（以下この号及び第8条第1項第2号において「隣接緑地等」という。）の面積、当該環境施設の配置並びに隣接緑地等の整備につき当該工業集合地に工場又は事業場を設置する者が負担する費用の総額（第8条第1項第2号において「負担総額」という。）及び当該特定工場の新設をする者が負担する費用
6　特定工場における大気又は水質に係る公害の原因となる主務省令で定める物質（以下「汚染物質」という。）の最大排出予定量並びにその予定量を超えないこととするための当該汚染物質に係る燃料及び原材料の使用に関する計画、公害防止施設の設置その他の措置
7　特定工場の新設のための工事の開始の予定日
2　前項の規定による届出には、当該特定工場の配置図その他の主務省令で定める書類を添附しなければならない。

【関連規定】
◆製造業等に係る工場又は事業場＝運用例規1―1―1―2及び1―2―1―1（製造業等に係る工場又は事業場）、1―2―1―2（自家発電所等）
◆政令で定める業種＝工場立地法施行令第1条（特定工場）
◆一の団地＝運用例規1―2―1―3（一の団地）
◆敷地面積＝運用例規1―2―2―1（工場等の敷地面積）
◆建築物の建築面積＝運用例規1―2―3―1（工場等の建築面積）
◆政令で定める規模＝工場立地法施行令第2条（特定工場）
◆主務省令で定めるところ＝工場立地法施行規則第6条（特定工場の新設等の届出）
◆指定地区＝指定地区の指定について（昭和53年通商産業省告示第289号）
◆主務省令で定める施設＝工場立地法施行規則第7条（工業団地共通施設）
◆主務省令で定める物質＝工場立地法施行規則第8条（汚染物質）
◆主務省令で定める書類＝工場立地法施行規則第6条第2項
◆不届又は虚偽届出に対する罰則＝工場立地法第16条（罰則）

〔要旨〕
　この規定は、一定規模以上の工場又は事業場の新設をしようとする者は、都道府県知事又は市長に所定の事項を届け出なければならない旨を定めた規定である。

なお、企業立地促進法に基づく市町村準則が定められている場合（第4条の2の〔解説〕11参照）は、当該市町村準則を定めている市町村の長に所定の事項を届け出ることとなる。

〔解説〕
1．趣旨
(1) 本条は、一定規模以上の工場又は事業場を設置しようとする者に対し、その設置をしようとする特定工場の内容を事前に審査するため、あらかじめ必要事項を都道府県知事又は市長に届け出させることにしているものである。これにより、都道府県知事又は市長は、対象となる工場の設置の状況を把握するとともに、当該届出のあった事項について審査を行い、問題のある場合は、第9条の勧告、第10条の変更命令を行い、工場立地の適正化を図ることができることとなる。
(2) なお、本条の規定による届出をせず、又は虚偽の届出をした者は、6月以下の懲役又は50万円以下の罰金に処せられる。（第16条参照）

2．「特定工場」
(1) 本条は、製造業等に係る工場又は事業場から、特定業種に属するもの及び一定規模未満のものを除いたものを特定工場といい、これについて本条の届出義務を課している。
(2) 業種
① 「製造業等」とは、製造業（物品の加工修理業を含む。）、電気供給業、ガス供給業、及び熱供給業をいう（第2条第3項）。鉱業、建設業、倉庫業、運輸業等は含まれない。電気供給業、ガス供給業及び熱供給業は、昭和48年の改正により新たに追加されたものである。
② 「製造業等に係る工場又は事業場」とは、生産施設を設置して製造、加工等の業務のために使用する場をいう。したがって、本社、営業所、変電所、石油油槽所等は生産施設を有しないので、これには含まれないものと解される。
③ 「政令で定める業種に属するものを除く。」
製造業等に係る工場又は事業場であっても、政令で定める特定のものについては、届出義務を課さないこととしている。
この除外を政令で行う観点としては、一般的には、事前審査として勧告を行う観点からみて、問題となる可能性がきわめて小さいもの、あるいは勧告をすることが適当でないものと考えられる。
政令（工場立地法施行令）では、次のように水力発電所、地熱発電所及び太陽光発電所がこれに該当するものとされている。なお、太陽光発電所については、平成24年の政令改正により追加された。

> **工場立地法施行令第1条**　工場立地法（以下「法」という。）第6条第1項の政令で定める業種に属する工場又は事業場は、電気供給業に属する発電所で水力又は地熱を原動力とするもの又は太陽光を電気に変換するものとする。

(3) 規模
① 「一の団地内」
一つの工場又は事業場の範囲を示すために使われる概念であり、いわゆる工業団地の意

味ではない。

　通常は連続した一区画内の土地をいう。したがって、道路、河川、鉄道等により二分されている場合は、通常は一の団地ではないが、その工場自体のために設けた私道、軌道等により分断されている場合又は道路、鉄道等により分断されてはいるが生産工程上、環境保全上若しくは管理運営上極めて密接な関連があり、有機的に一体関係にあると認められるものは一の団地と解される。

② 「敷地面積」とは、工場又は事業場の用に供する土地の全面積である。社宅、寮又は病院の用に供する土地及びこれらの施設の用地として明確な計画のあるものは含まれないが、当面用途不明のまま将来の予備として確保している土地は含まれるものと解される。

③ 「建築物の建築面積」とは、建築物の投影面積をいうものであり、いわゆる延べ床面積ではない。建築物とは、土地に定着する工作物のうち、屋根及び柱又は壁を有するものをいう（建築基準法第2条第1号）。具体的な面積の測り方は、建築基準法上の取扱いと同様である。

④ 「政令で定める規模以上であるもの」

　政令では、次のように定められている。

> **工場立地法施行令第2条**　法第6条第1項の政令で定める規模は、敷地面積については9千平方メートル、建築物の建築面積の合計については3千平方メートルとする。

敷地面積又は建築物の建築面積の合計のいずれかがこの規模以上のものは、届出を要する。

3．「新設」

(1) 本法の規定に基づく届出は、次の表のとおり各条文にわかれているが、そのうち、本条の規定は、特定工場の「新設」をしようとする場合の届出に適用される。

表2-1　届出の種類

届出の種類		根拠条文
新設の届出	特定工場の新設（敷地面積若しくは建築面積を増加し、又は既存の施設の用途を変更することにより特定工場となる場合を含む。以下同じ。）	第6条第1項
変更に係る届出	① 法施行時に特定工場の設置をしている者、新設工事中の者又は法施行日から90日経過前（昭和49年6月28日以前）に新設工事を開始する者が、法施行日から90日経過した日（昭和49年6月29日）以後最初に行う変更（軽微なものを除く。）	昭和48年法律第108号附則第3条第1項
	② 第6条第1項の政令の改廃時に特定工場の設置をしている者又は新設工事中の者がその後最初に行う変更（軽微なものを除く。）	第7条第1項
	③ 新設の届出又は①②の届出をした者がその後行う変更（軽微なものを除く）。	第8条第1項
その他の届出	① 氏名等の変更	第12条
	② 特定工場の譲受、借受、相続、合併又は分割（当該特定工場を承継させるものに限る。）による届出者の地位の承継	第13条第3項

(2) 「敷地面積若しくは建築物の建築面積を増加」することにより特定工場となる場合

敷地面積又は建築物の建築面積が政令で定める規模未満であったため特定工場に該当しなかった工場又は事業場がこれらの面積を増加することにより特定工場となる場合をさすものである。
(3) 「既存の施設の用途を変更することにより特定工場となる場合」
　この場合としては、製造業等以外の業種又は政令除外業種に該当する用途に使用していた建屋を新しく政令除外業種に該当しない製造業等の用途に使用することにより特定工場となる場合などが考えられる。

4．届出先
　本条の届出は当該特定工場の設置の場所が市に属する場合は市長に、町村に属する場合は都道府県知事に行う。

5．届出を要する地域と届出期限
(1) 本条の届出を要する地域は、全国地域である。昭和48年の改正前は、届出免除地域の規定があったが、同改正により削除された。
　なお、第1項第6号の届出事項については、後述のとおり、指定地区に特定工場を新設する場合に限られる。
(2) 届出期限について、本条には規定がない。
　昭和48年改正前の規定では、本条の届出は、「当該特定工場の設置のための工事の開始の日の90日前までに」なされなければならないものとされていたが、改正により、このような規定はなくなった。しかし、第11条（実施の制限）第1項で、届出をした者は、その届出が受理された日から90日を経過した後でなければ、当該特定工場の新設等をしてはならない旨を規定しているので、原則として着工の90日前までに届出をしなければならないことになる。ただ、後述するように、同条第2項で届出の内容が相当であると認めるときは、90日の期間を短縮できることとしている点が異なる。

6．指定地区（第1項ただし書）
　指定地区の指定により、指定地区内に立地する特定工場は、第六号の「特定工場における汚染物質の最大排出予定量並びにその予定量をこえないこととするための当該汚染物質に係る燃料及び原材料の使用に関する計画、公害防止施設の設置その他の措置」に関する届出を行わなければならないこととなる。
(1) 「第2条第4項に規定する地区のうち同項の規定による調査の結果に基づき大気又は水質に係る公害の防止につき特に配慮する必要があると認められる地区」
　① 「第2条第4項に規定する地区」というのは、大規模な工場又は事業場の設置が集中して行われると予想される地区であって工場立地に伴う公害の防止に関する調査が実施された地区のことである。
　　第6号の届出はこの指定地区内に立地する特定工場に限定して行わせることとなる。この届出は著しい重合汚染の発生を未然防止するために行わせるものであり、したがって、届出義務を課せられるのはそのような可能性があると認められる地区、即ち、工場立地に伴う公害の防止に関する調査が実施された地区に限ったものである。これ以外の地区については、個々の施設ごとに行われている公害規制法に基づく規制が守られていれば著しい重合汚染が発生する事態は生じないものと考えられるので、公害規制法による規制に委ねることとしたものである。

② 「大気又は水質に係る公害の防止につき特に配慮する必要があると認められる地区」

この規定にもとづく指定行為の目的は、調査の結果、環境保全面からの勧告、命令等の規制を行う必要がある地区であるとの確認をするところにあり、調査が実施された地区はそのまま指定地区に指定されるのが通例となろう。「大気又は水質に係る公害の防止につき特に配慮する」というのは第2条第4項では調査の観点が必ずしも明確に規定されていないので、この調査が、公害現象のうちの大気と水質をとりあげるものであること、大量の汚染物質が一体となって著しい重合汚染が発生するのを回避するような措置を講ずるという観点から行われるものであることを示すものである。

なお、昭和53年7月に、茨城県鹿島地区及び大分県大分地区が指定地区として指定された。

(2) 「経済産業大臣が産業構造審議会の意見を聴いて指定するもの」

工場立地に伴う公害の防止に関する調査の結果にもとづいて第6号の届出義務を課する場合には、届出の必要がある地点が明らかでなければならない。このため、道路、河川、鉄道等の明確な目標物をもって境界を定める必要がある。これが指定行為である。一般的に、地域指定は政令で行うこととする立法例が多いが、この指定行為は、上述のように既に調査が行われた地域を技術的に線引きするにすぎないこと、調査地区の選定も経済産業大臣が行ったものであること等の理由により、審議会の意見を聴いて経済産業大臣が単独で行えることとしたものである。

7．届出事項（第1項各号）
(1) 届出事項の様式は、省令（工場立地法施行規則）様式第1に定められている。（記載の仕方の詳細については、P.137を参照のこと。）
(2) 「氏名又は名称及び住所」（第1号）

届出者が自然人の場合は、氏名及び住所を記載する。届出者が法人の場合は、法人の名称、法人の代表者の氏名及び法人の本社の所在地を記載する。
(3) 特定工場における製品（第2号）

当該特定工場で製造、加工等を行う製品を記載する。日本標準商品分類でいうと6桁程度の区分での記載が適当と考えられる。（付録の表において製造品名、賃加工品名の欄参照。）

電気供給業、ガス供給業又は熱供給業の場合の「特定工場の種類」としては、電気供給業では、火力発電所又は原子力発電所、ガス供給業では一般ガス製造所、簡易ガス製造所等の種類、熱供給業では、熱発生所といった種類が考えられる。
(4) 生産施設の面積等（第5号）

第5号の届出事項は、いずれも第4条第1項の準則に対応する事項であり、整理すると次のとおりである。
① 生産施設の面積
② 緑地の面積
③ 環境施設の面積
④ 環境施設の配置
⑤ 工業団地の面積並びに緑地、環境施設その他の主務省令で定める施設の面積及び環境施設の配置（工業団地に特定工場を新設する場合に限る。）
⑥ 工業集合地の隣接緑地等の面積、環境施設の配置、隣接緑地等に係る負担費用等（工業

集合地に特定工場を新設する場合であって、工業集合地特例の適用を受けようとする場合に限る。）
(5) 工業団地に特定工場を新設する場合（第5号イ）
　⑤の事項は、準則の工業団地に立地する場合の特例（第4条第1項第3号イ）に対応するものである。主務省令で定める施設は、省令（工場立地法施行規則）第7条で次のとおり定められている。

工業団地共通施設

工場立地法施行規則第7条　法第6条第1項第5号の緑地、環境施設その他の主務省令で定める施設（以下「工業団地共通施設」という。）は、工業団地内の次の各号に掲げる施設（工業団地に設置される工場又は事業場の敷地内にあるものを除く。）とする。
1　緑地及び緑地以外の環境施設
2　排水施設、工業団地管理事務所、集会所、駐車場その他これらに類する施設の敷地

　ここでいう工業団地共通施設は、工業団地造成者、地方公共団体、中小企業団地組合等が所有するものであり、団地入居工場には非分譲のものをいう。共同の利用に供されていても、工場又は事業場の共有となっているものは「工場又は事業場の敷地」に含まれるので、工業団地共通施設ではない。工業団地の非分譲用地はほとんどこの工業団地共通施設に含まれるが、公共港湾、公共道路などは第2号の「これらに類する施設」には含まれないものと解される。

(6) 工業集合地に特定工場を新設する場合（第5号ロ）
① 「工業集合地に特定工場の新設をする場合であって、第4条第1項第3号ロに掲げる事項に係る同項第1号及び第2号に掲げる事情の特例の適用を受けようとするとき」
　第5号ロの規定に基づく工業集合地関連情報の届出は、工業集合地に特定工場の新設をする場合であって、かつ、工業集合地の特例の適用を受けようとする場合に行うものとされている（工場集合地に特定工場の新設をする場合であっても、特例の適用の意思のない事業者（例えば費用負担を拒み、自社の敷地内に所要の緑地を整備しようとする者等）は当該情報を届け出る必要はない。）。
　因みに工業団地に工場を新設しようとする場合にあっては、特例の適用は自明であるため（土地の分譲価格に緑地、道路その他の施設の整備に要する費用が上乗せされている）、「特例の適用を受けようとする場合」という規定はない。
　第5号ロの規定に基づき工業集合地関連情報を届け出ることとなるのは、
イ．当該特定工場の新設と同時に、工業集合地が形成され、併せて緑地等が整備される場合（緑地等の整備が確実に見込まれる場合を含む。）。
ロ．既に存在する工業集合地に当該特定工場の新設を行う際、併せて緑地等が整備される場合。
である。
　なお、以下のような場合については、第8条（変更の届出）の規定に基づき緑地等の設置後に変更を行う際に届け出ることとなる。
ハ．当該特定工場の新増設と同時に、工業集合地が形成されるものの、緑地等については、数年後に整備される場合。
ニ．当該特定工場の新増設後に、当該特定工場に隣接して他の特定工場が設置された結果

工業集合地が形成され、併せて緑地等が整備される場合。
　　なお、既に存在する工業集合地に特定工場の設置を行う際、新たに緑地等が整備されない場合は、特例の適用はない。
　②　「当該工業集合地に隣接する一団の土地に整備される緑地又は環境施設（以下この号及び第8条第1項第2号において「隣接緑地等」という。）の面積、当該環境施設の配置並びに隣接緑地等の整備につき当該工業集合地に工場又は事業場の設置をしている者が負担する費用の総額（第8条第1項第2号において「負担総額」という。）及び当該特定工場の新設をする者が負担する費用」
　　準則計算に必要な事項等について列挙されている。ただし、事業者間の公平性を担保するため、工業団地の特例の場合は、「当該工業団地の面積」とされているが、工業集合地の特例の場合は、<u>「当該工業集合地に工場又は事業場の設置をしている者が負担する費用の総額（「負担総額」）</u>及び<u>「当該特定工場の新設をする者が負担する費用」</u>を届出ることとされている。
　　〈参考…準則第6条〉
　　緑地の面積 ＝ 当該工場等の緑地面積 ＋ 隣接緑地等のうち緑地の面積

$$\times \frac{\text{隣接緑地等の整備につき当該工場等を設置する者が負担する費用}}{\text{隣接緑地等の整備につき工業集合地に工場等を設置する者が負担する費用の総額}}$$

(7)　汚染物質の最大排出予定量及びその予定量をこえないこととするための措置（第6号）
　①　汚染物質の範囲は、省令第8条で次のとおり定められている。

汚染物質
工場立地法施行規則第8条　法第6条第1項第6号に規定する汚染物質のうち、大気に係るものは別表第1に掲げる物質とし、水質に係るものは別表第2に掲げる物質とする。

別表第1

1	いおう酸化物	5	塩素及び塩化水素
2	窒素酸化物	6	ふっ素、ふっ化水素及びふっ化けい素
3	ばいじん	7	鉛及びその化合物
4	カドミウム及びその化合物	8	粉じん

別表第2

1	生物化学的酸素要求量又は化学的酸素要求量として表示される有機性物質	7	鉛及びその化合物
		8	六価クロム化合物
2	浮遊物質	9	ひ素及びその化合物
3	ノルマルヘキサン抽出物質	10	水銀及びアルキル水銀その他の水銀化合物
4	カドミウム及びその化合物	11	水素イオン
5	シアン化合物	12	フェノール類

6	有機りん化合物（ジエチルパラニトロフェニルチオホスフェイト（別名パラチオン）、ジメチルパラニトロフェニルチオホスフェイト（別名メチルパラチオン）、ジメチルエチルメルカプトエチルチオホスフェイト（別名メチルジメトン）及びエチルパラニトロフェニルチオノベンゼンホスホネイト（別名EPN）に限る。）	13	銅
		14	亜鉛
		15	溶解性鉄
		16	溶解性マンガン
		17	クロム
		18	ふっ素
		19	大腸菌群

　　汚染物質としては、環境基本法に基づく環境基準又は大気汚染防止法に基づく排出基準若しくは水質汚濁防止法に基づく排水基準の定められているもののうち、製造業等に係る工場又は事業場から排出されるものを対象とすることとして範囲を定めたものである。
　　これらの汚染物質のうち重合汚染発生の可能性が高いため本法の適切な執行を図る上で特に必要なものは当面、大気関係では、いおう酸化物、窒素酸化物及びばいじんであり、水質関係では、生物化学的酸素要求量（又は化学的酸素要求量）、浮遊物質及びノルマルヘキサン抽出物質であり、様式でも、この趣旨から、これらの物質は特掲して記載させることとしている。
　② 「最大排出予定量」
　　最大排出予定量とは、届出に係る特定工場の設置が完成した時点におけるものをいい、当該特定工場において予定している公害防止施設の設置、原料・燃料の転換等の各種の公害防止対策が講じられ、かつ、当該特定工場におけるばい煙発生施設、粉じん発生施設又は汚水等排出施設が定格能力で運転されるときの排出量をいう。
　③ 「その予定量を超えないこととするための公害防止のための措置」
　　この部分は、政府原案では「……最大排出予定量及びその予定量をこえないこととするための措置」となっていたが、法文上で具体的な措置を明記すべきであるとの趣旨で、衆議院における審議の段階で、「……最大排出予定量並びにその予定量をこえないこととするための当該汚染物質に係る燃料及び原材料の使用に関する計画、公害防止施設の設置その他の措置」と修正が行われたものである。
(8)　「設置のための工事の開始の予定日」は、第11条の実施制限の期間が原則として90日とされているので、原則として届出日から90日以上経過した日を記載することになる。ただし第11条第2項及び第3項で届出の内容が相当であると認められるときは、90日の期間を短縮できるとしている。

7．添付書類（第2項）
(1)　特定工場の新設の届出には、当該特定工場の配置図その他の主務省令で定める書類を添付しなければならない。
(2)　（工場立地法施行規則第6条第2項及び第3項は、添付書類として、次のように定めている。（内容説明は、P.137を参照のこと。）

──　工場立地法施行規則第6条第2項、第3項　──
　2　法第6条第2項（法第7条第2項及び第8条第2項において準用する場合を含む。）の主務省令で定める書類は、次の各号（当該特定工場の設置の場所が指定地区に属しない場合にあつては、第1号から第5号まで及び第8号）に掲げるものとする。
　　1　次に掲げる事項を記載した当該特定工場の事業概要説明書

イ　生産の開始の時期並びに生産数量及び生産能力
　　　ロ　工業用水及び電力の使用量
　　　ハ　従業員数
　　2　生産施設、緑地、環境施設その他の主要施設の配置図
　　3　当該特定工場の用に供する土地及びその周辺の土地利用状況を説明した書類
　　4　工業団地内の工場敷地、次条の施設、公共道路その他の主要施設の配置図（工業団地に当該特定工場の新設等が行われる場合であって法第8条第1項の規定による届出以外の新設等の届出をする場合に限る。）
　　5　隣接緑地等における環境施設の配置図（工業集合地当該特定工場の新設等が行われる場合であつて法第4条第1項第3号ロに掲げる事項に係る同項第1号及び第2号に掲げる事項の特例の適用を受けようとする場合に限る。）
　　6　汚染物質の発生経路及び汚染物質の処理工程を示す図面
　　7　工場立地に伴う公害の防止に関する調査の対象となった物質であって別表第1及び別表第2に掲げる物質以外のもののうち指定地区ごとに経済産業大臣及び環境大臣が定めるものの最大排出予定量に関する事項を説明した書類
　　8　当該特定工場の新設等のための工事の日程を説明した書類
3　法第8条第1項の規定による届出をしようとする者は、当該届出に係る特定工場の新設等の届出の際に添付した前項の書類であって最終のものに示した事項について変更がない場合には、当該書類に相当する書類の添付を省略することができる。

政令改廃による特定工場の届出

第7条　前条第1項の規定に基づく政令の改廃の際現に当該政令の改廃により新たに同項の規定の適用を受けることとなる特定工場の設置をしている者（当該特定工場の新設のための工事をしている者を含む。）は、当該特定工場に係る同項第2号又は第4号から第6号までの事項（同項第5号の事項にあつては、当該特定工場内の生産施設、緑地若しくは環境施設の面積又は環境施設若しくは第4条第1項第2号の主務省令で定める施設の配置に係る事項に限り、前条第1項第6号の事項にあつては、当該特定工場の設置の場所が指定地区に属する場合に限る。次条第1項において同じ。）に係る変更（主務省令で定める軽微なものを除く。）で当該特定工場となる日以後最初に行われるものをしようとするときは、主務省令で定めるところにより、その旨及び前条第1項第2号又は第4号から第6号までの事項で当該変更に係るもの以外のものを、当該特定工場の設置の場所が町村の区域に属する場合にあっては都道府県知事に、当該特定工場の設置の場所が市の区域に属する場合にあっては市長に届け出なければならない。ただし、当該特定工場の設置の場所が指定地区に属しない場合には、同項第6号の事項については、この限りでない。
2　前条第2項の規定は、前項の規定による届出について準用する。

【関連規定】
◆前条第1項の規定に基づく政令＝工場立地法施行令第1条、第2条（特定工場）
◆指定地区＝工場立地法第6条第1項、指定地区の指定について（昭和53年通商産業省告示第

289号）
◆省令で定める軽微なもの＝工場立地法施行規則第9条（軽微な変更）
◆省令で定めるところ＝工場立地法施行規則第6条（特定工場の新設等の届出）
◆不届又は虚偽届出に対する罰則＝工場立地法第16条（罰則）

〔要旨〕
　第7条は、第6条第1項の規定による特定工場の除外業種及び敷地面積等の規模の下限に関する政令の改廃があった場合に、新たに同項の規定の適用を受けることとなる特定工場をすでに設置している者及び新設工事中の者が、特定工場となる日以後最初の変更をしようとするときは、当該変更内容の届出とともに、その時点における他の事項の内容も1回だけ届出なければならないことを定めるものである。

〔解説〕
1．本条の届出義務を負う者
　第6条第1項の規定に基づく政令の改正又は廃止があった場合に、新たに同項の規定の適用を受けることとなる特定工場をすでに設置している者及び新設工事中の者が本条の届出義務者である。
(1)　「前条第1項の規定に基づく政令」とは、特定工場の除外業種及び規模の下限を定める政令（政令第1条及び第2条）である。
(2)　「新たに同項の適用を受けることとなる」とは、従来特定工場に該当しなかった工場又は事業場が同項（第6条第1項）に規定する特定工場に該当することとなることをいう。
(3)　「特定工場の設置をしている者」とは、その時点においてすでに特定工場が設置された状態になっている場合をいい、カッコ内の「新設のための工事をしている者」は、その時点において工事中の場合をいう。

2．最初の変更
　本条の規定による届出を要するのは、第6条（届出）第1項各号の事項のうち一定の事項の変更で、当該工場が特定工場となる日以後最初に行われるものをしようとする場合である。
(1)　「当該特定工場に係る同項第2号又は第4号から第6号までの事項」とは、届出を必要とする最初の変更に該当する変更事項の範囲を示すため、第6条第1項各号の中から必要な事項を引用したものである。これらの事項は、特定工場の実体的事項であり、この意味で第1号、第7号が除かれている。また、第3号の設置場所の変更は第6条第1項の新設にあたるので、これも除かれている。
(2)　「同項第5号の事項にあっては、……配置に係る事項に限り」とは、同号のカッコ内の工業団地に係る届出事項（工業団地の面積並びに緑地、環境施設その他の省令で定める施設の面積及び環境施設の配置）を除く趣旨である。工業団地に係る施設は、当該団地で工場立地の分譲をうけ特定工場の設置をしている者の管理の及ぶ範囲のものではないので、その変更のみの場合に罰則つきの届出義務を課すのは不適当であるからである。
(3)　「前条第1項第6号の事項にあっては、当該特定工場の設置の場所が指定地区に属する場合に限る。」は、第6号の事項はもともと指定地区内だけに届出義務がかかるものであるからである。
(4)　「に係る変更」とは、以上に掲げる事項に相当する当該工場の実態の変更をいう。
(5)　かかる変更のうち、軽微な変更は、届出を要しないこととし、その具体的内容は省令で定

めることとしている。省令第9条では、次のように定めている。このうち3～4については、昭和57年4月1日、5は平成23年9月30日、6は平成22年6月30日の省令改正により追加されたものである。（詳細については、P.123以下を参照のこと。）

軽微な変更

工場立地法施行規則第9条 法第7条第1項の主務省令で定める軽微な変更は、次のとおりとする。
1 法第6条第1項第5号の事項に係る変更を伴わない当該特定工場の建築面積の変更
2 特定工場に係る生産施設の修繕によるその面積の変更であって、当該修繕に伴い増加する面積の合計が30平方メートル未満のもの
3 特定工場に係る生産施設の撤去
4 特定工場に係る緑地又は緑地以外の環境施設の増加
5 特定工場に係る緑地又は緑地以外の環境施設の移設であって、当該施設によりそれぞれの面積の減少を伴わないもの（周辺の地域の生活環境の保持に支障を及ぼすおそれがないものに限る。）
6 特定工場に係る緑地の削減によるその面積の変更であって、当該削減によって減少する面積の合計が10平方メートル以下のもの（保安上その他やむを得ない事由により速やかに行う必要がある場合に限る。）

なお、この省令は、第8条及び昭和48年法律第108号附則第3条で引用されているので、この3つの場合の共通の省令となる。

(6) 「当該特定工場となる日以後」とは、通常は、すでに設置している者については改廃政令の施行日、新設工事中の者については当該工事の完了の日になるが、例えば改廃政令について第15条の5（経過措置）の規定により経過措置が定められた場合は、この日が変わりうることになる。

(7) 「最初に行なわれるもの」であるから、最初の変更の場合だけ本条の届出義務を負うのであって、その後の変更は第8条（変更の届出）の規定が適用される。

3．届出事項

(1) 「その旨」とは、変更の内容をいうものであり、当該変更事項の変更前と変更後の内容がわかるように届け出るものと考えられるが、具体的な届出内容は省令の様式で定められている。

(2) 「前条第1項第2号又は第4号から第6号までの事項」は、これらの事項のすべてを届け出るべきことをさしており、また「その旨」が変更という行為の届出であるのに対して、届出の時点でのこれらの事項の状態の届出をさしている。最初の変更のときに限って、これらの事項まで届け出させることとしたのは、これらの事項について勧告等の審査を行う趣旨ではない。（第9条第1項参照。）その後の変更の届出は、その旨すなわち変更事項だけを届け出てくる（第8条第1項）が、これを審査するためにはできるだけ早い機会に1度だけ当該特定工場の全体の姿を把握しておく必要があるからである。なお、2の(2)の場合と異なり、届出事項には、第5号のカッコ書の工業団地に関する事項が含まれていることに注意を要する。

(3) 「当該変更に係るもの以外のもの」とは、「その旨」の内容として変更に係る事項について

は、変更前の内容についても届け出ることになるので、表現上の重複をさけるため、これを全体の姿を届け出る事項の方から除いたものである。
(4) ただし書の趣旨は、第6条第1項ただし書について述べたところと同様である。なお、2の(3)に述べたカッコ内の第6号の事項の限定の規定とこのただし書とは一見重複しているように見えるが、前者は本条の届出義務の発動要件たる変更事項であるのに対して、後者は届出事項であり、特に(2)で述べた全体の姿の届出事項は発動要件たる変更事項とは本来無関係である（現実にも工業団地に関する事項の扱いは違っている。）ので、両方について規定をしたものである。

4．届出先
　本条の届出は当該特定工場の新設の届出を行った都道府県知事又は市長に行うこととする。

5．法第15条の5（経過措置）との関係
　本条の対象となる者は、特定工場をすでに設置している者と新設工事中の者に限られており、これ以外の「新設をしようとする者」はすべて第6条第1項の届出をする形になっている。しかし、昭和48年法律第108号附則第3条の本法施行時における同様のケースの取り扱いは、法施行日から90日を経過する日以前に新設のための工事を開始する者についても、当該工事については第6条第1項を適用せず、その後の最初の変更をしようとするときに本条と同様の届出をすればよい。これとのバランスからみて、政令の改廃による場合にも、第15条の5（経過措置）の規定により、当該改廃を行う改正政令で附則第3条等と同様の経過措置を定めることとなろう。

6．届出義務違反及び実施の制限
　本条の届出をせず、又は虚偽の届出をした者は、6月以下の懲役又は50万円以下の罰金に処せられる。（第16条参照）
　また、本条の届出が受理された日から90日を経過した後でなければ、原則としてその変更を実施してはならない。（第11条参照）したがって、本条の届出は、原則として変更の実施予定日の90日前に行う必要がある。ただし、第11条第2項及び第3項で届出の内容が相当であると認められるときは、90日の期間を短縮することができることとしている。

7．第6条第2項の規定の準用（第2項）
　本条第2項は、第6条第2項の添付書類の規定を、本条第1項の届出について準用したものであり、趣旨は、第6条第2項の場合と全く同様である。

変更の届出

第8条　第6条第1項又は前条第1項の規定による届出をした者は、当該特定工場に係る第6条第1項第2号又は第4号から第6号までの事項に係る変更（前条第1項の主務省令で定める軽微なものを除く。）をしようとするときは、主務省令で定めるところにより、その旨（次の各号に掲げる場合にあつては、当該各号に定める事項）をその届出をした都道府県知事又は市長に届け出なければならない。
　1　当該変更が、指定地区の指定のあった際現に当該指定地区において設置されており又

は新設のための工事がされている特定工場についての第6条第1項第2号又は第4号から第6号までの事項に係る変更で当該指定の日以後最初に行われるものであり、かつ、その変更に係る事項が同項第6号の事項以外の事項である場合　その旨及び同号の事項

　　2　当該変更が、工業集合地に設置されている特定工場についての第6条第1項第2号、第4号又は第5号の事項に係る変更で、隣接緑地等につき第4条第1項第3号ロに掲げる事項に係る同項第1号及び第2号に掲げる事項の特例の適用を受けようとする場合その旨、隣接緑地等の面積、当該隣接緑地等における環境施設の配置並びに負担総額及び当該変更をする者が負担する費用

2　第6条第2項の規定は、前項の規定による届出について準用する。

【関連規定】
◆前条第1項の主務省令＝工場立地法施行規則第9条（軽微な変更）
◆主務省令で定めるところ＝工場立地法施行規則第6条（特定工場の新設等の届出）
◆不届又は虚偽届出に対する罰則＝工場立地法第16条（罰則）

〔要旨〕
　第8条は、第6条第1項又は第7条第1項の規定による届出をした者が、その特定工場に係る変更をしようとする場合の届出の根拠規定を定めたものである。

〔解説〕
1．趣旨
（1）　本条は、第6条第1項又は第7条第1項の規定による届出をした者について次のことを定めたものである。
　　①　当該特定工場に係る実体的事項を変更しようとするときは、その旨を届け出なければならない。
　　②　当該変更が（イ）指定地区の指定の際すでに同地区に設置されていた特定工場、又は同地区において新設工事中であった特定工場について、（ロ）指定日以後最初に行う（ハ）第6条第1項第6号の事項以外の変更である場合には、その旨及び第6号の事項を届出なければならない。
　　　　この趣旨は、第6号の事項については、指定地区内の既存の特定工場につき、指定後できるだけ早い機会に一度だけその姿をとらえておき、その後の変更の届出にそなえるものであるとともに、当該指定地区内で生ずる重合汚染の発生状況を捉えるものである。（第1号）
　　③　当該変更が（イ）隣接緑地等の整備等がされた際すでに工業集合地に設置されていた特定工場、又は工業集合地において新設工事中であった特定工場について、（ロ）隣接緑地等の整備の日以後変更を行う場合に、（ハ）第4条第1項第3号ロの適用を受けようとする又は受け直す場合に、その旨及び工業集合地関連情報を届出させるものである。（第2号）
（2）　隣接緑地等の整備が行われた場合
　　　当該特定工場が工業集合地に属する際に、隣接緑地等が後から整備された場合、参加工場の1つが撤退した場合等でも、個々の特定工場敷地内において何らの変更が加わらない場合は、その時点において工業集合地関連情報の届出を行う必要はない。
　　　当該特定工場については、第6条第1項第2号（製品（業種））、第4号（敷地面積等）又

は第5号（緑地面積等）の事項の変更を行う場合であって、当該特定工場が第4条第1項第3号ロに掲げる特例の適用を受けようとする又は受け直す場合に、併せて工業集合地関連情報を届け出ることを規定したものである。

ここで、特例の適用を受け直すとは、既に工業集合地の特例の適用を受けている事業者が費用負担割合を増やした場合に、自己の敷地内の緑地等を減少させる場合等も含まれる。

表2－2　変更の届出事項

変更事項	第8条の規定による届出事項		
	原　則 （第1項柱書）	指定地区指定後最初の変更 （第1項第1号）	工場の立地後、特例を受けようとする又は受け直す場合 （第1項第2号）
6条1項2号	〃　2号	〃　2号＋6号	〃2号＋工業集合地関連情報
〃　4号	〃　4号	〃　4号＋6号	〃4号＋工業集合地関連情報
〃　5号	〃　5号	〃　5号＋6号	〃5号＋工業集合地関連情報
〃　6号	〃　6号	規定なし	規定なし

(3)　これらの実体事項の変更に届出を義務づけたのは、これらの事項の変更によって、新設の際問題がなかった特定工場に新たに問題が生じないかどうかを事前にチェックし、問題があれば勧告（法第9条）などの措置をとる必要があるからである。

(4)　なお、本条の届出をせず、又は虚偽の届出をした者は、6ヵ月以下の懲役又は50万円以下の罰金に処せられる（法第16条）。また、本条の届出が受理された日から90日を経過した後でなければ、原則としてその変更を実施してはならず（法第11条）、これに違反すると3ヵ月以下の懲役又は30万円以下の罰金に処せられる（法第17条）。したがって、本条の届出は、原則としてその変更の実施予定日の90日前に行う必要がある。ただし、第11条第2項及び第3項で届出の内容が相当であると認められるときは、90日の期間を短縮することができる。

2．本条の届出義務を負う者

本条の届出義務を負う者は、「第6条第1項又は前条第1項の規定による届出をした者」である。第6条と第7条に限ったのは、本法の規定に基づく届出をした者がこの表現ですべて読めるからである。まず、附則第3条第1項の届出は、本条の適用については、第7条第1項の届出とみなされている（昭和48年法律第108号附則第3条第2項）ので、「前条第1項の規定による届出」に含まれる。また、本条の規定による届出をした者がその後の変更を行うときも、「第6条第1項又は前条第1項の規定による届出をした者」であることに変わりはない。

3．届出義務が課せられる「変更」……「当該特定工場に係る第6条第1項第2号又は第4号から第6号までの事項に係る変更（前条第1項の省令で定める軽微なものを除く。）」

第7条第1項の〔解説〕2の(1)に述べたところと同様の実体的変更である。なお、同項において、第5号および第6号の事項についての限定をしているカッコ書は、「次条（第8条）第1項において同じ。」としているので、ここにいう「……までの事項」にもかかっている。

4．届出先

本条の届出は当該特定工場の新設の届出を行った都道府県知事又は市長に行うこととする。

5．届出事項
(1) 「その旨」を届け出なければならない。「その旨」の意味は、変更の前後の内容をいうものであり、具体的な届出内容は省令の様式で定められている。
(2) ただし、指定地区内特定工場が行う指定後最初の変更の場合は、「その旨及び第6号の事項」を届け出なければならない。
　① すなわち、(1)で述べた変更事項が、
　　ア　指定地区の指定のあった際、当該指定地区において、すでに設置されており又は新設の工事中であった特定工場についての
　　イ　第6条第1項第2号、第4号又は第5号（工業団地に係る事項を除く。）の事項に係る変更で、当該指定の日以後最初に行われるものとするときは、
　　ウ　当該変更の内容（「その旨」）及び第六号の事項（「同号の事項」）を届け出るものとしている。
　② この趣旨は、前条第1項の〔解説〕3の(2)で述べた全体の姿の届出と類似のことであり、第6号の事項については、指定地区内の既存の特定工場につき、指定後できるだけ早い機会に1度だけその姿をとらえておき、その後の変更の届出にそなえるものである。
　　なお、このような届出を第6号の事項以外の事項の変更の場合に限ったのは、第6号の変更であれば「その旨」の届出だけで変更前の同号の事項も含めた届出があるからである。

6．法第6条第2項の準用（第2項）
　本条第2項の準用規定の趣旨は、前条の〔解説〕6で述べたところと同様である。

　　勧告
第9条　都道府県知事又は市長は、第6条第1項、第7条第1項又は前条第1項の規定による届出があった場合において、その届出に係る事項（敷地面積又は建築物の建築面積の増加をすることにより特定工場となる場合に係る第6条第1項の規定による届出の場合には、当該増加に係る部分に限り、第7条第1項又は前条第1項の規定による届出の場合には、当該変更に係る部分に限る。以下同じ。）のうち第6条第1項第5号及び第6号の事項以外の事項が次の各号のいずれかに該当するときは、その届出をした者に対し、特定工場の設置の場所に関し必要な事項について勧告をすることができる。
　1　特定工場の新設又は第7条第1項若しくは前条第1項の規定による届出に係る変更（以下「新設等」という。）によつてその周辺の地域における工場又は事業場の立地条件が著しく悪化するおそれがあると認められるとき。
　2　特定工場の新設等をしようとする地域の自然条件又は立地条件からみて、当該場所を当該特定工場に係る業種の用に供することとするよりも他の業種の製造業等の用に供することとすることが国民経済上極めて適切なものであると認められるとき。
2　都道府県知事又は市長は、第6条第1項、第7条第1項又は前条第1項の規定による届出があった場合において、その届出に係る事項のうち第6条第1項第5号の事項が第1号に該当し、又は同項第6号の事項が第2号に該当するときは、その届出をした者に対し、同項第5号又は第6号の事項に関し必要な事項について勧告をすることができる。

> 1　第4条第1項の規定により公表された準則（第4条の2第1項の規定により都道府県準則が定められた場合又は同条第2項の規定により市準則が定められた場合にあっては、その都道府県準則又は市準則を含む。）に適合せず、特定工場の周辺の地域における生活環境の保持に支障を及ぼすおそれがあると認められるとき。
> 2　特定工場の設置の場所が指定地区に属する場合において、当該特定工場からの汚染物質の排出が当該指定地区において設置され又は設置されると予想される特定工場からの汚染物質の排出と一体となることによりその周辺の地域における大気又はその周辺の公共用水域における水質に係る公害の防止に支障を及ぼすおそれがあると認められるとき。
> 3　前2項の勧告は、第6条第1項、第7条第1項又は前条第1項の規定による届出のあつた日から60日以内にしなければならない。

【関連規定】
◆勧告基準＝運用例規2—2—1（法第9条第1項第1号に規定する場合の勧告の基準）、
　　　　　　運用例規2—2—2（法第9条第1項第2号に規定する場合の勧告の基準）、
　　　　　　運用例規2—2—3（法第4条第1項の規定に適合しない場合の勧告の基準）

〔要旨〕
　この規定は、本法の規定にもとづく届出の内容が一定の事由に該当する場合は、勧告をすることができる旨定めた規定である。

〔解説〕
1．趣旨
（1）　法第9条は、法第6条から法第8条までの規定による特定工場の新設又は変更の届出があった場合において、その新設又は変更の内容が、工場立地の適正化の観点からみて、問題を生ずると認める場合に、勧告をもって、そのような事態を未然に防止しようとする規定である。
（2）　届出の内容が次の事由に該当する場合は、勧告をすることができるものとしている。
　①　特定工場の新設等によってその周辺の地域における工場又は事業場の立地条件が著しく悪化するおそれがあると認められるとき。
　②　当該地域の自然条件又は立地条件からみて、当該場所を他の業種の製造業等の用に供することとすることが国民経済上きわめて適切なものであると認められるとき。
　③　生産施設の面積等に係る届出の内容が工場立地に関する準則に適合せず、特定工場の周辺の地域における生活環境の保持に支障を及ぼすおそれがあると認められるとき。
　④　指定地区に立地する特定工場からの汚染物質の排出量等の届出が同地区の他の工場の汚染物質との重合によりその周辺地域における大気又は水質に係る公害の防止に支障を及ぼすおそれがあると認められるとき。
　これらのうち、③④は昭和48年の改正で付け加えられたものである。
（3）　本条の勧告自体には強制力がないが、（2）の③④の2つの場合については、生活環境に関わる重要問題であることにかんがみ、勧告を受けた者がこれに従わない場合で、一定の要件に該当すると認めるときは、罰則つきの変更命令をなしうるものとして、強制力をもたせうることとしている（法第10条）。
（4）　本条の勧告は、届出のあった日から60日以内にしなければならないものとされている。こ

の期間は、長期にわたって届出をした者を不安定な状態に置くことを避けるためであると同時に、勧告をするような最も時間のかかるケースについて行政事務上最低限必要な期間でもある。

2．勧告の主体

本条の勧告については、都道府県知事又は市長が行う。

3．勧告の検討対象
(1) 本条の勧告の検討対象となる届出は、「第6条第1項、第7条第1項又は前条第1項の規定による届出」である。

なお、これらの届出には、昭和48年の一部改正法附則第3条第2項により第7条第1項の規定による届出とみなされる同法附則第3条第1項の規定による届出が含まれる。
(2) 勧告の検討対象となる届出事項は、原則として、届出事項の全部であるが、次の2つの場合には、届出事項の全部ではなく、次のように限定されている。（第1項本文のカッコ書）
① 増築又は増敷地により、特定工場に該当する規模未満であった工場が特定工場となる場合の届出（法第6条第1項）については、当該増築又は増敷地の分だけが勧告の検討対象であり、既存の施設等は対象ではない。
② 政令改廃により特定工場となる者の最初の変更の届出（第7条第1項）又は変更の届出（第8条第1項）については、当該変更の部分、すなわち「その旨」に該当する事項だけが勧告の検討対象であり、その他の当該変更に関係のない事項は検討対象でない。

なお、「当該増加に係る部分」又は「当該変更に係る部分」には、当該増加又は変更に伴い必要とされる事項が含まれ、例えば増築、増敷地、変更に伴い準則上必要とされる緑地や汚染物質の排出量の増加をおさえるための公害防止措置などは、届出者が変更する意思がなく、その部分の届出をしてこなくても、当該増加又は変更に「係る部分」であると解すべきである。
③ 第4条の2第1項の規定により都道府県準則又は市準則が定められた際には、緑地面積率等については第4条第1項の国の定める準則に代えて、当該準則が適用されることとなる。

また、既に立地している工場等に対する都道府県準則又は市準則の適用については、工場立地法の届出、勧告、変更命令という基本体系が工場立地という行為をとらえるものであるため、その工場に何らの変更が加わらない場合は適用されない。当該工場等については、例えば増築、増敷地等の変更を行う際に、第8条の規定により届け出られたものについて適用される。
(3) 本条第1項の各号の勧告事由の確認がなされるのは、届出に係る事項（(2)の限定あり。）のうち、第6条第1項第5号及び第6号の事項以外の事項であり（新設の場合は、形式的には第1号及び第7号も該当するが、実質的には第2号から第4号までで、変更の場合は第2号又は第4号ということになる。）、第5号及び第6号の事項の確認は、第2項に規定している。

4．第1項の勧告事由
(1) 第1項の勧告は、国民経済単位で適地適業を実現する見地から工場立地の適正化が阻害される場合に勧告をするものである。これは国民経済の効率的な発展が阻害され、ひいては国

民福祉の向上にも支障を及ぼす重要な問題であるが、第2項の勧告のように生活環境と必ずしも直接関連するものではないので、この勧告に従わない場合に罰則つきの変更命令にまでつなげることにはしていない。
(2) 第1号の勧告は、主として量的問題をとらえている。例えば、工場又は事業場が過度に集中しており、又は集中しつつあるため、工業用水、輸送施設等の産業関連施設の状況が限界に達しており、あるいは達するおそれがあり、公共投資によりそれらの隘路の打開を図ることが当面困難であると認められるような地域に新設等がされ、しかもその特定工場の内容が、工業用水、輸送条件等の事情を更に悪化させるおそれがある場合などを主として考慮して設けられたものである。
(3) 「周辺の地域における」とは、特定工場の新設等の場所の周辺の地域全体に対する影響を意味するものであり、隣接した工場又は事業場の工業用水事情に影響を与えるというような相隣関係の解決には適用されないが、単に過度集中防止のみではなく、例えば酒類製造業が集中している地域に、汚水排出型の業種の工業が設置される場合とか、精密機械工場が集中している地域に、粉塵多発型、振動発生型の業種の工場の新設等がされる場合のように、その影響が広範囲に及ぶ業種間調整は可能であると解される。

「立地条件が著しく悪化する」の立地条件は、一般的には原材料事情（電力等を含む。）、工業用水事情、輸送事情（道路、港湾、鉄道）などであるが、一定の業種によっては、前のように振動、粉塵、汚水、ばい煙等々の条件が加重される場合もあろう。

また、立地条件が悪化するというのは、将来に向かっての事由を含んでおり、現実に他の工場に対して損害を与えているということは必要ではない。
(4) 第2号の勧告

2号については、1号が量的問題であるのに対し、質的な問題であり、業種間の立地条件上の比較考量により判断し、一定の地域を如何なる業種の用途に供することが、有効であるかという判断を個別に判断し、工業の適正配置あるいは国民経済の健全な発展という見地からきわめて適切なものであると認められる程度に業種間に差がある場合、勧告の事由としているものである。「他の業種の製造業等の用に供することとすることが」適切な場合であるから、届出に係る特定工場の業種と比較されるのは、他の製造業の業種であり、農業用、サービス業用、ゴルフ場用等との比較考量に基づく勧告は許されない。

5. 第2項第1号の勧告事由
(1) 趣旨
① 第2項第1号の勧告は、工場立地に際しての敷地利用の適正化のための勧告である。すなわち届出のあった生産施設の面積等の第6条第1項第5号の事項が第4条第1項の工場立地に関する準則に適合せず、特定工場の周辺の地域の生活環境の保持に支障を及ぼすおそれがあると認められるときは、同号の事項に関し、必要な事項について勧告をすることができるものとしている。
② この勧告の特色は、工場立地に関する準則という明確な水準を示した判断の物差しがあることである。この物差しに合うものは勧告の対象から自動的に外れるとともに、この物差しに合わないものは原則的に勧告の対象となる。国の側でも迅速、適確な判断をなしうるし、事業者にとっても、工場立地という長期的見通しの上に立った行為について届出前に国の判断基準を十分明確に把握できる。

工場立地に関する準則の誘導効果が十分働けば、届出の以前に問題は解決し、勧告を出すケースもないことになる。
③　ただ、準則に対する適、不適だけで完全に判断できない問題もあるため、そのような例外的ケースについては、勧告を出さないことが有りうることとしている。
(2)　勧告事由
①　第4条第1項の規定により公表された準則に適合しないことと、特定工場の周辺の地域における生活環境の保持に支障を及ぼすおそれがあると認められることが必要である。
②　「第4条第1項の規定により公表された準則に適合せず」
　　工場立地に関する準則に適合するか否かが第1の確認事項であり、これに適合するとき、勧告を受けることはない。
③　「特定工場の周辺の地域における生活環境の保持に支障を及ぼすおそれがある」
　　工場立地に関する準則は、そもそも事業者が準拠すべき基準として定められたものであるから、準則に適合すれば勧告を受けないと同時に、準則に適合しなければ原則的には勧告を受けるべきものである。
　　「生活環境をそこなう」とは異なり、個別の生活環境に対する具体的危害を必ずしも必要とするものではなく、「生活環境の保持」という生活環境をある水準以上に保つことあるいはある水準より下げないことについて、「支障」を及ぼす蓋然性があるという、いわば抽象的危害があれば足りる。
　　準則において完全に判断されていない問題は、個々の周辺の土地利用の状況などの個別的事情であるが、「生活環境の保持」への支障の判断は、将来の土地利用の可能性や将来の増設等の敷地利用などもある程度は見込んで判断することになる。
　　以上の点からみて、準則に適合しない場合は、通常の事情下においては勧告を受けることになり、勧告を受けない場合はきわめて限られるといえよう。
　　例外的な個別的事情により、勧告を受けない場合としては次のようなものが考えられる。
ア　個別的事情により、実質的には準則に適合するのと同等と認められる場合（例えば、環境施設の面積比率について、隣接した敷地に当該工場が寄付した環境施設、当該工場又は工業団地のために設置されていると認められるグリーンベルト等がある場合、親会社の敷地内に借地等をする子会社で親会社が相当の環境施設を有している場合などで、これらの環境施設を通算すれば準則の比率以上になるときなど。）
イ　国民の健康安全の確保のため国の方針に基づき緊急に必要とされる施設の設置、改築等を既存工場において行う場合、現状の生産機能を維持又は縮小することを目的とした単なる改築・更新を行う場合などであって、準則を遵守するための最大限の努力をしてもなお準則に適合しないことが総合的判断からやむを得ないと認められる場合
(3)　勧告の内容
　　「必要な事項について勧告をすることができる」ものとしているが、準則に適合しない事項を示し、その事項をどのように変更すればよいかを示すことになろう。
　　その場合の変更後の当該事項の水準については、通常は準則を守るべきことをいうことになる。ただ、先に述べた個別的事情と同程度の事情がある場合で準則をそのまま守れと勧告することが不適当であると認めるときは、例外的に別の水準を示すことになろう。

6．第2項第2号の勧告事由
 (1) 趣旨
  ① 第2項第2号の勧告は、指定地区及びその周辺の地域における著しい重合汚染の未然防止のための勧告である。すなわち、特定工場の設置の場所が指定地区に属する場合において第6条第1項第6号の事項として届出のあった汚染物質の最大排出予定量が予定どおりに排出されることとなると、当該排出と他の特定工場の汚染物質の排出とが一体となって著しい重合汚染が発生することとなり周辺の地域の環境保全に著しい悪影響を及ぼすおそれがあると予想されるときは、同号の事項に関し、必要な事項について勧告をすることができるものとされている。
  ② この勧告の特色は、著しい重合汚染というコンビナート等の大規模な工場が集中して設置される地域において環境汚染の特徴として表れる現象を法律上とらえて、著しい重合汚染の発生を未然防止するために勧告を行い、これに従わない場合は、罰則つきの変更命令もなしうることとしている点である。
 (2) 勧告事由
  ① 「特定工場の設置の場所が指定地区に属する場合」
    この勧告は、著しい重合汚染の未然防止を図るところに狙いがあり、著しい重合汚染は、指定地区のような大規模な工業地域について特に発生の可能性が高いことは前に述べたとおりである。
  ② 「特定工場からの汚染物質の排出が他の特定工場の汚染物質の排出と一体となる」
    これはいわゆる重合汚染の事態を指しているものである。
    コンビナート等の大規模な工場が集中して設置される地域における汚染の特徴は、大量の汚染物質が、多数の汚染源から特定の地域に集中的に排出されるため、その地域に特有な自然的諸条件の影響を受けながら重合する結果、局地的な環境水準の悪化を招くことである。例えば数本、数十本の煙突から排出されるいおう酸化物が、その地域に特有な季節風の影響等によって、特定の地域に高濃度の重合汚染を生じ、或いは各排水口から湾内に排出された汚水が、湾に特有の海流等の影響を受けて特定の水域に高濃度の重合汚染を惹起するのがその典型的な事例である。
  ③ 「その周辺の地域における大気又はその周辺の公共用水域における水質に係る公害の防止に支障を及ぼすおそれがあると認められるとき」
    「大気又は水質に係る公害の防止に支障を及ぼす」というのは、その特定工場の届出事項が実施されることにより、周辺の地域又は周辺の公共用水域において著しい重合汚染が生じる事態を想定している。
 (3) 勧告の内容
    勧告の内容は、工場から排出される汚染物質の総量の削減に関することと、それを実現するための具体的措置の2つに大別されよう。

変更命令

第10条 都道府県知事又は市長は、前条第2項の勧告を受けた者がその勧告に従わない場合において、特定工場の新設等が行われることにより同項各号に規定する事態が生じ、かつ、これを除去することが極めて困難となると認めるときは、その勧告を受けた者に対

し、その勧告に係る事項の変更を命ずることができる。
2　前項の規定による命令は、当該勧告に係る届出のあった日から90日以内にしなければならない。

〔要旨〕
　本条は、第9条第2項の勧告を受けた者がその勧告に従わない場合について変更命令を行いうることを定めた規定である。

〔解説〕
1．趣旨
(1)　第9条の勧告は強制力を有するものではないが、事業者が企業イメージを極めて重視しつつある現在においては、勧告という強制力を伴わない措置によっても一般的にはかなりの効果を期待しうると考えられる。しかし、個別ケースでこのような一般的期待を裏切られた場合において、その問題が一般人の生活環境にかかわる重要問題であり、かつ、放置すれば除去困難な支障を生ずることが明白な場合には、強制力をもった措置によりその是正を図るべきである。
(2)　かかる観点から、本条は、次の要件にあたる場合には罰則つきの変更命令を行いうるものとしている。
　①　第9条の勧告のうち第2項の勧告を受けた者であること
　②　勧告を受けた者がその勧告に従わないこと
　③　放置すれば、勧告の際おそれていた事態が現実に生じると認められること
　④　その事態を除去することがきわめて困難となると認められること
(3)　この変更命令は、勧告の対象となった届出のあった日から90日以内に行なうこととしている。長期間にわたって届出をした者を不安定な状態に置くことを避けるためであり、第11条の実施の制限の期間と一致させていることからみて、計画段階で事前に事態の発生を防止しようとする計画変更命令である。計画段階での変更命令としたのは、次のような理由からである。
　①　本法は、企業の生産活動を「工場立地」という生産の場を形成する入口の計画段階でとらえて適正化しようとするものであり、その後の操業段階の状態等を規制するものではない。
　②　本法のねらいは、立地段階での未然防止にあり、結果として起こってからこれを是正する結果責任の追求にはない。
　③　本法の扱う問題は、内容的にも立地段階の基盤の整備あるいは粗ぶるいであり、定量的な因果関係を説明しうるものではなく、実施段階になってから特によくわかるというものでもない反面、計画段階でも同程度の判断はできる。また、期間的にも90日間あれば、対処しうる。
(4)　本条の変更命令に違反した者は、6ヵ月以下の懲役又は50万円以下の罰金に処せられる。（第16条参照）
2．本条の変更命令は、都道府県知事又は市長が行う。なお、企業立地促進法に基づく緑地面積率等条例が定められている場合（第4条の2の〔解説〕11参照）は、当該緑地面積率等条例を定めている市町村の長が行う。
　この趣旨は、第9条第2項の勧告を行った者が変更命令も行うということである。

3．変更命令の発動事由

(1) 「前条第2項の勧告を受けた者」

第9条の勧告のうち、第1項の勧告は立地条件の悪化等の直接的には他の工場なり産業なりへの影響の問題であるのに対して、第2項の勧告は周辺の地域の生活環境の保持の観点から、立地段階における敷地利用の適正化又は重合汚染の未然防止のために行う勧告であり、一般人の生活環境にかかわる問題である。この観点から罰則つきの命令の対象となりうるものを後者に限定したものである。

(2) 「その勧告に従わない場合」

工場が現実に設置されれば、勧告に従ったか、従わないかは明確に判断できるが、本条の命令の判断は工事着工前であるので、事実として確認できない。したがって、ここでは勧告をする際に、一定期間に勧告に従う旨の意思表示がなければ、本条の変更命令を行うことがあることを伝えることを予定しており、その期間内にその意思表示がなければ、「その勧告に従わない場合」とみなして、変更命令を行いうるものと解される。

(3) 「同項各号に規定する事態が生じ」

勧告の際に「おそれ」があると考えていた事態が（特定工場の新設等が勧告に従わないまま実施されることになると）実際に生ずる意であるが、実施前の判断である点は勧告の場合と同様であるので、この判断自体に大きなちがいはないが、罰則つきの命令の前提条件としてかなりの高い確実性をもって生ずると認められることをいうものと解される。

(4) 「これを除去することがきわめて困難となる」

勧告に従わなかった場合は、変更命令をする対象となるが、生ずると認められる事態をそれほどの困難を伴うことなく除去できる場合まで、罰則つきの変更命令という強制手段をとることは妥当でないので、このような場合は変更命令は行わないこととしたものである。

(5) 以上により、変更命令を行わないこととなるケースとしては、次のようなものが考えられる。

ア　事態そのものが比較的容易に除去できる性質、程度のものである場合（準則に対する違反の程度、事態の性質等が軽微であると認められる場合）

イ　事態を除去する方法が比較的容易なものである場合（例えば、1つの公害防止措置を示して勧告をしたが、ほぼ同様の結果を得る他の措置をとる旨の意思表示があった場合や将来の土地利用の可能性にもとづき緑地等を配置すべき旨の勧告をした場合にも、その場所の土地が空地として空いている場合で、その場所への増設等の段階でおさえれば足りると認められる場合など。）

4．変更命令の内容

変更を命ずることのできる事項は、勧告した事項の全部又は一部である。勧告をしなかった事項についていきなり変更命令をすることはできない。命令の具体的水準については、勧告のところで述べたことと同様である。（第9条の〔解説〕参照）

5．変更命令を行いうる期間（第2項）

(1) 変更命令を行いうる期間を届出のあった日から90日に限定したのは、長期間にわたって届出をした者を不安定な状態に置くことを避けるためであり、第11条の規定による実施制限の期間と一致させている。

(2) 「当該勧告に係る届出のあった日」とは、第11条第1項の「その届出が受理された日」と異なる意ではなく、同じことを意味すると解される。（前者は国の側からみた表現で、後者は届出者の側からみた表現と考えられる。）実際の運用では、届出書が都道府県又は市の窓口で受け付けられた日を、届出受理権限者が当該届出書を受理することを条件に、受理日あるいは届出のあった日として取り扱うこととしている。

(3) 「90日以内」は、第11条の実施制限の期間と一致しているので、計画変更命令の性格を有するが、例えば、第11条の規定に違反して90日経過前に着工した後でも当然90日以内であれば、変更命令は行いうる。

―― 実施の制限 ――

第11条 第6条第1項の規定による届出をした者、第7条第1項の規定による届出をした者又は第8条第1項の規定による届出をした者は、その届出が受理された日から90日を経過した後でなければ、それぞれ、当該特定工場の新設をし、又は第7条第1項若しくは第8条第1項の規定による届出に係る変更をしてはならない。

2 都道府県知事又は市長は、第6条第1項、第7条第1項又は第8条第1項の規定による届出に係る事項について、その内容が相当であると認めるときは、前項に規定する期間を短縮することができる。

〔要旨〕

本条は、届出事項の審査が完了するまでの間、事業者が当該届出に係る内容を実施することを制限する旨の規定である。

〔解説〕

1．趣旨

(1) 第6条の規定による届出があった場合において、第9条では勧告事由に該当するかどうかを審査し、いずれかの事由に該当するときは、届出後60日以内に限り勧告を行いうるとされており、また第10条では特定の勧告を受けた者が勧告に従わない場合で一定の要件に該当する場合は、届出後90日以内に限り、変更命令を行いうることとされている。

　　届出の内容審査は、十分行う必要があるが、届出をした事業者が審査の終了前に当該特定工場の新設等の工事に着手し、または届出に係る変更をしてしまい、その後に勧告または変更命令を受けることとなっては、既成事実が生じ勧告、命令による未然防止の趣旨が生かされなくなると同時に、事業者には二重投資等の損害をかけることとなり適当でない。このため、本条は届出の審査が完了するまでの間事業者が工事等に着手することを制限したものである。

(2) 実施制限の期間は、届出が受理された日から90日間であるが、その内容が相当であるときはこの期間を短縮することができるものとされている。本条は、昭和48年の改正で追加された規定であるが、改正前には届出の期限の規定で着工の90日前までに届出をしなければならないことになっていた。この規定を削って本条を新設したのは、比較的小さい変更の届出等の規定が加わったことに伴い、一律に90日間の実施を制限するのではなく、内容が相当であるときは期間の短縮もできることとするためであった。

(3) 本条1項の規定に違反した者は、3ヵ月以下の懲役又は30万円以下の罰金に処せられる。

（第17条参照）

2．実施の制限（第1項）
(1) 「第7条第1項の規定による届出をした者」には、一部改正法附則第3条第1項の規定による届出をした者が含まれる。（同条第2項参照。）
(2) 「その届出が受理された日」については、第10条の〔解説〕5の(2) 参照。
(3) 「90日」の期間は、都道府県の側で審査に必要とする期間、すなわち勧告及び変更命令に必要な期間であると同時に、事業者をこれ以上長期に拘束することは適当でないという考え方に立って定められたものである。
(4) 「それぞれ」とは、第6条第1項の規定による届出をした者は当該特定工場の新設をしてはならないこと、第7条第1項の規定により届出をした者は同項の規定による届出に係る変更をしてはならないこと、第8条第1項の規定による届出をした者は同項の規定による届出に係る変更をしてはならないことを明らかにしたものである。
(5) 「新設」をしてはならないとは、新設のための工事に着手してはならないことである。「変更」の場合も変更行為に着手してはならないことである。

3．制限期間の短縮（第2項）
(1) 第1項の「90日」という期間は、あくまで最高限度であって、審査の結果、内容が相当であると認めるときは、特に期間だけを制限しておくこともないので、必要に応じてこの期間を短縮し、工事等の実施制限を解除することができることとしたものである。
(2) 「内容が相当であると認めるとき」とは、第9条の勧告事由に当らないと判断した場合である。

── 氏名等の変更の届出
第12条 第6条第1項又は第7条第1項の規定による届出をした者は、第6条第1項第1号の事項に変更があつたときは、遅滞なく、その旨をその届出をした都道府県知事又は市長に届け出なければならない。

【関係規定】
◆届出様式＝工場立地法施行規則第10条（氏名等の変更の届出）、第12条（条例等に係る適用除外）
〔要旨〕
本条は、特定工場の新設等に係る届出をした者が氏名、名称又は住所を変更したときの届出について定める規定である。
〔解説〕
1．趣旨
本条は、本法第6条第1項又は第7条第1項の規定による届出をした者が氏名、名称又は住所を変更したときは、その旨をその届出をした都道府県知事又は市長に届け出なければならないことを定めたものである。
これは、特定工場に係る勧告、変更命令等の本法による措置を行う場合に、これらの事実を

正確に把握しておく必要があるからである。また、これらを事後の届出で足りることとしたのは、これらの事項は特定工場の実体的内容の変更ではないので、特に事前に審査を必要としないからである。

　なお、本条の届出義務違反には、10万円以下の過料が科せられる。（第20条参照）

2．「第6条第1項又は第7条第1項の規定による届出をした者」と、第8条の関係を書いていないのは、第8条の第1項規定による変更の届出をした者は、必ず「第6条第1項又は第7条第1項の規定による届出をした者」でもある（第8条第1項参照。）からである。なお、「第7条第1項の規定による届出をした者」には、改正法附則第3条第1項の規定による届出をした者が含まれる。（同条第2項）

　以上により、この表現で本法の規定による届出をした者は、すべて含まれる。

3．「第6条第1項第1号の事項」とは、氏名若しくは名称又は住所であるが、これには相続、合併等により実体的に届出をした者の地位に変更があった場合は含まれない。（第13条参照）また、社長等の代表者の交代による氏名の変更は届出を要しない。

4．「その旨」とは、変更の前後の内容について届け出ることになる。（省令様式第3参照）

承継
第13条　第6条第1項又は第7条第1項の規定による届出をした者から当該特定工場を譲り受け、又は借り受けた者は、当該特定工場に係る当該届出をした者の地位を承継する。
2　第6条第1項又は第7条第1項の規定による届出をした者について相続、合併又は分割（当該特定工場を承継させるものに限る。）があつたときは、相続人、合併後存続する法人若しくは合併により設立した法人又は、分割により当該特定工場を承継した法人は、当該届出をした者の地位を承継する。
3　前2項の規定により第6条第1項又は第7条第1項の規定による届出をした者の地位を承継した者は、遅滞なく、その旨をその届出をした都道府県知事又は市長に届けなければならない。

【関係規定】
◆届出様式＝工場立地法施行規則第11条（承継の届出）、第12条（条例等に係る適用除外）

〔要旨〕
　本条は、特定工場の新設等の届出をした者から、当該特定工場を譲り受けた者等は、当該届出をした者の地位を承継するとともに、その旨をその届出をした都道府県知事又は市長に届け出なければならないことを定めるものである。

〔解説〕
1．趣旨
　(1)　次の者は、それぞれ届出をした者の地位を承継するものとしている。
　　①　届出に係る特定工場の譲受人、借受人
　　②　届出をした者の相続人（個人の場合）

③ 届出をした者に合併があったときの合併後存続する法人又は合併により設立した法人（法人の場合）

これは、本法の各規定との関係において権利義務関係が不明確になるのを防ぐため、その所在を明らかにしたものである。
(2) 本条第3項の届出違反は、10万円以下の過料に処せられる。（第20条参照）

2．届出をした者の地位の承継（第1項、第2項）
(1) 「第6条第1項又は第7条第1項の規定による届出をした者」については、第12条の〔解説〕2参照。
(2) 「当該届出をした者の地位を承継する」とは、本法の各規定に関する地位を承継することをいう。例えば、第8条等の「届出をした者」には当然含まれるし、また、例えば承継の直前に被承継者が第8条の変更の届出を行っているときは、法第11条の実施の制限の期間は承継日からではなく、当該届出が受理された日からである。

なお、この場合の「承継」は、いわゆる包括承継であり、行為者に対する罰則の適用を除き、一切が承継される。

3．承継の届出（第3項）
「その旨」とは、承継があったこと、即ち承継原因、承継年月日、承継者、被承継者等について届け出ればよいことを意味する。（省令様式第4参照）

第14条　削除
第15条　削除

第14条及び第15条は租税特別措置法の一部改正にともない昭和54年3月31日削除となった。

国の援助
第15条の2　国は、工場立地の適正化を円滑に推進するため、工場又は事業場に係る環境施設の整備につき、必要な資金のあっせんその他の援助に努めるものとする。

〔要旨〕
本条は、国が、工場立地の適正化を円滑に推進するため、工場又は事業場に係る環境施設の整備につき、必要な資金のあっせんその他の援助に努める旨を規定したものである。

〔解説〕
1．趣旨
周辺の生活環境との調和のため工場立地の適正化の実をあげるためには、単に工場に対する取締りをもって臨むだけでは十分ではない。工場に対しては、一方では法による規制を行うとともに、他方では法の遵守を可能にするような条件を整える必要がある。特に、緑地等の環境施設の整備は、事業者に対して最低限の義務を守らせるようなものではなく、前向きの行動を求めるものであり、本来規制と助成が両立してはじめてなしうる分野であり、これに対しては強力な援助を行うことが重要である。

このような背景の下に、本条は国がかかる観点から積極的な援助措置を講じる旨を明らかにしたものである。

2．「必要な資金のあっせんその他の援助」
　具体的には、税制上の助成措置として、「工場緑化施設」に関する7年の短期償却（通常、「構造物」は20年）が認められている。

---報告---
第15条の3　経済産業大臣は、第2条第1項の調査を適正にするため必要があるときは、政令で定めるところにより、事業者に対し、その業務に関し報告をさせることができる。

【関連規定】
◆政令で定めるところ＝工場立地法施行令第3条第1項（報告）
〔要旨〕
　本条は、第2条の工場立地に関する調査（いわゆる工場適地調査、工場立地動向調査、工場立地に伴う公害の防止に関する調査）を適正にするため必要があるときは、事業者から報告徴収をすることができる旨定めた規定である。
〔解説〕
1．趣旨
　工場立地に関する調査は、団地を実地に調査したり、大規模な工業開発地域等の現地調査をしたりして行われるが、これだけでは完全な調査となりえない。たとえば適地調査においては、その地区の地下水の賦存状況がわかっても現在工場が井戸によりどの程度揚水して使用しているかが正確に把握されていなければ、今後その地区に立地しようとする企業はどの程度使用しうる余裕水があるかわからない。又、工場立地に伴う公害の防止に関する調査においても、立地しているか又は立地する予定の事業者がどの程度の汚染物質を排出するのかが把握できなければ、調査そのものが成り立たない。したがって、工場立地に関する調査を適正なものにするために、必要な範囲で事業者から報告をさせることができるようにしているものである。

2．「政令で定めるところにより」
　経済産業大臣が事業者から報告を徴し得る事項は、あくまで本条によりその必要が認められた範囲内のものであることは勿論であるが、余りに多岐にわたって事業者の過度の負担となることのないようその範囲を政令で定めることとしたものである。
　政令第3条では、報告徴収事項を次のように定めている。

---報告---
工場立地法施行令第3条　工場適地の調査及び工場立地の動向の調査について法第15条の3の規定により経済産業大臣が報告をさせることができる事項は、次のとおりとする。
　1　工場又は事業場の敷地面積及び建築面積
　2　生産数量及び生産能力
　3　工業用水及び電力の使用の状況

4　燃料、原材料、外注部品及び製品の輸送の状況
　　5　従業員の雇用の状況
　　6　公害防止施設の状況
　　7　工場又は事業場の設置に関する計画又は長期の見通し
２　工場立地に伴う公害の防止に関する調査について法第15条の３の規定により経済産業大臣及び環境大臣が報告をさせることができる事項は、次のとおりとする。
　　1　工場又は事業場の敷地面積
　　2　生産数量及び生産能力
　　3　生産施設、公害防止施設その他の施設の配置
　　4　燃料、原材料及び工業用水の使用の状況
　　5　汚染物質の発生の状況
　　6　汚染物質の処理その他の公害防止のための措置の内容

　この第１項は、工場適地の調査及び工場立地の動向の調査についての報告徴収事項であり、第２項は工場立地に伴う公害の防止に関する調査についての報告徴収事項である。（工場立地に伴う公害の防止に関する調査の際に当該地区に立地を予定している事業の計画については、第１項第７号の工場立地の動向についての報告徴収で行うことになろう。）

３．罰則
　本条の規定による報告をせず又は虚偽の報告をした者は、20万円以下の罰金に処せられる。（法第18条参照。）

第15条の４　削除

　第15条の４は、地域の自主性及び自立性を高めるための改革の推進を図るための関係法律の整備に関する法律の施行に伴い、平成24年４月１日削除となった。

― 経過措置 ―
第15条の５　この法律の規定に基づき政令又は主務省令を制定し、又は改廃する場合においては、それぞれ、政令又は主務省令で、その制定又は改廃に伴い合理的に必要と判断される範囲内において、所要の経過措置（罰則に関する経過措置を含む。）を定めることができる。

〔要旨〕
　本条は、本法の規定に基づき政省令の制定又は改廃をする場合には、罰則に関するものを含め、経過措置を定めることができることを定めたものである。
〔解説〕
１．趣旨
　一般的に、法律に基づき政令、省令等を定める場合、当該政省令等において所要の経過措置を定めることができることは勿論であるが、罰則に関するものまで定めることができるかどう

か、明文の規定がないときは、罪刑法定主義との関係において疑義があるところであるので、本条において、罰則に関する経過措置を含めて定めることができる旨を明定したものである。

2．「合理的に必要と判断される範囲内」とは、当該政省令の制定または改廃の趣旨を損なうことにならない範囲内であると解される。また、当該経過措置が本法制定の趣旨に反するものであってはならないことはいうまでもない。

主務省令
第15条の6　第4条第1項第1号若しくは第2号又は第6条第1項第5号イにおける主務省令は、経済産業大臣及び製造業等を所管する大臣の発する命令とする。
2　第6条第1項本文若しくは第6号若しくは第2項、第7条第1項又は第8条第1項における主務省令は、経済産業大臣、環境大臣及び製造業等を所管する大臣の発する命令とする。

〔要旨〕
本条は、平成11年12月に追加された条文である。

罰則
第16条　次の各号の1に該当する者は、6月以下の懲役又は50万円以下の罰金に処する。
　1　第6条第1項、第7条第1項又は第8条第1項の規定による届出をせず、又は虚偽の届出をした者
　2　第10条第1項の規定による命令に違反した者

〔要旨〕
本条は、届出義務違反及び変更命令違反に対する罰則を定めた規定である。

〔解説〕
1．趣旨
(1)　本条から第20条までは罰則に関する規定であり、本条は第6条第1項、第7条第1項又は第8条第1項の規定による届出義務に違反した者及び第10条第1項の規定による命令に違反した者に対する罰則の規定である。

　　本条以下の罰則は、工場立地法上の義務の違反に対して制裁を加えることによって法の実効性を確保することを直接の目的とするものであるが、同時に、これによって義務者に心理上の圧迫を加え、間接的に、義務の履行を確保し、未然に義務違反の事態を防止することをも目的としたものである。

(2)　こうした行政法上の義務違反に対して科せられる制裁は、通常、行政罰といわれる。この行政罰には、刑法に刑名のある罰（死刑、懲役、禁錮、罰金、拘留、科料）を制裁とする行政刑罰と、過料といわれる金銭罰を制裁とする行政上の秩序罰との2種類がある。本法においては、本条から第19条までが行政刑罰に関する規定であり、第20条が行政上の秩序罰に関する規定である。

(3) 行政罰も一種の罰であるから、これを科するためには、常に法律の根拠が存しなければならない。憲法第31条は、「何人も、法律の定める手続によらなければ、その生命若しくは自由を奪われ、又はその他の刑罰を科せられない」ことを規定し、いわゆる「罪刑法定主義」の原則を明確にしている。

(4) 本条以下の罰則については、第20条の過料に関するものを除き、特別の規定がある場合のほかは、原則として刑法総則が適用される（刑法第8条）。本法における特別の規定としては、法第19条（いわゆる両罰規定）がある。

(5) 本条以下の罰則の程度は、原則として公害関係法規その他の類似法規の罰則との均衡をとって定められている。

　本条の規定により、届出義務違反に対する罰則は、変更命令違反の場合とならんで本法中最高の罰則が課せられることになっている。

　届出違反の罰則は、本法が立地段階の入口規制であり、状態規制が後に控えている公害関係法等と異なり、入口で規制を逃れようとする者は絶対許せないため、罰則を格段に強化し、最高の罰則である命令違反の場合とあわせたものである。

2．「虚偽の届出」とは、第6条第1項、第7条第1項又は第8条第1項の規定で届出を義務づけている事項について、事実と異なることを記載して届出をするような場合をいう。虚偽には、積極的に虚偽の事実を構成することはもちろん、消極的に事実を隠ぺいすることを含むと解される。

3．「第10条第1項の規定による命令」については、第10条の解説4参照。

4．「6月以下の懲役又は50万円以下の罰金」

　「懲役」とは、監獄に拘置して定役（刑務作業）を科すもの（刑法第12条第2項）をいい、下限は1月である。（同法第12条第1項）

　「罰金」とは、財産刑の一種であり、行為者から強制的に金銭を取り立てる刑罰である。罰金を完納することができない者は、労役場に留置される。留置の期間は、1日以上2年以下となっている。

第17条　第11条第1項の規定に違反した者は、3月以下の懲役又は30万円以下の罰金に処する。

〔要旨〕

本条は、第11条第1項の実施制限の規定に違反して、特定工場の新設又は変更をした者に対する罰則を定めた規定である。

〔解説〕

1．「第11条第1項の規定に違反した者」になり得るのは、第6条第1項、第7条第1項若しくは第8条第1項の規定による届出をした者又は一部改正法附則第3条の規定による届出をした者（第11条の〔解説〕2の(2)　参照。）だけである。これらの届出をしなかった者は、本条の罰則を適用されることにならず一見不公平のようだが、この点は第16条のさらに重い罰則によって届出が担保されることにより解決されている。

第11条第2項又は第3項の規定により、同条第1項の90日間の期間が短縮された場合には、その期間内での実施の制限義務に違反した者を意味することとなる。

2．本条の実施制限違反の罰則が大気汚染防止法や水質汚濁防止法の同様の場合の罰則に比べて、懲役をふくむ厳しいものになっているのは、これらの法律と異なり、本法があとに状態規制のない入口規制であることから、厳しい罰則となったものである。

3．「懲役」「罰金」については前条の〔解説〕4.　参照。

第18条　第15条の3の規定による報告をせず、又は虚偽の報告をした者は、20万円以下の罰金に処する。

〔要旨〕
本条は、第15条の3の規定による報告義務に違反した者に対する罰則を定めたものである。
〔解説〕
1．「第15条の3の規定による報告」については第15条の3の解説参照。

2．「虚偽」については、第16条の〔解説〕2参照。

3．「罰金」については、第16条の〔解説〕4参照。

第19条　法人の代表者又は法人若しくは人の代理人、使用人その他の従業員が、その法人又は人の業務に関し、前3条の違反行為をしたときは、行為者を罰するほか、その法人又は人に対して各本条の罰金刑を科する。

〔要旨〕
本条は、いわゆる両罰規定であり、第16条から前条までの違反行為があったときは、その行為者本人のほか、その行為者と一定の関係にある法人又は人に対しても罰金刑を科する旨を定めたものである。
〔解説〕
1．趣旨
　　現在の刑法理論では法人には犯罪能力は認められていないが、本法のような事業活動を規制対象とする法律にあっては実際の行為者のみを罰するのでは十分に規制目的を達することができないので、監督責任のある法人又は人にも罰金刑を科することとしている。なお、従業者の違反行為につき業務主たる法人又は人が罰せられる根拠は、業務主の過失責任にもとづくものである。（最高裁判決昭和32年11月27日（刑集11巻3113頁）参照）

2．業務主たる法人又は人と行為者とは同一の罪責を負うものではないので、業務主と行為者の両者を同時に起訴することは絶対の要件ではなく、行為者を処罰しない場合でも業務者を処罰しうる。

3．「罰金刑」
　　刑罰のうち、身体刑はその性質上法人には適用し得ないので、罰金刑のみが科せられるのである。

第20条　第12条又は第13条第3項の規定による届出をせず、又は虚偽の届出をした者は、10万円以下の過料に処する。

〔要旨〕
本条は、氏名等の変更の届出義務、承継の届出義務の違反に対する罰則を定めたものである。
〔解説〕
1．本条の罰則は、行政上の秩序罰である「過料」という軽微なものになっている。これは、第12条第1項又は第13条第3項の届出が事後届出であり、内容的にも比較的軽微な事項の届出であるので、法律違反として非難に値するとはいえ、一律に行政刑罰を科するのは妥当でないと考えられるからである。

2．「過料」とは、金銭罰の一種であるが、刑罰たる罰金および科料と区別して、特に過料として科せられるものをいう。

第2節　工場立地に関する準則の解説

「工場立地に関する準則」は、法第4条第1項の規定により、次の事項について定めることとなっている。

> **工場立地に関する準則等の公表**
> **第4条**　経済産業大臣及び製造業等を所管する大臣は、関係行政機関の長に協議し、かつ、産業構造審議会の意見を聴いて、次の事項につき、製造業等に係る工場又は事業場の立地に関する準則を公表するものとする。
> 　1　製造業等の業種の区分に応じ、生産施設（物品の製造施設、加工修理施設その他の主務省令で定める施設をいう。以下同じ。）、緑地（植栽その他の主務省令で定める施設をいう。以下同じ。）及び環境施設（緑地及びこれに類する施設で工場又は事業場の周辺の地域の生活環境の保持に寄与するものとして主務省令で定めるものをいう。以下同じ。）のそれぞれの面積の敷地面積に対する割合に関する事項
> 　2　環境施設及び設置の場所により工場又は事業場の周辺の地域の生活環境の悪化をもたらすおそれがある施設で主務省令で定めるものの配置に関する事項
> 　3　前二号に掲げる事項の特例に関する次に掲げる事項
> 　　イ　工業団地（製造業等に係る2以上の工場又は事業場の用に供するための敷地及びこれに隣接し、緑地、道路その他の施設の用に供するための敷地として計画的に取得され、又は造成される一団の土地をいう。以下同じ。）に工場又は事業場を設置する場合に工業団地について一体として配慮することが適切であると認められるもの
> 　　ロ　工業集合地（製造業等に係る2以上の工場又は事業場が集中して立地する一団の土地（工業団地を含むものを含む。）をいう。以下同じ。）に隣接する一団の土地に緑地又は環境施設が計画的に整備されることにより周辺の地域の生活環境の改善に寄与すると認められる工業集合地に工場又は事業場を設置する場合に、工業集合地及び緑地又は環境施設について一体として配慮することが適切であると認められるもの
> 　2　経済産業大臣及び製造業等を所管する大臣（工場立地に伴う公害の防止に係る判断の基準となるべき事項にあっては、経済産業大臣、環境大臣及び製造業等を所管する大臣）は、関係行政機関の長に協議し、かつ、産業構造審議会の意見を聴いて、第2条第1項の調査に基づき、製造業等に係る工場又は事業場の立地に関し事業者の判断の基準となるべき事項を公表するものとする。

1．生産施設面積率

> **生産施設の面積の敷地面積に対する割合**
> **準則第1条**　工場立地法施行規則（昭和49年大蔵省、厚生省、農林水産省、通商産業省、運輸省令第1号。以下「規則」という。）第2条各号に掲げる生産施設（以下「生産施設」という。）の面積の敷地面積に対する割合は、別表第1の上欄に掲げる業種の区分に応じ、同表の下欄に掲げる割合以下の割合とする。

第2節　工場立地に関する準則の解説

別表第1（第一条及び（備考）関係）

業種の区分		敷地面積に対する生産施設の面積の割合
第1種	化学肥料製造業のうちアンモニア製造業及び尿素製造業、石油精製業、コークス製造業並びにボイラ・原動機製造業	30／100
第2種	伸鉄業	40／100
第3種	窯業・土石製品製造業（板ガラス製造業、陶磁器・同関連製品製造業、ほうろう鉄器製造業、七宝製品製造業及び人造宝石製造業を除く。）	45／100
第4種	鋼管製造業及び電気供給業	50／100
第5種	でんぷん製造業、冷間ロール成型形鋼製造業	55／100
第6種	石油製品・石炭製品製造業（石油精製業、潤滑油・グリース製造業（石油精製業によらないもの）及びコークス製造業を除く。）及び高炉による製鉄業	60／100
第7種	その他の製造業、ガス供給業及び熱供給業	65／100

1．生産施設面積率

　生産施設面積率とは工場又は事業場における生産施設の面積の敷地面積に対する割合をいい、別表第1は工場を建設する場合の当該割合の業種別上限（以下「生産施設面積率の準則」という。）を示したものである。

2．生産施設面積率の準則の考え方

　工場が周辺住民に与える公害問題、災害問題等のトラブルは工場から出てくる大気汚染物質、水質汚染物質、騒音、振動等の外、工場そのものが生活環境に与える違和感や不安感が原因となることも多く、これらは総じて環境に対するマイナス面の影響すなわち環境負荷と言える。

　そこで工場立地法の準則では、生活環境に与える違和感や不安感も含めた環境負荷を減少させるため、生産施設の敷地面積に対する割合（「生産施設面積率」…業種毎に30％〜65％の8段階に設定）を抑える等のレイアウト規制を行うことによって環境負荷を減少させることとしている。

3．建築基準法の建ぺい率規制との関係

　工場立地法の生産施設面積率の準則と建築基準法の建ぺい率の基準は、規制の観点、内容、対象のいずれについても異なるものである。すなわち、

(1)　観点……建ぺい率の基準は主として建築物の大きさと適正な空間との関係に着目したものであるのに対して、生産施設面積率の準則は生産施設の密度と環境負荷との関係に着目したものであるといえる。

(2) 内容……(1)の観点から、工場立地法の生産施設面積率には、工場建屋の外にあっても、生産活動を行うプラント類等の構築物、装置が算入されるのに対して、建ぺい率には算入されない。逆に事務所、研究所、体育館等は建ぺい率には算入されるが、生産活動に関連しないという意味で生産施設面積率には算入されない。

(3) 対象……建ぺい率の基準は、一定地域における建物については、そこで何が営まれるかに関係なく一律の比率が適用されるのに対し、生産施設面積率の準則の適用は全国にわたる一方、工場だけを対象とするものであり、かつ、工場内の生産活動の内容に応じて業種別に異なった比率が適用される。

4. 生産施設の定義

生産施設の定義については「工場立地法施行規則」で次のように定められている。

生産施設

工場立地法施行規則第2条 法第4条第1項第1号の生産施設は、次の各号に掲げる施設(地下に設置されるものを除く。)とする。

1. 製造業における物品の製造工程(加工修理工程を含む。)、電気供給業における発電工程、ガス供給業におけるガス製造工程又は熱供給業における熱発生工程を形成する機械又は装置(次号において「製造工程等形成施設」という。)が設置される建築物
2. 製造工程等形成施設で前号の建築物の外に設置されるもの(製造工程等形成施設の主要な部分に係る附帯施設であって周辺の地域の生活環境の保持に支障を及ぼすおそれがないことが特に認められるものを除く。)

【関連規定】
◆生産施設の定義=運用例規1—3—1—1(生産施設の定義)、1—3—2—3(事務所・研究所・食堂等)、1—3—2—4(倉庫関連施設)、1—3—2—10(出荷輸送関連施設)、1—3—2—11(包装・荷造(梱包)施設)、1—3—2—17(公害防止施設)、1—3—2—19(排煙施設)、1—3—2—20(休廃止施設)、1—3—2—21(試作プラント)
◆地下に設置される施設=運用例規1—3—1—2(地下に設置された施設)

生産施設とは、規則第2条に規定する施設をいい、同条にいう物品の製造工程を形成する機械又は装置(製造工程等形成施設)とは、原材料に最初の加工を行う工程から出荷段階前の最終の製品が出来上がるまでの工程のうち直接製造・加工を行う工程を形成する機械又は装置及びこれらに付帯する用役施設(受変電施設及び用水施設を除く。)をいう。

すなわち、規則第2条第1号で機械又は装置が入っている建屋自体を、第2号で屋外のプラント類を生産施設として定義している。

具体的な生産施設の取扱いについては、「工場立地法運用例規集」(P.232以下)を参照のこと。

2. 緑地面積率・環境施設面積率

緑地の面積の敷地面積に対する割合

準則第2条 規則第3条各号に掲げる緑地(以下「緑地」という。)の面積の敷地面積に対する割合(以下「緑地面積率」という。)は、100分の20以上の割合とする。ただし、規則第4条に規定する緑地以外の環境施設以外の施設又は同条第一号トに掲げる施設と重複す

る土地及び規則第3条に規定する建築物屋上等緑化施設については、敷地面積に緑地面積率を乗じて得た面積の100分の25の割合を超えて緑地面積率の算定に用いる緑地の面積に算入することができない。
（環境施設の面積の敷地面積に対する割合）
準則第3条 緑地及び規則第4条の緑地以外の環境施設（以下「環境施設」という。）の面積の敷地面積に対する割合は、100分の25以上の割合とする。

【関連規定】

◆緑地の定義＝施行規則第3条（緑地）、運用例規1―4―1―1（緑地の定義）、1―4―2―1（緑地として認められるもの）、1―4―2―3（緑地として認められないもの）、1―4―4―3（単独の樹木の取扱い）

◆緑地面積の測定方法＝運用例規1―4―4―1（緑地の面積の測定方法）、1―4―4―2（区画されていないものの取扱い）、1―4―4―5（緑地以外の環境施設が樹林地で囲まれている場合の取扱い）、1―4―4―6（樹木と芝の混合した緑地の取扱い）、1―4―4―7（法面(のりめん)の取扱い）、1―4―4―8（壁面緑地の測定方法）

◆「緑地以外の環境施設」の定義＝施行規則第4条（緑地以外の環境施設）、運用例規1―5―1―1（緑地以外の環境施設の定義）、1―5―1―2（緑地以外の環境施設の判断基準）、1―5―2―1（修景施設）、1―5―2―2（屋外運動場）、1―5―2―3（広場）、1―5―2―4（屋内運動場）、1―5―2―5（教養文化施設）、1―5―2―6（雨水浸透施設）、1―5―2―7（太陽光発電施設）、1―5―2―8（調整池）、1―5―2―9（野菜畑）、1―5―2―10（駐車場）

◆「緑地以外の環境施設」面積の測定方法＝運用例規1―5―3―1（緑地以外の環境施設の面積の測定方法）、1―5―3―2（体育館・クラブハウス等が環境施設に附置され一体をなしている場合の取扱い）、1―5―3―3（地下に埋設されている雨水浸透施設）

◆重複＝運用例規1―6―2―1（樹木又は芝その他の地被植物が生育する部分と緑地以外の施設が重複する場合の取扱い）、1―6―2―2（建築物屋上等緑化施設が互いに重複した場合の取扱い）、1―6―2―3（屋内運動施設又は教養文化施設と生産施設等が重複する場合の取扱い）、1―6―2―4（規則第4条に規定する太陽光発電施設と生産施設が重複する場合の取扱い）、1―6―2―5（緑地以外の環境施設が互いに重複した場合の取扱い）、1―6―2―6（雨水浸透施設と環境施設以外の施設が重複する場合の取扱い）

◆建築物屋上等緑化施設＝工場立地法施行規則第3条（緑地）

1．緑地面積率・環境施設面積率

　緑地面積の敷地面積に対する割合（以下「緑地面積率」という。）についての準則（以下「緑地面積率の準則」という。）は第2条で20％以上と定められている。また、環境施設面積の敷地面積に対する割合（以下「環境施設面積率」という。）についての準則（以下「環境施設面積率の準則」という。）は第3条で25％以上と定められている。

　環境施設とは定義上緑地を含む概念であるので、緑地面積率を20％確保すれば、同時に環境施設面積率も20％確保されていることとなり、残り5％以上の緑地以外の環境施設を確保すれば、環境施設面積率の準則25％以上に適合することとなる。

　また、緑地面積率を25％以上確保すれば、同時に環境施設面積率も25％以上となるので緑地

以外の環境施設を確保する必要はない。したがって、緑地面積率と環境施設面積率とを合算して計45％以上の緑地と環境施設を確保しなければならないということではない。

2．緑地面積率の準則・環境施設面積率の準則の考え方

　生産施設面積率を抑制することによって敷地のうち残り数十％のスペースが残るわけであるが、それだけでは残りのスペースは道路とか倉庫とか駐車場とか何に使われるかわからない。
　そこで一定比率以上は、地域環境に対して積極的な意味をもつ緑地等の環境施設を確保しようということである。
　敷地内における環境施設の確保の観点としては次のことが考えられる。
(1)　自然環境との調和、都市環境の整備（工場立地という開発行為がもたらす地域環境への影響を緩和するというグローバルな観点）
(2)　緑地の大気浄化作用の観点
(3)　外部環境と生産活動との間を空間的に遮断する観点（粉じん、騒音防止のためのグリーンベルトの確保の観点を含む。）
(4)　地域住民に対して心理的融和をはかる観点

　以上のような環境施設の確保の観点を、環境施設の種類とその確保場所とに関係づけて整理したものが表2－3である。

表2－3　環境施設確保の観点と環境施設の種類、確保場所との関係

環境施設確保の観点	環境施設の種類	環境施設の確保場所
自然環境との調和、都市環境の整備	公園、緑地	敷地の周辺部中心
大気浄化	緑地	確保場所は問わない
外部環境と生産活動との空間的遮断	種類は問わない（公害等の要素が大きい業種は緑地が望ましい）	敷地の周辺部
地域住民に対する心理的効果	公園、緑地	敷地の周辺部中心であるが、地域住民が工場に従業員として働いていることを考慮すれば工場全体の修景を考慮することもある

　環境施設の確保は以上のように地域社会に対する産業活動のインパクトを緩和することにあるので、開発規模の程度に応じて環境施設を確保することが妥当である。
　また、緑地面積率の準則、環境施設面積率の準則を定めるにあたっては、現に立地している工場で、地域環境との調和に配意しつつ、敷地利用に創意工夫しているモデル的工場や計画的に造成されるモデル工業団地の実態や、地方公共団体の緑化条例の例、外国における工場周辺の緩衝帯の事例を参考としている。
　また環境施設の中で、特に緑地をとりあげて別の準則が定められているのは、工場の周囲をつつむ緑の樹林帯、並木で整備された道路、芝生でおおわれた広場、緑いっぱいの厚生施設などにより生産施設との調和を図り、工場全体が公園を思わせる、いわゆるインダストリアルパ

ークの形態をととのえることが、今後の工場の理想的なイメージと考えられるからである。
　このように緑地は、快適な環境づくりに役立ち、地域の人たちからも快く受け入れられることになり、従業員にも気持よく働ける環境を提供する効果をもつものであるが、以下、緑地そのものの効果について、述べる。

3．緑地の効果

　広大な国立公園あるいは自然休養林の存在効果と、身近な職場、工場、住宅周辺の緑地のそれとを対比するならば、元々質的にも量的にも比べにくい異質な面が多い。しかし、その反面、緑地の広狭を超越すれば、すなわち効果の効率の高低を別にするならば、共通的な面をもっている。

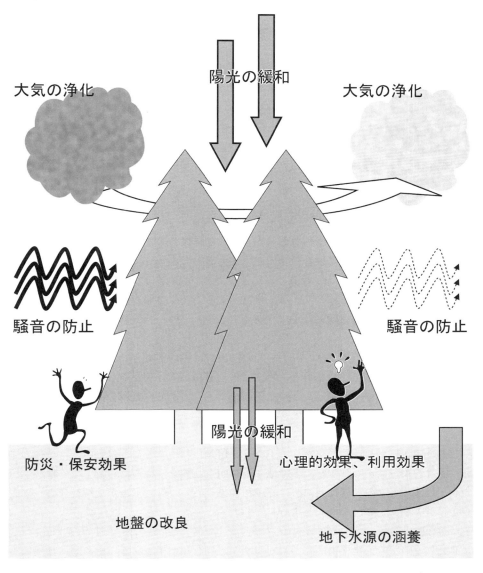

図2—3　工場立地法が念頭に置いている緑地等の効果に関するイメージ

例えば、一樹の木かげは、お昼の休憩にふさわしい環境を与えるかもしれないが、一樹のみの存在では、防風・防音の効果はゼロに近い、といっても全く無効でもない。しかし、効率をあげるには、ある程度の樹林群を必要とする。

(1) 心理的効果

　樹木は、その特性、集団の状態などによって、人々にすがすがしさ、安らぎ、神秘性、荘厳感、時には畏怖感など様々な精神作用を与え、人間性と健康の向上に役立ち、厚生への大きな支えとなっている。この複雑で、かつ計量的に表現しがたい効果は、緑のみがもつ作用といえよう。

　工場環境においては、神経系の常時緊張、労働の単純化による疲労感、焦燥感、抑圧感があり、心の洗濯場所となる緑地が要求されており、また、工場の周辺が緑地であることは、周辺の地域社会に与える安心感、美的効果などの心理的効果が極めて高い。

(2) 大気の浄化

　緑地は、光合成作用によって、酸素の供給と炭酸ガスの固定を行うとともに、有害ガス、ばい煙、じん埃などの大気汚染物質の吸着などによる大気浄化の作用が期待できる。しかし、この作用は、計量的には多くを期待することは無理である。例えば、大阪市民の生存に必要な酸素供給源として森林を求める場合、四国全土に相当する広さの森林が必要だといわれ、大気汚染物質の吸着にしても、その能力には限界があるので、公害対策としてはあくまでも発生源の除去対策が基本であり、緑地の役割は補完的なものと考えるべきである。

(3) 騒音の防止

　緑地帯における遮音効果は、樹木の種類、植生によって異なるが、遮音の一般的な減衰は、距離、障害物、大気の吸収、気象条件などの様々なパラメーターに左右される。緑地の遮音効果の定量的把握は非常に難しいが、一般的には、葉量の多い樹木を密植し、しかも立体的に覆われている場合に騒音軽減の効果が大きいといわれている。音が良好な構成をもつ林帯を通過するときは、35m幅ごとに10分の1ずつ減衰する。

　また、騒音の発生源を林帯によって外部と遮ることにより、視覚的に音響源がわからなくなることから、心理的な効果もかなり期待できる。

(4) 防災、保安効果

　工場、石油関連企業等では、火災の際の熱放射は極めて大きく、緑地及び植栽はその点で大きな効果をもたらす。すなわち、熱放射は、道路に障害物があるとそこで回折し、障害物の裏側では温度はやや下がることがある。また、災害がおきた場合の工場内における避難経路または避難地としての効果も大きいと思われる。

(5) 緑地の利用効果

　緑地をスポーツ、遊戯、レクリエーション用途に利用することによって、身体の発達、健康の増進効果がはかられる。工場緑地や福祉向上施設を、従業員のみでなく地域住民に開放することは、工場の地域社会における融和効果を高め、真に工場が地域社会の一構成員として位置づけられることを可能とする。

(6) 太陽輻射の緩和

　工場敷地内は人工建材物に囲まれており、照り返しが相当ある。その際、緑地は陽光及び地面からの熱輻射を緩和する。

(7) 飛砂、風塵の防止

　工場敷地表面が地被植物や樹木に覆われていることにより、工場内の飛砂、風塵の発生が

防がれる。
(8) 地下水源の涵養
　工場緑地の拡大により、工場敷地における流水の安定がはかられ、地下水への供給量は増大する。
(9) 地盤の改良
　工場敷地が粗造成のままで使用されていると、流水時に泥水となって流れ出る。緑地化によって土砂流出が抑止されると同時に、地被植物や樹木の根により地盤の崩れが防止される。
(10) CO_2の吸収源としての地球温暖化防止効果
　地球温暖化は二酸化炭素を中心とする温室効果ガスに起因しており、また、緑地は二酸化炭素を吸収し、炭素を固定する能力があることが知られている。緑地を設けることで、地球温暖化防止に役立つものとなる。
(11) 都市部で発生しているヒートアイランド現象への対策効果
　緑地の水分貯留と蒸発散作用による空気の流れは、都市の暑熱を緩和し、ヒートアイランド現象の緩和に有効である。緑地の確保、建物の屋上・壁面緑化による人工排熱の削減に役立つものとなる。
(12) 生物の多様性を確保するための効果
　緑地の整備により、鳥類、昆虫、こうした動物が運ぶ種子による植物の生育など、多様な動植物の活動の場が広がることが期待できる。

4．緑地の定義

　緑地

　工場立地法施行規則第3条　法第4条第1項第1号の緑地は、次の各号に掲げる土地又は施設（建築物その他の施設（以下「建築物等施設」という。）に設けられるものであつて、当該建築物等施設の屋上その他の屋外に設けられるものに限る。以下「建築物屋上等緑化施設」という。）とする。
　　1　樹木が生育する区画された土地又は建築物屋上等緑化施設であって、工場又は事業場の周辺の地域の生活環境の保持に寄与するもの
　　2　低木又は芝その他の地被植物（除草等の手入れがなされているものに限る。）で表面が被われている土地又は建築物屋上等緑化施設

【関連規定】
◆緑地の定義＝運用例規1―4―1―1（緑地の定義）、1―4―2―1（緑地として認められるもの）、1―4―2―3（緑地として認められないもの）、1―4―4―3（単独の樹木の取扱い）
◆樹冠の定義＝運用例規1―4―1―2（樹冠）
◆「工場又は事業場の周辺の地域の生活環境の保持に寄与するもの」の定義＝運用例規1―4―1―3（工場又は事業場の周辺の地域の生活環境の保持に寄与するもの）
◆高木・低木の定義＝運用例規1―4―1―4（高木・低木）
◆「地被植物（除草等の手入れがなされているものに限る。）」の定義＝運用例規1―4―1―5（地被植物（除草等の手入れがなされているものに限る。））

◆緑地面積の測定方法＝運用例規１－４－４－１（緑地の面積の測定方法）、１－４－４－２（区画されていないものの取扱い）、１－４－４－５（緑地以外の環境施設が樹林地で囲まれている場合の取扱い）、１－４－４－６（樹木と芝の混合した緑地の取扱い）、１－４－４－７（法面(のりめん)の取扱い）、１－４－４－８（壁面緑地の測定方法）

　緑地とは、規則第３条に規定する区画された土地又は建築物屋上等緑化施設をいう。この場合樹木の生育する土地については、当該土地又は建築物屋上等緑化施設（その一部に緑地以外の環境施設が含まれているときは、当該環境施設の部分以外の土地又は建築物屋上等緑化施設）の全体について平均的に植栽されている必要があり、また、緑地の植栽工事の完了期限は原則として届出に係る生産施設の運転開始時までとしている。
　すなわち、規則第３条第１号で樹林地（上記建築物屋上等緑化施設を含む。）について、第２号低木地、芝生等（上記建築物屋上等緑化施設を含む。）について緑地として定義している。具体的な緑地の取扱いについては、「工場立地法運用例規集」（P.245以下）を参照のこと。

5．緑地以外の環境施設の定義

～～ **緑地以外の環境施設** ～～

工場立地法施行規則第４条　法第４条第１項第１号の緑地以外の主務省令で定める環境施設は、次の各号に掲げる土地又は施設であって工場又は事業場の周辺の地域の生活環境の保持に寄与するように管理がなされるものとする。
　１　次に掲げる施設の用に供する区画された土地（緑地と重複する部分を除く。）
　　イ　噴水、水流、池その他の修景施設
　　ロ　屋外運動場
　　ハ　広場
　　ニ　屋内運動施設
　　ホ　教養文化施設
　　ヘ　雨水浸透施設
　　ト　太陽光発電施設（第二条に規定する生産施設に該当するものを除く。次号において同じ。）
　　チ　イからトに掲げる施設のほか、工場又は事業場の周辺の地域の生活環境の保持に寄与することが特に認められるもの
　２　太陽光発電施設のうち建築物等施設の屋上その他の屋外に設置されるもの（緑地又は前号に規定する土地と重複するものを除く。）

【関連規定】
◆「緑地以外の環境施設」の定義＝運用例規１－５－１－１（緑地以外の環境施設の定義）、１－５－１－２（緑地以外の環境施設の判断基準）、１－５－２－１（修景施設）、１－５－２－２（屋外運動場）、１－５－２－３（広場）、１－５－２－４（屋内運動場）、１－５－２－５（教養文化施設）、１－５－２－６（雨水浸透施設）、１－５－２－７（太陽光発電施設）、１－５－２－８（調整池）、１－５－２－９（野菜畑）、１－５－２－１０（駐車場）

　緑地以外の環境施設とは、規則第４条に規定する区画された土地（緑地と重複する部分を除

く。）をいい、粉じん、騒音等を防止する観点のみならず、工場立地が周辺住民に与える違和感等も含めて周辺地域との調和を保つために整備することをねらいとしたものである。

「工場又は事業場の周辺の生活環境の保持に寄与するように管理がなされるもの」とは、環境施設となるか否かの判断基準を示しており、具体的な判断基準は次の５つのうち、１つを満たすこととなる。

① オープンスペースであり、かつ、美観等の面で公園的に整備されていること。
② 一般の利用に供するよう管理されること等により、周辺の地域住民等の健康の維持増進又は教養文化の向上が図られること。
③ 災害時の避難場所等となることにより防災対策等が推進されること。
④ 雨水等の流出水を浸透させる等により地下水の涵養が図られること。
⑤ 規則第４条に規定する太陽光発電施設であって、実際に発電の用に供されるものであること。

具体的な環境施設の取扱いについては、「工場立地法運用例規集」（P.251以下）を参照のこと。

―― 環境施設の配置 ――
準則第４条 環境施設の配置は、製造業等に係る工場又は事業場（以下「工場等」という。）の環境施設のうちその面積の敷地面積に対する割合が100分の15以上になるものを当該工場等の敷地の周辺部に、当該工場等の周辺の地域の土地の利用状況等を勘案してその地域の生活環境の保持に最も寄与するように行うものとする。ただし、工場立地法第４条の２第１項の規定に基づき都道府県準則が定められた場合（以下「都道府県準則が定められた場合」という。）若しくは同条第二項の規定に基づき市準則が定められた場合（以下「市準則が定められた場合」という。）又は企業立地の促進等による地域における産業集積の形成及び活性化に関する法律第10条第１項の規定に基づき準則が定められた場合であって、当該準則に規定する環境施設面積率が100分の15未満である場合には、当該面積率に相当する分の環境施設を当該工場等の敷地の周辺部に、当該工場等の周辺の地域の土地の利用状況等を勘案してその地域の生活環境の保持に最も寄与するように行うものとする。

【関連規定】
◆「敷地の周辺部」の定義＝運用例規１－６－１－１（敷地の周辺部）
◆「周辺の地域の生活環境の保持に最も寄与するように」の定義＝運用例規１－６－１－２（「周辺の地域の生活環境の保持に最も寄与するように」の取扱い）

環境施設を敷地面積の25％以上確保するだけでは、周辺地域の生活環境の保持に積極的に貢献するという観点からみれば不十分で、外部環境と生産活動とを空間的に遮断するためには、工場敷地の周辺部に緑地帯等の環境施設を重点的に配置する必要がある。またその配置については、周辺の土地の利用状況等を勘案して、適切に行う必要がある。そこで第４条においては、敷地面積の15％以上に相当する面積の環境施設（企業立地の促進等による地域における産業集積の形成及び活性化に関する法律（平成19年法律第四十号）第10条第１項の規定に基づき準則が定められた場合であって、当該準則に規定する環境施設面積率が15％未満である場合には、当該面積率に相当する分の環境施設）を、工場敷地内の周辺部にその地域の生活環境の保持に最も寄与するように配置することを定めたものである。

3．工業団地等の特例

──工業団地に工場等を設置する場合における特例──

準則第5条　第1条から第4条までの敷地面積（都道府県準則が定められた場合にあってはその都道府県準則中の敷地面積、市準則が定められた場合にあってはその市準則中の敷地面積。次条において同じ。）、第2条の緑地の面積（都道府県準則が定められた場合にあってはその都道府県準則中の緑地の面積、市準則が定められた場合にあってはその市準則中の緑地の面積。次条において同じ。）並びに第3条及び第4条の環境施設の面積（都道府県準則が定められた場合にあってはその都道府県準則中の環境施設の面積、市準則が定められた場合にあってはその市準則中の環境施設の面積。次条において同じ。）は、工業団地に工場等を設置する場合であって当該工業団地について一体として配慮することが適切であると認められるときは、次の各号に掲げる式により算定することができるものとする。

1　敷地面積

当該工場等の敷地面積＋規則第7条に規定する工業団地共通施設の面積

$$\times \frac{当該工場等の敷地面積}{工業団地内の全工場又は全事業場の敷地面積の合計}$$

2　緑地の面積

当該工場等の緑地の面積＋規則第7条に規定する工業団地共通施設のうち緑地の面積

$$\times \frac{当該工場等の敷地面積}{工業団地内の全工場又は全事業場の敷地面積の合計}$$

3　環境施設の面積

当該工場等の環境施設の面積＋規則第7条に規定する工業団地共通施設のうち環境施設の面積

$$\times \frac{当該工場等の敷地面積}{工業団地内の全工場又は全事業場の敷地面積の合計}$$

【関連規定】

◆工業団地の定義＝工場立地法第4条第1項第3号イ、運用例規1－7－1－1－1（工業団地の定義）、1－7－1－1－2（工業団地の造成時期が分割される場合）

◆工業団地共通施設の定義＝施行規則第7条（工業団地共通施設）、運用例規1－7－1－1－3（工業団地共通施設の定義及び共有施設との違い）、1－7－1－1－4（工業団地共通施設としない施設）

◆工業団地共通施設の配分方法＝運用例規1－7－1－2－1（工業団地共通施設の配分方法）

◆工業団地特例の適用＝運用例規1－7－1－2－2（工業団地に工場等を設置する場合における特例）、1－7－1－2－3（特例を適用するか否かの基準）

　工業団地の共通施設として適切に配置された緑地等がある場合、それは共通施設の性格上非分譲用地ではあるが、その工業団地に入居する工場等（工場又は事業場の意）の生産施設面積率、緑地面積率、環境施設面積率の根拠となる敷地面積、緑地面積、環境施設面積を計算上求める方法として当該共通施設面積を各工場等の固有の敷地面積の大小に応じて比例配分し、固有の敷地面積や緑地面積や環境面積に加算することができるという趣旨である。

　具体的な工業団地の取扱いについては、法4条第1項第3号イの解説（P.34）及び工場立地

法運用例規集を参照のこと。

工業集合地に工場等を設置する場合における特例

準則第6条 第1条から第4条までの敷地面積、第2条の緑地の面積並びに第3条及び第4条の環境施設の面積は、工業集合地に隣接する一団の土地に、緑地又は環境施設が計画的に整備されることにより、地域における緑地等の整備の前進につながるなど、周辺の地域の生活環境の改善に寄与すると認められる工業集合地に工場等を設置する場合であって、当該工業集合地及び当該緑地又は環境施設（以下この条において「隣接緑地等」という。）について一体として配慮することが適切であると認められるときは、原則、次の各号に掲げる式により算定することができるものとする。

1　敷地面積

　当該工場等の敷地面積＋隣接緑地等の面積

　$\times \dfrac{\text{隣接緑地等の整備につき当該工場等を設置する者が負担する費用}}{\text{隣接緑地等の整備につき工業集合地に工場等を設置する者が負担する費用の総額}}$

2　緑地の面積

　当該工場等の緑地の面積＋隣接緑地等のうち緑地の面積

　$\times \dfrac{\text{隣接緑地等の整備につき当該工場等を設置する者が負担する費用}}{\text{隣接緑地等の整備につき工業集合地に工場等を設置する者が負担する費用の総額}}$

3　環境施設の面積

　当該工場等の環境施設の面積＋隣接緑地等のうち環境施設の面積

　$\times \dfrac{\text{隣接緑地等の整備につき当該工場等を設置する者が負担する費用}}{\text{隣接緑地等の整備につき工業集合地に工場等を設置する者が負担する費用の総額}}$

なお、例外として、隣接緑地等の整備につき工業集合地に工場等を設置する者がいずれも費用を負担しない場合についても、都道府県知事又は市長は、事業者間の公平性が著しく損なわれることのない範囲において算定することができるものとする。

【関連規定】
◆工業集合地の定義＝工場立地法第4条第1項第3号ロ、運用例規1－7－2－1－1、1－7－2－1－2、1－7－2－1－3、1－7－2－1－4（工業集合地の定義）
◆隣接緑地等の定義＝運用例規1－7－2－2－1、1－7－2－2－2、1－7－2－2－3、1－7－2－2－4、1－7－2－2－5（隣接緑地等の定義）

　本条は、工業集合地に工場等を設置する事業者、又は工業集合地に既に工場等を設置している事業者から、法第4条第1項第3号ロに定める工業集合地の特例の適用の届出が行われた際に、同特例適用の対象となる工場等の生産施設面積率、緑地面積率、環境施設面積率の根拠となる敷地面積、緑地面積、環境施設面積を計算上求める方法として、隣接緑地等の面積を当該隣接緑地等の整備につき工場等を設置する者が負担する費用の割合に応じて比例配分し、固有の敷地面積、緑地面積、環境施設面積に加算できる旨を規定したものである。

　具体的な工業集合地の取扱いについては、法4条第1項第3号ロの解説（P.35）及び工場立地法運用例規集を参照のこと。

　また、本条では「なお、例外として、隣接緑地等の整備につき工業集合地に工場等を設置する者がいずれも費用を負担しない場合についても、都道府県知事又は市長は、事業者間の公平

性が著しく損なわれることのない範囲において算定することができるものとする。」と規定している。

工場立地法は、四日市の公害裁判の判決を契機として、「企業の社会的責任」という観点から改正された経緯があり、隣接緑地等の整備に要する費用は、原則として工業集合地に工場等を設置（新たに設置する場合も含む）しており、工業集合地特例の適用を受けようとする事業者が負担することになる。

ただし、例外的なケースとして、地方公共団体が全額費用負担して緑地等を整備する場合であっても、当該緑地が法第4条第1項第3号ロに定める要件に合致するとともに、周辺地域の生活環境の改善に寄与する場合には、これを特例の対象から排除せずに、都道府県知事又は市長の判断で特例の適用を行うことができる。

（参　考）
「企業の社会的責任」
① 社会が必要としている製品を適正な価格で供給すること
② 地域社会に働き甲斐のある職場を提供すること
③ 公害、災害等の防止に安全を期し、地域住民に公害災害等の不安を抱かせないようにすること
④ 地域の同居人として、進んで工場の緑化等を行い、積極的に地域の環境づくりに貢献すること

4．準則の備考

> **準則備考1**　昭和49年6月28日に設置されている工場等又は設置のための工事が行われている工場等（以下「既存工場等」という。）において、昭和49年6月29日以後に生産施設の面積の変更（生産施設の面積の減少を除く。以下同じ。）が行われるときは、第1条の規定に適合する生産施設の面積、第2条の規定に適合する緑地の面積及び第3条の規定に適合する環境施設の面積の算定は、それぞれ次の各号に掲げる式によって行うものとする。

【関連規定】
◆昭和49年6月28日以前に設置されている工場が、敷地面積又は建築面積を増加させたことにより、工場立地法の適用を受ける「特定工場」に該当することとなった場合の取扱い＝運用例規1－8－4（既存工場が新たに特定工場となる場合）
◆生産施設の面積の変更＝施行規則運用例規2－1－1－6（工場建屋内の機械装置の取換え）、2－1－1－7（一階建の工場建屋を二階以上にする場合）、2－1－1－8（単純移設）、2－1－1－10（生産施設の面積の変更を伴わない修繕）

1．単一業種の既存工場等に対する準則の適用
(1) 昭和49年6月28日時点で既に設置されている工場、事業場において、昭和49年6月29日以後に生産施設の増設やスクラップ＆ビルドが行われるとき、準則第1条、第2条、第3条で規定した新設工場に適用される生産施設面積率の準則等の適用方法を定めたものである。
(2) 「昭和49年6月28日」の意味
工場立地法の前身である「工場立地の調査等に関する法律」に基づく特定工場の届出は昭

第2節　工場立地に関する準則の解説

和49年3月30日まで行うことができた。（同年3月31日からは工場立地法が施行された。）したがって同年3月30日に届出たものは90日後に当たる同年6月28日に工事を開始することができるが、この場合、工場立地法第4条に基づく準則は適用することができない。（何故なら同年3月30日の届出は工場立地法に基づくものではなく旧法に基づくものである。）

他方、工場立地法が施行された同年3月31日に届け出た生産施設の増設やスクラップ＆ビルド等の計画は早くとも90日が経過した日、すなわち同年6月29日にならなければ原則として工事を開始することができない。換言すれば同年6月28日の時点において設置されている（すなわち完成されている）工場や事業場又は設置のための工事が行われている（すなわち工事中の）工場や事業場は工事立地法の準則が適用開始となる前から存在している「既存工場等」と呼べるわけであるが、この既存工場等において同年6月29日以後に工事が開始される生産施設の増設やスクラップ＆ビルド等については工場立地法の準則が適用されるということである。

(3) 単一業種の既存工場が増設できる生産施設の面積

1　生産施設の面積

$$P \leq \gamma\left(S - \frac{P_0}{\gamma\alpha}\right) - P_1$$

ただし、$\gamma\left(S - \frac{P_0}{\gamma\alpha}\right) - P_1 \leq 0$ のときはP＝0とする。

これらの式において、P、γ、S、P_0、α 及び P_1 は、それぞれ次の数値を表わすものとする。

P　当該変更に係る生産施設の面積

γ　当該既存工場等が属する別表第1の上欄に掲げる業種についての同表の下欄に掲げる割合

S　当該既存工場等の敷地面積

P_0　昭和49年6月28日に設置されている生産施設の面積及び設置のための工事が行われている生産施設の面積の合計

α　当該既存工場等が属する別表第2の上欄に掲げる業種についての同表の下欄に掲げる数値

P_1　昭和49年6月29日以後に生産施設の面積の変更が行われた場合におけるその変更に係る面積の合計（昭和49年6月29日以後に生産施設の面積の減少が行われる場合は、当該減少に係る面積の合計を減じたもの）

ア　Pの説明

「当該変更」とは、生産施設の増設とかスクラップ＆ビルドを計画し、今回届出をしたか、又はしようとしている案件の内容を指す。

当該変更が、生産施設を例えば100m^{2}増設しようとする計画であればPに100を代入すればよく、又、生産施設を100m^{2}ほどスクラップし、90m^{2}ほどビルドする計画であればPには90を代入することになる。（スクラップした100m^{2}については後に P_1 のところで説明をするが、P_1 に「－100」を代入すればよい。）

イ　γ（ガンマ）の説明

当該既存工場等が別表第1（2章第2節）の例えば第1種に掲げる業種に属しておれ

ば、γは100分の30であるから0.3を代入すればよい。
　ウ　Sの説明
　　Sは当該既存工場等の敷地面積の合計であり、隣接した土地を工場用地として新たに買増すか又は借地した場合には、これらの面積もSに含まれることになる。逆に既存工場等の敷地面積の一部を売却又は貸与しようとする場合には、これらの面積を除いたものがSとなる。
　エ　P_0の説明
　　P_0は一言でいえば既存生産施設の面積の合計であり、換言すれば、昭和49年6月28日に設置されている（すなわち完成されている）生産施設の面積及び設置のための工事が行われている（すなわち工事中の）生産施設の面積の合計であって工場ごとに定まる定数であり、当該工場の全敷地面積のうちどの程度までが同年6月28日以前に使用済みであると計算されるかの基礎になる値である。
　オ　αの説明
　　別表第2の業種の区分に応じて下の欄に掲げる数値である。

別表第2（（備考）関係）

	業種の区分	既存生産施設用敷地計算係数
1	他の項に掲げる製造業以外の製造業及び熱供給業	1.2
2	化学調味料製造業、砂糖製造業、酒類製造業（清酒製造業を除く。）、動植物油脂製造業、でんぷん製造業、製材業・木製品製造業、造作材・合板・建築用組立材料製造業、パルプ製造業、紙製造業、加工紙製造業、化学工業（ソーダ工業、塩製造業、有機化学工業製品製造業（合成染料製造業、有機顔料製造業、熱硬化性樹脂製造業及び半合成樹脂製造業を除く。）、ゼラチン・接着剤製造業及び医薬品製造業（医薬品原薬製造業を除く。）を除く。）、石油製品・石炭製品製造業（コークス製造業を除く。）、タイヤ・チューブ製造業、窯業・土石製品製造業（板ガラス製造業、セメント製造業、陶磁器・同関連製品製造業、ほうろう鉄器製造業、七宝製品製造業及び人造宝石製造業を除く。）、高炉によらない製鉄業、製鋼・製鋼圧延業、熱間圧延業、冷間圧延業、冷間ロール成型形鋼製造業、鋼管製造業、伸鉄業、鉄素形材製造業（可鍛鋳鉄製造業を除く。）、非鉄金属第二次製錬・精製業（非鉄金属合金製造業を含む。）、非鉄金属・同合金圧延業、非鉄金属鋳物製造業、鉄骨製造業、建設用金属製品製造業、蓄電池製造業、自動車製造業、自動車車体・附随車製造業、鉄道車両製造業、船舶製造・修理業（長さ250メートル以上の船台又はドックを有するものに限る。）、航空機製造業、航空機用原動機製造業、産業用運搬車両製造業、武器製造業、電気供給業及びガス供給業	1.3

3	有機化学工業製品製造業（合成染料製造業、有機顔料製造業、熱硬化性樹脂製造業及び半合成樹脂製造業を除く。）、コークス製造業、板ガラス製造業、生産用機械器具製造業（機械工具製造業、金属用金型・同部分品・附属品製造業、非金属用金型・同部分品・附属品製造業及びロボット製造業を除く。）、はん用機械器具製造業（動力伝導装置製造業、消火器具・消火装置製造業、弁・同附属品製造業、パイプ加工・パイプ附属品加工業、玉軸受・ころ軸受製造業、ピストンリング製造業及び各種機械・同部分品製造修理業（注文製造・修理）を除く。）、発電用・送電用・配電用電気機械器具製造業（配線器具・配線附属品製造業を除く。）、産業用電気機械器具製造業及び舶用機関製造業	1.4
4	ソーダ工業、セメント製造業、高炉による製鉄業及び非鉄金属第一次精錬・精製業	1.5

例えば化学工業の中で、

合成染料製造業、有機顔料製造業、熱硬化性樹脂製造業、
半合成樹脂製造業、医薬品原薬製造業 は ……………1.3

石油化学系基礎製品製造業、環式中間物製造業、合成ゴム製造業は ……………1.4

化学肥料製造業、無機顔料製造業は ……………………………1.3

ソーダ工業は ……………………………………………………1.5

塩製造業、ゼラチン・接着材製造業は ……………………………1.2

となっている。

　この α は「既存生産施設用敷地計算係数」と呼ぶものであり、P_0 の説明で前述した「既存生産施設」が既存工場等の全敷地面積のうち何 m^2 を使用しているとみなし得るかを計算するための係数である。このことは α がどのようにして算出されたかをみれば理解されるであろう。すなわち、ある業種のほぼ完成した工場の生産施設面積率のデーターをできるだけ多く集めて平均値を出し、これを準則値 γ で除した結果に概ね近い値となっている。言い換えれば、γ に α を乗じた値は概ね当該業種のほぼ完成した工場の平均的な生産施設面積率を表わしている。

　カ　P_1 の説明

　「昭和49年6月29日以後に生産施設の面積の変更が行われた場合におけるその変更に係る面積の合計」とは、例えば同年6月29日以後に生産施設の増設やスクラップが何回か行われた後に、今回また増設しようとする計画がある場合には、同年6月29日以後これまでに既に行われた増設面積の合計からスクラップした面積の合計を減じた値を P_1 に代入すればよい。（仮にその値が $-70m^2$ であれば「-70」を P_1 に代入することになる。）

　キ　$P \leqq \gamma \left(S - \dfrac{P_0}{\gamma \alpha} \right) - P_1$ の意味及び例題

　$\dfrac{P_0}{\gamma \alpha}$ は P_0 という面積の既存生産施設が工場の全敷地面積のうちで使用しているとみなされる面積であるから、$\left(S - \dfrac{P_0}{\gamma \alpha} \right)$ は、工場の全敷地面積のうちで昭和49年6月28日現在では未使用とみなされる敷地部分の面積であり、言い換えれば同年6月29日以後の増設用敷

地の面積である。

$\gamma\left(S - \dfrac{P_0}{\gamma\alpha}\right)$ は、増設用敷地に生産施設を設置するに際して、未利用の土地に工場を新設する場合と同様の考え方により、$\left(S - \dfrac{P_0}{\gamma\alpha}\right)$ に γ を乗じた面積であり、当該工場の増設用敷地の大きさに応じた増設可能生産施設面積の限度枠とも言うべきものである。

$P \leq \gamma\left(S - \dfrac{P_0}{\gamma\alpha}\right) - P_1$ は、増設可能生産施設面積の限度枠のうち前回の届出までに使った枠 P_1 を差引いた残枠即ち $\gamma\left(S - \dfrac{P_0}{\gamma\alpha}\right) - P_1$ の中に今回増設を計画している生産施設の面積 P がおさまっておればよいことを意味している。（下図参照）

（例１）

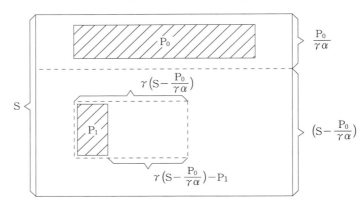

a．$P \leq \gamma\left(S - \dfrac{P_0}{\gamma\alpha}\right) - P_1$ において $\dfrac{P_0}{S} > \gamma\alpha$ すなわち $\left(S - \dfrac{P_0}{\gamma\alpha}\right) < 0$ の場合の例題

ⅰ）計画している生産施設の増設が49年６月29日以後に行う生産施設の面積の変更の最初のものである場合

　　γ（生産施設面積率の準則）＝0.3
　　S（敷地面積）＝1,000,000㎡
　　P_0（既存の生産施設面積）＝429,000㎡
　　$\left\{\begin{array}{l}49年６月28日現在設置ずみのもの\quad 420,000㎡\\ 49年６月28日現在設置工事中のもの\quad 9,000㎡\end{array}\right\}$
　　α（既存生産施設用敷地計算係数）＝1.3
　　P_1（49年６月29日以後今回の増設の直前までの間の増設面積とスクラップ面積の累計）＝0

　　$P \leq \gamma\left(S - \dfrac{P_0}{\gamma\alpha}\right) - P_1 = 0.3 \times \left(1,000,000 - \dfrac{429,000}{0.3 \times 1.3}\right) - 0 = -30,000 < 0$

従って、この工場の場合、最初から単なる増設をすることは準則に適合しない。

ⅱ）49年６月29日以後最初に行う変更が生産施設のスクラップを伴う増設の場合

前記アの例に挙げた工場において、9,000㎡のスクラップを伴う増設は

　　$P \leq \gamma\left(S - \dfrac{P_0}{\gamma\alpha}\right) - P_1 = 0.3 \times \left(1,000,000 - \dfrac{429,000}{0.3 \times 1.3}\right) - (-9,000) = -30,000 + 9,000 = -21,000 <$

0となり依然として準則に適合しないが、32,000㎡のスクラップを伴う増設は $P \leq \gamma\left(S - \dfrac{P_0}{\gamma\alpha}\right)$
$- P_1 = 0.3 \times \left(1,000,000 - \dfrac{429,000}{0.3 \times 1.3}\right) - (-32,000) = -30,000 + 32,000 = 2,000$ となり2,000㎡の範囲内であれば準則に適合する。

上記ア、イいずれの場合においても、$\gamma\left(S - \dfrac{P_0}{\gamma\alpha}\right) - P_1 < 0$のときには準則に適合しないので $P = 0$ すなわち生産施設の増設やスクラップ＆ビルドはこれを行うことができない。

b．$P \leq \gamma\left(S - \dfrac{P_0}{\gamma\alpha}\right) - P_1$ において $\dfrac{P_0}{S} < \gamma\alpha$ すなわち $\left(S - \dfrac{P_0}{\gamma\alpha}\right) > 0$ の場合の例題

$\gamma = 0.3$、$\alpha = 1.3$、$S = 1,000,000$㎡、$P_0 = 312,000$㎡ $\begin{cases} 49年6月28日現在設置ずみのもの 300,000㎡ \\ 49年6月28日現在設置工事中のもの 12,000㎡ \end{cases}$

の工場において

49年6月29日着工の第1回増設（＋8,000㎡）
49年7月10日にスクラップ（－3,000㎡）
49年8月3日着工の第2回増設（＋5,000㎡）

の工事をして来たとすれば、

第1回の増設（$P = 8,000$㎡）については、

$\gamma\left(S - \dfrac{P_0}{\gamma\alpha}\right) - P_1 = 0.3 \times \left(1,000,000 - \dfrac{312,000}{0.3 \times 1.3}\right) - 0 = 0.3 \times (1,000,000 - 800,000) = 60,000$ となり、

$P = 8,000 < 60,000$ であるので準則に適合している。

第2回の増設（$P = 5,000$㎡）については、

$\gamma\left(S - \dfrac{P_0}{\gamma\alpha}\right) - P_1 = 0.3 \times \left(1,000,000 - \dfrac{312,000}{0.3 \times 1.3}\right) - (8,000 - 3,000) = 60,000 - 5,000 = 55,000$ となり、

$P = 5,000 < 55,000$ であるので準則に適合している。

次に第3回の増設を行おうとすれば、

$\gamma\left(S - \dfrac{P_0}{\gamma\alpha}\right) - P_1 = 0.3 \times \left(1,000,000 - \dfrac{312,000}{0.3 \times 1.3}\right) - (8,000 - 3,000 + 5,000) = 60,000 - 10,000 = 50,000$

となり、50,000㎡以下の増設であれば準則に適合することになる。

(4) 単一業種の既存工場等が生産施設の増設に伴い設置すべき緑地の面積

> 2　当該生産施設の面積の変更に伴い設置する緑地の面積
>
> $G \geq \dfrac{P}{\gamma}\left(0.2 - \dfrac{G_0}{S}\right)$
>
> ただし、$\dfrac{P}{\gamma}\left(0.2 - \dfrac{G_0}{S}\right) > 0.2S - G_1 > 0$ のときは $G \geq 0.2S - G_1$ とし、$0.2S - G_1 \leq 0$ のときは $G \geq 0$ とする。
>
> これらの式において、G、P、γ、G_0、S及びG_1は、それぞれ次の数値を表わすものとする。
>
> 　G　当該変更に伴い設置する緑地の面積

P　当該変更に係る生産施設の面積
　　γ　当該既存工場等が属する別表第1の上欄に掲げる業種についての同表の下欄に掲げる割合
　　G_0　当該変更に係る届出前に設置されている緑地（当該届出前に届け出られた緑地の面積の変更に係るものを含む。）の面積の合計のうち、昭和49年6月29日以後の当該変更以外の生産施設の面積の変更に伴い最低限設置することが必要な緑地の面積の合計を超える面積
　　S　当該既存工場等の敷地面積
　　G_1　当該変更に係る届出前に設置されている緑地（当該届出前に届け出られた緑地の面積の変更に係るものを含む。）の面積の合計
　　　下記の(1)、(2)のいずれの要件とも満たし、周辺の地域の生活環境の保全に支障を及ぼさない場合には、算定式により求まる緑地の面積に満たなくとも建替えを可能とする。ただし、ビルド面積がスクラップ面積を超えない部分に限る（3　1において同じ。）。
(1)　対象工場要件
以下の①かつ②に該当する場合
　　①　老朽化等により生産施設の建替えが必要となっている工場で、建替えにより景観が向上する等周辺の地域の生活環境の保全に資する見通しがあること
　　②　建替え後に緑地の整備に最大限の努力をして緑地面積が一定量改善されること
(2)　生活環境保全等要件
以下の①から③の内いずれか1つに該当する場合
　　①　現状の生産施設面積を拡大しない単なる改築、更新
　　②　生産施設を住宅等から離す、住宅等の間に緑地を確保する等、周辺の地域の生活環境に配慮した配置への変更
　　③　工業専用地域、工業地域等に立地し、周辺に住宅等がないこと

①　工場立地法施行（昭和49年）以前に設置されていた工場、いわゆる「既存工場等」については、法律施行後に設置される工場（新設工場）と異なり、敷地面積の25％の環境施設（うち20％を緑地）を整備することが困難であるため、生産施設の建替え等工場内のレイアウトを見直す際に、生産施設のビルド面積に応じた緑地整備を義務づけている。
　しかしながら、多くの「既存工場等」は、既に敷地の大部分を生産施設、事務所、倉庫、駐車場等の緑地以外の施設に利用しており、上記準則による緑地の段階的な確保が困難な場合が多い。このため、当初に計画したスクラップアンドビルドを実施することができず、ひいては工場の周辺環境との調和や工場の防災対策を十分に図ることができない状況にある。
　従来より、既存工場等の建替えに際し、緑地面積又は環境施設面積について配慮すべき場合を都道府県等に対する運用通達において示してきたところであるが、既存工場等における緑地整備と、生産施設の更新を通じた既存工場等と周辺環境との調和をさらに促進するため、制度の透明性及び事業者側の予測可能性を高めるべく、上記(1)、(2)の両方の要件を満たし、周辺の地域の生活環境の保全に支障を及ぼさない場合には準則計算式によって求められる緑地面積、環境施設面積に満たなくとも建替えができる旨、準則に明記したものである。

第2節　工場立地に関する準則の解説

ただし、ビルド面積がスクラップ面積を超えた部分に対応して新たに整備すべき緑地面積、環境施設面積については従来通りである。

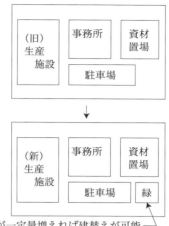

図2－4　既存工場等の建替えに対する配置

② 「景観が向上する等周辺の地域の生活環境の保全に資する見通しがある」
　企業には、単に環境規制等を遵守することにとどまらず、周辺地域の生活環境の保全への取組を積極的に行うことが求められている。
　具体的には、
　　・景観の向上（地域環境と調和した建物・施設のデザイン、色彩、配置が採用される等により、工場の外観が周辺の都市景観、環境と調和する等）
　　・省エネルギー、新エネルギー設備の導入
　　・リサイクル施設の導入等の産業廃棄物の適正な処理等があげられる。
③ 「建替え後に緑地（環境施設）の整備に最大限の努力をし」
　付録（P.292～P.302）の緑地創出ガイドラインを参考に判断することになる。
④ 「緑地（環境施設）面積が一定量改善されること」
　一定量改善の目安としては、準則計算上必要とされる緑地面積又は環境施設面積の1/2が確保できる場合は1/2とし、それ以外の場合には緑化の努力状況、現在の緑地水準、周辺の土地利用状況等を勘案することができる。
⑤ 「現状の生産施設面積を拡大しない単なる改築、更新」
　本配慮規定は、スクラップ＆ビルドの範囲内において適用されるものであり、ビルド面積がスクラップ面積を超える部分については、準則計算式で求められる緑地面積、環境施設面積の整備が必要となる。
⑥ 「工業専用地域、工業地域等に立地し、周辺に住宅等がないこと」
　本配慮規定の対象となる既存工場は、都市計画法第8条第1項第1号に定める用途地域のうち、工業専用地域、工業地域等に立地しているとともに、周辺に特に配慮の必要な住宅、学校、病院等の一般住民が日常生活において利用する施設（将来設置される見込みがあるものを含む。）がない特定工場に限定される。
　また、「工業地域等」の「等」にあたる地域としては、都市計画区域外であって工場が

集中して立地する地域が想定されており、都市計画法上の準工業地域、市街化区域内は含まれない。

ア　Gの説明　当該生産施設面積の変更（増設又はスクラップ＆ビルド）に伴い設置すべき緑地の面積である。

イ　G_0の説明

(ア)　昭和49年6月29日以後第1回の生産施設の増設Pに応じて設置すべき緑地の面積Gを計算する場合のG_0は、次の⑦、⑦、⑦の合計である。

すなわち緑地面積の当該変更（今回のGm²の増）の届出前に、⑦設置ずみの緑地があればその面積、⑦設置のための緑化工事中の緑地があればその面積、⑦生産施設の増設とは無関係の緑化計画（未着工）が本法により届け出てあればその緑地の面積。

(イ)　昭和6月29日以後第2回の生産施設の増設Pに応じて設置すべき緑地の面積Gを計算する場合のG_0は、次の⑦、⑦、⑦の合計である。

⑦前記(ア)の場合のG_0、⑦前記(ア)の場合にG_0を用いて$\frac{P}{\gamma}\left(0.2-\frac{G_0}{S}\right)$を計算した面積（これがすなわち前記(ア)の場合の「生産施設の面積の変更に伴い最低限設置することが必要な緑地の面積」に当たる。）を超過する緑地をつくることとし、その旨の届出をし又は緑化工事に着手したときは、その超過部分の緑地の面積、⑦前記(ア)の届出以後今回の届出までの間において、生産施設の増設とは無関係の緑化計画（例えば都道府県の要請に基づくもの）があり本法により届け出てあればその緑地の面積。

ウ　G_1の説明

当該生産施設面積の変更（増設又はスクラップ＆ビルド）に伴う緑地面積の変更（増加）に係る今回の届出前に設置されている緑地の面積及び今回の届出前に届け出られた緑地（緑化工事中又は未着工）の面積の合計である。（G_0はG_1の内数である。）

エ　$G \geq \frac{P}{\gamma}\left(0.2-\frac{G_0}{S}\right)$の意味及び例題

（例2）は昭和49年6月29日以後に最初に生産施設と緑地の増設をする場合のG_0等の説明図である。

$\frac{P}{\gamma}$はPm²という増設生産施設面積（スクラップ＆ビルドの場合はビルド面積とする。以下同じ。）に対応する敷地の面積（増設生産施設が使用するとみなされる敷地の面積）であるが、既存生産施設が使用しているとみなされる敷地の面積を計算した$\frac{P_0}{\gamma\alpha}$と違って、同年6月29日以後に増設される生産施設の場合には単に$\frac{P}{\gamma}$として計算する。

$\left(0.2-\frac{G_0}{S}\right)$の0.2は新設工場の場合の緑地面積率の準則の値であり、$\left(0.2-\frac{G_0}{S}\right)$としたのは本法の要請によらない緑地の全敷地に対する割合を減じたものである。

（例3）は（例2）の後に第2回の生産施設の増設をする場合のG_0等の説明図であり、この場合のG_1は、ア旧法当時からの緑地、イ第1回の生産施設の増設に伴い届け出た緑化計画の緑地及び　ウ県の要請でつくった緑地の合計である。

(例2)

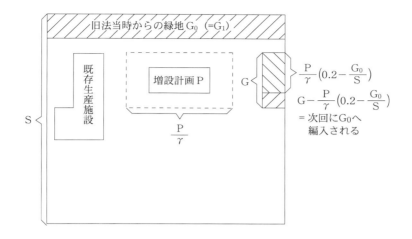

(例3)

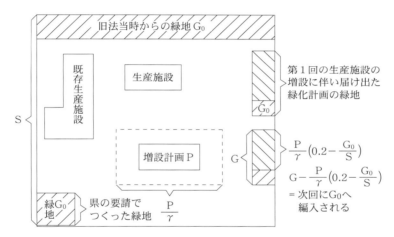

$G \geqq \dfrac{P}{\gamma}\left(0.2 - \dfrac{G_0}{S}\right)$ の例題

　$\gamma = 0.3$、$S = 1,000,000\,\text{m}^2$、49年 6 月28日現在 $\left\{\begin{array}{l}\text{設置ずみの緑地　30,000㎡}\\\text{緑化工事中の緑地20,000㎡}\end{array}\right\}$ 計

50,000㎡の既存工場（$P_0 = 312,000$㎡、$\alpha = 1.3$）において次の場合を考える。

a．49年6月29日　第1回の生産施設の増設24,000㎡及びこれに伴い緑地15,000㎡の設置計画を本法に基づき届出

b．49年8月1日　生産施設の増設とは無関係だが県の要請により緑地10,000㎡の設置計画をたて本法に基づき届出

c．49年10月1日　第2回の生産施設の増設15,000㎡及び緑地25,000㎡の設置計画を本法に基づき届出

　先ず、aの場合、生産施設の増設24,000㎡は、

$$P \leqq \gamma\left(S - \dfrac{P_0}{\gamma\alpha}\right) - P_1 = 0.3 \times \left(1,000,000 - \dfrac{312,000}{0.3 \times 1.3}\right) - 0 = 60,000$$ となり、24,000＜60,000であるから準則に適合している。

そこで、15,000㎡の緑化計画は、

$G \geq \frac{P}{\gamma}\left(0.2 - \frac{G_0}{S}\right) = \frac{24,000}{0.3} \times \left(0.2 - \frac{50,000}{1,000,000}\right) = 80,000 \times 0.15 = 12,000$（最低限設置することが必要な緑地面積）となり、15,000＞12,000であるから準則に適合している。（15,000－12,000＝3,000は次回にG_0へ編入される。）

次に、cの場合、生産施設の増設15,000㎡は、

$P \leq \gamma\left(S - \frac{P_0}{\gamma a}\right) - P_1 = 0.3 \times \left(1,000,000 - \frac{312,000}{0.3 \times 1.3}\right) - 24,000 = 60,000 - 24,000 = 36,000$となり、15,000＜36,000であるから準則に適合している。

そこで、25,000㎡の緑化計画は、

$G_0 = 50,000 + 3,000 + 10,000 = 63,000$であるので、

$G \geq \frac{P}{\gamma}\left(0.2 - \frac{G_0}{S}\right) = \frac{15,000}{0.3} \times \left(0.2 - \frac{63,000}{1,000,000}\right) = 50,000 \times (0.2 - 0.063) = 6,850$（最低限設置することが必要な緑地面積）となり、25,000＞6,850であるので準則に適合している。（25,000－6,850＝18,150は次回にG_0に編入される。）

オ 緑地面積の累計と緑化率の最低限度

かくして、何回目かに$\frac{P}{\gamma}\left(0.2 - \frac{G_0}{S}\right)$の計算により求められる新たな緑地の面積及び当該届出前に設置されている緑地（工事中又は単に届出ずみでこれから着工する緑地も含む。）すなわちG_1の面積の合計が敷地面積の20％を超える$\left(\frac{P}{\gamma}\left(0.2 - \frac{G_0}{S}\right) + G_1 > 0.2S\right)$場合には、実際に設置する緑地$G$は$G + G_1 \geq 0.2S$を満足する範囲のものでよい。この場合、$G_1$が敷地面積の20％以上に達している（$0.2S - G_1 \leq 0$）ときは$G$は0で足り、新たに設置する必要はない。

(5) 単一業種の既存工場が生産施設の増設に伴い設置すべき環境施設の面積

> 3 当該生産施設の面積の変更に伴い設置する環境施設の面積
>
> $E \geq \frac{P}{\gamma}\left(0.25 - \frac{E_0}{S}\right)$
>
> ただし、$\frac{P}{\gamma}\left(0.25 - \frac{E_0}{S}\right) > 0.25S - E_1 > 0$のときは$E \geq 0.25S - E_1$とし、$0.25S - E_1 \leq 0$のときは$E \geq 0$とする。
>
> これらの式において、E、P、γ、E_0、S及びE_1は、それぞれ次の数値を表わすものとする。
>
> E 当該変更に伴い設置する環境施設の面積
> P 当該変更に係る生産施設の面積
> γ 当該既存工場等が属する別表第1の上欄に掲げる業種についての同表の下欄に掲げる割合
> E_0 当該変更に係る届出前に設置されている環境施設（当該届出前に届け出られた環境施設の面積の変更に係るものを含む。）の面積の合計のうち、昭和49年6月29日以後の当該変更以外の生産施設の面積の変更に伴い最低限設置することが必要な環境施設の面積

　　　　の合計を超える面積
　S　当該既存工場等の敷地面積
　E_1　当該変更に係る届出前に設置されている環境施設（当該届出前に届け出られた環境施設の面積の変更に係るものを含む。）の面積の合計

　　下記の(1)、(2)のいずれの要件とも満たし、周辺の地域の生活環境の保全に支障を及ぼさない場合には、算定式により求まる緑地の面積に満たなくとも建替えを可能とする。ただし、ビルド面積がスクラップ面積を超えない部分に限る（3　2において同じ。）
(1)　対象工場要件
以下の①かつ②に該当する場合
　①　老朽化等により生産施設の建替えが必要となっている工場で、建替えにより景観が向上する等周辺の地域の生活環境の保全に資する見通しがあること
　②　建替え後に緑地の整備に最大限の努力をして緑地面積が一定量改善されること
(2)　生活環境保全等要件
以下の①から③の内いずれか１つに該当する場合
　①　現状の生産施設面積を拡大しない単なる改築、更新
　②　生産施設を住宅等から離す、住宅等の間に緑地を確保する等、周辺の地域の生活環境に配慮した配置への変更
　③　工業専用地域、工業地域等に立地し、周辺に住宅等がないこと

ア　Eの説明

当該生産施設面積の変更（増設又はスクラップ＆ビルド）に伴い設置すべき環境施設（緑地及び緑地以外の環境施設）の面積の合計である。

イ　E_0の説明

a．49年６月29日以後第１回の生産施設の増設Ｐに応じて設置すべき環境施設の面積Ｅを計算する場合のE_0は、次の・ア・イ・ウの合計である。

　　すなわち環境施設面積の当該変更（今回のEm²の増）の届出前に、・ア設置ずみの環境施設があればその面積、・イ設置のための工事中の環境施設があればその面積、・ウ生産施設の増設とは無関係の環境施設設置計画（未着工）が本法により届け出てあればその環境施設面積。

b．６月29日以後第２回の生産施設の増設Ｐに応じて設置すべき環境施設の面積Ｅを計算する場合のE_0は、次のⅰ）、ⅱ）、ⅲ）の合計である。

ⅰ）前記 a．の場合のE_0

ⅱ）前記 a．の場合にE_0を用いて$\frac{P}{\gamma}\left(0.25-\frac{E_0}{S}\right)$を計算した面積（これがすなわち前記 a．の場合の「生産施設の面積の変更に伴い最低限設置することが必要な環境施設の面積」に当る。）を超過する環境施設をつくることとし、その旨の届出をし又は環境施設の設置工事に着手したときは、その超過部分の環境施設の面積。

ⅲ）前記 a．の届出以後今回の届出までの間において、生産施設の増設とは無関係の環境施設設置計画（例えば都道府県の要請に基づくもの）があり本法により届け出てあればその環境施設の面積。

ウ　E_1の説明

　　当該生産施設面積の変更（増設又はスクラップ＆ビルド）に伴う環境施設面積の変更（増加）に係る今回の届出前に設置されている環境施設の面積及び今回の届出前に届け出られた環境施設（工事中又は未着工）の面積の合計である。（E_0はE_1の内数である。）

エ　環境施設面積の累計と環境施設面積率の最低限度

　　生産施設の増設のつど環境施設も増設されるわけであるが、何回目かに$\frac{P}{\gamma}\left(0.25-\frac{E_0}{S}\right)$の計算により新たに設置すべき環境施設の面積及び当該届出前に設置されている環境施設（工事中又は単に届出ずみでこれから着工する環境施設も含む。）すなわちE_1の面積の合計が敷地面積Sの25％を超える$\left(\frac{P}{\gamma}\left(0.25-\frac{E_0}{S}\right)+E_1>0.25S\right)$場合には、実際に設置する環境施設Eは$E+E_1 \geq 0.25S$を満足する範囲のものでよい。この場合、$E_1$が敷地面積の25％以上に達している（$0.25S-E_1 \leq 0$）のときはEは0で足り、新たに設置する必要はない。

オ　環境施設面積率の内での緑地面積率と緑地以外の環境施設面積率との関係

　　環境施設を大別すれば、緑地と緑地以外の環境施設とになる。緑地は緑地以外の環境施設の代りとなることができるが、緑地以外の環境施設が緑地の代りとなることはできない。言い換えれば、一定の環境施設面積率が要請されている場合、そのうち必要な緑地面積率の一部を緑地以外の環境施設の面積率（緑地以外の環境施設の面積の敷地面積に対する割合）でもって代替することはできないが、逆に環境施設面積率のすべてを緑地面積率でもってカバーすることはできる。すなわち、新設工場の場合、25％以上の環境施設面積率、その内数として20％以上の緑地面積率が要請されており、当該20％の一部を緑地以外の環境施設の面積率で埋め合わせることはできないが、25％－20％＝5％分については緑地であっても緑地以外の環境施設であってもよい。

　　既存工場等の場合、生産施設の増設に伴い新たに設置することが要請される環境施設の面積は$\frac{P}{\gamma}\left(0.25-\frac{E_0}{S}\right)$であり、そのうち必要な緑地の面積は$\frac{P}{\gamma}\left(0.2-\frac{G_0}{S}\right)$である。

　　従って、$\frac{P}{\gamma}\left(0.25-\frac{E_0}{S}\right)-\frac{P}{\gamma}\left(0.2-\frac{G_0}{S}\right)=\frac{P}{\gamma}\left(0.05-\frac{E_0-G_0}{S}\right)$というものは緑地以外の環境施設でもよく、又は緑地でもって充当してもよい。しかし、$\frac{P}{\gamma}\left(0.2-\frac{G_0}{S}\right)$の一部を緑地以外の環境施設で埋め合わせることはできない。

　　以上の考え方にたって既存工場における緑地と緑地以外の環境施設との関係について、応用例題を挙げる。

　a．緑地面積率が16％であって、環境施設面積率が26％（緑地以外の環境施設の面積率が10％）の工場の場合

　　　環境施設面積率は25％以上であるのでこれ以上増やす必要はないが、緑地面積率が20％に達するまでは生産施設の増設のたびに$\frac{P}{\gamma}\left(0.2-\frac{G_0}{S}\right)$の計算によって緑地を増やす必要がある。

　b．緑地面積率が16％であって、環境施設面積率が22％（緑地以外の環境施設の面積率が6％）の工場の場合

　　　緑地面積率が20％に、環境施設面積率が25％にそれぞれ達するまでは生産施設の増設のた

びに $\frac{P}{\gamma}\left(0.2-\frac{G_0}{S}\right)$ の計算による緑地及び $\frac{P}{\gamma}\left(0.05-\frac{E_0-G_0}{S}\right)$ の計算による緑地以外の環境施設（緑地で代用することができる）を増やしてゆく必要がある。この場合、$\frac{P}{\gamma}\left(0.2-\frac{G_0}{S}\right)$ についてはもちろん $\frac{P}{\gamma}\left(0.05-\frac{E_0-G_0}{S}\right)$ にも緑地を充当していけばいずれ緑地面積率は20％に達し、既にあった緑地以外の環境施設面積率の６％とあわせて環境施設面積率も26％となり充分である。しかし、$\frac{P}{\gamma}\left(0.2-\frac{G_0}{S}\right)$ には緑地を充当し、$\frac{P}{\gamma}\left(0.05-\frac{E_0-G_0}{S}\right)$ には緑地以外の環境施設を充当していけば、緑地面積率が20％に達する際の緑地以外の環境施設面積率も６％よりかなり大となり、$\frac{G_0}{S}$ と $\frac{E_0}{S}$ の値によっては25％を大きく上回るケースもあり得る（例えばケースａ、ケースｂのとおり）。

$\boxed{\text{ケースａ}}$　$\frac{G_0}{S}=0.12$, $\frac{E_0}{S}=0.13$の場合

$\frac{P}{\gamma}\left(0.2-\frac{G_0}{S}\right)=\frac{P}{\gamma}(0.2-0.12)=0.08\frac{P}{\gamma}$

$\frac{P}{\gamma}\left(0.05-\frac{E_0-G_0}{S}\right)=\frac{P}{\gamma}(0.05-0.01)=0.04\frac{P}{\gamma}$

　以上のように、緑地面積と緑地以外の環境施設の面積が２：１の割合で増加するため、今後４％緑地面積率を増やして20％すると、環境施設面積率は下表のとおり28％に達することになる。

	現状	今後の増加分	合計
緑地面積率（R_1）％	16	4	20
緑地以外の環境施設面積率（R_2）％	6	2	8
環境施設面積率（R_3）％	22	6	28

$\boxed{\text{ケースｂ}}$　$\frac{G_0}{S}=\frac{E_0}{S}=0.16$の場合

$\frac{P}{\gamma}\left(0.2-\frac{G_0}{S}\right)=\frac{P}{\gamma}(0.2-0.16)=0.04\frac{P}{\gamma}$

$\frac{P}{\gamma}\left(0.05-\frac{E_0-G_0}{S}\right)=\frac{P}{\gamma}(0.05-0)=0.05\frac{P}{\gamma}$

　以上のように、緑地面積と緑地以外の環境施設の面積が４：５の割合で増加するため、今後４％緑地面積率を増やして20％とすると、環境施設面積率は次表のとおり、31％に達することになる。

	現状	今後の増加分	合計
緑地面積率（R_1）％	16	4	20
緑地以外の環境施設面積率（R_2）％	6	5	11
環境施設面積率（R_3）％	22	9	31

c．緑地面積率が20％であって環境施設面積率が23％の工場の場合

　　緑地面積率が既に20％に達しているので生産施設の増設に際して、緑地を増やす必要はないが、環境施設面積率が25％に達していないので25％－23％＝2％については緑地以外の環境施設（緑地で代用することができる。）を充当していく必要がある。

準則備考2　工場等が別表第1の上欄に掲げる二以上の業種に属するときは、第1条の規定に適合する生産施設の面積の算定は、次の式によって行うものとする。

$$\sum_{i=1}^{n} \frac{P_i}{\gamma_i} \leq S$$

ただし、昭和49年6月29日以後に既存工場等において生産施設の面積の変更が行われるときは $\sum_{i=1}^{n} \frac{P_i}{\gamma_i} \leq S - \sum_{i=1}^{m} \frac{P_{0i}}{\gamma_i \alpha_i}$ とする。

　これらの式において、n、P_i、γ_i、S、m、P_{0i} 及び α_i は、それぞれ次の数値を表わすものとする。

n　当該工場等が属する業種の個数

P_i　i業種に属する生産施設の新設に係る面積及びその面積の変更に係る面積の合計（i業種に属する生産施設の面積の減少が行われる場合は当該減少に係る面積の合計を減じたもの）又は既存工場等が昭和49年6月29日以後に行うi業種に属する生産施設の面積の変更に係る面積の合計（昭和49年6月29日以後にi業種に属する生産施設の面積の減少が行われる場合は、当該減少に係る面積の合計を減じたもの）

γ_i　i業種についての別表第1の下欄に掲げる割合

S　当該工場等の敷地面積

m　昭和49年6月28日における当該既存工場等が属する業種（その日に設置のための工事が行われている生産施設が属する業種を含む。）の個数

P_{0i}　昭和49年6月28日に設置されているi業種に属する生産施設の面積、又は設置のための工事が行われているi業種に属する生産施設の面積の合計

α_i　i業種についての別表第2の下欄に掲げる数値

2．兼業の新設又は既存工場等に対する生産施設面積率の準則の適用
　(1)　要旨
　　　2以上の業種の兼業の工場が生産施設面積率の準則に適合しているか否かは、工場の全敷地面積と各生産施設が使用しているとみなされる敷地の面積の合計とを比較してみて、後者が前者と同じかそれより小さければ適合し、大きければ不適合とされる。
　(2)　解説
　　①　兼業の新設工場について

　　　下図の場合、兼業は二業種であるから $\sum_{i=1}^{n} \frac{P_i}{\gamma_i} = \sum_{i=1}^{2} \frac{P_i}{\gamma_i} \leq S$ であればよい。また一般的に P_i はi業種に属する生産施設の増加（新設又は増設）のみならず減少（新増設した後のスクラップ）の面積も表わしており、新増設のときは P_i にプラスの面積を代入し、スクラップのときは P_i にマイナスの面積を代入することになる。

第2節　工場立地に関する準則の解説

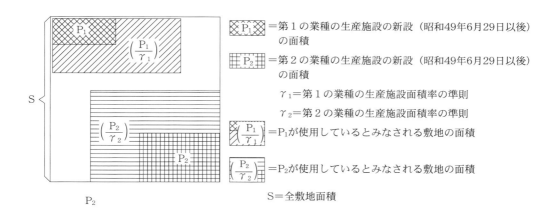

② 兼業の既存工場等について

下図において、

P_{01}＝第1の業種の既存生産施設（昭和49年6月28日現在）の面積

γ_1＝第1の業種の生産施設面積率の準則

α_1＝第1の業種の既存生産施設用敷地計算係数

$\dfrac{P_{01}}{\gamma_1 \alpha_1}$＝第1の業種の既存生産施設が使用しているとみなされる敷地の面積

P_1＝第1の業種の昭和49年6月29日以後の生産施設の増設又はスクラップによる面積の増減

$\dfrac{P_1}{\gamma_1}$＝P_1が使用するとみなされる敷地の面積

$\left(P_{02}、P_2、\gamma_2、\alpha_2、\dfrac{P_2}{\gamma_2}、\dfrac{P_{02}}{\gamma_2 \alpha_2}、P_3、\gamma_3、\dfrac{P_3}{\gamma_3} の意味は、第1の業種の場合に準ずる。\right)$

この場合、$\sum_{i=1}^{m} \dfrac{P_{0i}}{\gamma_i \alpha_i} + \sum_{i=1}^{n} \dfrac{P_i}{\gamma_i} \leqq S$ $\left(すなわち、\sum_{i=1}^{n} \dfrac{P_i}{\gamma_i} \leqq S - \sum_{i=1}^{m} \dfrac{P_{0i}}{\gamma_i \alpha_i} の変形\right)$ は $\sum_{i=1}^{2} \dfrac{P_{0i}}{\gamma_i \alpha_i} + \sum_{i=1}^{3} \dfrac{P_i}{\gamma_i} = \left(\dfrac{P_{01}}{\gamma_1 \alpha_1} + \dfrac{P_{02}}{\gamma_2 \alpha_2} \right) + \left(\dfrac{P_1}{\gamma_1} + \dfrac{P_2}{\gamma_2} + \dfrac{P_3}{\gamma_3} \right) \leqq S$ となる。

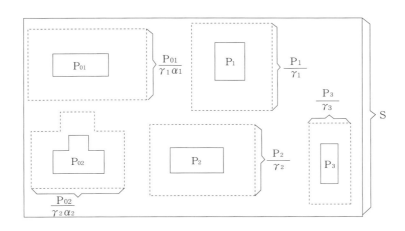

ア　$\sum_{i=1}^{n} \frac{P_i}{\gamma_i} \leqq S$ の例題

 a．二つの業種（n＝2）の兼業工場を昭和49年6月29日以後に新設する場合

  $\sum_{i=1}^{n} \frac{P_i}{\gamma_i} \leqq S$ は $\frac{P_1}{\gamma_1} + \frac{P_2}{\gamma_2} \leqq S$ となり、

  $\gamma_1 =$（コークス製造業の生産施設面積の準則）$= 0.3$

  $P_1 =$（コークス製造のための生産施設の新設面積）$= 30,000 \text{m}^2$

  $\gamma_2 =$（伸鉄業の生産施設面積の準則）$= 0.4$

  $P_2 =$（伸鉄のための生産施設の新設面積）$= 40,000 \text{m}^2$

  $S =$（敷地面積）$= 210,000 \text{m}^2$ とすれば、

  $\frac{P_1}{\gamma_1} + \frac{P_2}{\gamma_2} = \frac{30,000}{0.3} + \frac{40,000}{0.4} = 200,000 < 210,000$ であるから、$\frac{P_1}{\gamma_1} + \frac{P_2}{\gamma_2} \leqq S$ を満足し、準則に適合する。

 b．上記 a ．の工場がその後生産施設の増設及びスクラップを行う場合

  P_1 の一部を $9,000 \text{m}^2$ スクラップし、

  P_2 の一部を $4,000 \text{m}^2$ スクラップするとともに $20,000 \text{m}^2$ ビルドするとすれば、

  $\frac{P_1}{\gamma_1} + \frac{P_2}{\gamma_2} = \frac{30,000 - 9,000}{0.3} + \frac{40,000 - 4,000 + 20,000}{0.4} = 210,000 = S$ であるから、

  $\frac{P_1}{\gamma_1} + \frac{P_2}{\gamma_2} \leqq S$ を満足し、準則に適合する。

イ　$\sum_{i=1}^{n} \frac{P_i}{\gamma_i} \leqq S - \sum_{i=1}^{m} \frac{P_{0i}}{\gamma_i \alpha_i}$ の例題

 a．$S < \sum_{i=1}^{n} \frac{P_{0i}}{\gamma_i \alpha_i}$ のとき

 ⅰ）計画している内容が生産施設の増設のみ（この場合 P_i はいずれも正であって負のものはない）の場合には、この式を満足せず、準則に適合しない。

 ⅱ）計画している内容が生産施設のスクラップを伴う増設の場合

  $S =$（敷地面積）$= 150,000 \text{m}^2$

  $m =$（昭和49年6月28日における兼業の数）$= 2$

  $P_{01} =$（伸鉄のための既存生産施設面積）$= 52,000 \text{m}^2$

  $\gamma_1 =$（伸鉄業の生産施設面積率の準則）$= 0.4$

  $\alpha_1 =$（伸鉄業の既存生産施設用敷地計算係数）$= 1.3$

  $P_{02} =$（コークス製造のための既存生産施設面積）$= 42,000 \text{m}^2$

  $\gamma_2 =$（コークス製造業の生産施設面積率の準則）$= 0.3$

  $\alpha_2 =$（コークス製造業のための既存生産施設用敷地計算係数）$= 1.4$

  $n =$（この工場の兼業の数）$= 3$

  $P_1 =$（同年6月29日に伸鉄の生産施設の一部スクラップ）$= -28,000 \text{m}^2$

  $P_2 =$（同年7月1日にコークスの生産施設の増設に着工）$= 3,000 \text{m}^2$

  $P_3 =$（同年8月10日に鋼管の生産施設の新設に着工）$= 4,000 \text{m}^2$

  $\gamma_3 =$（鋼管製造業の生産施設面積率の準則）$= 0.5$ とすれば、

第2節　工場立地に関する準則の解説

$$\sum_{i=1}^{n}\frac{P_i}{\gamma_i}=\frac{P_1}{\gamma_1}+\frac{P_2}{\gamma_2}+\frac{P_3}{\gamma_3}=\frac{-28,000}{0.4}+\frac{3,000}{0.3}+\frac{4,000}{0.5}=-70,000+10,000+8,000=-52,000$$

$$S-\sum_{i=1}^{m}\frac{P_{0i}}{\gamma_i\alpha_i}=S-\left(\frac{P_{01}}{\gamma_1\alpha_1}+\frac{P_{02}}{\gamma_2\alpha_2}\right)=150,000-\left(\frac{52,000}{0.4\times1.3}+\frac{42,000}{0.3\times1.4}\right)$$

$$=150,000-(100,000+100,000)=-50,000 となる。$$

$-52,000 < -50,000$ であるから、

$$\sum_{i=1}^{n}\frac{P_i}{\gamma_i}<S-\sum_{i=1}^{m}\frac{P_{0i}}{\gamma_i\alpha_i} となり準則に適合する。$$

b. $\sum_{i=1}^{n}\frac{P_i}{\gamma_i}<S-\sum_{i=1}^{m}\frac{P_{0i}}{\gamma_i\alpha_i}$ について $S\geqq\sum_{i=1}^{m}\frac{P_{0i}}{\gamma_i\alpha_i}$ のとき

$S = 210,000\text{m}^2$

$m = 2$

$P_{01} = 52,000_{01}$

$\gamma_1 = 0.4$

$\alpha_1 = 1.3$

$P_{02} = 42,000\text{m}^2$

$\gamma_2 = 0.3$

$\alpha_2 = 1.4$

$n = 3$

$P_1 = -4,000\text{m}^2 = -9,000$（スクラップ）$+5,000$（ビルド）

$P_2 = 3,000\text{m}^2$（増設）

$P_3 = 4,000\text{m}^2$（新設）

$\gamma_3 = 0.5$ とすれば、

$$\sum_{i=1}^{n}\frac{P_i}{\gamma_i}=\frac{P_1}{\gamma_1}+\frac{P_2}{\gamma_2}+\frac{P_3}{\gamma_3}=\frac{-4,000}{0.4}+\frac{3,000}{0.3}+\frac{4,000}{0.5}=-10,000+10,000+8,000=8,000$$

$$S-\sum_{i=1}^{m}\frac{P_{0i}}{\gamma_i\alpha_i}=S-\left(\frac{P_{01}}{\gamma_1\alpha_1}+\frac{P_{02}}{\gamma_2\alpha_2}\right)=210,000-\left(\frac{52,000}{0.4\times1.3}+\frac{42,000}{0.3\times1.4}\right)$$

$$=210,000-(100,000+100,000)=10,000 となる。$$

$8,000 < 10,000$ であるから、

$$\sum_{i=1}^{n}\frac{P_i}{\gamma_i}<S-\sum_{i=1}^{m}\frac{P_{0i}}{\gamma_i\alpha_i} を満足し準則に適合する。$$

準則備考3　昭和49年6月29日以後に生産施設の面積の変更が行われる場合であって当該既存工場等が別表第1の上欄に掲げる二以上の業種に属するときは、第2条の規定に適合する緑地の面積及び第3条の規定に適合する環境施設の面積の算定は、それぞれ次の各号に掲げる式によって行うものとする。

1　当該生産施設の面積の変更に伴い設置する緑地の面積

$$G\geqq\sum_{j=1}^{n}\frac{P_j}{\gamma_j}\left(0.2-\frac{G_0}{S}\right)$$

ただし、$\sum_{j=1}^{n}\frac{P_j}{\gamma_j}\left(0.2-\frac{G_0}{S}\right)>0.2S-G_1>0$ のときは $G\geqq 0.2S-G_1$ とし、$0.2S-G_1\leqq0$ のと

きはG≧0とする。

これらの式において、G、n、P_j、γ_j、G_0、S及びG_1は、それぞれ次の数値を表わすものとする。

G　当該変更に伴い設置する緑地の面積
n　当該既存工場等が属する業種の個数
P_j　当該変更に係るj業種に属する生産施設の面積
γ_j　業種についての別表第1の下欄に掲げる割合
G_0　当該変更に係る届出前に設置されている緑地（当該届出前に届け出られた緑地の面積の変更に係るものを含む。）の面積の合計のうち、昭和49年6月29日以後の当該変更以外の生産施設の面積の変更に伴い最低限設置することが必要な緑地の面積の合計を超える面積
S　当該既存工場等の敷地面積
G_1　当該変更に係る届出前に設置されている緑地（当該届出前に届け出られた緑地の面積の変更に係るものを含む。）の面積の合計

2　当該生産施設の面積の変更に伴い設置する環境施設の面積

$$E \geq \sum_{j=1}^{n} \frac{P_j}{\gamma_j}\left(0.25 - \frac{E_0}{S}\right)$$

ただし、$\sum_{j=1}^{n} \frac{P_j}{\gamma_j}\left(0.25 - \frac{E_0}{S}\right) > 0.25S - E_1 > 0$のときは$E \geq 0.2S - E_1$とし、$0.25S - E_1 \leq 0$のときは$E \geq 0$とする。

これらの式において、E、n、P_j、γ_j、E_0、S及びE_1は、それぞれ次の数値を表わすものとする。

E　当該変更に伴い設置する環境施設の面積
n　当該既存工場等が属する業種の個数
P_j　当該変更に係るj業種に属する生産施設の面積
γ_j　業種についての別表第1の下欄に掲げる割合
E_0　当該変更に係る届出前に設置されている環境施設（当該届出前に届け出られた環境施設の面積の変更に係るものを含む。）の面積の合計のうち、昭和49年6月29日以後の当該変更以外の生産施設の面積の変更に伴い最低限設置することが必要な環境施設の面積の合計を超える面積
S　当該既存工場等の敷地面積
E_1　当該変更に係る届出前に設置されている環境施設（当該届出前に届け出られた環境施設の面積の変更に係るものを含む。）の面積の合計

3．兼業の既存工場等に対する緑地面積率、環境施設面積率の準則の適用

二以上の業種の生産施設面積の変更（増設又はスクラップ＆ビルド）に伴い設置すべき緑地や環境施設の面積の算定は、増設又はビルドされる各生産施設が使用しているとみなされる敷地の面積の合計に$\left(0.2 - \frac{G_0}{S}\right)$又は$\left(0.25 - \frac{E_0}{S}\right)$を乗ずることにより行う。（単一業種の場合と考え方は同様であるので説明は省略する。）

> **準則備考4** 第3条（都道府県準則が定められた場合にあってはその都道府県準則中の環境施設の面積の敷地面積に対する割合、市準則が定められた場合にあってはその市準則中の環境施設の面積の敷地面積に対する割合）を適用する場合には、工場等の周辺の区域の大部分が海面若しくは河川である場合又は工場等の周辺の区域に当該工場等のために設置されていると認められる相当規模の環境施設がある場合であって、実質的に同条の割合が担保されていると認められるときは、これらの事情を勘案することができる。

4．緑地以外の環境施設の面積率に関する斟酌

　本備考は、準則第3条の適用すなわち環境施設面積率の適用についての斟酌規定である。ただし、準則第2条の緑地面積率の適用についての斟酌はされていないので、環境施設面積率のうち緑地面積率を除いた部分、すなわち緑地以外の環境施設の面積の敷地面積に対する割合（25％以上と20％以上との差5％以上）についてのみ斟酌できる旨を規定したものである。

　本条の改正は、都道府県及び市において、条例で準則が定められた場合においても、緑地以外の環境施設の面積の敷地面積に対する場合について斟酌できる旨を規定したものである。

> **準則備考5** 昭和49年6月29日以後に既存工場等において生産施設の面積の変更が行われる場合における第4条の環境施設の配置は、当該既存工場等の周辺の地域の土地の利用状況、当該既存工場等の敷地の利用状況等を勘案して、可能な限り当該地域の生活環境の保持に寄与するように行うものとする。

5．既存工場等の環境施設の配置

　新設工場の環境施設の配置は既存の建築物等の障害物もなく計画的に行い得るが、既存工場等が生産施設の増設に伴い設置する環境施設の配置については種々のケースがあり、可能な限りの努力をして周辺地域の生活環境の保持に寄与するように行うことを定めたものである。

第3節　緑地面積率等に関する区域の区分ごとの基準の解説

緑地面積率等に関する区域の区分ごとの基準
工場立地法第4条の2第3項に規定する区域の区分ごとの基準は、次の表のとおりとする。

	第1種区域	第2種区域	第3種区域	第4種区域
緑地の面積の敷地面積に対する割合	（100分の20超100分の30以下）以上	（100分の10以上100分の25以下）以上	（100分の5以上100分の20未満）以上	（100分の5以上100分の25以下）以上
環境施設の面積の敷地面積に対する割合	（100分の25超100分の35以下）以上	（100分の15以上100分の30以下）以上	（100分の10以上100分の25未満）以上	（100分の10以上100分の30以下）以上

（備考）
1　第1種区域、第2種区域、第3種区域及び第4種区域とは、それぞれ次の各号に掲げる区域をいう。
　1　第1種区域　住居の用に併せて商業等の用に供されている区域
　2　第2種区域　住居の用に併せて工業の用に供されている区域
　3　第3種区域　主として工業等の用に供されている区域
　4　第4種区域　第1種区域、第2種区域及び第3種区域以外の区域
2　区域の設定に当たっては、緑地整備の適切な推進を図り周辺の地域の生活環境を保全する観点から、次に掲げる事項に留意すること。
　1　都市計画法（昭和43年法律第100号）第8条第1項第1号に定める用途地域の定めのある地域については、原則次の区分に従うこと。
　　ア　「第1種区域」として設定することができる区域　「第2種区域」又は「第3種区域」として設定することができる区域以外の区域
　　イ　「第2種区域」として設定することができる区域　準工業地域
　　ウ　「第3種区域」として設定することができる区域　工業専用地域、工業地域
　　なお、工業地域であっても多数の住居が混在している場合のごとく第2種区域又は第3種区域を設定した場合に特定工場の周辺の地域における生活環境の保持が著しく困難と認められる地域については、用途地域にとらわれることなく地域の区分の当てはめを行うこと。
　2　都市計画法第8条第1項第1号に定める用途地域の定めのない地域については、原則次の区分に従うこと。
　　ア　「第4種区域」として設定することができる区域　工場の周辺に森林や河川、海、運河、環境施設等が存在している等、その区域内の住民の生活環境に及ぼす影響が小さい地域であること。
　　イ　「第4種区域」以外の区域として設定することができる区域　今後の用途地域の指定の動向、現に用途地域の定めのある周辺地域の状況等を参考に区域の設定を行うこと。

3　また、第2種区域又は第3種区域を設定する場合には、工場の周辺に森林や河川、海、運河、環境施設などが存在している等、その区域内の住民の生活環境に及ぼす影響が小さい地域であること。

さらに、第2種区域及び第3種区域の設定に当たっては、現在でも緑地面積率が数％と言う状況に留まっている、古くから形成されてきた工業集積地のような地域に第2種区域又は第3種区域を設定することによって、工場の緑地等の整備を促し、結果として現状よりも緑地等の整備が進むように配慮すること。

3　工場立地法施行規則（昭和49年大蔵省、厚生省、農林省、通商産業省、運輸省令第1号。以下「規則」という。）第4条に規定する緑地以外の環境施設以外の施設又は同条第1号トに掲げる施設と重複する土地及び規則第3条に規定する建築物屋上等緑化施設については、敷地面積に緑地面積率を乗じて得た面積の100分の50の割合を超えて緑地面積率の算定に用いる緑地の面積に算入することができない。

(1) 趣旨

本基準は、都道府県及び市が、工場立地法第4条の2第1項又は同条第3項の規定に基づき、国が定めた緑地面積及び環境施設面積の敷地面積に対する割合に関する事項に係る準則（同法第4条第1項）に代えて、その区域の実情に則した準則（都道府県が定める準則を「都道府県準則」、市が定める準則を「市準則」といい、以下、これらを併せて「都道府県準則等」という。）を条例で策定する際の基準を定めるものであり、同法第4条の2第3項に基づいて公表されている。

(2) 都道府県準則等導入の背景

工場立地法の制定による緑地等の規制導入時、緑地面積、環境施設面積の敷地面積に対する割合については、周辺の土地利用状況等に応じて格差を設けることは行われず、全国一律の基準が設定された。

しかしながら、工場が周辺の生活環境との調和をより一層図ろうとする場合、特に土地利用状況を考慮して緑地や環境施設を整備する方が効果的であると考えられる。例えば、住宅、学校、病院等が存在する地域に立地する場合と工場等が集中して存在する地域に立地する場合では、工場が周辺の生活環境と調和を図るために必要な緑地等の面積も異なってくるはずである。さらに、地域毎の森林、河川等の一体性、環境保全に対する地域全体の取り組み、街づくりに対するコンセプト等が異なる場合も考えられる。

そこで、これまでの全国一律の緑地面積率、環境施設面積率に代えて、都道府県及び市が、地域の土地利用の現状、土地利用や施設整備に関する将来計画との整合性を十分に図るとともに、地域の自然特性、環境保全の状況、経済社会動向、地域住民のニーズ等の様々な自然的社会的条件を総合的に勘案した上で、特定工場と周辺の生活環境との調和を効果的に達成できるよう、国が定める範囲内において緑地面積率及び環境施設面積率を設定できる制度に変更したものである。

(3) 解説

本基準では、「住居の用に併せて商業等の用に供されている区域」を「第1種区域」、「住居の用に併せて工業の用に供されている区域」を「第2種区域」、「主として工業等の用に供されている区域」を「第3種区域」、「第1種区域、第2種区域及び第3種区域以外の区域」を「第4種区域」とし、同区域内で設定できる緑地面積率、環境施設面積率の範囲を定めて

いる。
　各区域の設定は、都道府県及び市が地域の土地利用状況等を総合的に勘案して必要に応じ設定できるものであり、都道府県等の判断で同区域の設定がなされない場合には、法第4条第1項に基づき国が公表した準則（緑地面積率20％以上、環境施設面積25％以上）が引き続き適用されることになる。

① 「都市計画法第8条第1項第1号に定める用途地域の定めのある地域については、原則として次の区分に従うこと」

　都道府県準則等の対象となる区域の区分を設定する際に、同区域が都市計画法第8条第1号第1項に定める用途地域の定めがある場合は、その用途地域を参考に第1種区域、第2種及び第3種区域の設定を行うことができる旨を示している。

　ただし、用途地域はあくまで参考であり、例えば工業地域であっても、住居が工場と混在して立地しており、第2種及び第3種区域を設定したことにより周辺生活環境の保持が難しいと都道府県又は市が判断する場合には、用途地域にとらわれることなく区域の設定を行う必要がある。

　第2種及び第3種区域を設定する場合には、対象区域の周辺土地利用状況等を総合的に勘案し、周辺生活環境の保持に配慮する必要があることを示している。

② 「「第4種区域」として設定することができる区域　工場の周辺に森林や河川、海、運河、環境施設等が存在しているなど、その区域内の住民の生活環境に及ぼす影響が小さい地域であること」

　山間部や農村部などに位置し、周辺地域の用途地域の定めのない地域で、周辺を森林や河川、運河などの自然環境に囲まれるなどしている区域について、その区域内の住民の生活環境に及ぼす影響を勘案して区域設定ができることとしている。

③ 「今後の用途地域の指定の動向、現に用途地域の定めのある周辺地域の状況等を参考に区域の設定を行うこと」

　都市計画法上の用途地域の定めがない区域において地域準則を定める場合の留意事項を示している。

　同区域において都道府県準則等を定める場合は、都道府県及び市内の関係部局等と調整するなど、今後の用途地域指定の動向や、周辺区域の用途地域指定状況等を総合的に勘案して区域の設定を行うことが必要となる。

④ 「また、第2種及び第3種区域を設定する場合には、工場の周辺に森林や河川、海、運河、環境施設等が存在している等、その区域内の住民の生活環境に及ぼす影響が、小さい地域であること」

⑤ 「さらに、第2種及び第3種区域の設定に当たっては、現在でも緑地面積率が数％と言う状況に留まっている、古くから形成されてきた工業集積地のような地域に第2種区域及び第3種区域を設定することによって、工場の緑地等の整備を促し、結果として現状よりも緑地等の整備が進むように配慮すること」

　第2種及び第3種区域を設定する区域としては、現状の緑地面積率が低く、一律に高い緑地面積率を適用し続けるよりも、より現実的な緑地面積率等を適用することにより工場の建替えを促し、結果として当該区域全体としての緑地整備が促進できる区域が望ましいということを例示的に示している。

⑥ 「工場立地法施行規則第4条に規定する緑地以外の環境施設以外の施設又は同条第1号

第3節　緑地面積率等に関する区域の区分ごとの基準の解説

トに掲げる施設と重複する土地及び規則第3条に規定する建築物屋上等緑化施設については、敷地面積に緑地面積率を乗じて得た面積の100分の50の割合を超えて緑地面積率の算定に用いる緑地の面積に参入することはできない。

　重複緑地の参入は、国の準則では「敷地面積×緑地面積率×25％」を上限とするが、条例により都道府県又は市が準則を定める場合には、「敷地面積×緑地面積率×50％」までの範囲で算定する率を定めることができることを示している。

第4節　緑地面積率等に関する同意企業立地重点促進区域についての区域の区分ごとの基準の解説

緑地面積率等に関する同意企業立地重点促進区域についての区域の区分ごとの基準
　企業立地の促進等による地域における産業集積の形成及び活性化に関する法律第10条第2項に規定する緑地面積率等に関する同意企業立地重点促進区域についての区域の区分ごとの基準は、次の表のとおりとする。

	甲種区域	乙種区域	丙種区域
緑地の面積の敷地面積に対する割合の下限	100分の10以上 100分の20未満	100分の5以上 100分の20未満	100分の1以上 100分の10未満
環境施設の面積の敷地面積に対する割合の下限	100分の15以上 100分の25未満	100分の10以上 100分の25未満	100分の1以上 100分の15未満

（備考）
1　甲種区域、乙種区域及び丙種区域とは、それぞれ次の各号に掲げる区域をいう。
　1　甲種区域　住居の用に併せて工業の用に供されている区域（緑地面積率等に関する区域の区分ごとの基準（平成10年大蔵省、厚生省、農林水産省、通商産業省、運輸省告示第2号）に規定する第2種区域と同等の区域）
　2　乙種区域　主として工業等の用に供されている区域（緑地面積率等に関する区域の区分ごとの基準に規定する第3種区域と同等の区域）
　3　丙種区域　専ら工業等の一般住民の日常生活の用以外の用に供されている区域
2　区域の設定に当たっては、緑地整備の適切な推進を図り周辺の地域の生活環境を保全する観点から、次に掲げる事項に留意すること。また、各区域の設定に当たっては、特定工場の周辺に森林や河川、海、運河、環境施設などが存在している等、その区域内の住民の生活環境に及ぼす影響が小さい区域であることを考慮すること。
　1　都市計画法（昭和43年法律第100号）第8条第1項第1号に定める用途地域の定めがある地域については、原則次の区分に従うこと。
　　ア　「甲種区域」として設定することができる区域　準工業地域
　　イ　「乙種区域」として設定することができる区域　工業地域、工業専用地域
　　ウ　「丙種区域」として設定することができる区域　工業地域又は工業専用地域のうち、設定区域における住民の生活、利便又は福祉のための用に供される施設（住宅等の居住施設、物品販売店舗及び飲食店等商業の用に供している施設、図書館等の文教施設、診療所等の医療施設、老人ホーム及び保育所等の社会福祉施設等であって、工業等の用に供している施設に付随して設置されたもの及び主として工業等の用に供している施設の従業員その他の関係者の利用に供されているものを除く。以下同じ。）が存しない区域
　2　工業地域であっても多数の住居が混在する場合など用途地域に即して区域を設定した場合に特定工場の周辺の地域における生活環境の保持が著しく困難と認められる場合については、用途地域にとらわれることなく区域の当てはめを行うこと。

第4節　緑地面積率等に関する同意企業立地重点促進区域についての区域の区分ごとの基準の解説

　　3　都市計画法第8条第1項第1号に定める用途地域の定めがない地域については、今後の用途地域の指定の動向、現に用途地域の定めのある周辺地域の状況等を参考に、特定工場の周辺の地域について、以下のそれぞれの要件を満たす範囲を特定して区域の区分を行うこと。
　　　ア　「甲種区域」として設定することができる区域　設定区域における住民の生活、利便又は福祉のための用に供される施設が近隣の準工業地域と同程度以下の割合で存する区域
　　　イ　「乙種区域」として設定することができる区域　設定区域における住民の生活、利便又は福祉のための用に供される施設が近隣の工業地域又は工業専用地域と同程度以下の割合で存する区域
　　　ウ　「丙種区域」として設定することができる区域　乙種区域に相当する区域のうち、設定区域における住民の生活、利便又は福祉のための用に供される施設が存しない区域
　　4　各区域の設定に当たっては、現在でも緑地面積率が数％という状況にとどまっている、古くから形成されてきた工業集積地のような地域に区域を設定することによって、特定工場における緑地及び環境施設の整備を促し、結果として現状よりも緑地等の整備が進むように配慮すること。
　　　また、丙種区域の設定に当たっては、併せて丙種区域として設定しようとする区域の存する地域における緑地及び環境施設の整備に配慮する等、地域の環境の保全に留意すること。
　　5　緑地及び環境施設のそれぞれの面積の敷地面積に対する割合の下限値の設定に当たっては、区域内の状況のみにとどまらず、区域に接する地域が当該地域の住民の生活の用に供されている状況を勘案して、特定工場の周辺の生活環境の保持がなされるように配慮すること。
　3　工場立地法施行規則（昭和49年大蔵省、厚生省、農林省、通商産業省、運輸省令第一号。以下「規則」という。）第4条に規定する緑地以外の環境施設以外の施設又は同条第1号トに掲げる施設と重複する土地及び規則第3条に規定する建築物屋上等緑化施設については、敷地面積に緑地面積率を乗じて得た面積の100分の50の割合を超えて緑地面積率の算定に用いる緑地の面積に参入することができない。

(1)　趣旨
　　本基準は、企業立地の促進等による地域における産業集積の形成及び活性化に関する法律（平成19年法律第40号、以下「企業立地促進法」という。）第10条第1項に基づき、市町村が都道府県と共同で定めて国の同意を得た基本計画（同法第5条、以下「基本計画」という。）に定められた企業立地重点促進区域の存する市町村が、国による準則又は都道府県若しくは市が公表する地域準則に代わる準則（以下「市町村準則」という。）を条例で策定する際の緑地面積率等の基準を定めるものであり、同法第10条第2項に基づき公表されている。
(2)　市町村準則導入の背景等
　　平成10年の工場立地法の一部を改正する法律の施行により、工場立地法第4条の2の規定に基づき、都道府県及び政令指定都市は、同法第4条第1項の規定に基づき国が定める準則に代わる準則（地域準則）を、条例で策定することが可能となった（平成24年4月1日に市

にまで権限が拡大されている。)。

しかしながら、地域準則は少数の自治体で制定されるに留まり、また、構造改革特区提案等において、地方自治体から、緑地及び環境施設の面積規制に対する緩和要望(基礎自治体への準則制定権限の委譲を含む)が出されていたことから、平成19年、企業立地促進法による工場立地法の特例措置として、市町村準則が導入されることとなった。

具体的には、産業集積の形成等において重要な企業立地を促進する観点から、市町村が都道府県と共同で定める基本計画において「集積区域の区域内において特に重点的に企業立地を図るべき区域(企業立地重点促進区域)」を設定し、特例措置の実施により相当程度の産業集積の形成又は活性化の効果が見込まれるものと認められて国の同意を得た場合には、当該市町村に緑地及び環境施設面積率を定める権限を委譲する特例措置を設けたものであるが、一方で、基本計画では環境の保全にかかる事項についても定める必要があり、基本計画の対象となる区域における広域的な観点からの緑地整備等を求めるものとしている。

(3) 解説

本基準では、「住居の用に併せて工業の用に供されている区域」を「甲種区域」(工場立地法第4条の2第3項に規定する緑地面積率等に関する区域の区分ごとの基準に規定する第2種区域と同等の区域)、「主として工業等の用に供されている区域」を「乙種区域」(工場立地法第4条の2第3項に規定する緑地面積率等に関する区域の区分ごとの基準に規定する第3種区域と同等の区域)、「専ら工業等の一般住民の日常生活の用以外の用に供されている区域」を「丙種区域」とし、同区域内で設定できる緑地面積率、環境施設面積率の範囲を定めている。

各区域の設定は、企業立地促進法に基づく国の同意を得た基本計画を踏まえ、地域の土地利用状況等を総合的に勘案して必要に応じ設定できるものであり、市町村の判断で同区域の設定がなされない場合には、工場立地法第4条第1項に基づき国が公表した準則(緑地面積率20％以上、環境施設面積25％以上)又は同法第4条の2第1項及び同条第2項に基づき都道府県若しくは市が制定した準則が引き続き適用されることになる。

① 丙種区域の設定の考え方

工場立地法における緑地及び環境施設の面積規制は、工場が周辺に与える負荷を軽減するための緑地等を工場自らが整備することで、当該工場周辺の生活環境の保持を図ることを目的としている。したがって、工場が整備すべき緑地等の面積は、本来、工場の周辺に配慮が必要な生活環境がどの程度存在するかに応じて異なるべきものである。

こうした考え方を踏まえれば、住民の日常的な生活の用に供する建築物が存在しない「専ら工業等の一般住民の日常生活の用以外の用に供されている区域」においては、工場の周辺の生活環境の保持を図る必要性が小さいものとして、整備するべき緑地等の面積率を特に緩和することを可能とする措置を講じることは適当であるといえる。

したがって、「工業地域又は工業専用地域のうち、設定区域における住民の生活、利便又は福祉のための用に供される施設が存しない区域」である丙種区域においては、1％を下限値とした緑地面積率等の設定を可能としている。

② 「区域の設定に当たっては、緑地整備の適切な推進を図り周辺の地域の生活環境を保全する観点から、次に掲げる事項に留意すること。また、各区域の設定に当たっては、特定工場の周辺に森林や河川、海、運河、環境施設などが存在している等、その区域内の住民の生活環境に及ぼす影響が小さい区域であることを考慮すること」

第4節　緑地面積率等に関する同意企業立地重点促進区域についての区域の区分ごとの基準の解説

工場の周辺の生活環境の保持という工場立地法の規制趣旨に基づき、区域の設定に当たって留意するべきことを示している。

③　「都市計画法第8条第1項第1号に定める用途地域の定めのある地域については、原則として次の区分に従うこと」

市町村準則の対象となる区域の区分を設定する際に、同区域が都市計画法第8条第1号第1項に定める用途地域の定めがある場合は、その用途地域を参考に甲種、乙種及び丙種区域の設定を行うことができる旨を示している。

ただし、用途地域はあくまで参考であり、例えば工業地域であっても、住居が工場と混在して立地しており、乙種及び丙種区域を設定したことにより周辺生活環境の保持が難しいと市町村が判断する場合には、用途地域にとらわれることなく区域の設定を行う必要がある。

④　「都市計画法第8条第1項第1号に定める用途地域の定めがない地域については、今後の用途地域の指定の動向、現に用途地域の定めのある周辺地域の状況等を参考に、特定工場の周辺の地域について、以下のそれぞれの要件を満たす範囲を特定して区域の区分を行うこと」

都市計画法上の用途地域の定めがない区域において市町村準則を定める場合の留意事項を示している。

同区域において市町村準則を定める場合は、市町村内の関係部局等と調整するなど、今後の用途地域指定の動向や、周辺区域の用途地域指定状況等を総合的に勘案して区域の設定を行うことが必要となる。

⑤　「各区域の設定に当たっては、現在でも緑地面積率が数％という状況にとどまっている、古くから形成されてきた工業集積地のような地域に区域を設定することによって、特定工場における緑地及び環境施設の整備を促し、結果として現状よりも緑地等の整備が進むように配慮すること」

現状の緑地面積率が低く、一律に高い緑地面積率を適用し続けるよりも、より現実的な緑地面積率等を適用することにより工場の建替えを促し、結果として当該区域全体としての緑地整備が促進できる区域に市町村準則を適用することは、工場立地法の規制趣旨に照らして望ましいということを例示的に示している。

⑥　「また、丙種区域の設定に当たっては、併せて丙種区域として設定しようとする区域の存する地域における緑地及び環境施設の整備に配慮する等、地域の環境の保全に留意すること」

丙種区域を設定する場合には、対象区域の周辺土地利用状況等を総合的に勘案し、周辺生活環境の保持に配慮する必要があることを示している。

⑦　「緑地及び環境施設のそれぞれの面積の敷地面積に対する割合の下限値の設定に当たっては、区域内の状況のみにとどまらず、区域に接する地域が当該地域の住民の生活の用に供されている状況を勘案して、特定工場の周辺の生活環境の保持がなされるように配慮すること」

各種区域において下限値を設定する際には、当該区域に接する区域の住民の生活環境等を勘案し、その保持に配慮する必要があることを示している。

⑧　「工場立地法施行規則第4条に規定する緑地以外の環境施設以外の施設又は同条第1号トに掲げる施設と重複する土地及び規則第3条に規定する建築物屋上等緑化施設について

は、敷地面積に緑地面積率を乗じて得た面積の100分の50の割合を超えて緑地面積率の算定に用いる緑地の面積に参入することができない。」

　重複緑地の参入は、国の準則では「敷地面積×緑地面積率×25％」を上限とするが、条例により都道府県又は市が準則を定める場合には、「敷地面積×緑地面積率×50％」までの範囲で算定する率を定めることができることを示している。

III 工場立地法届出書作成要領

第1節 届出の要否

　届出は、特定工場の新設（敷地面積若しくは建築物の建築面積を増加し、又は既存の施設の用途を変更することにより特定工場となる場合を含む。以下同じ。）又は次の(1)から(4)までに揚げる事項の変更（規則第9条で定める軽微な変更を除く。また(4)の変更は、特定工場の設置の場所が指定地区に属する場合に限る。）を行う場合に必要となる。
(1) 特定工場における製品（加工修理業に属するものにあっては加工修理の内容、電気供給業、ガス供給業又は熱供給業に属するものにあっては特定工場の種類）
(2) 特定工場の敷地面積又は建築面積
(3) 特定工場における生産施設の面積、緑地の面積、環境施設の面積、又は環境施設の配置
(4) 特定工場における汚染物質の最大排出予定量並びにその予定量をこえないこととするための当該汚染物質に係る燃料及び原材料の使用に関する計画、公害防止施設の設置その他の措置、さらに、届出者の氏名又は名称及び住所の変更があったとき、並びに特定工場の譲受、借受、届出者についての相続、合併による届出者の地位の承継があったときも届出を要する。

　これらの届出をそれぞれの根拠条文に分けて整理したものが下の表3—1であり、届出の体系を図にしたのが次の頁の図3—1である。

表3—1　届出の種類

届出の種類		根拠条文
新設の届出	①特定工場の新設（敷地面積若しくは建設面積を増加し、又は既存の施設の用途を変更することにより特定工場となる場合を含む。以下同じ。）	法第6条第1項
変更に係る届出	②昭和49年6月28日に特定工場の設置をしている者、又は新設工事中の者が、昭和49年6月29日以後最初に行う変更（軽微なものを除く。）	一部改正法附則第3条第1項
	③施行令第1条、第2条の改廃時にその改廃により新たに特定工場となる工場の設置をしている者又は新設工事中の者がその後最初に行う変更（軽微なものを除く。）	法第7条第1項
	④①②③の届出をした者がその後行う変更（軽微なものを除く。）	法第8条第1項
その他の届出	⑤氏名等の変更	法第12条第1項
	⑥譲り受け、借り受け、相続又は合併による届出者の地位の継承	法第13条第3項

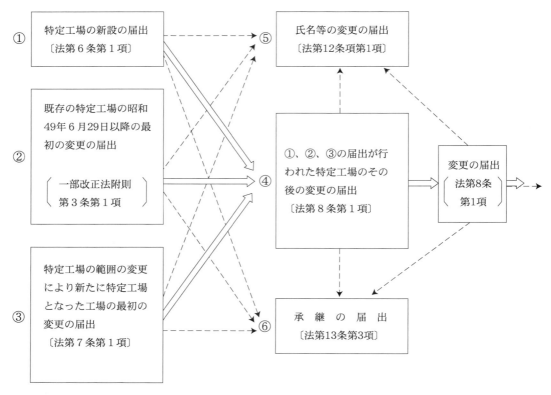

図3－1　届出の体系

1．新設の届出

　特定工場の新設を行う場合は、法第6条第1項の規定による届出を要する。

　どの時点で工場の新設を行うこととなるかは、工場の新設工事が、埋立、造成工事を行うものであれば、埋立、造成の工事の開始時に特定工場の新設を行うこととなり、埋立、造成工事を伴わないで生産施設等の設置工事から開始するものであれば、生産施設等の設置工事の開始時に特定工場の新設を行うこととなる。

　特定工場の新設には、敷地面積若しくは建築物の建築面積を増加し、又は既存の施設の用途を変更することにより特定工場となる場合を含む。

(1)　敷地面積若しくは建築物の建築面積を増加することにより特定工場となる場合とは敷地面積が9,000㎡未満及び建築物の建築面積が3,000㎡未満であったため特定工場に該当しなかった工場がこれらの面積を増加することにより特定工場となる場合をいう。（例1、例2参照）

(2)　既存の施設の用途を変更することにより特定工場となる場合とは、製造業以外の業種に該当する用途に使用していた建屋を新しく製造業等の用途に使用する場合などが考えられる。例えば、倉庫業の用に供していた倉庫に機械装置を設置して工場建屋とする場合が考えられる。

(例1) 敷地面積8,000㎡、建築面積2,500㎡の工場が、建築物を1,000㎡増設して建築面積が3,500㎡となる場合

(例2) 敷地面積7,000㎡、建築面積2,000㎡の工場が隣接地を3,000㎡買い増し、敷地面積が10,000㎡となる場合

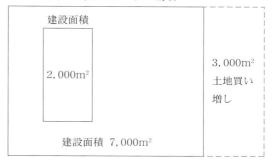

2．変更の届出

特定工場が、次の(1)の①から⑧までの変更を行う場合に、(2)の変更の届出の根拠条文に基づき、変更の届出を要する。

(1) 変更の内容

① 特定工場における製品（加工修理業に属するものにあっては加工修理の内容、電気供給業、ガス供給業又は熱供給業に属するものにあっては特定工場の種類）の変更

製品の変更のみの場合でも届出を要することとなるのは次のいずれかに該当する場合とする。

ア 日本標準産業分類におけるある3ケタ分類（例えば291）に属する業種が、他の3ケタ分類（例えば272）に属する業種となるような変更が行われる場合（ある業種の廃止又は追加の場合を含む。）

イ 当該工場に適用される生産施設面積率の準則値が変わるような業種の変更が行われる場合

ウ 当該工場に適用される既存生産施設用敷地計算係数が変わるような業種の変更が行われる場合

② 特定工場の敷地面積の変更

敷地面積の変更とは工場敷地を買い増す場合、一部を売却する場合、子会社、下請会社等に貸与する場合、公有水面を埋立てる場合等工場の敷地面積の増加又は減少をいう。

③ 特定工場の建築面積の変更

建築面積の変更のうち、法第6条第1項第5号の事項に係る変更を伴わない当該特定工場の建築面積の変更は、規則第9条にいう軽微な変更であり届出を要しない。法第6条第1項第5号の事項に係る変更とは、生産施設、緑地及び環境施設の面積並びに環境施設の変更をいうので、建築面積を変更する場合に、同時に生産施設の面積の変更、緑地等の環境施設の面積及び配置の変更を伴う場合は建築面積の変更の届出を要する。例えば、工場建屋の増設を行う場合は、建築面積の変更であるが同時に生産施設の面積の変更となるので、建築面積の変更の届出を要する。

したがって、軽微な変更として届出を要しない建築面積の変更とは、事務所、倉庫等の建築物を、緑地等の環境施設でない単なる空地に設置する場合が考えられる。

④ 生産施設の面積の変更

　工場建屋、屋外プラント類等の生産施設の増設、スクラップ＆ビルド等は生産施設の面積の変更に該当するので、生産施設面積の変更の届出を要する。

　ただし、生産施設面積の変更のうち、生産施設の修繕による生産施設の面積の変更であって、当該修繕に係る部分の面積の合計が30㎡未満のもの及び生産施設の撤去は、規則第9条による軽微な変更であり届出を要しない。

　修繕とは、通常、ある施設又は装置の機能維持等のために当該施設又は装置の一部をおおむね同様の型式、寸法からなる部分又は材料によって取り換えることである。（工場建屋への更衣所の付置、パイプの取換え等も修繕に含まれるものとする。）

　生産施設の修繕によるその面積の変更については、当該修繕に係る部分の面積（修繕後において面積が増加する場合には、修繕しようとする面積に当該増加分の面積を加えたものとし、修繕後において面積が減少する場合には、修繕しようとする面積とする。）が30㎡未満であれば軽微な変更に該当するので届出を要しないが、30㎡以上であれば届出を要する。

　なお、生産施設の修繕ではあっても、修繕によりその生産施設面積に変更がない場合には届出を要しない。

（例３）

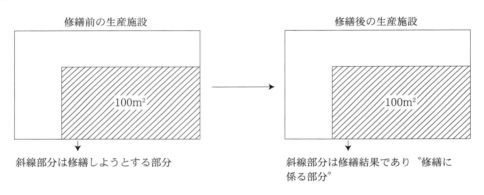

（例４）

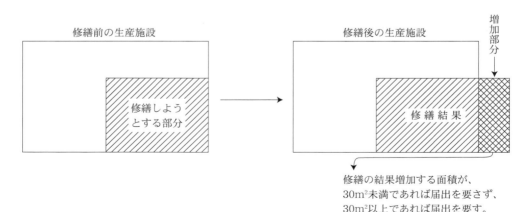

（例５）工場建屋の屋根ひさしを修繕することによって、ひさしの延び投影面積が増加する場合、延ばしたひさしの面積が30㎡未満であれば届出は要しないが30㎡以上であれば届出を要する

（例６）工場建屋の屋根の一部を50㎡以上葺き替えたが投影面積に変更がない場合は届出を要しない

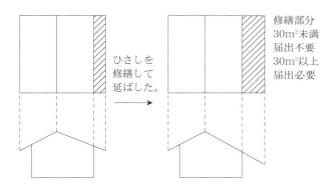

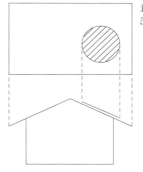

なお、次のような場合は注意を要する。

ア　スクラップ＆ビルド（注）については規則第９条第２号にいう「生産施設の修繕によるその面積の変更」に該当しないので届出を要する。

（注）　スクラップ＆ビルドとは既存生産施設の一部又は全部を土台から撤去し、当該部分を新たに設置し直すことをいう。例えば、工場建屋の一部又は全部を土台から取り壊して当該部分を新たに設置し直すこと、又は屋外プラントの本体を取り壊して新たなプラント本体を設置することはスクラップ＆ビルドに該当する。

イ　工場建屋の中の機械装置の取換えは、工場建屋の建築面積が生産施設の面積であるので生産施設の面積の変更とはならず届出を要しない。

ウ　１階建の工場を２階以上にする場合で生産施設の面積の変更のないものは届出を要しないが、ただし、１階の建屋を取り壊し、その跡地に、新たに２階建の工場を建設するような場合はスクラップ＆ビルドとして生産施設の面積の変更となり届出を要する。

エ　既存の生産施設をその状態のままで他の場所に移設（単純移設）する場合は生産施設の面積の変更とはならないので届出を要しない。

⑤　緑地、環境施設の面積の変更

緑地又は環境施設の面積を減少する場合は、緑地の面積の変更又は環境施設の面積の変更の届出を要するが、緑地、環境施設の面積の減少というのは、さく、置石、へい等で区画された土地の場合は、その区画の面積の減少（除去を含む。）を行う場合をいい、緑地で区画がない場合は、緑地として面積を測定した部分を除去するか一部を緑地以外の他の用途に使用する等緑地といえる状態でなくなる場合が緑地の面積の減少となる。

したがって、芝生が破損して一時的に裸地となる場合は、その裸地が緑地として確保され、他の用途（例、駐車場、置場等）に使用されず、すみやかに修復すれば緑地の面積の変更はないものとし、届出を要しない。

また、樹冠の投影面積が樹木の生育、季節の移り変りによって変更があっても届出を要しない。

なお、緑地、環境施設面積の変更のうち、保安上その他やむを得ない事由により速やか

に行う必要があり、減少する面積の合計が10平方メートル以下の場合は、規則第9条第6号による軽微な変更であり届出を要しない。

また、緑地又は緑地以外の環境施設の増加も、規則第9条第4号による軽微な変更であり届出を要しない。

⑥　緑地、環境施設の配置の変更

工場敷地の周辺部に配置された環境施設の面積減少（除去を含む。）を行う場合は、環境施設の配置の変更の届出を要する。

しかし、緑地又は緑地以外の環境施設の移設であって、それぞれの面積の減少を伴わないもので、周辺の地域の生活環境の保持に支障を及ぼすおそれがない場合は、規則第9条第5号による軽微な変更であり届出を要しない。（運用例規2-1-1-9-2）

⑦　特定工場における汚染物質の最大排出予定量並びにその予定量をこえないこととするための当該汚染物質に係る燃料及び原材料の使用に関する計画、公害防止施設その他の措置の変更（指定地区）

汚染物質の最大排出予定量の増加、減少を行う場合は、変更の届出を要する。

また、汚染物質の最大排出量を超えないこととするための当該汚染物質に係る燃料及び原材料の使用計画、公害防止施設の設置等の公害防止のための措置についても、変更の都度、その旨の届出を要するものである。

⑧　規則第7条の工業団地共通施設の面積、配置の変更は届出を要しない。

(2)　変更の届出の種類

①　一部改正法附則第3条第1項の変更の届出

昭和49年6月28日に設置されているか新設の工事中の特定工場（既存の特定工場）が、昭和49年6月29日以後に最初の変更を行う場合は一部改正法附則第3条第1項の届出を要する。

この届出は、既存の特定工場が、その最初の変更内容の届出とともに、その時点における他の変更のない事項の内容も1回だけ届け出なければならないこととなっており、したがって、工場の新設の届出と同様の届出内容を既存の特定工場に届け出させるものである。

②　法第7条第1項の変更の届出

施行令の改廃により施行令第1条及び第2条の特定工場の範囲の変更があった場合に新たに特定工場となったものが、その改廃後の最初の変更を行う場合は、法第7条第1項の届出を要する。

この届出も一部改正法附則第3条第1項の既存の特定工場の最初の変更の届出と同様にその最初の変更内容の届出とともに、その時点における他の変更のない事項の内容も1回だけ届け出なければならないこととなっている。

③　法第8条第1項の変更の届出

法第6条第1項の新設の届出、一部改正法附則第3条第1項の変更の届出、法第7条第1項の変更の届出をした特定工場が、その後に変更を行う場合は、法第8条第1項の届出を要する。

この届出は、法第6条第1項、一部改正法附則第3条第1項、法第7条第1項の届出で既に一度すべての届出事項が届出済であるので、当該変更の内容を届け出るだけでよく、他の変更のない事項の内容を届け出る必要はない。ただし、指定地区内の特定工場が行う

指定地区指定後の最初の変更の場合は、その変更の内容と法第6条第1項第6号の汚染物質の最大排出予定量等の事項も届け出なければならない。その最初の変更が法第6条第1項第6号の事項の変更であれば、そのまま変更の内容となるので他の事項は届出を要しない。

3．その他の届出
(1) 氏名等の変更の届出

　1の新設の届出、2の変更の届出をした者が、氏名、名称又は住所を変更したときは、法第12条の規定に基づく氏名等の変更の届出を要する。なお、社長等の代表者の交代による氏名の変更は届出を要しない。

(2) 承継の届出

　1の新設の届出、2の変更の届出をした者の地位を承継した次の者は、法第13条第3項の規定に基づく承継の届出を要する。

① 届出に係る特定工場の譲受人、借受人
② 届出をした者の相続人（個人の場合）
③ 届出をした者に合併又は分割があったときの合併又は分割後存続する法人又は合併により設立した法人（法人の場合）

第2節　届出書の記載要領

1．特定工場の新設の届出、変更の届出

(1) 届出事項は次のとおりである。届出の種類に応じて必要事項が異なる。（表3－2）
　① 氏名又は名称及び住所並びに法人にあってはその代表者の氏名
　② 特定工場の設置の場所
　③ 特定工場における製品（加工修理業に属するものにあっては加工修理の内容、電気供給業、ガス供給業又は熱供給業に属するものにあっては特定工場の種類）
　④ 特定工場の敷地面積
　⑤ 特定工場の建築面積
　⑥ 特定工場における生産施設の面積
　⑦ 特定工場における緑地及び環境施設の面積及び配置
　⑧ 工業団地の面積並びに工業団地共通施設の面積及び工業団地の環境施設の配置
　⑨ 工業集合地の特例にかかる隣接緑地等の面積及び配置並びに負担総額及び届出者が負担する費用（別紙4に記載）
　⑩ 指定地区内の特定工場における大気に係る汚染物質の最大排出予定量（別紙5に記載）
　⑪ 指定地区内の特定工場における水質に係る汚染物質の最大排出予定量（別紙6に記載）
　⑫ 指定地区内の特定工場における燃料及び原材料の使用に関する計画（別紙7に記載）
　⑬ 指定地区内の特定工場における公害防止施設の設置その他の措置（別紙8に記載）
　⑭ 特定工場の新設（変更）のための工事の開始予定日

(2) 届出書の様式は、指定地区以外の特定工場については、規則の様式第1の「特定工場新設（変更）届出書（一般用）」を、指定地区の特定工場については、規則の様式第2の「特定工場新設（変更）届出書（指定地区用）」を用いる。
「様式第1、第2の記載方法」（P.188～198参照）
　① 様式第1又は様式第2による届出書の新設、変更の区別は、法第6条第1項の規定による届出は新設とし、法第7条第1項、法第8条第1項、一部改正法附則第3条第1項の規定による届出は変更とする。したがって敷地面積若しくは建築物の建築面積を増加し、又は既存の施設の用途を変更することにより特定工場となる場合も新設となる。
　② 届出書のあて先は当該特定工場の設置の場所が町村の区域に属する場合にあっては当該特定工場の設置の場所を管轄する都道府県知事、当該特定工場の設置の場所が市の区域に属する場合には、当該特定工場の設置の場所を管轄する市長とする。
　③ 届出者の欄は、代表者以外の届出（例えば工場長、建設会社等による届出）の場合には記載例2のように記載する。この場合において代表者からの届出についての一切の権限を委任する旨の委任状が必要である。
　④ 特定工場の設置の場所の欄は、道都府県名からはじめて、番地まで書く必要がある。
　⑤ 特定工場における製品の欄は、当該特定工場で製造、加工を行う製品名をおおむね〈日本標準産業分類の4ケタ分類で説明している程度の内容〉（商品分類で6ケタ分類程度の内容）で記載する。（記載例3、4参照）
　　また、加工修理業にあっては、船舶の製造・修理、鉄道車輌の製造・修理等加工修理の

内容を記載し、電気供給業、ガス供給業、熱供給業にあっては、次のとおり、その特定工場の種類を記載する（記載例4参照）。なお、製品の変更を行う場合は、欄を変更前と変更後に区分し、変更後の欄は、変更後のすべての製品を記載する。

表3—2　届出の種類と記載事項

届出の種類		届出記載事項	
		指定地区以外の特定工場	指定地区内の特定工場
新設の届出	法第6条第1項の届出	①から⑨まで及び⑭の事項（注）	①から⑭までの事項（注）
変更の届出	一部改正法附則第3条第1項の届出	③から⑦まで及び⑨のうちの変更事項と①から⑨まで及び⑭のうちの変更事項以外の事項（注）	③から⑦まで及び⑨から⑬までのうちの変更事項と①から⑭までのうちの変更事項以外の事項（注）
	法第7条第1項の届出	③から⑦まで及び⑨のうちの変更事項と①から⑨まで及び⑭のうちの変更事項以外の事項（注）	③から⑦まで及び⑨から⑬までのうちの変更事項と①から⑭までのうちの変更事項以外の事項（注）
	法第8条第1項の届出	③から⑦まで及び⑨のうちの変更事項と①、②、⑭の事項	③から⑦まで及び⑨から⑬までのうちの変更事項と①、②、⑭の事項 ただし、当該変更が指定地区の指定の際当該指定地区において設置されており又は新設のための工事がされている特定工場に係る変更で指定地区の指定の日以降最初に行われるものである場合は、これらの事項に加えて、⑩から⑬までのうちの変更事項以外の事項

（注）　法第6条第1項、一部改正法附則3条第1項、法第7条第1項の届出は特定工場の場所が工業団地に属さない場合は⑧を、工業集合地の特例の適用を受けようとしない場合は⑨の事項を除く。

　　　法第8条第1項の届出は、工業集合地の特例の適用を受けようとしない場合は⑨の事項を除く。

〔記載例1〕

特定工場の業種	設置場所	あて先
清酒製造業	兵庫県太子町	兵庫県知事
医薬品製剤製造業	岐阜県大垣市	大垣市長
石油精製業	神奈川県横浜市	横浜市長

〔記載例２〕

1. 東京都○○区○○町○○番地
　　○○機械工業株式会社
　　　取締役社長　　○○○○
　　　　　代理人
　　　　　山形県○○市○○町○○番地
　　　　　○○機械工業株式会社
　　　　　○○工場長　○○○○　㊞

2. 大阪府○○市○○町○○番地
　　○○自動車工業株式会社
　　　代表取締役　　○○○○
　　　　　代理人
　　　　　兵庫県○○市○○町○○番地
　　　　　株式会社○○建設
　　　　　代表取締役　　○○○○　㊞

〔記載例３〕

業種	製品名
乳製品製造業	バター、チーズ、クリーム
家具製造業	木製家庭用事務用机、テーブル、タンス
紙製造業	新聞巻取紙、印刷用紙、クラフト紙
石油化学系基礎製品製造業	エチレン、プロピレン、ブタン
プラスチック製造業	フェノール樹脂、ポリエチレン、塩化ビニール樹脂
石油精製業	ガソリン、ナフサ、灯油、軽油
板ガラス製造業	普通板ガラス、変り板ガラス
セメント製造業	ポルトランドセメント、フライアッシュセメント
高炉による製鉄業	高炉鉄、棒鋼、薄板
金属加工機械製造業	旋盤、ボール盤、圧延機械、液圧プレス
民生用電気機械器具製造業	電気冷蔵庫、ジューサー、電気がま
自動車製造業	乗用車、バス、トラック

〔記載例４〕

業種	特定工場の種類
電気供給業	火力発電所、原子力発電所、風力発電所、又は太陽電池
ガス供給業	一般ガス製造所、又は簡易ガス製造所
熱供給業	熱発生所

⑥　敷地面積、建築面積の欄は、１の位まで記載し、小数点以下は切り捨てる。この点は、後述する生産施設、緑地等の面積も同様である。

　なお、敷地面積、建築面積の変更を行う場合は、欄を変更前と変更後に区分し、変更後の欄は増減面積ではなく、変更後の面積を記載する。

⑦　特定工場の新設（変更）のための工事の開始の予定日の欄は埋立、造成工事を行う場合は、その工事の開始の予定日を造成工事等の欄に、生産施設、緑地等の施設の設置工事を行う場合は、その工事の開始の予定日を施設の設置工事の欄に記載する。造成工事等と施設の設置工事を両方とも行う場合は、両欄に記載する。

　ここで工事の開始というのは、次のような各種工事毎にそれぞれ連続して行われる作業のうち最初の作業を始めることである。

　ア　埋立工事の開始というのは、シートパイルの打ち込み、海底の地盤改良、ケーソンの沈設、土砂等の投入の各作業のうちいずれか早いものを始めることである。

イ　整地等のいわゆる造成工事の開始というのは、土地の掘削、土盛、地ならしの各作業のうちいずれか早いものを始めることである。
　　ウ　生産施設若しくは生産施設以外の施設の設置工事の開始というのは、当該施設の建設のための基礎打ち作業を始めることである。
　　エ　生産施設以外の既存の施設が用途変更により生産施設となる場合の工事の開始というのは、用途変更に伴い新たに必要とされる機械、設備、建築物等の新設、改造または移動等の作業を始めることである。
　　　なお、工場敷地を買増し、一部売却等による敷地面積の変更のように工事の開始がない場合は、その変更を行う日を造成工事等の欄に記載する。この場合に、敷地面積の変更を行う日とは、移転登記の日とする。
(3)　特定工場における生産施設の面積については、規則の別紙1の様式（P.190参照）で届け出る。
　　法第6条第1項、一部改正法附則第3条第1項、法第7条第1項の規定による届出の場合は、その工場の全生産施設について届出をするが、法第8条第1項の規定による届出の場合は、変更を行う生産施設についてのみ届出をすれば足りる。
「別紙1の記載方法」
①　生産施設の名称の欄は、次のような単位でその名称を記載する。
　（例）
　　ア　高炉による一貫製鉄工場にあっては、製銑施設（高炉）、製鋼施設（転炉）、熱間圧延施設、冷間圧延施設、製管施設等をそれぞれ1つの単位とする。
　　イ　ナフサから一貫して誘導品を製造する石油化学工場にあっては、エチレン製造装置、芳香族抽出装置、ポリエチレン製造装置等をそれぞれ1つの単位とする。
　　ウ　パルプ、紙製造工場にあっては、砕木施設、蒸解施設、薬品回収施設、抄紙施設等をそれぞれ1つの単位とする。
　　エ　生産工程が工場建屋単位で独立している機械工場等の場合は、それぞれの工場建屋を1つの単位として取り扱う。
　　　生産施設の名称の欄、施設番号の欄の記載例を示すと記載例5のようになる。

〔記載例5〕

1．石油化学工場の場合

生産施設の名称	施設番号
エチレン製造装置	セ－1
分解炉	セ－1－1
急速冷却装置	セ－1－2
圧縮機	セ－1－3
精製装置	セ－1－4
配管	セ－1－5
第1ポリエチレン製造装置	セ－2
圧縮機	セ－2－1
重合装置	セ－2－2
分離精製装置	セ－2－3
仕上装置	セ－2－4
配管	セ－2－5
第2ポリエチレン製造装置	セ－3
圧縮機	セ－3－1
重合装置	セ－3－2
分離精製装置	セ－3－3
仕上装置	セ－3－4
配管	セ－3－5
ブタジエン製造装置	セ－4
抽出装置	セ－4－1
精製装置	セ－4－2
配管	セ－4－3
SBR製造装置	セ－5
重合装置	セ－5－1
分離精製装置	セ－5－2
仕上装置	セ－5－3
配管	セ－5－4
ボイラー	セ－6

2．セメント工場の場合

生産施設の名称	施設番号
原料粉末室	セ－1
スラリータンク	セ－2
粘土ドライヤー	セ－3
ブレンディングタンク	セ－4
回転窯	セ－5
燃焼室	セ－6
クリンカータンク	セ－7
包装工場	セ－8
製袋工場	セ－9
発電所	セ－10
ボイラー	セ－11

②　面積欄は、生産施設の単位毎とその単位を構成する主要施設毎に記載する。生産施設の単位の面積の合計は、法第8条第1項の届出を除き、生産施設の面積の合計欄の面積と一致する。変更の届出の場合は、面積欄を変更前と変更後に区分し、変更前の面積欄には、同じ生産施設の単位内の変更である場合（施設番号が変らない場合）は、その生産施設の単位の変更前の面積を記載し、新たな単位の生産施設を設置する場合は、「なし」と記載する。また変更後の面積欄には増減面積ではなく、変更後の当該生産施設の単位の面積を

記載する。生産施設の面積の変更が、その単位を構成する主要施設の面積の変更による場合は、主要施設の面積についても同様に記載する。

③ 増減面積欄には、法第7条第1項、法第8条第1項又は一部改正法附則第3条第1項の規定による変更の届出の場合のみ記載する。この場合において、当該変更が面積の増加である場合（増設）は増加面積を表わす正の数字を、面積の減少である場合（廃棄）は減少面積を表わす負の数字を、面積の減少と増加を同時に行う場合（スクラップ＆ビルド）は減少面積を表わす負の数字と増加面積を表わす正の数字の両方を記載する。変更の届出の場合の面積欄と増減面積欄の記載例を示すと記載例6のとおりとなる。

〔記載例6〕

1. 1,000㎡の生産施設を500㎡増設する場合

面積（㎡）		増減面積
変更前	変更後	（㎡）
1,000	1,500	＋500

2. 新たな単位の生産施設を1,500㎡増設する場合

面積（㎡）		増減面積
変更前	変更後	（㎡）
なし	1,500	＋1,500

3. 1,000㎡の生産施設を500㎡廃棄する場合

面積（㎡）		増減面積
変更前	変更後	（㎡）
1,000	500	△500

4. 1,000㎡の生産施設を500㎡スクラップするとともに同一の単位の生産施設を1,000㎡ビルドする場合

面積（㎡）		増減面積
変更前	変更後	（㎡）
1,000	1,500	△500 ＋1,000

5. 新たな単位の生産施設を1,000㎡ビルドするとともに、別の単位の1,000㎡の生産施設を500㎡スクラップする場合

面積（㎡）		増減面積
変更前	変更後	（㎡）
1,000	500	△500
なし	1,000	＋1,000

④ 生産施設の面積の合計の欄は、変更の届出の場合にあっては、変更前と変更後に区分し、それぞれの欄に当該特定工場における全生産施設の面積の合計を記載する。

法第8条1項の規定による変更の届出の場合にも当該特定工場における全生産施設の面積の合計を変更前と変更後とを区分して記載する。

(4) 特定工場における緑地及び環境施設の面積及び配置については、規則の別紙2の様式（P.191参照）で届け出る。

法第6条第1項、一部改正法附則第3条第1項、法第7条第1項の規定による届出の場合は、その工場の全部の緑地及び緑地以外の環境施設について届出を要するが、法第8条第1項の規定による届出の場合は、変更を行う緑地又は緑地以外の環境施設についてのみ届出を行えばよい。

届出の記載方法については、規則の別紙1の生産施設の面積の記載方法に準じるほか次のとおりとする。

「別紙2の記載方法」
① 緑地の名称の欄は、緑地の区画毎に緑地の種類と設置の場所を記載する。緑地の種類とは、樹林地（高木又は高木と低木の混植地をいう。）、低木地（低木で被われているもの）、芝生、樹木・芝生の混植地等をいう。ただし、緑地以外の環境施設が樹木の生育する緑地で囲まれており、かつ緑地の面積が緑地以外の環境施設の面積の2倍程度以上である場合で、緑地以外の環境施設の面積も含めて規則第3条第1号の基準に適合する場合は緑地以外の環境施設の面積も緑地の面積として測定するものとしているが（運用例規1-4-4-5）、この場合は緑地の面積として測定した緑地以外の環境施設の種類をその含まれる緑地の後に（　）書で付記する。また、面積欄においてもその面積（内数）を（　）書で付記する。

設置の場所は、例えば工場敷地の東側周辺部、事務所前、球型タンク横、用役エリア周り、中央分離帯等と具体的に記載する。

② 緑地以外の環境施設の名称の欄は、池、噴水、野球場、テニスコート等具体的な名称を記載する。燈籠、石組等はそれらが含まれる遊歩道、公園等と記載する。環境施設にクラブハウス等が囲まれているか、又は接している場合で、環境施設の面積がクラブハウス等の面積の5倍程度以上である場合は、クラブハウス等の面積は緑地以外の環境施設の面積として測定するものとしているが（運用例規1-5-3-2）、この場合は緑地以外の環境施設として測定した体育館等の名称を最後に（　）書で記載し、また面積欄においてもその面積（外数）を（　）書で記載する。

③ 敷地の周辺部に配置する環境施設の各施設番号の欄には、おおむね敷地の境界線から対面する境界線までの距離の5分の1程度の距離だけ内側に入った点を結んだ線と境界線との間に形成される部分に配置する環境施設の「1　緑地及び環境施設の面積」で記載した施設番号を記載する。

④ 配置について勘案した周辺の地域の土地利用の状況等との関係欄は環境施設の配置と工場の周辺の地域の住宅、学校、病院等の施設の設置の状況、海、河川、山等の存在その他の土地利用状況との関係を簡単に説明する。

特定工場における緑地及び環境施設の面積及び配置の記載例を示すと記載例7のとおりとなる。

(5) 工業団地の面積並びに工業団地共通施設の面積及び工業団地の環境施設の配置等については規則の別紙3の様式（P.192参照）で届け出る。

この届出は、設置の場所が工業団地に属する特定工場に関する法第6条第1項、一部改正法附則第3条第1項、法第7条第1項の規定による届出の場合に必要であり、法第8条第1項の規定による届出の場合は必要ない。

「別紙4の記載方法」（工業団地造成者等から情報をもらう必要があろう。）
① 工業団地内の全工場又は全事業場の敷地面積の合計欄は工業団地内の製造業、卸売業、サービス業等の用地として分譲された土地の面積の合計を記載する。
② 工業団地共通施設の面積の合計の内訳である緑地、緑地以外の環境施設、その他の共通施設の面積の欄はそれぞれの合計面積を記載し、種類の欄にそれに含まれている個々の施設名を記載する。
③ その他の施設の面積の欄は、工業団地の面積から工業団地内の全工場又は全事業場の敷地面積の合計及び工業団地共通施設の面積の合計を減じた面積を記載し、種類の欄に公共

道路、公共ふ頭等の団地内の施設名を記載する。

〔記載例7〕 特定工場における緑地及び環境面積及び配置

1．緑地及び環境施設の面積

緑地の名称	施設番号	面積（㎡）
樹林地　東側周辺部	リー1	12,500
（テニスコート）	リー1	(3,000)
低木地　正門の周り	リー2	2,000
樹木・芝混植地　南側周辺部	リー3	7,500
芝生　事務所周辺	リー4	4,000
花壇　研究所前	リー5	500
緑地面積の合計		26,500
緑地以外の環境施設の名称	施設番号	面積（㎡）
サッカー場	カー1	5,000
バレーボールコート	カー1	2,500
野球場	カー1	6,000
広場	カー1	1,000
（クラブハウス）	カー1	(2,000)
緑地以外の環境施設の面積の合計		16,500
環境施設の面積の合計		43,000

2．環境施設の配置

敷地の周辺部に配置する環境施設の各施設番号	リー1、リー2、リー1、カー1、カー2
敷地の周辺部に配置する環境施設の面積の合計	33,000㎡
配置について勘案した周辺の地域の土地利用の状況等との関係	当工場の東南が住宅地帯であるので、その方向に樹木を中心に配置することによって平均巾100mのグリーンベルトが形成できることとなる。〈また、サッカー場、野球場、体育館をまとめて住宅と隣接した西側に配置する予定である〉

(6) 工業集合地の特例を受けようとする場合の、隣接緑地等の面積及び配置、隣接緑地等の整備につき工業集合地に工場等を設置する者が負担する費用の総額、隣接緑地等の整備につき当該工場等を設置する者が負担する費用等については、規則の別紙4（P.193参照）で届け出ることになる。

① 「隣接緑地等の面積の合計」の欄には、隣接緑地等の面積の合計、そのうち緑地の占める面積、緑地以外の環境施設面積及び種類を記載すること。

② 「事業者の負担する費用の総額」の欄には、隣接緑地等の整備につき当該工業集合地に工場又は事業場を設置する事業者が負担する費用総額について、設置費用、維持管理費用（毎年の維持管理費用に協定等による維持管理期間を乗じた金額）のそれぞれを記載すること。

③ 「うち届出者の負担費用」の欄には、隣接緑地等の整備につき届出者が負担する費用について、設置費用、維持管理費用（毎年の維持管理費用に協定等による維持管理期間を乗じた金額）のそれぞれを記載すること。

④ 配置図等は、工業集合地を構成する工場等の位置関係、隣接緑地と工業集合地との位置関係、住宅等の周辺生活環境との遮断状況、事業者の経費負担状況が確認できる事業者間の協定書等が確認できるものを添付すること。

(7) 「別紙5の記載方法」（P.194参照。）

① 汚染物質のうち、特に必要な3物質については特掲してあるが、他の汚染物質については、当該特定工場で排出されるものに限って「その他の汚染物質」欄に記載すればよい。

② 粉じんについては、汚染態様が異なるので、工場合計の欄にだけ記載すればよい。

③ 法律上は最大排出予定量であるが、「通常値」及び「濃度」も記載すること。

(8) 「別紙6の記載方法」（P.195参照。）

① 汚染物質のうち、特に必要な3物質については特掲してあるが、他の汚染物質については、当該特定工場で排出されるものに限って「その他の汚染物質」欄に記載すればよい。

② 水素イオンについては、形態が異なるので、他の物質と取り扱いを異ならせることとした。

③ 法律上は最大排出量であるが「通常値」及び「濃度」も記載すること。

(9) 「別紙7の記載方法」（P.196参照。）

原材料については、汚染の発生に影響があると思われるものだけを記載すればよい。

(10) 「別紙8の記載方法」（P.197参照。）

その他の措置の欄には、燃料及び原材料の使用に関する計画並びに公害防止施設の設置以外の措置で講じられているものがあれば、それを記載すること。

2．氏名等の変更の届出、承継の届出

氏名等の変更の届出は、規則の様式第3（P.198参照。）の「氏名（名称、住所）変更届出書」により、承継の届出は、規則の様式第4（P.198参照。）の「特定工場承継届出書」によって行う。あて先、届出者の記載方法は1．特定工場の新設の届出、変更の届出と同様である。

なお、社長等の代表者の交代による氏名の変更は届出を要しない。

第3節　添付書類の記載要領

１．必要な添付書類

　法第6条第1項、一部改正法附則第3条第1項、法第7条第1項、法第8条第1項の届出に必要な添付書類は、規則第6条第2項で次のとおり定められている。

⑴　次に掲げる事項を記載した当該特定工場の事業概要説明書（様式例第1）
　　①　生産の開始の時期並びに生産数量及び生産能力
　　②　工業用水及び電力の使用量
　　③　従業員数
⑵　生産施設、緑地、環境施設その他の主要施設の配置図（様式例第2）
⑶　当該特定工場の用に供する土地及びその周辺の土地の利用状況を説明した書類（様式例第3）
⑷　工業団地内の工場敷地、規則第7条に定める施設、公共道路その他の主要施設の配置図（工業団地に当該特定工場の新設等が行われる場合であって法第8条第1項の規定による届出以外の新設等の届出をする場合に限る。）
⑸　隣接緑地等における環境施設の配置図（工業集合地に当該特定工場の新設等が行われる場合であって法第4条第1項第3号ロに掲げる事項に係る同項第1号及び第2号に掲げる事項の特例の適用を受けようとする場合に限る。）
⑹　汚染物質の発生経路及び汚染物質の処理工程を示す図面
⑺　工場立地に伴う公害の防止に関する調査の対象となった物質であって別表第1及び別表第2に掲げる物質以外のもののうち指定地区ごとに経済産業大臣及び環境大臣が定めるものの最大排出予定量に関する事項を説明した書類
⑻　当該特定工場の新設等のための工事の日程を説明した書類（様式例第4）
　上記の添付書類は、表3－3のとおり、届出の種類に応じて必要書類が異なる。

Ⅲ　工場立地法届出書作成要領

表3－3　届出の種類と添付書類

届出の種類		添付書類	
		指定地区域外の特定工場	指定地区域内の特定工場
新設の届出	法第6条第1項の届出	(1)から(5)まで及び(8)の添付書類	(1)から(8)までの添付書類
変項の届出	一部改正法附則第3条第1項の届出	(1)から(5)まで及び(8)の添付書類	(1)から(8)までの添付書類
	法第7条第1項の届出	(1)から(5)まで及び(8)の添付書類	(1)から(8)までの添付書類
	法第8条第1項の届出	(1)から(3)まで及び(5)、(8)のうちの変更事項にかかる添付書類	(1)から(3)まで及び(5)から(8)までのうちの変更事項にかかる添付書類

注1）法第6条第1項、一部改正法附則第3条第1項、法第7条第1項の届出の際の添付書類は、特定工場の場所が工業団地に属さない場合は(4)を、工業集合地の特例の適用を受けようとしない場合は(5)の添付書類を除く。

法第8条第1項の届出の際の添付書類は、工業集合地の特例の適用を受けようとしない場合は(5)の添付書類を除く。

2．記載方法

(1) 事業概要説明書は、様式例第1（P.283参照）によって記載する。
(2) 生産施設、緑地、環境施設、その他の主要施設の配置図は、様式例第2（P.284参照）により、備考に従ってわかり易く記載する。
(3) 特定工場用地利用状況説明書は様式例第3（P.285参照）により、備考に従ってわかり易く記載する。
(4) 緑化計画書類は規則の様式第1又は様式第2の別紙2により、緑地の施設番号別に、備考に従ってわかり易く記載する。
(5) 工業団地共通施設等配置図は、工業団地造成者が作成した工業団地図で環境施設、排水施設、工業団地管理事務所、集会場、駐車場等の工業団地共通施設等を含み団地全体が明らかなもののある場合には、これを用いる。
(6) 汚染物質の発生経路及び汚染物質の処理工程を示す図面は、汚染物質の発生から処理を経て工場外への排出に至る経路を図式化し、各段階ごとに汚染物質の排出量及び濃度を記載することとし、水質関係については様式例第2による図面に取水・排水先を明確に示し、排水口別に排水量を記載した取水・排水系路図を加える。
(7) 工場立地に伴う公害の防止に関する調査の対象となった物質であって規則の別表第1及び別表第2に掲げる物質以外のもののうち指定地区ごとに通商産業大臣が定めるものの最大排出予定量に関する事項を説明した書類は、規則の様式第2の別紙5、6及び8の様式に準じて記載する。

第4節　届出手続

１．特定工場に係る届出

　特定工場に係る法第６条第１項、一部改正法第３条第１項、法第７条第１項、法第８条第１項、法第12条第１項、法第13条第３項の規定による届出をしようとする者は、当該特定工場の設置の場所が町村の区域に属する場合にあっては当該特定工場の設置の場所を管轄する都道府県知事に、当該特定工場の設置の場所が市の区域に属する場合には当該特定工場の設置の場所を管轄する市長に正本１通を提出する。（なお、都道府県によっては、町村に権限委譲をしている場合がある）

２．工場立地法担当窓口一覧

　工場立地法担当部局では、計画の立案段階でも、事業者の方からのご相談にきめ細かに対応していくこととしております。どうぞお気軽にご相談下さい。
　なお、担当部局への連絡先は次の頁のとおりです。

Ⅲ　工場立地法届出書作成要領

〈工場立地法担当窓口〉

都道府県	部・局	課・室	電話	郵便番号	所在地
北海道	経済部産業振興局	産業振興課	011-231-4111	060-8588	札幌市中央区北3条西6丁目
青森県	商工労働部	産業立地推進課	017-734-9380	030-8570	青森市長島1-1-1
岩手県	商工労働観光部	企業立地推進課	019-629-5562	020-8570	盛岡市内丸10-1
宮城県	経済商工観光部	産業立地推進課	022-211-2732	980-8570	仙台市青葉区本町3-8-1
秋田県	産業労働部	産業集積課	018-860-2251	010-8572	秋田市山王3-1-1
山形県	商工労働観光部	工業戦略技術振興課	023-630-3127	990-8570	山形市松波2-8-1
福島県	商工労働部	企業立地課	024-521-7882	960-8670	福島市杉妻町2-16
茨城県	企画部	事業推進課	029-301-3533	310-8555	水戸市笠原町978-6
栃木県	産業労働観光部	産業政策課	028-623-3202	320-8501	宇都宮市塙田1-1-20
群馬県	産業経済部	産業政策課企業誘致推進室	027-226-3326	371-8570	前橋市大手町1-1-1
埼玉県	産業労働部	企業立地課	048-830-3800	330-9301	さいたま市浦和区高砂3-15-1
千葉県	商工労働部	産業振興課	043-223-2719	260-8667	千葉市中央区市場町1-1
東京都	産業労働局商工部	地域産業振興課	03-5320-4755	163-8001	新宿区西新宿2-8-1
神奈川県	産業・観光部	産業立地課	045-210-5574	231-8588	横浜市中区日本大通1
新潟県	産業労働観光部	産業立地課	025-280-5248	950-8570	新潟市中央区新光町4-1
富山県	商工労働部	立地通商課	076-444-3244	930-8501	富山市新総曲輪1-7
石川県	商工労働部	産業立地課	076-225-1517	920-8580	金沢市鞍月1-1
福井県	産業労働部	企業誘致課	0776-20-0375	910-8580	福井市大手3-17-1
山梨県	産業労働部	産業集積課	055-223-1472	400-8501	甲府市丸の内1-6-1
長野県	産業労働部	産業立地・経営支援課	026-235-7193	380-8570	長野市大字南長野字幅下692-2
岐阜県	商工労働部	企業誘致課	058-272-8370	500-8570	岐阜市藪田南2-1-1
静岡県	経済産業部商工業局	企業立地推進課	054-221-3262	420-8601	静岡市葵区追手町9-6
愛知県	産業労働部	産業労働政策課	052-954-6342	460-8501	名古屋市中区三の丸3-1-2
三重県	雇用経済部	企業誘致推進課	059-224-2024	514-8570	津市広明町13番地
滋賀県	商工観光労働部	企業誘致推進室	077-528-3792	520-8577	大津市京町4-1-1
京都府	商工労働観光部	産業立地課	075-414-4848	602-8570	京都市上京区下立売通新町西入薮ノ内町
大阪府	商工労働部	成長産業振興室立地・成長支援課	06-6210-9483	559-8555	大阪市住之江区南港北1-14-16咲洲庁舎25階
兵庫県	産業労働部産業政策労働局	産業立地課	078-362-4154	650-8567	神戸市中央区下山手通5-10-1
奈良県	産業・雇用振興部	企業立地推進課	0742-27-8872	631-8501	奈良市登大路町30
和歌山県	商工観光労働部企業政策局	企業立地課	073-441-2750	640-8585	和歌山市小松原通1-1
鳥取県	商工労働部	立地戦略課	0857-26-8088	680-8570	鳥取市東町1-220
島根県	商工労働部	企業立地課	0852-22-6086	690-8501	松江市殿町1
岡山県	産業労働部	企業誘致・投資促進課	086-226-7374	700-8570	岡山市北区内山下2-4-6
広島県	商工労働局	県内投資促進課	082-513-3376	730-8511	広島市中区基町10-52
山口県	商工労働部	企業立地推進室	083-933-3145	753-8501	山口市滝町1-1
徳島県	商工労働部	企業支援課	088-621-2306	770-8570	徳島市万代町1-1
香川県	商工労働部	企業立地推進課	087-832-3354	760-8570	高松市番町4-1-10
愛媛県	経済労働部	産業政策課	089-912-2474	790-8570	松山市一番町4-4-2
高知県	商工労働部	企業立地課	088-823-9694	780-8570	高知市丸の内1-2-20
福岡県	商工部	企業立地課	092-643-3442	812-8577	福岡市博多区東公園7-7
佐賀県	農林水産商工本部	企業立地課	0952-25-7097	840-8570	佐賀市城内1-1-59
長崎県	産業労働部	企業立地課	095-895-2657	850-8570	長崎市江戸町2-13
熊本県	商工観光労働部	産業支援課	096-333-2319	862-8570	熊本市中央区水前寺6-18-1
大分県	商工労働部	企業立地推進課	097-506-3247	870-8501	大分市府内町3-10-1
宮崎県	商工観光労働部企業立地推進局	企業立地課	0985-26-7573	880-8501	宮崎市橘通東2-10-1
鹿児島県	商工労働水産部	産業立地課	099-286-2985	890-8577	鹿児島市鴨池新町10-1
沖縄県	商工労働部	企業立地推進課	098-866-2770	900-8570	那覇市泉崎1-2-2

都道府県	自治体名	部・室	課・室	電話	郵便番号	所在地
北海道	札幌市	経済局産業振興部	立地促進担当課	011-211-2352	060-8611	札幌市中央区北1条西2丁目
	函館市	経済部	工業振興課	0138-21-3307	040-8666	函館市東雲町4番13号
	小樽市	産業港湾部	企業誘致担当	0134-32-4111	047-8660	小樽市花園2丁目12番1号
	旭川市	経済観光部	企業立地課	0166-26-9115	078-8801	旭川市緑が丘東1条3丁目
	室蘭市	経済部	産業振興課	0143-25-2704	051-8511	室蘭市幸町1番2号
	釧路市	産業振興部	産業推進室	0154-31-4550	085-8505	釧路市黒金町7丁目5
	帯広市	商工観光部	工業労政課	0155-65-4167	080-8670	帯広市西5条南7丁目1
	北見市	商工観光部	産業立地労政課	0157-25-1392	090-0024	北見市北4条東4丁目2
	夕張市		産業課	0123-52-3128	068-0492	夕張市本町4丁目
	岩見沢市	企画財政部	企業立地情報化推進室	0126-23-4111	068-8686	岩見沢市鳩が丘1丁目1番1
	網走市	経済部	商工労働課	0152-44-6111	093-8555	網走市南6条東4丁目1
	留萌市	地域振興部	政策調整課	0164-42-1809	077-8601	留萌市幸町1丁目11
	苫小牧市	産業経済部	企業立地推進室企業立地課	0144-32-6438	053-0018	苫小牧市旭町4丁目5-6
	稚内市	建設産業部	水産商工課	0162-23-6467	097-8686	稚内市中央3丁目13-15
	美唄市	商工交流部	企業立地課	0126-63-0111	072-0026	美唄市西3条南1丁目1-1
	芦別市	経済建設部	商工観光課	01242-2-2111	075-0011	芦別市北1条東1丁目3
	江別市	経済部	企業立地推進室企業立地課	011-381-1087	067-8674	江別市高砂町6
	赤平市		商工労政観光課	0125-32-1841	079-1134	赤平市泉町4丁目1

第4節　届出手続

	紋別市	産業部	参事（産業振興・企業誘致担当）	0158-24-2111	094-8707	紋別市幸町2丁目1番18（号）
	士別市	総務部	企画課	0165-23-3121	095-8686	士別市東6条4丁目1（番地）
	名寄市	経済部	営業戦略室営業戦略課	01654-3-2111	096-8686	名寄市大通南1丁目
	三笠市	企画経済部	商工観光課	01267-2-3997	068-2192	三笠市幸町2
	根室市	水産経済部	商工観光課	0153-23-6111	087-0041	根室市常盤町2丁目27
	千歳市	産業振興部	産業支援室企業振興課	0123-42-0522	066-0009	千歳市柏台南1-3-1千歳アルカディアプラザ3階
	滝川市	経済部	商工観光課	0125-28-8031	073-8686	滝川市大町1丁目2-15
	砂川市	経済部	商工労働観光課	0125-54-2121	073-0195	砂川市西6条北3丁目1-1
	歌志内市		産業課商工観光グループ	0125-42-3215	073-0492	歌志内市字本町5
	深川市	経済・地域振興部	地域振興課	0164-26-2276	074-0002	深川市2条17-17
	富良野市	経済部	商工観光課	0167-39-2312	076-8555	富良野市弥生町1-1
	登別市	観光経済部	商工労政グループ	0143-85-2171	059-8701	登別市中央町6丁目11
	恵庭市	経済部	産業振興課	0123-33-3131	061-1444	恵庭市京町1
	伊達市	経済環境部	商工観光課	0142-23-3331	052-0024	伊達市鹿島町20-1
	北広島市	経済部	企業立地推進室工業振興課	011-372-3311	061-1192	北広島市中央4丁目2-1
	石狩市	企画経済部	商工労働観光課	0133-72-3166	061-3292	石狩市花川北6条1丁目30-2
	北斗市	経済部	水産商工労働課	0138-73-3111	049-0192	北斗市中央1丁目3番10（号）
青森県	青森市	経済部	商工業政策課	017-734-2376	030-8555	青森市中央1丁目22-5
	弘前市	商工振興部	産業育成課	0172-32-8106	036-8551	弘前市大字上白銀町1-1
	八戸市	商工労働部	産業振興課	0178-43-9048	031-8686	八戸市内丸1-1-1
	黒石市	農林商工部	商工観光課	0172-52-2111（内線406）	036-0396	黒石市大字市ノ町11-1
	五所川原市	経済部	商工労政課	0173-35-2111（内線2553、2557）	037-8686	五所川原市字岩木町12
	十和田市	観光商工部	商工労政課	0176-51-6773	034-8615	十和田市西十二番町6-1
	三沢市	経済部	企業立地推進室	0176-53-5111（内線535）	033-8666	三沢市桜町1-1-38
	むつ市	経済部	産業政策課	0175-22-1111（内線2612）	035-8686	むつ市中央1丁目8-1
	つがる市	経済部	地域振興対策室	0173-42-2111（内線418）	038-3192	つがる市木造若緑61-1
	平川市	経済部	商工観光課	0172-44-1111（内線2182）	036-0242	平川市猿賀南田15-1
岩手県	盛岡市	商工観光部	企業立地雇用課	019-651-4111	020-8530	盛岡市内丸12-2
	八幡平市	産業部	商工観光課	0195-76-2111	028-7192	八幡平市大更35-62
	花巻市	商工観光部	企業立地推進室	0198-24-2111	025-8601	花巻市花城町9-80
	北上市	商工部	企業立地課	0197-64-2111	024-8501	北上市芳町1-1
	奥州市	商工観光部	企業振興課	0197-24-2111	023-8501	奥州市水沢区大手町1-1
	一関市	商工労働部	工業課	0191-21-8451	021-8501	一関市竹山町7-2
	大船渡市	商工港湾部	港湾経済課	0192-27-3111	022-8501	大船渡市盛町字宇津野沢15
	陸前高田市	企画部	まちづくり戦略室	0192-54-2111	029-2292	陸前高田市高田町字鳴石42-5
	遠野市	産業振興部	商工観光課	0198-62-2111	028-0522	遠野市新穀町6-1 あすもあ遠野2F
	釜石市	産業振興部	企業立地課	0193-22-2111	026-8686	釜石市只越町3-9-13
	宮古市	産業振興部	産業支援センター	0193-62-2111	027-8501	宮古市新川町2-1
	久慈市	総合政策部	産業開発課	0194-52-2111	028-8030	久慈市川崎町1-1
	二戸市	産業振興部	商工観光流通課	0195-23-7210	028-6103	二戸市石切所字森合68
	滝沢市	経済産業部	企業振興課	019-684-2111	020-0692	滝沢市中鵜飼55
宮城県	仙台市	経済局産業政策部	企業立地課	022-214-8245	980-0803	仙台市青葉区国分町3-6-1 仙台パークビル9階
	石巻市	産業部	商工課	0225-95-1111	986-8501	石巻市穀町14-1
	塩竈市	産業環境部	商工港湾課	022-364-1124	985-0052	塩竈市本町1-1
	気仙沼市	産業部	産業再生戦略課	0226-22-6600	988-8501	気仙沼市八日町1-1-1
	白石市	産業部	企業立地推進課	0224-22-1327	989-0292	白石市大手町1-1
	名取市	生活経済部	商工観光課	022-384-2111	981-1292	名取市増田字柳田80
	角田市	産業建設部	商工観光課	0224-63-2120	981-1592	角田市角田字大坊41
	多賀城市	市民経済部	商工観光課	022-368-1141	985-8531	多賀城市中央2-1-1
	岩沼市	市民経済部	産業立地推進室	0223-22-1111	989-2480	岩沼市桜1-6-20
	登米市	産業経済部	新産業対策室	0220-34-2706	987-0602	宮城県登米市中田町上沼字西桜場18
	栗原市	産業経済部	産業戦略課	0228-22-1220	987-2293	栗原市築館薬師1-7-1
	東松島市	産業部	商工観光課	0225-82-1111	981-0303	宮城県東松島市小野字新宮前5
	大崎市	産業経済部	商工振興課	0229-23-7091	989-6188	大崎市古川七日町1-1
秋田県	秋田市	産業部	商工労働課	018-866-8918	010-8560	秋田市山王1-1-1
	能代市	環境産業部	商工港湾課企業立地・港湾振興室	0185-89-2187	016-8501	能代市上町1-3
	横手市	産業経済部	商工労働課	0182-32-2115	013-8502	横手市旭川1丁目3-41 秋田県平鹿地域振興局庁舎
	大館市	産業部	商工課	0186-43-7071	017-8555	大館市字中城20
	男鹿市	産業建設部	観光商工課	0185-24-9143	010-0595	男鹿市船川港船川字泉台66-1
	湯沢市	産業振興部	まるごと売る課	0183-73-2111	012-8501	湯沢市佐竹町1-1
	鹿角市	産業部	産業振興課	0186-30-0249	018-5292	鹿角市花輪字荒田4-1
	由利本荘市	商工観光部	産業振興課	0184-24-6373	015-8501	由利本荘市尾崎17
	潟上市	産業建設部	産業課	018-855-5120	018-1401	潟上市昭和大久保字堤の上1-3
	大仙市	農林商工部	企業対策課	0187-63-1111	014-8601	大仙市大曲花園町1-1
	北秋田市	産業部	商工観光課	0186-72-3112	018-4392	北秋田市米内沢字七曲23 森吉庁舎
	にかほ市	産業建設部	商工課	0184-38-4304	018-0311	にかほ市金浦字花潟93-1
	仙北市	観光商工部	商工課	0187-43-3351	014-0318	仙北市角館町中町36 角館中町庁舎

Ⅲ　工場立地法届出書作成要領

都道府県	市	部	課	電話	郵便番号	住所
山形県	山形市	商工観光部	商工課	023-641-1212	990-8540	山形市旅篭町2-3-25
	寒河江市		商工振興課	0237-86-2111	991-8601	寒河江市中央1-9-45
	上山市		商工課	023-672-1111	999-3192	上山市河崎1-1-10
	村山市		商工観光課	0237-55-2111	995-8666	村山市中央1-3-6
	天童市	経済部	産業立地室	023-654-1111	994-8510	天童市老野森1-1-1
	東根市	経済部	商工観光課	0237-42-1111	999-3795	東根市中央1-1-1
	尾花沢市		商工観光課	0237-22-1111	999-4292	尾花沢市若葉町1-1-3
	新庄市		商工観光課企業立地推進室	0233-22-2111	996-8501	新庄市沖の町10-37
	米沢市	産業部	商工課	0238-22-5111	992-8501	米沢市金池5-2-25
	長井市		商工振興課	0238-87-0826	993-8601	長井市ままの上5-1
	南陽市		商工観光ブランド課	0238-40-3211	999-2292	南陽市三間通436-1
	鶴岡市	商工観光部	商工課	0235-25-2111	997-8601	鶴岡市馬場町9-25
	酒田市	商工観光部	商工港湾課	0234-26-5361	998-0044	酒田市中町二丁目5-10
福島県	福島市	商工観光部	企業立地課	024-525-3723	960-8601	福島市五老内町3-1
	会津若松市	観光商工部	企業立地課	0242-39-1255	965-8611	会津若松市東栄町3番46号
	郡山市	産業観光部	産業創出課	024-924-2271	963-8601	郡山市朝日一丁目23番7号
	いわき市	商工観光部	産業・港湾振興課	0246-22-1142	970-8686	いわき市平字梅本21
	白河市	産業部	企業立地課	0248-22-1111	961-8602	白河市八幡小路7番地1
	須賀川市	産業部	商工労政課	0248-88-9142	962-8601	須賀川市八幡町135
	喜多方市	産業部	企業立地・企業支援推進室	0241-24-5247	966-8601	喜多方市字御清水東7244-2
	相馬市	産業部	商工観光課	0244-37-2134	976-8601	相馬市中村字大手先13
	二本松市	産業部	商工課	0243-55-5121	964-8601	二本松市金色403-1
	田村市	産業部	商工課	0247-81-2136	963-4393	田村市船引町船引字馬場川原20
	南相馬市	経済部	商工労政課企業支援係	0244-24-5264	975-8686	南相馬市原町区本町二丁目27番地
	伊達市	産業部	商工観光課	024-577-3175	960-0792	伊達市梁川町青葉町1番地
	本宮市	産業部	商工観光課	0243-33-1111	969-1192	本宮市本宮字万世212番地
茨城県	水戸市	産業経済部	商工課	029-232-9185	310-8610	水戸市中央1-4-1
	日立市	産業経済部	産業立地推進課	0294-22-3111	317-8601	日立市助川町一丁目1-1
	土浦市		商工観光課商工労政係	029-826-1111	300-8686	土浦市下高津一丁目20-35
	古河市	産業部	商工政策課工業労政消費係	0280-92-3111	306-0291	古河市下大野2248
	石岡市	市長直轄組織	企業誘致推進課	0299-23-1111	315-8640	石岡市石岡一丁目1番地1
	結城市	産業経済部	企業立地推進課	0296-34-0452	307-8501	結城市大字結城1447
	龍ケ崎市	市民生活部	商工観光課	0297-60-1536	301-8611	龍ケ崎市3710
	下妻市	市長公室	企画課	0296-43-2111	304-8501	下妻市本城町二丁目22
	常総市	産業労働部	商工観光課	0297-23-9088	303-8501	常総市水海道諏訪町3222-3
	常陸太田市	産業部	商工観光課商工振興・企業誘致係	0294-72-3111	313-8611	常陸太田市金井町3690
	高萩市	経営戦略部	まちづくり観光課・まちづくり商工グループ	0293-23-7316	318-8511	高萩市春日町3-10-16（仮設庁舎）
	北茨城市	環境産業部	商工観光課商工労政係	0293-43-1111	319-1592	北茨城市磯原町磯原1630
	笠間市	都市建設部	まちづくり推進課企業誘致推進室	0296-77-1101	309-1792	笠間市中央三丁目2-1
	取手市	まちづくり振興部	産業振興課産業活性化推進室	0297-74-2141	302-8585	取手市寺田5139
	牛久市	経済部	商工観光課	029-873-2111	300-1292	牛久市中央三丁目15-1
	つくば市	経済部	産業振興課	029-883-1111	305-8555	つくば市苅間2530番地2（研究学園D32街区2画地）
	ひたちなか市	経済部	商工振興課	029-273-0111	312-8501	ひたちなか市東石川2-10-1
	鹿嶋市	企画部	企画課地域振興グループ	0299-82-2911	314-8655	鹿嶋市大字平井1187-1
	潮来市		企業誘致推進室	0299-63-1111	311-2493	潮来市辻626
	守谷市	総務部	企画課	0297-45-2309	302-0198	守谷市大柏950-1
	常陸大宮市	経済建設部	商工観光課企業誘致推進室	0295-52-1111	319-2292	常陸大宮市中富町3135-6
	那珂市	産業部	商工観光課商工観光グループ	029-298-1111	311-0192	那珂市福田1819-5
	筑西市	企画部	企業誘致推進課	0296-24-2111	308-8616	筑西市下中山732-1
	坂東市	企画部	特定事業推進課	0297-35-2121	306-0692	坂東市岩井4365
	稲敷市	市長公室	秘書広聴課政策審議室	029-892-2000	300-0595	稲敷市江戸崎甲3277-1
	かすみがうら市	環境経済部	観光商工課	029-897-1111	315-8512	かすみがうら市上土田461
	桜川市	経済部	商工観光課	0296-58-5111	300-4495	桜川市真壁町飯塚911
	神栖市	生活環境部	環境課	0299-90-1147	314-0192	神栖市溝口4991-5
	行方市	市長公室	企画政策課政策推進グループ	0299-72-0811	311-3892	行方市麻生1561-9
	鉾田市	総務部	企画課	0291-33-2111	311-1592	鉾田市鉾田1444-1
	つくばみらい市	市長公室	政策秘書課	0297-58-2111	300-2395	つくばみらい市福田195
	小美玉市	産業経済部	商工観光課企業誘致係	0299-48-1111	319-0192	小美玉市堅倉835
栃木県	宇都宮市	経済部	商工振興課	028-632-2434	320-8540	宇都宮市旭1-1-5
	足利市	産業観光部	産業振興課	0284-20-2157	326-8601	足利市本城3-2145
	栃木市	産業振興部	商工観光課	0282-21-2732	328-8686	栃木市万町9-25
	佐野市	産業文化部	商工課	0283-61-1192	327-0398	佐野市田沼町974-1
	鹿沼市	経済部	産業振興課産業誘致推進室	0289-63-2266	322-8601	鹿沼市今宮町1688-1
	日光市	産業環境部	商工課	0288-21-5136	321-1292	日光市今市本町1
	小山市	経済部	工業振興課	0285-22-9396	323-8686	小山市中央町1-1-1
	真岡市	産業環境部	商工観光課	0285-83-8134	321-4395	真岡市荒町5191
	大田原市	産業振興部	商工観光課	0287-23-8709	324-0037	大田原市本町1-4-1
	矢板市		商工林業観光課	0287-43-6211	329-2192	矢板市本町5-4

第4節　届出手続

都道府県	市	部	課	電話番号	郵便番号	住所
	那須塩原市	産業観光部	商工観光課	0287-62-7130	325-8501	那須塩原市共墾社108-2
	さくら市	産業経済部	商工観光課	0287-23-8711	329-1492	さくら市喜連川4420-1
	那須烏山市		商工観光課	0287-83-1115	321-0692	那須烏山市中央1-1-1
	下野市	産業振興部	商工観光課	0285-48-2112	329-0493	下野市田中681-1
群馬県	前橋市	産業経済部	産業政策課	027-898-6984	371-8601	前橋市大手町二丁目12番1号
	高崎市	商工観光部	産業政策課	027-321-1255	370-8501	高崎市高松町35-1
	桐生市	産業経済部	産業政策課	0277-46-1111（内線582）	376-8501	桐生市織姫町1-1
	伊勢崎市	経済部	企業誘致課	0270-27-2756	372-8501	伊勢崎市今泉町2-410
	太田市	産業環境部	産業観光課	0276-47-1834	373-8718	太田市浜町2-35
	沼田市	経済部	産業振興課	0278-23-2111（内線3252）	378-8501	沼田市西倉内町780
	館林市	経済部	商工課	0276-72-4111（内線206）	374-8501	館林市城町1-1
	渋川市	商工観光部	商工振興課	0279-22-2596	377-8501	渋川市石原80
	藤岡市	経済部	商工観光課	0274-22-1211（内線2312）	375-8601	藤岡市中栗須327
	富岡市	経済環境部	工業課	0274-89-2120	370-2316	富岡市富岡1344
	安中市	産業部	商工観光課	027-382-1111（内線2621）	379-0292	安中市松井田町新堀245
	みどり市	産業観光部	商工課	0277-76-1938	376-0192	みどり市大間々町大間々1511
埼玉県	さいたま市	経済局 経済部	産業展開推進課	048-829-1349	330-9588	さいたま市浦和区常盤6-4-4
	川越市	産業観光部	産業振興課	049-224-5934	350-8601	川越市元町1-3-1
	熊谷市	産業振興部	産業振興課	048-524-1470	360-8601	熊谷市宮町2-47-1
	川口市	経済部	産業振興課	048-258-1110	332-8601	川口市青木2-1-1
	行田市	環境経済部	商工観光課	048-556-1111	361-8601	行田市本丸2-5
	秩父市	産業観光部	企業支援センター	0494-21-5522	368-0046	秩父市宮側町1-7 秩父地場産センター4階
	所沢市	産業経済部	産業振興課	04-2998-9157	359-8501	所沢市並木1-1-1
	飯能市	産業観光部	産業振興課	042-973-2124	357-8501	飯能市大字双柳1-1
	加須市	経済部	産業雇用課	0480-62-1111	347-8501	加須市大字下三俣290
	本庄市	企画財政部	産業開発室	0495-25-1169	367-8501	本庄市本庄3-5-3
	東松山市	環境産業部	商工観光課	0493-21-1427	355-8601	東松山市松葉町1-1-58
	春日部市	環境経済部	商工観光課	048-736-1111	344-8577	春日部市中央6-2
	狭山市	環境経済部	商工業振興課	04-2953-1111	350-1380	狭山市入間川1-23-5
	羽生市	まちづくり部	まちづくり政策課企業誘致係	048-561-1121	348-8601	羽生市東6-15
	鴻巣市	環境産業部	商工観光課	048-541-1321	365-8601	鴻巣市中央1-1
	深谷市	産業振興部	商工振興課	048-574-6650	366-0822	深谷市仲町20-1
	上尾市	環境経済部	商工課	048-777-4441	362-0042	上尾市谷津2-1-50 上尾市プラザ22
	草加市	自治文化部	産業振興課	048-922-3477	340-8550	草加市高砂1-1-1
	越谷市	環境経済部	産業支援課	048-967-4680	343-0023	越谷市東越谷1-5-6越谷市産業雇用支援センター3F（ステップワークこしがや）
	蕨市	市民生活部	商工生活室	048-433-7750	335-8501	蕨市中央5-14-15
	戸田市	環境経済部	経済産業振興課	048-441-1800	335-8588	戸田市上戸田1-18-1
	入間市	環境経済部	商工課	04-2964-1111	358-8511	入間市豊岡1-16-1
	朝霞市	市民環境部	産業振興課	048-463-1903	351-8501	朝霞市本町1-1-1
	志木市	市民生活部	地域振興課	048-473-1111	353-0002	志木市中宗岡1-1-1
	和光市	市民環境部	産業支援課	048-424-9114	351-0192	和光市広沢1-5
	新座市	経済観光部	経済振興課	048-477-1111（内線1335）	352-8623	新座市野火止1-1-1
	桶川市	市民生活部	産業振興課	048-786-3211	363-8501	桶川市泉1-3-28
	久喜市	環境経済部	商工観光課	0480-22-1111	346-8501	久喜市大字下早見85-3
	北本市	市民経済部	産業観光課	048-594-5530	364-8633	北本市本町1-111
	八潮市	市民活力推進部	商工観光課	048-996-3119	340-8588	八潮市中央1-2-1
	富士見市	まちづくり推進部	産業振興課	049-251-2711	354-8511	富士見市大字鶴馬1800-1
	三郷市	産業振興部	産業振興課	048-930-7721	341-8501	三郷市花和田648-1
	蓮田市	環境経済部	商工課	048-768-3111	349-0193	蓮田市大字黒浜2799-1
	坂戸市	市民生活部	商工労政課	049-283-1331	350-0292	坂戸市千代田1-1-1
	幸手市	建設経済部	商工観光課	0480-43-1111	340-0192	幸手市東4-6-8
	鶴ヶ島市	都市整備部	企業立地推進室	049-271-1111	350-2292	鶴ヶ島市大字三ツ木16-1
	日高市	市民生活部	産業振興課	042-989-2111	350-1292	日高市大字南平沢1020
	吉川市	市民生活部	商工課	048-982-9697	342-8501	吉川市吉川2-1-1
	ふじみ野市	環境経済部	産業振興課	049-262-9023	356-8501	ふじみ野市福岡1-1-1
	白岡市	市民生活部	地域振興課	0480-92-1111	349-0292	白岡市千駄野432
千葉県	千葉市	経済農政局 経済部	経済企画課	043-245-5276	260-8722	千葉市中央区港1-1
	銚子市	産業観光部	観光商工課	0479-24-8932	288-8601	銚子市若宮町1-1
	市川市	経済部	商工課	047-711-1140	272-0021	市川市八幡3-3-2-408
	船橋市	経済部	商工振興課	047-436-2474	273-8501	船橋市湊町2-10-25
	館山市	経済観光部	商工観光課	0470-22-3362	294-0036	館山市館山1564-1
	木更津市	企画部	みなとまち推進課	0438-23-8519	292-8501	木更津市潮見1-1
	松戸市	経済振興部	商工振興課	047-711-6377	271-8588	松戸市根本387-5
	野田市	民生経済部	商工課	04-7125-1111	278-8550	野田市鶴奉7-1
	茂原市	経済環境部	商工観光課企業誘致推進室	0475-20-1528	297-8511	茂原市道表1
	成田市	経済部	商工課	0476-20-1622	286-8585	成田市花崎町760
	佐倉市	産業振興部	産業振興課	043-484-6748	285-8501	佐倉市海隣寺町97
	東金市	建設経済部	産業振興課商工振興係	0475-50-1155	283-8511	東金市東岩崎1-1

Ⅲ　工場立地法届出書作成要領

	市区町村	部	課	電話番号	郵便番号	所在地
	旭市		商工観光課労政工業班	0479-62-5339	289-2595	旭市ニ1920
	習志野市	市民経済部	商工振興課	047-453-7396	275-8601	習志野市鷺沼1-1-1
	柏市	経済産業部	商工振興課	04-7167-1141	277-8505	柏市柏5-10-1
	勝浦市		企画課政策推進係	0470-73-6656	299-5292	勝浦市新官1343-1
	市原市	経済部	商工業振興課	0436-23-9836	290-8501	市原市国分寺台中央1-1-1
	流山市	産業振興部	商工課	04-7150-6085	270-0192	流山市平和台1-1-1
	八千代市	産業活力部	商工振興課	047-483-1151	276-8501	八千代市大和田新田312-5
	我孫子市	環境経済部	企業立地推進課	04-7185-2214	270-1192	我孫子市我孫子1858
	鴨川市		農水商工課	04-7093-7834	296-8601	鴨川市横渚1450
	鎌ケ谷市	市民生活部	商工振興課	047-445-1141	273-0195	鎌ケ谷市新鎌ケ谷2-6-1
	君津市	経済部	経済振興課	0439-56-1327	299-1192	君津市久保2-13-1
	富津市	企画財政部	企画政策課政策係	0439-80-1229	293-8506	富津市下飯野2443
	浦安市	市民経済部	商工観光課商工振興係	047-351-1111	279-8501	浦安市猫実1-1-1
	四街道市	環境経済部	産業振興課商工グループ	043-421-6134	284-8555	四街道市鹿渡無番地
	袖ケ浦市	環境経済部	経済振興課商工観光班	0438-62-3428	299-0292	袖ケ浦市坂戸市場1-1
	八街市	経済環境部	商工課	043-443-1405	289-1192	八街市八街ほ35-29
	印西市	環境経済部	経済政策課	0476-42-5111	270-1396	印西市大森2364-2
	白井市	市民経済部	商工振興課企業誘致推進室	047-497-3516	270-1492	白井市復1123
	富里市	市民経済環境部	産業経済課	0476-93-4942	286-0292	富里市七栄652-1
	南房総市	商工観光部	商工課	0470-33-1092	299-2492	南房総市富浦町青木28
	匝瑳市		産業振興課商工観光室	0479-73-0089	289-2198	匝瑳市八日市場ハ793-2
	香取市	経済環境部	商工観光課	0478-50-1234	287-8501	香取市佐原口2127
	山武市	経済環境部	農商工・観光課	0475-80-1201	289-1392	山武市殿台296
	いすみ市		商工観光課	0470-62-1243	298-8501	いすみ市大原7400-1
	大網白里市		産業振興課	0475-70-0355	299-3237	大網白里市仏島72
東京都	千代田区	区民生活部	区民生活課	03-5211-4185	102-8688	千代田区九段南1-2-1
	中央区	環境土木部	環境推進課	03-3546-5405	104-8404	中央区築地一丁目1番1号
	港区	産業・地域振興支援部	産業振興課	03-3578-2551	105-8511	港区芝公園1丁目5番25号
	新宿区	地域文化部	産業振興課	03-3344-0701	160-0023	新宿区西新宿6丁目8番2号 BIZ 新宿
	文京区	区民部	経済課	03-5803-1173	112-8555	文京区春日1-16-21
	台東区	環境清掃部	環境課	03-5246-1282	110-8615	台東区東上野4丁目5番6号
	墨田区	区民活動推進部環境担当	環境保全課	03-5608-6208	130-8640	墨田区吾妻橋一丁目23番20号
	江東区	環境清掃部	環境保全課	03-3647-6147	135-8383	江東区東陽 4-11-28
	品川区	都市環境事業部	環境課	03-5742-6751	140-8715	品川区広町2-1-36
	目黒区	産業経済部	産業経済・消費生活課	03-3711-1134	153-8573	目黒区上目黒二丁目19番15号
	大田区	環境清掃部	環境保全課	03-5744-1369	144-8621	大田区蒲田五丁目13番14号
	世田谷区	産業政策部	工業・雇用促進課	03-3411-6662	154-0004	世田谷区太子堂2丁目16番7号
	渋谷区	区民部	商工観光課	03-3463-1762	150-8010	渋谷区宇田川町1-1
	中野区	都市政策推進室	産業振興分野	03-3228-8729	164-8501	中野区中野四丁目8番1号
	杉並区		産業振興センター	03-5347-9134	167-0043	杉並区上荻1-2-1インテグラルタワー2階
	豊島区	文化商工部	生活産業課	03-5992-7089	170-0013	豊島区東池袋1-20-15
	北区	地域振興部	産業振興課	03-5390-1234	114-8503	北区王子1-11-1北とぴあ11階
	荒川区	産業経済部	経営支援課	03-3803-2311	116-8501	荒川区荒川二丁目2番3号
	板橋区	産業経済部	産業振興課活性化戦略グループ	03-3579-2193	173-0004	板橋区板橋二丁目65番6号
	練馬区	産業経済部	経済課	03-5984-2672	176-8501	練馬区豊玉北6丁目12番1号
	足立区	産業経済部	産業政策課	03-3880-5182	120-8510	足立区中央本町一丁目17番1号
	葛飾区	環境部	環境課	03-5654-8236	124-8555	葛飾区立石5-13-1
	江戸川区	環境部	環境推進課	03-5662-1995	132-8501	江戸川区中央一丁目4番1号
	八王子市	産業振興部	企業支援課	042-620-7379	192-8501	八王子市元本郷町3-24-1
	立川市	産業文化部	産業振興課	042-528-4317	190-8666	立川市泉町1156番地の9
	武蔵野市	市民部	生活経済課	0422-60-1832	180-8777	武蔵野市緑町2-2-28
	三鷹市	生活環境部	生活経済課	0422-29-9615	181-8555	三鷹市野崎一丁目1番1号
	青梅市	まちづくり経済部	商工観光課	0428-22-1111	198-8701	青梅市東青梅1丁目11番地の1
	府中市	生活環境部	経済観光課	042-335-4142	183-8703	府中市宮西町2丁目24番地
	昭島市		産業活性化室	042-544-5111	196-8511	昭島市田中町1-17-1
	調布市	都市整備部	都市計画課	042-481-7453	182-8511	調布市小島町2-35-1
	町田市	経済観光部	産業観光課	042-724-2129	194-8520	町田市森野2-2-22
	小金井市	環境部	環境政策課	042-387-9860	184-8504	小金井市本町6-6-3
	小平市	市民生活部	産業振興課	042-346-9534	187-8701	小平市小川町2-1333
	日野市	環境共生部	環境保全課	042-585-1111	191-0016	日野市神明一丁目12番地の1
	東村山市	市民部	産業振興課	042-393-5111	189-8501	東村山市本町1丁目2番地3
	国分寺市	市民生活部	経済課	042-325-0111	185-8501	国分寺市戸倉1-6-1
	国立市	生活環境部	産業振興課	042-576-2182	186-8501	国立市富士見台2-47-1
	西東京市	みどり環境部	みどり公園課	042-438-4045	202-8555	西東京市中町一丁目5番1号
	福生市	都市建設部	まちづくり計画課	042-551-1952	197-8501	福生市本町5
	狛江市	環境部	環境政策課	03-3430-1111	201-8585	狛江市和泉本町1-1-5
	東大和市	市民部	産業振興課	042-563-2111	207-8585	東大和市中央3-930
	清瀬市	都市整備部	水と緑の環境課	042-492-5111	204-8511	清瀬市中里5丁目842番地

第4節　届出手続

都道府県	市	部	課	電話	郵便番号	住所
	東久留米市	環境部	環境政策課	042-470-7753	203-8555	東久留米市本町3-3-1
	武蔵村山市	生活環境部	環境課	042-565-1111	208-8501	武蔵村山市本町一丁目1番地の1
	多摩市	市民経済部	経済観光課	042-338-6867	205-8666	多摩市関戸6-12-1
	稲城市	市民部	経済観光課	042-378-2111	206-8601	稲城市東長沼2111番地
	羽村市	産業環境部	環境保全課	042-555-1111	205-8601	羽村市緑ヶ丘5丁目2番地1
	あきる野市	環境経済部	環境政策課	042-595-1110	190-0164	あきる野市五日市411
神奈川県	横浜市	経済局	産業立地調整課	045-671-2590	231-0017	横浜市中区港町1-1
	川崎市	経済労働局 産業振興部	工業振興課	044-200-2333	210-8577	川崎市川崎区宮本町1
	相模原市	環境経済局 経済部	産業・雇用政策課	042-769-9253	252-5277	相模原市中央区中央2-11-5
	横須賀市	経済部	企業誘致・工業振興課	046-822-8288	238-8550	横須賀市小川町11
	平塚市	産業振興部	産業振興課	0463-21-9758	254-8686	平塚市浅間町9-1
	鎌倉市	市民活動部	観光商工課	0467-23-3000（内線2355）	248-8686	鎌倉市御成町18-10
	藤沢市	経済部	産業労働課	0466-50-3530	251-8601	藤沢市朝日町1-1
	小田原市	経済部	産業政策課	0465-33-1513	250-8555	小田原市荻窪300
	茅ヶ崎市	経済部	産業振興課	0467-82-1111（内線2632）	253-8686	茅ヶ崎市茅ヶ崎1-1-1
	逗子市	市民協働部	経済観光課	046-873-1111	249-8686	逗子市逗子5-2-16
	三浦市	経済部	観光商工課	046-882-1111（内線77323）	238-0298	三浦市城山町1-1
	秦野市	環境産業部	商工課	0463-82-9646	257-8501	秦野市桜町1-3-2
	厚木市	産業振興部	産業振興課	046-225-2831	243-8511	厚木市中町3-17-17
	大和市	市民経済部	産業活性課企業活動サポート担当	046-260-5135	242-8601	大和市下鶴間1-1-1
	伊勢原市	経済環境部	商工観光振興課	0463-94-4711（内線2133）	259-1188	伊勢原市田中348
	海老名市	経済環境部	商工課	046-235-4843	243-0492	海老名市勝瀬175-1
	座間市	環境経済部	商工観光課	046-252-7604	252-8566	座間市緑ヶ丘1-1-1
	南足柄市	都市経済部	産業振興課商工観光班	0465-73-8031	250-0192	南足柄市関本440
	綾瀬市	環境経済部	商工振興課企業誘致・工業振興担当	0467-70-5661	252-1192	綾瀬市早川550
新潟県	新潟市	経済部	企業立地課	025-226-1689	951-8550	新潟市中央区学校町通1-602-1
	長岡市	商工部	企業誘致課	0258-39-2298	940-0062	長岡市大手通2 フェニックス大手イースト6F
	上越市	産業観光部	産業立地課	025-526-5111（内線1792）	943-8601	上越市木田1-1-3
	三条市	経済部	商工課	0256-34-5511	955-8686	三条市旭町2-3-1
	柏崎市	産業振興部	工業振興立地課	0257-32-2042	945-1103	柏崎市軽井川5949-2
	新発田市		産業企画課	0254-22-3101	957-0053	新発田市中央町3-7-2
	小千谷市		商工観光課	0258-83-3512	947-8501	小千谷市城内2-7-5
	加茂市		商工観光課	0256-52-0080	959-1392	加茂市幸町2-3-5
	十日町市	産業観光部	産業振興課	025-757-3139	948-8501	十日町市千歳町3-3
	見附市	産業建設部	産業振興課	0258-62-1700（内線227）	954-8686	見附市昭和町2-1-1
	村上市		商工観光課	0254-53-2111（内線354）	958-8501	村上市三之町1-1
	燕市	商工観光部	産業振興課	0256-92-1111	959-0295	燕市吉田西太田1934
	糸魚川市	産業部	商工農林水産課企業支援室	025-552-1511	941-8501	糸魚川市一の宮1-2-5
	妙高市		観光商工課	0255-74-0019	944-8686	妙高市栄町5-1
	五泉市		商工観光課	0250-43-3911	959-1692	五泉市太田1094-1
	佐渡市		産業振興課	0259-63-3791	952-1292	佐渡市千種232
	阿賀野市		商工観光課企業誘致室	0250-62-2510	959-2092	阿賀野市岡山町10-15
	魚沼市		商工観光課商工振興室	025-792-9753	946-8511	魚沼市大沢213-1
	南魚沼市	産業振興部	商工観光課	025-773-6665	949-6696	南魚沼市六日町180-1
	胎内市		総合政策課	0254-43-6113	959-2693	胎内市新和町2-10
富山県	富山市	商工労働部	工業政策課	076-443-2074	930-8510	富山市新桜町7番38号
	高岡市	産業振興部	産業企画課	0766-20-1293	933-8601	高岡市広小路7-50
	魚津市	産業建設部	商工観光課	0765-23-1025	937-8555	魚津市釈迦堂1丁目10番1号
	氷見市	企画振興部	商工・定住・都市のデザイン課	0766-74-8105	935-8686	氷見市丸の内1番1号
	滑川市	産業民生部	商工水産課	076-475-2111	936-8601	滑川市寺家町104番地
	黒部市	産業経済部	商工観光課	0765-54-2111	938-0292	黒部市宇奈月町内山3353番地
	砺波市	商工農林部	商工観光課	0763-33-1111	939-1398	砺波市栄町7番3号
	小矢部市	企画室	商工立地振興課	0766-67-1760	932-8611	小矢部市本町7番1号
	南砺市	産業経済部	企業誘致推進室	0763-23-2017	939-1892	南砺市城端1046番地
	射水市	産業経済部	商工企業立地課	0766-82-1956	934-8555	射水市本町二丁目10番30号
石川県	金沢市	経済局	企業立地課	076-220-2225	920-8577	金沢市広坂1-1-1
	七尾市	産業部	産業振興課	0767-53-8565	926-8611	七尾市袖ヶ江町イ部25
	小松市	経済観光文化部	商工労働課	0761-24-8074	923-8650	小松市小馬出町91
	輪島市	産業部	漆器商工課企業立地推進室	0768-23-1147	928-8525	輪島市二ツ屋町2字29
	珠洲市		産業振興課	0768-82-7775	927-1295	珠洲市上戸町北方1の6の2
	加賀市	地域振興部	企業誘致室	0761-72-7820	922-8622	加賀市大聖寺南町ニ41
	羽咋市		商工観光課	0767-22-1118	925-8501	羽咋市旭町ア200
	かほく市	産業建設部	産業振興課	076-283-7105	929-1195	かほく市宇野気ニ81
	白山市	産業部	企業立地室	076-274-9543	924-8688	白山市倉光2-1
	能美市	産業経済部	商工課企業誘致推進室	0761-58-2255	923-1198	能美市寺井町た35
	野々市市	産業建設部	産業振興課	076-227-6082	921-8510	野々市市三納1-1
福井県	福井市	商工労働部	商工振興課	0776-20-5325	910-8511	福井市大手3-10-1
	敦賀市	産業経済部	商工政策課	0770-22-8122	914-8501	敦賀市中央町2-1-1

III 工場立地法届出書作成要領

	小浜市	産業部	商工観光課	0770-53-9705	917-8585	小浜市大手町6-3
	大野市	産経建設部	商工観光振興課	0779-66-1111	912-8666	大野市天神町1-1
	勝山市	商工観光部	商工振興課	0779-88-1111	911-8501	勝山市元町1-1-1
	鯖江市	産業環境部	商工政策課	0778-53-2231	916-8666	鯖江市西山町13-1
	あわら市	経済産業部	観光商工課	0776-73-8030	919-0692	あわら市市姫3-1-1
	越前市	産業環境部	産業政策課	0778-22-3047	915-8530	越前市府中1-13-7
	坂井市	産業経済部	商工労政業課	0776-50-3153	919-0592	坂井市坂井町下新庄1-1
山梨県	甲府市	産業部	産業振興室商工課	055-237-5695	400-8585	甲府市丸の内1-18-1
	富士吉田市	産業観光部	商工振興課企業・雇用支援室	0555-22-1111	403-8601	富士吉田市下吉田6-1-1
	都留市	産業・建設部	産業観光課	0554-43-1111	402-8501	都留市上谷1-1-1
	山梨市		農林商工課	0553-22-1111	405-8501	山梨市小原西843
	大月市	産業建設部	産業観光課	0554-20-1829	401-0015	大月市大月町花咲1608-19
	韮崎市		商工観光課	0551-22-1111	407-8501	韮崎市水神1-3-1
	南アルプス市	農林商工部	観光商工課	055-282-6294	400-0395	南アルプス市小笠原376
	北杜市	産業観光部	観光・商工課	0551-42-1351	408-0188	北杜市須玉町大豆生田961-1
	甲斐市	建設産業部	商工観光課	055-278-1708	400-0192	甲斐市篠原2610
	笛吹市	産業観光部	商工観光課	055-262-4111	406-8510	笛吹市石和町市部777
	上野原市	建設経済部	経済課	0554-62-3119	409-0192	上野原市上野原3832
	甲州市		産業振興課	0553-32-5092	404-8501	甲州市塩山上於曽1085番地1
	中央市	農政観光部	商工観光課	055-274-8582	400-1594	中央市大鳥居3866
長野県	長野市	商工観光部	企業立地推進室	026-224-6751	380-8512	長野市大字鶴賀緑町1613
	松本市	商工観光部	健康産業・企業立地課	0263-34-8303	390-0874	松本市大手3-8-13 松本市役所大手事務所3階
	上田市	商工観光部	商工課	0268-23-5396	386-8601	上田市大手1-11-16
	岡谷市	経済部	産業振興戦略室	0266-21-7000	394-0028	岡谷市本町1-1-1テクノプラザおかや内
	飯田市	産業経済部	工業課	0265-22-5644	395-0003	飯田市上郷別府3338-8（公財）南信州・飯田産業センター内
	諏訪市	経済部	商工課	0266-52-4141	392-8511	諏訪市高島1-22-30
	須坂市	産業振興部	産業連携開発課	026-248-9033	382-0077	須坂市大字須坂1295-1（シルキービル2階）
	小諸市	産業観光部	商工観光課	0267-22-1700	384-8501	小諸市相生町3-3-3
	伊那市	商工観光部	商工振興課	0265-78-4111	396-8617	伊那市下新田3050
	駒ヶ根市	産業部	商工観光課	0265-83-2111	399-4192	駒ヶ根市赤須町20-1
	中野市	経済部	商工観光課	0269-22-2111	383-8614	中野市三好町1-3-19
	大町市	産業観光部	産業立地戦略室	0261-22-0420	398-8601	大町市大町3887
	飯山市	経済部	商工観光課	0269-62-3111	389-2292	飯山市大字飯山1110-1
	茅野市	産業経済部	商工課	0266-72-2101（内433）	391-8501	茅野市塚原2-6-1
	塩尻市	経済事業部	商工課	0263-52-0280	399-0786	塩尻市大門7番町3-3
	佐久市	経済部	商工振興課	0267-62-3265	385-8501	佐久市中込3056
	千曲市	経済部	企業立地推進室	026-214-3263	387-0011	千曲市大字杭瀬下2-6
	東御市	産業建設部	商工課	0268-67-1034	389-0404	東御市大日向337（北御牧庁舎内）
	安曇野市	商工観光部	商工労政課	0263-82-3131	399-8303	安曇野市穂高6658
岐阜県	岐阜市	商工観光部	企業誘致課	058-265-3989	500-8701	岐阜市今沢町18
	羽島市	経済部	商工観光課	058-392-1111（内2612）	501-6292	羽島市竹鼻町55
	各務原市	産業活力部	商工振興課	058-383-9912	504-8555	各務原市那加桜町1-69
	山県市		産業課	0581-22-6830（内276）	501-2192	山県市高木1000-1
	瑞穂市	都市整備部	商工農政課	058-327-2103	501-0392	瑞穂市宮田300-2 巣南庁舎
	本巣市	産業建設部	産業経済課	058-323-7755	501-0493	本巣市三橋1101-6
	大垣市	経済部	産業振興室	0584-81-4111（内228）	503-8601	大垣市丸の内2-29
	海津市	産業経済部	商工観光課	0584-53-1111	503-0695	海津市海津町高須515
	美濃加茂市	産業振興部	商工振興課	0574-25-2111（内261）	505-8606	美濃加茂市太田町3431-1
	可児市	企画経済部	経済政策課	0574-62-1111（内2312）	509-0292	可児市広見1-1
	関市	経済部	商工課	0575-22-3131（内1252）	501-3894	関市若草通3-1
	美濃市	産業振興部	産業課	0575-33-1122（内263）	501-3792	美濃市1350
	郡上市	商工観光部	商工課	0575-67-1807	501-4297	郡上市八幡町島谷228
	多治見市	経済部	企業誘致課	0572-22-1111（内1352）	507-8703	多治見市日ノ出町2-15
	瑞浪市	経済部	商工課	0572-68-9805	509-6195	瑞浪市上平町1-1
	土岐市	経済環境部	企業立地係	0572-54-1111（内233）	509-5192	土岐市土岐津町土岐口2101
	中津川市	商工観光部	工業振興課	0573-66-1111（内4261）	508-0032	中津川市栄町1-1（にぎわいプラザ4階）
	恵那市	経済部	商工観光課	0573-26-2111（内521）	509-7292	恵那市長島町正家1-1-1
	高山市	商工観光部	企業誘致推進室	0577-35-3354（内2276）	506-8555	高山市花岡町2-18
	飛騨市	企画商工観光部		0577-73-7463（内2174）	509-4292	飛騨市古川町本町2-22
	下呂市	観光商工部	商工課	0576-24-2222（内155）	509-2295	下呂市森960
静岡県	静岡市	経済局商工部	産業振興課	054-354-2407	424-8701	静岡市清水区旭町6番8号
	浜松市	産業部	産業振興課	053-457-2282	430-8652	浜松市中区元城町103-2
	沼津市	産業振興部	商工振興課	055-934-4744	410-8601	沼津市御幸町16-1
	熱海市	観光建設部	観光経済課・産業振興室	0557-86-6204	413-8550	熱海市中央町1-1
	三島市	産業振興部	企業立地推進課	055-983-2715	411-8666	三島市北田町4-47
	富士宮市	産業振興部	商工振興課	0544-22-1154	418-8601	富士宮市弓沢町150
	伊東市	観光経済部	産業課	0557-32-1734	414-8555	伊東市大原二丁目1-1
	島田市	産業観光部	商工課	0547-36-7125	427-8501	島田市中央町1-1

第4節　届出手続

	富士市	産業経済部	産業政策課	0545-55-2906	417-8601	富士市永田町1-100
	磐田市	産業部	産業政策課	0538-37-4904	438-8650	磐田市国府台3-1
	焼津市	水産経済部	産業政策課	054-626-2260	425-8502	焼津市本町2-16-32
	掛川市	環境経済部	商工観光課	0537-21-1149	436-8650	掛川市長谷一丁目1番地の1
	藤枝市	産業振興部	産業集積推進課	054-643-3244	426-8722	藤枝市岡出山1-11-1
	御殿場市	産業部	産業観光課	0550-82-4622	412-8601	御殿場市萩原483
	袋井市	産業環境部	産業振興課 産業立地育成室	0538-44-3155	437-8666	袋井市新屋1-1-1
	下田市		産業振興課	0558-22-3914	415-8501	下田市東本郷1-5-18
	裾野市	産業部	渉外課	055-995-1858	410-1192	裾野市佐野1059
	湖西市	市民経済部	商工観光課	053-576-1215	431-0492	湖西市吉美3268
	伊豆市	観光経済部	産業振興課 商工振興室	0558-72-9910	410-2413	伊豆市小立野24-1
	御前崎市	事業部	商工観光課 企業港湾室	0537-85-1164	437-1692	御前崎市池新田5585
	菊川市	建設経済部	商工観光課	0537-35-0936	439-8650	菊川市堀之内61
	伊豆の国市	市長戦略部	政策戦略課	055-948-1415	410-2292	伊豆の国市長岡340-1
	牧之原市	産業経済部	商工観光課	0548-53-2623	421-0592	牧之原市相良275
愛知県	名古屋市	市民経済局産業部	産業労働課	052-972-2423	460-8508	名古屋市中区三の丸3-1-1
	豊橋市	産業部	産業政策課	0532-51-2440	440-8501	豊橋市今橋町1
	岡崎市	経済振興部	商工労政課	0564-23-6287	444-8601	岡崎市十王町2丁目9
	一宮市	経済部	経済振興課産業基盤整備室	0586-28-8982	491-8501	一宮市本町2丁目5-6
	瀬戸市	交流活力部	産業課	0561-88-2651	489-8701	瀬戸市追分町64－1
	半田市	市民経済部	商工観光課	0569-21-3111	475-8666	半田市東洋町2丁目1
	春日井市	産業部	企業活動支援課	0568-85-6247	486-8686	春日井市鳥居松町5-44
	豊川市	産業部	企業立地推進課	0533-89-2287	442-8601	豊川市諏訪1丁目1
	津島市	生活産業部	産業振興課	0567-24-1111	496-8686	津島市立込町2-21
	碧南市	経済環境部	商工課	0566-41-3311	447-8601	碧南市松本町28
	刈谷市	経済環境部	商工課	0566-62-1016	448-8501	刈谷市東陽町1丁目1
	豊田市	産業部	ものづくり産業振興課	0565-34-6641	471-8501	豊田市西町3丁目60
	安城市	企画部	企画政策課	0566-71-2204	446-8501	安城市桜町18-23
	西尾市	産業部	企業誘致課	0563-65-2158	445-8501	西尾市寄住町下田22
	蒲郡市	企画部	企業立地推進課	0533-66-1211	443-8601	蒲郡市旭町17番1
	犬山市	経済部	商工企業振興課	0568-44-0340	484-8501	犬山市大字犬山字東畑36
	常滑市	環境経済部	企業立地推進室	0569-47-6119	479-8610	常滑市新開町4丁目1
	江南市	生活産業部	産業振興課	0587-54-1111	483-8701	江南市赤童子町大堀90
	小牧市	地域活性化営業部	企業立地推進課	0568-76-1135	485-8650	小牧市堀の内3丁目1
	稲沢市	経済環境部	企業立地推進課	0587-32-1111	492-8269	稲沢市稲府町1
	新城市	産業・立地部	商工・立地課	0536-23-7634	441-1392	新城市字東入船6-1
	東海市	環境経済部	商工労政課	052-603-2211	476-8601	東海市中央町1丁目1
	大府市	産業振興部	商工労政課	0562-45-6227	474-8701	大府市中央町5丁目70
	知多市	産業経済部	企業立地課	0562-33-3151	478-8601	知多市緑町1
	知立市	企画部	企画政策課	0566-95-0114	472-8666	知立市広見3丁目1
	尾張旭市	市民生活部	産業課	0561-76-8132	488-8666	尾張旭市東大道町原田2600-1
	高浜市	都市政策部	企業支援グループ	0566-52-1111	444-1398	高浜市青木町4丁目1-2
	岩倉市	建設部	商工農政課	0587-38-5812	482-8686	岩倉市栄町1丁目66
	豊明市	経済建設部	産業振興課	0562-92-8312	470-1195	豊明市新田町子持松1-1
	日進市	建設経済部	産業振興課	0561-73-2196	470-0192	日進市蟹甲町池下268
	田原市	政策推進部	企業立地推進室	0531-23-3549	441-3492	田原市田原町南番場30-1
	愛西市	経済建設部	企業誘致対策課	0567-28-7278	496-8633	愛西市石田町宮東68
	清須市	市民環境部	産業課	052-400-2911	452-8569	清須市須ケ口1238
	北名古屋市	建設部	企業対策課	0568-22-1111	481-8501	北名古屋市熊之庄御榊60
	弥富市	開発部	商工観光課	0567-65-1111	498-8501	弥富市前ケ須町南本田335
	みよし市	環境経済部	産業課	0561-32-8015	470-0295	みよし市三好町小坂50
	あま市	建設産業部	産業振興課	052-441-7114	497-8522	あま市七宝町桂城之堀1
	長久手市	くらし文化部	産業緑地課	0561-63-1111	480-1196	長久手市岩作城の内60-1
三重県	津市	商工観光部	工業振興課	059-244-1760	510-0392	津市河芸町浜田808　津市河芸庁舎
	四日市市	商工農水部	工業振興課	059-354-8178	510-8601	四日市市諏訪町1-5
	伊勢市	産業観光部	産業支援課	0596-21-5633	516-8601	伊勢市岩渕1-7-29
	松阪市	産業経済部	企業連携誘致推進室	0598-53-4366	515-8515	松阪市殿町1340-1
	桑名市	経済環境部	商工課	0594-24-1199	511-8601	桑名市中央町2-37
	鈴鹿市	産業振興部	産業政策課	059-382-9045	513-8701	鈴鹿市神戸1-18-18
	名張市	産業部	商工経済室	0595-63-7824	518-0492	名張市鴻之台1番町1番地
	尾鷲市		水産商工食のまち課	0597-23-8215	519-3696	尾鷲市中央町10-43
	亀山市	環境産業部	商工業振興室	0595-84-5049	519-0195	亀山市本丸町577
	鳥羽市		農水商工課	0599-25-1156	517-0011	鳥羽市鳥羽三丁目1番1号
	熊野市		水産・商工振興課	0597-89-4111（内線472）	519-4392	熊野市井戸町796
	いなべ市	都市整備部	都市整備課	0594-74-5812	511-0293	いなべ市員弁町笠田新田111
	志摩市	企画部	まちづくり課	0599-44-0208	517-0592	志摩市阿児町鵜方3098-22
	伊賀市	産業振興部	商工労働課	0595-22-9669	518-0869	伊賀市上野中町2976-1
滋賀県	大津市	産業観光部	商工労働政策課	077-528-2755	520-8575	大津市御陵町3-1

III 工場立地法届出書作成要領

	市町村	部局	課	電話番号	郵便番号	住所
	草津市	環境経済部	産業労政課	077-561-2352	525-8588	草津市草津三丁目13番30号
	守山市	都市経済部都市活性化局	商工観光課	077-582-1131	524-8585	守山市吉身二丁目5番22号
	栗東市	環境経済部	経済振興労政課	077-551-0236	520-3088	栗東市安養寺一丁目13番33号
	野洲市	環境経済部	商工観光課	077-587-6008	520-2395	野洲市小篠原2100番地1
	湖南市	建設経済部	商工観光労政課	0748-71-2332	520-3288	湖南市中央一丁目1番地
	甲賀市	産業経済部	商工政策課	0748-65-0709	528-8502	甲賀市水口町水口6053番地
	近江八幡市	都市産業部	産業振興課	0748-36-5517	523-8501	近江八幡市桜宮町236番地
	東近江市	企画部	企業立地政策課	0748-24-5618	527-8527	東近江市八日市緑町10番5号
	彦根市	産業部	商工課	0749-30-6119	522-8501	彦根市元町4番2号
	長浜市	産業経済部	商工振興課	0749-65-8766	526-8501	長浜市高田町12番34号
	米原市	政策推進部	都市振興課	0749-52-6784	521-8501	米原市下多良3-3
	高島市	商工観光部	商工振興課	0740-25-8514	520-1592	高島市新旭町北畑565番地
京都府	京都市	産業観光局	産業振興室	075-222-3324	604-8571	京都市中京区寺町通御池上ル上本能寺前町488
	福知山市	農林商工部	産業立地課	0773-24-7077	620-8501	福知山市字内記13-1
	舞鶴市	産業振興部	企業立地・雇用促進課	0773-66-1021	625-8555	舞鶴市字北吸小字糸1044
	綾部市	農林商工部	商工労政課	0773-42-3280	623-8501	綾部市若竹町8-1
	宇治市	市民環境部	産業推進課	0774-39-9444	611-0033	宇治市大久保町西ノ端1-25宇治市産業振興センター内
	宮津市		自立循環型経済社会推進室	0772-45-1608	626-8501	宮津市字柳縄手345-1
	亀岡市	産業観光部	ものづくり産業課	0771-25-5033	621-8501	亀岡市安町野々神8
	城陽市	市民経済部	商工観光課	0774-56-4018	610-0195	城陽市寺田東ノ口16、17
	向日市	建設産業部	産業振興課	075-931-1111	617-8665	向日市寺戸町中野20
	長岡京市	環境経済部	商工観光課	075-955-9688	617-8501	長岡京市開田1-1-1
	八幡市	環境経済部	商工観光課	075-983-2859	614-8501	八幡市八幡園内75
	京田辺市	経済環境部	産業振興課	0774-64-1364	610-0393	京田辺市田辺80
	京丹後市	商工観光部	商工振興課	0772-69-0440	629-3101	京丹後市網野町網野353-1
	南丹市	農林商工部	商工観光課	0771-68-0050	622-8651	南丹市園部町小桜町47
	木津川市	生活環境部	観光商工課	0774-75-1216	619-0286	木津川市木津南垣外110-9
大阪府	大阪市	経済局 産業振興部	産業振興課	06-6615-3771	559-0034	大阪市住之江区南港北2-1-10 ATCビルO's棟南館4階
	堺市	産業振興局商工労働部	ものづくり支援課	072-228-7534	590-0078	堺市堺区南瓦町3-1
	岸和田市	産業振興部	産業政策課	072-423-2121	596-8510	岸和田市岸城町7-1
	豊中市	環境部	環境政策室	06-6858-2107	561-8501	豊中市中桜塚3-1-1
	池田市	市民生活部	地域活性課	072-754-6241	563-8666	池田市城南1-1-1
	吹田市	まち産業活性部	地域経済振興室	06-6384-1356	564-8550	吹田市泉町1-3-40
	泉大津市	総合政策部	地域経済課	0725-51-7651	595-0062	泉大津市田中町10-7 泉大津商工会議所2階
	高槻市	産業環境部	産業振興課	072-674-7411	569-0067	高槻市桃園町2-1 高槻市総合センター9階
	貝塚市	都市整備部	商工観光課	072-433-7195	597-8585	貝塚市畠中1-17-1
	守口市	市民生活部	産業振興課	06-6992-1490	570-8666	守口市京阪本通2-2-5 2号別館2階
	枚方市	地域振興部	産業振興課	050-7102-3209	573-8666	枚方市岡東町12-3-410（京阪枚方市駅舞サンプラザ1号館4階）
	茨木市	産業環境部	商工労政課	072-622-8121	567-8505	茨木市駅前3-8-13
	八尾市	経済環境部	産業政策課ものづくり支援室	072-924-3964	581-0006	八尾市清水町1-1-6 八尾商工会議所会館1階
	泉佐野市	生活産業部	まちの活性課	072-469-3131	598-0007	泉佐野市上町3-11-48
	富田林市	産業環境部	商工観光課	0721-25-1000	584-8511	富田林市常盤町1-1
	寝屋川市	市民生活部	産業振興室	072-828-0751	572-0042	寝屋川市東大利町2-14
	河内長野市	産業経済部	産業政策課	0721-53-1111	586-8501	河内長野市原町1-1-1
	松原市	市民生活部	産業振興課	072-337-3112	580-8501	松原市阿保1-1-1 松原市役所6階
	大東市	市民生活部	産業労働課	072-870-4013	574-8555	大東市谷川1-1-1
	和泉市	環境産業部	商工労働室商工推進担当	0725-99-8123	594-8501	和泉市府中町2-7-5
	箕面市	地域創造部	商工観光課	072-724-6727	562-0003	箕面市西小路4-6-1
	柏原市	経済環境部	商工観光課	072-972-1554	582-8555	柏原市安堂町1-55
	羽曳野市	生活環境部	産業振興課	072-958-1111	583-8585	羽曳野市誉田4-1-1 本庁2階
	門真市	市民生活部	産業振興課	06-6902-5966	571-8585	門真市中町1-1
	摂津市	生活環境部	産業振興課	06-6383-1362	566-8555	摂津市三島1-1-1
	高石市	政策推進部	経済課	072-265-1001	592-8585	高石市加茂4-1-1
	藤井寺市	市民生活部	商工観光課	072-939-1337	583-8583	藤井寺市岡1-1-1 藤井寺市役所6階
	東大阪市	経済部	モノづくり支援室	06-4309-3177	577-8521	東大阪市荒本北1-1-1 市役所総合庁舎12階
	泉南市	市民生活環境部	産業振興課	072-483-8191	590-0592	泉南市樽井1-1-1
	四條畷市	市民生活部	産業観光振興課	072-877-2121	575-8501	四條畷市中野本町1-1
	交野市	地域社会部	みんなの活力課	072-892-0121	576-8501	交野市私部1-1-1
	大阪狭山市	市民部	農政商工グループ	072-366-0011	589-8501	大阪狭山市狭山1-2384-1
	阪南市	市民部	商工労政観光課	072-471-5678	599-0292	阪南市尾崎町35-1
兵庫県	神戸市	産業振興局 経済部	工業課	078-322-5333	650-8570	神戸市中央区加納町6-5-1
	尼崎市	経済環境局経済部	産業立地課	06-6489-6454	660-8501	尼崎市東七松町1-23-1
	西宮市	産業環境局産業部	産業振興課	0798-35-3151	662-8567	西宮市六湛寺町10-3
	芦屋市	市民生活部	経済課	0797-38-2033	659-8501	芦屋市精道町7-6
	伊丹市	都市活力部	産業振興室商工労働課	072-784-8047	664-8503	伊丹市千僧1-1
	宝塚市	産業文化部	産業振興室商工勤労課	0797-77-2011	665-8665	宝塚市東洋町1-1
	川西市	市民生活部	生活活性室産業振興課	072-740-1111	666-8501	川西市中央町12-1
	三田市	経済環境部	商工観光振興課	079-559-5085	669-1595	三田市三輪2-1-1

第 4 節　届出手続

	明石市	産業振興部	商工労政課	078-918-5098	673-8686	明石市中崎1-5-1
	加古川市	地域振興部	商工労政課	079-427-9756	675-8501	加古川市加古川町北在家2000
	高砂市	生活環境部	産業振興課	079-443-9030	676-8501	高砂市荒井町千鳥1-1-1
	西脇市	建設経済部	商工労政課	0795-22-3111	677-8511	西脇市郷瀬町605
	三木市	産業環境部	商工課	0794-89-2352	673-0492	三木市上の丸町10-30
	小野市	地域振興部	産業課	0794-63-1982	675-1380	小野市王子町806-1
	加西市	地域振興部	商工観光課	0790-42-8715	675-2395	加西市北条町横尾1000
	加東市	地域整備部	地域振興課	0795-47-1304	673-1395	加東市天神125（東条庁舎）
	姫路市	農政経済局商工部	企業立地推進課	079-221-2515	670-8501	姫路市安田4-1
	相生市	企画総務部	企画広報課	0791-23-7111	678-8585	相生市旭1-1-3
	たつの市	産業部	商工観光課	0791-64-3156	679-4192	たつの市龍野町富永1005-1
	赤穂市	市町公室	企画広報課企業立地担当	0791-43-7138	678-0292	赤穂市加里屋81
	宍粟市	産業部	商工労政室	0790-63-3068	671-2593	宍粟市山崎町中広瀬133-6
	豊岡市	経済部	企業誘致課	0796-21-9002	668-8666	豊岡市中央町2-4
	養父市	産業経済部	商工観光課	079-664-0285	667-0198	養父市広谷250-1
	朝来市	産業経済部	経済振興課	079-672-2816	669-5201	朝来市和田山町和田山372-1
	篠山市	政策室	企業振興課	079-552-5796	669-2397	篠山市北新町41
	丹波市	産業経済部	新産業創造課	0795-74-1464	669-4192	丹波市春日町黒井811（春日庁舎）
	洲本市	企画情報部	企業立地対策課	0799-22-3321	656-8686	洲本市本町3-4-10
	南あわじ市	産業振興部	商工観光課	0799-43-5001	656-0393	南あわじ市湊90-1
	淡路市	企画部	まちづくり対策課	0799-64-2522	656-2292	淡路市生穂新島8
奈良県	奈良市	観光経済部	商工労政課	0742-34-4741	630-8580	奈良市二条大路南一丁目1-1
	大和高田市	市民部	産業振興課	0745-22-1101	635-8511	大和高田市大字中100-1
	大和郡山市	産業振興部	地域振興課商工支援室	0743-53-1151	639-1198	大和郡山市北郡山町248-4
	天理市	環境経済部	産業振興課産業競争力強化室	0743-63-1001	632-8555	天理市川原城町605
	橿原市	市民文化部	産業振興課	0744-21-1213	634-8586	橿原市八木町1-1-18
	桜井市	まちづくり部	商工振興課	0744-42-9111	633-8585	桜井市大字粟殿432-1
	五條市	産業環境部	企業観光戦略課	0747-22-4001	637-8501	五條市本町1-1-1
	御所市	企画部	商工観光課	0745-62-3001	639-2298	御所市1-3
	生駒市	環境経済部	経済振興課	0743-74-1111	630-0288	生駒市東新町8-38
	香芝市	市民環境部地域振興局	商工振興課	0745-76-2001	639-0292	香芝市本町1397
	葛城市	産業観光部	商工振興課	0745-48-2811	639-2195	葛城市柿本166
	宇陀市	農林商工部	産業企画課	0745-82-8000	633-0292	宇陀市榛原下井足17-3
	川西町	総務部	まちづくり推進課	0745-44-2213	636-0202	磯城郡川西町結崎28-1
和歌山県	和歌山市	まちづくり局まちおこし部	企業立地課	073-435-1050	640-8511	和歌山市七番丁23
	海南市	まちづくり部	産業振興課	073-483-8460	642-8501	海南市日方1525-6
	橋本市	企画部	企業誘致室	0736-33-1211	648-8585	橋本市東家1-1-1
	有田市	市長公室	経営企画課	0737-83-1111	649-0392	有田市箕島50
	御坊市	総務部	企画課	0738-23-5518	644-8686	御坊市薗350
	田辺市	産業部	商工振興課	0739-26-9970	646-8545	田辺市新屋敷町1
	新宮市	経済観光部	企業誘致対策課	0735-23-3333	647-8555	新宮市春日1-1
	紀の川市	企画部	企業立地推進課	0736-77-2511	649-6492	紀の川市西大井338
	岩出市	事業部	農林経済課	0736-62-2141	649-6292	岩出市西野209
鳥取県	鳥取市	経済観光部	企業立地・支援課	0857-20-3225	680-8571	鳥取市尚徳町116
	倉吉市	産業環境部	商工課	0858-22-8129	682-0823	倉吉市東町435-1
	米子市	経済部	商工課	0859-23-5219	683-8686	米子市東町161-2
	境港市	産業部	商工農政課	0859-47-1122	684-8501	境港市上道町3000
島根県	松江市	産業観光部	定住企業立地推進課	0852-55-5216	690-8540	松江市末次町86
	浜田市	産業経済部	産業政策課	0855-25-9501	697-8501	浜田市殿町1
	出雲市	産業観光部	産業振興課	0853-21-6305	693-8530	出雲市今市町70
	益田市	産業経済部	産業支援センター	0856-31-0341	698-8650	益田市常盤町1-1
	大田市	産業振興部	産業企画課	0854-82-1600	694-0064	大田市大田町大田ロ1111
	安来市	産業振興部	商工観光課	0854-23-3348	692-0207	安来市伯太町東母里580
	江津市	産業振興部	商工観光課	0855-52-2501	695-8501	江津市江津町1525
	雲南市	産業振興部	産業推進課	0854-40-1052	699-1334	雲南市木次町新市426-7
岡山県	岡山市	経済局	産業振興・雇用推進課	086-803-1329	700-8544	岡山市北区大供1-1-1
	倉敷市	文化産業局商工労働部	商工課	086-426-3408	710-8565	倉敷市西中新田640
	津山市	産業経済部	企業立地課	0868-32-2083	708-8501	津山市山北520
	玉野市	産業振興部	商工課	0863-33-5005	706-8510	玉野市宇野1-27-1
	笠岡市	経済産業部	経済観光活性課	0865-69-2147	714-8601	笠岡市中央町1-1
	井原市	建設経済部	商工観光課	0866-62-8850	715-8601	井原市井原町311-1
	総社市	産業部	企業誘致対策室	0866-92-8279	719-1192	総社市中央1-1-1
	高梁市	産業経済部	産業振興課	0866-21-0229	716-8585	高梁市落合町近似286-1
	新見市	産業部	商工観光課	0867-72-6137	718-8501	新見市新見310-3
	備前市	まちづくり部	まち営業課	0869-64-1848	705-8602	備前市東片上126
	瀬戸内市	産業建設部	企業立地課	0869-22-1284	701-4292	瀬戸内市邑久町尾張300-1
	赤磐市	産業振興部	商工観光課	086-955-2037	709-0898	赤磐市下市344
	真庭市	産業観光部	商工観光課	0867-42-1033	719-3292	真庭市久世2927-2

Ⅲ　工場立地法届出書作成要領

都道府県	市町村	部	課	電話	郵便番号	住所
	美作市	田園観光部	企業誘致課	0868-72-6695	707-8501	美作市栄町38-2
	浅口市	産業建設部	工業団地推進室	0865-44-9018	719-0295	浅口市鴨方町六条院中3050
広島県	広島市	経済観光局産業振興部	産業立地推進課	082-504-2241	730-8586	広島市中区国泰寺町1-6-34
	呉市	産業部	商工振興課	0823-25-3152	737-8509	呉市中央6丁目2-9
	江田島市	産業部	商工観光課	0823-40-2771	737-2111	江田島市能美町中町4859-9
	竹原市	建設産業部	産業振興課	0846-22-7745	725-8666	竹原市中央五丁目1番35号
	尾道市	建設部	商工課	0848-38-9182	722-8501	尾道市久保一丁目15番1号
	府中市	まちづくり部	産業活性課	0847-43-7190	726-8601	府中市府川町315
	安芸高田市	産業振興部	商工観光課	0826-47-4024	731-0501	安芸高田市吉田町吉田791
	東広島市	産業部	産業振興課企業立地推進室	082-420-0921	739-8601	東広島市西条栄町8-29
	大竹市	総務部	産業振興課	0827-59-2131	739-0692	大竹市小方一丁目11番1号
	庄原市		商工観光課	0824-73-1178	727-8501	庄原市中本町一丁目10-1
	廿日市市	環境産業部	商工労政課	0829-30-9140	738-8501	廿日市市下平良一丁目11番1号
	福山市	経済環境局経済部	企業誘致推進課	084-928-1124	720-8501	福山市東桜町3番5号
	三原市	経済部	商工振興課	0848-67-6013	723-8601	三原市港町三丁目5-1
	三次市	産業部	商工振興課	0824-62-6171	728-0013	三次市十日市東三丁目14-25
	神石高原町		まちづくり推進課 未来戦略室	0847-89-3332	720-1522	神石高原町小畠2025
山口県	下関市	産業振興部	産業立地・就業支援課	083-231-1357	750-0009	下関市上田中町1-16-3
	宇部市	産業振興部	商工振興課	0836-34-8358	755-8601	宇部市常盤町1-7-1
	山口市	経済産業部	産業立地推進室	083-934-2813	753-8650	山口市亀山町2-1
	萩市	商工観光部	商工振興・企業誘致推進課	0838-25-3811	758-8555	萩市江向510
	防府市	産業振興部	商工振興課・企業立地推進室	0835-25-2278	747-8501	防府市寿町7-1
	下松市	経済部	産業観光課	0833-45-1841	744-8585	下松市大手町3-3-3
	岩国市	産業振興部	商工振興課	0827-29-5110	740-8585	岩国市今津町1-14-51
	光市	経済部	商工観光課	0833-72-1400	743-8501	光市中央6-1-1
	長門市	経済観光部	商工水産課	0837-23-1136	759-4192	長門市東深川1339-2
	柳井市	経済部	企業立地・雇用創生推進室	0820-22-2111	742-8714	柳井市南町1-10-2
	美祢市	建設経済部	商工労働課	0837-52-5223	759-2292	美祢市大嶺町東分326-1
	周南市	経済産業部	商工振興課	0834-22-8373	745-0045	周南市徳山港町1-1
	山陽小野田市	産業振興部	企業立地推進室	0836-82-1156	756-8601	山陽小野田市日の出1-1-1
徳島県	徳島市	経済部	経済政策課	088-621-5225	770-8571	徳島市幸町2-5
	鳴門市	経済建設部経済局	商工政策課	088-684-1158	772-8501	鳴門市撫養町南浜字東浜170
	小松島市	産業建設部	産業振興課	0885-32-3809	773-8501	小松島市横須町1-1
	阿南市	産業部	企業振興課	0884-22-3401	774-8501	阿南市富岡町トノ町12-3
	吉野川市	産業経済部	商工観光課	0883-22-2226	776-8611	吉野川市鴨島町鴨島115-1
	阿波市	産業経済部	商工観光課	0883-35-7875	771-1792	阿波市阿波町東原173
	美馬市	経済部	商工観光課	0883-52-2644	777-8577	美馬市穴吹町穴吹字九反地5
	三好市	産業観光部	商工政策課	0883-72-7645	778-0002	三好市池田町マチ2145番地1
香川県	高松市	創造都市推進局産業経済部	産業振興課	087-839-2411	760-8571	高松市番町1-8-15
	丸亀市	産業文化部	産業振興課	0877-24-8844	763-8501	丸亀市大手町2-3-1
	坂出市	総務部	政策課企業立地推進室	0877-44-5001	762-8601	坂出市室町2-3-5
	善通寺市	建設農林部	商工観光課	0877-63-6315	765-8503	善通寺市文京町2-1-1
	観音寺市	建設部	都市整備課	0875-23-3918	768-8601	観音寺市坂本町一丁目1-1
	さぬき市	建設経済部	商工観光課	087-894-1114	769-2195	さぬき市志度5385-8
	東かがわ市	事業部	商工観光室	0879-33-2750	769-2992	東かがわ市引田513-1
	三豊市	政策部	産業政策課	0875-73-3013	767-8585	三豊市高瀬町下勝間2373-1
愛媛県	松山市	産業経済部	地域経済課	089-948-6549	790-8571	松山市二番町4-7-2
	今治市	産業部	新都市調整課	0898-36-1554	794-8511	今治市別宮町1-4-1
	宇和島市	産業経済部	産業未来創造室	0895-49-7023	798-8601	宇和島市曙町1
	八幡浜市	産業建設部	商工観光課	0894-22-3111	796-8501	八幡浜市北浜1-1-1
	新居浜市	経済部	産業振興課	0897-65-1260	792-8585	新居浜市一宮町1-5-1
	西条市	産業経済部	商工労政課	0897-52-1220	793-8601	西条市明屋敷164
	大洲市	産業経済部	商工産業課	0893-24-1722	795-8601	大洲市大洲690-1
	伊予市	産業建設部	経済雇用戦略課	089-982-1111	799-3193	伊予市米湊820
	四国中央市	産業活力部	産業支援課	0896-28-6186	799-0192	四国中央市金生町下分865番地
	西予市	産業建設部	経済振興課	0894-62-6429	797-8501	西予市宇和町卯之町3-434-1
	東温市	産業建設部	産業創出課	089-964-4414	791-0292	東温市見奈良530-1
高知県	高知市	商工観光部	工業振興課	088-823-9375	780-0862	高知市鷹匠町2-1-36
	室戸市		商工観光深層水課	0887-22-5134	781-7185	室戸市浮津25-1
	安芸市		企画調整課	0887-35-1012	784-8501	安芸市矢ノ丸1-4-40
	南国市		商工観光課	088-880-6560	783-8501	南国市大埇甲2301
	土佐市		産業経済課	088-852-7679	781-1192	土佐市高岡町甲2017-1
	須崎市		企画課	0889-42-5691	785-8601	須崎市山手町1-7
	宿毛市		企画課	0880-63-1118	788-8686	宿毛市桜町2-1
	土佐清水市		産業振興課	0880-82-1115	787-0392	土佐清水市天神町11-2
	四万十市		商工課	0880-34-1126	787-8501	四万十市中村大橋通4-10
	香南市		商工水産課	0887-55-3121	781-5241	香南市吉川町吉原95
	香美市		産業振興課	0887-53-1062	782-8501	香美市土佐山田町宝町1-2-1

第4節　届出手続

福岡県	北九州市	産業経済局企業立地支援部	企業立地支援課	093-582-2065	803-8501	北九州市小倉北区城内1-1
	福岡市	経済観光文化局産業振興部	経営支援課	092-441-1232	812-0011	福岡市博多区博多駅前2丁目9-28　福岡商工会議所ビル2F
	大牟田市	産業経済部	産業振興課	0944-41-2752	836-8666	大牟田市有明町2-3
	久留米市	商工観光労働部	企業誘致推進課	0942-30-9135	830-8520	久留米市城南町15-3
	直方市	産業建設部	商工観光課	0949-25-2155	822-8501	直方市殿町7-1
	飯塚市	経済部	産学振興課	0948-22-5518	820-8501	飯塚市新立岩5-5
	田川市	産業振興部	企業・雇用対策課、企業誘致育成係	0947-44-2000（内線307）	825-8501	田川市中央町1-1
	柳川市	産業経済部	商工振興課	0944-77-8762	839-0293	柳川市大和町鷹ノ尾120
	八女市	建設経済部	商工振興課	0943-23-1153	834-8585	八女市大字本町647
	筑後市	建設経済部	商工観光課	0942-65-7024	833-8601	筑後市大字山ノ井898
	大川市		おおかわセールス課	0944-85-5570	831-8601	大川市大字酒見256-1
	行橋市	産業振興部	企業立地課	0930-25-9766	824-8601	行橋市中央1-1-1
	豊前市		まちづくり課	0979-82-1111（内線1263）	828-8501	豊前市大字吉木955
	中間市	建設産業部	産業振興課	093-246-6235	809-8501	中間市中間1-1-1
	小郡市	環境経済部	商工・企業立地課	0942-72-2111（内線143）	838-0198	小郡市小郡255-1
	筑紫野市	環境経済部	商工観光課	092-923-1111（内線357）	818-8686	筑紫野市二日市西1-1-1
	春日市	地域生活部	地域づくり課	092-584-1117	816-8501	春日市原町3-1-5
	大野城市	建設部	都市計画課	092-580-1867	816-8510	大野城市曙町2-2-1
	宗像市	産業振興部	商工観光課	0940-36-0037	811-3492	宗像市東郷1-1-1
	太宰府市	建設経済部	観光経済課	092-921-2121（内線438）	818-0198	太宰府市観世音寺1-1-1
	古賀市	建設産業部	商工政策課	092-942-1176	811-3192	古賀市駅東1-1-1
	福津市	都市整備部	都市計画課	0940-52-4956	811-3304	福津市津屋崎1-7-1
	うきは市		企画課	0943-75-4984	839-1393	うきは市吉井町新治316
	宮若市	産業建設部	産業観光課	0949-32-0519	823-0011	宮若市宮田29-1
	嘉麻市	産業建設部	都市計画課	0948-42-7042	820-0292	嘉麻市岩崎1143-3
	朝倉市	農林商工部	商工観光課	0946-52-1428	838-8601	朝倉市菩提寺412-2
	みやま市	環境経済部	企業誘致推進室	0944-64-1543	835-8601	みやま市瀬高町小川5
	糸島市	経済振興部		092-332-2080	819-1192	糸島市前原西一丁目1番1号
佐賀県	佐賀市	経済部	工業振興課	0952-40-7107	840-8501	佐賀市栄町1-1
	唐津市	農林水産商工部	企業誘致課	0955-72-9208	847-8511	唐津市西城内1-1
	鳥栖市	環境経済部	商工振興課	0942-85-3606	841-8511	鳥栖市宿町1118
	多久市		商工観光課	0952-75-2117	846-8501	多久市北多久町大字小侍7-1
	伊万里市	産業部	企業誘致推進室	0955-23-2184	848-8501	伊万里市立花町1355-1
	武雄市	営業部	商工流通課	0954-23-9183	843-8639	武雄市武雄町大字昭和1-1
	鹿島市	産業部	商工観光課	0954-63-3412	849-1312	鹿島市大字納富分2643-1
	小城市	産業部	商工観光課	0952-37-6129	845-8511	小城市三日月町長神田2312番地2
	嬉野市	企画部	企画企業誘致課	0954-66-9117	849-1492	嬉野市塩田町大字馬場下甲1769
	神埼市	産業建設部	商工観光課	0952-37-0107	842-8601	神埼市神埼町神埼410
長崎県	長崎市	商工部	産業雇用政策課	095-829-1313	850-8685	長崎市桜町4-1（商工会館4階）
	佐世保市	企業立地推進局		0956-24-1111（内線3011）	857-8585	佐世保市八幡町1-10
	島原市	産業振興部	産業政策グループ	0957-68-1111	859-1492	島原市有明町大三東戊1327番地
	諫早市	商工振興部	産業誘致課	0957-22-1500（内線3652）	854-8601	諫早市東小路町7-1
	大村市	商工観光部	企業立地推進室	0957-53-4111（内線249）	856-8686	大村市玖島1-25
	平戸市	観光商工部	商工物産課	0950-22-4111	859-5192	平戸市岩の上町1508-3
	松浦市		商工課　企業誘致室	0956-72-1111	859-4598	松浦市志佐町里免365
	対馬市	地域再生推進本部		0920-53-6111（内線467）	817-0022	対馬市厳原町国分1441
	壱岐市	企画振興部	観光商工課	0920-48-1111	811-5192	壱岐市郷ノ浦町本村触562
	五島市		商工振興課	0959-72-6111（内線287）	853-8501	五島市福江町1-1
	西海市	さいかい力創造部	まちづくり推進課	0959-37-0011（内線2222）	857-2392	西海市大瀬戸町瀬戸樫浦郷2222
	雲仙市	農林水産商工部	商工労政課	0957-38-3111（内線2612）	859-1107	雲仙市吾妻町牛口名714
	南島原市	企画振興部	商工観光課	050-3381-5032	859-2211	南島原市西有家町里坊96-2
熊本県	熊本市	農水商工局	産業政策課企業立地推進室	096-328-2386	860-8601	熊本市中央区手取本町1番1号
	八代市	商工観光部	商工振興課工業振興係	0965-33-8513	866-8601	八代市松江城町1番25号
	人吉市	経済部	商工振興課企業誘致推進室	0966-22-2111（内線5132）	868-8601	人吉市麓町16番地
	荒尾市	建設経済部	産業振興課	0968-63-1432	864-8686	荒尾市宮内出目390番地
	水俣市	産業建設部	総合経済対策課	0966-61-1628	867-8555	水俣市陣内1丁目1番1号
	玉名市	産業経済部	商工観光課企業立地推進室	0968-71-2065	865-0025	玉名市高瀬290番地1
	天草市	経済部	産業政策課	0969-32-6786	863-0048	中村町10番8号
	山鹿市	経済部	商工観光課	0968-43-1413	861-0592	山鹿市山鹿978
	菊池市	経済部	商工観光課企業誘致室	0968-25-7251	861-1392	菊池市隈府888
	宇土市	企画部	企画課企業誘致係	0964-22-1111	869-0492	宇土市浦田町51番地
	上天草市	経済振興部	産業雇用創出課	0964-26-5531	869-3692	上天草市大矢野町上1514
	宇城市	企画部	地域振興課雇用対策係	0964-32-1111	869-0592	宇城市松橋町大野85
	阿蘇市	経済部	観光まちづくり課	0967-22-3174	869-2695	阿蘇市一の宮町宮地504-1
	合志市	政策部	商工振興課	096-248-1115	861-1195	合志市竹迫2140
大分県	大分市	商工農政部	商工労政課	097-537-5625	870-8504	大分市荷揚町2-31
	別府市	ONSENツーリズム部	商工課	0977-21-1132	874-8511	別府市上野口町1-15
	中津市	商工観光部	企業誘致・港湾課	0979-22-1111	871-8501	中津市豊田町14-3

Ⅲ　工場立地法届出書作成要領

	日田市	商工観光部	商工労政課企業立地推進室	0973-22-8313	877-8601	日田市田島2-6-1
	佐伯市	企画商工観光部	商工振興課	0972-22-3943	876-8585	佐伯市中村南町1-1
	臼杵市	ふるさと建設部	産業観光課	0972-63-1111	875-8501	臼杵市大字臼杵72-1
	津久見市		商工観光課	0972-82-4111	879-2435	津久見市宮本町20-15
	竹田市		企画情報課	0974-63-4801	878-8555	竹田市大字会々1650
	豊後高田市		商工観光課	0978-22-3100	879-0692	豊後高田市御玉114
	杵築市		商工観光課	0978-62-3131	873-0001	杵築市大字杵築377-1
	宇佐市	経済部	商工振興課企業立地推進室	0978-32-1111	879-0492	宇佐市大字上田1030-1
	豊後大野市		商工観光課	0974-22-1001	879-7198	豊後大野市三重町市場1200
	由布市	総務部	総合政策課	097-582-1111	879-5498	由布市庄内町柿原302
	国東市		産業創出課	0978-72-5183	873-0502	国東市国東町田深280-2
宮崎県	宮崎市	観光商工部	工業政策課	0985-21-1793	880-8505	宮崎市橘通西1-1-1
	都城市	観光部	商工政策課	0986-23-2983	885-8555	都城市姫城町6街区21号
	延岡市	商工観光部	工業振興課	0982-22-7035	882-0813	延岡市東本小路121番地1
	日南市		商工観光課	0987-31-1169	887-8585	日南市中央通1-1-1
	小林市	経済土木部	商工観光課	0984-23-1174	886-8501	小林市細野300
	日向市	産業経済部	商工港湾課	0982-52-2111	883-8555	日向市本町10-5
	串間市		商工観光スポーツランド推進課	0987-72-1111	888-8555	串間市大字西方5550
	西都市		商工観光課	0983-42-4068	881-8501	西都市聖陵町2-1
	えびの市		観光商工課	0984-35-1111	889-4292	えびの市大字栗下1292
鹿児島県	鹿児島市	経済局経済振興部	産業支援課	099-216-1323	892-8677	鹿児島市山下町11-1
	鹿屋市	農林商工部	産業振興課	0994-43-2111	893-8501	鹿屋市共栄町20-1
	枕崎市		企画調整課	0993-72-1111	898-8501	枕崎市千代田町27
	阿久根市		商工観光課	0996-73-1211	899-1696	阿久根市鶴見町200
	出水市	産業振興部	商工労政課	0996-63-4040	899-0292	出水市緑町1-3
	指宿市	総務部	知事公室	0993-22-2111	891-0497	指宿市十町2424
	西之表市		経済観光課	0997-22-1111	891-3193	西之表市西之表7612
	垂水市		企画課	0994-32-1111	891-2192	垂水市上町114
	薩摩川内市	商工観光部	企業・港振興課	0996-23-5111	895-8650	薩摩川内市神田町3-22
	日置市	総務企画部	企画課	099-273-2111	899-2592	日置市伊集院町郡1-100
	曽於市		企画課	0986-76-8802	899-8692	曽於市末吉町二之方1980
	霧島市	商工観光部	商工振興課	0995-64-0903	899-4394	霧島市国分中央3-45-1
	いちき串木野市		政策課	0996-33-5628	896-8601	いちき串木野市昭和通133-1
	南さつま市	産業おこし部	商工政策課	0993-53-2111	897-8501	南さつま市加世田川畑2648
	志布志市		港湾商工課	099-474-1111	899-7492	志布志市有明町野井倉1756
	奄美市	商工観光部	商水情報課	0997-52-1111	894-8555	奄美市名瀬幸町25-8
	南九州市	総務部	企画課	0993-83-2511	897-0392	南九州市知覧町郡6204
	伊佐市		企画政策課	0995-23-1311	895-2511	伊佐市大口里1888
	姶良市	企画部	商工観光課	0995-66-3111	899-5492	姶良市宮島町25
沖縄県	那覇市	経済観光部	商工農水課企業立地雇用対策室	098-951-3212	900-8585	那覇市泉崎1-1-1
	宜野湾市	市民経済部	雇用・企業対策室	098-893-4411	901-2710	宜野湾市野嵩1-1-1
	石垣市	企画部	商工振興課	0980-82-1533	907-0014	石垣市美崎町14
	浦添市	市民部	商工産業課	098-876-1234	901-2501	浦添市安波茶1-1-1
	名護市	産業部	商工観光課	0980-53-1212	905-8540	名護市港1-1-1
	糸満市	経済観光部	商工観光課	098-840-8137	901-0392	糸満市潮崎町1-1
	沖縄市	経済文化部	雇用対策課	098-929-3308	904-8501	沖縄市仲宗根町26-1
	豊見城市	企画部	商工観光課	098-850-5876	901-0242	豊見城市字翁長854-1
	うるま市	経済部	企業立地雇用推進課	098-965-5611	904-1192	うるま市石川石崎1-1
	宮古島市	観光商工局	観光物産交流課	0980-73-2691	906-8501	宮古島市平良字西里186
	南城市	企画部	観光商工課	098-946-8817	901-0695	南城市玉城字富里143

〈工場立地法担当窓口（国の機関）〉

経済産業局・部

局・部	部	課	電話	FAX	郵便番号	所在地
北海道経済産業局	産業部	産業立地課	011-736-9625	011-709-1798	060-0808	札幌市北区北8条西2札幌第1合同庁舎
東北経済産業局	産業部	産業振興課	022-221-4906	022-215-9463	980-8403	仙台市青葉区本町3-3-1仙台合同庁舎
関東経済産業局	地域経済部	企業立地支援課	048-600-0272	048-601-1287	330-9715	さいたま市中央区新都心1-1さいたま新都心合同庁舎1号館
中部経済産業局	地域経済部	地域振興課	052-951-2716	052-961-7698	460-8510	名古屋市中区三の丸2-5-2
近畿経済産業局	地域経済部	地域開発室	06-6966-6012	06-6966-6077	540-8535	大阪市中央区大手前1-5-44
中国経済産業局	産業部	産業振興課	082-224-5638	082-224-5642	730-8531	広島市中区上八丁堀6-30合同庁舎2号館
四国経済産業局	産業部	産業振興課	087-811-8523	087-811-8556	760-8512	高松市サンポート3-33高松サンポート合同庁舎本館
九州経済産業局	産業部	産業振興室	092-482-5485	092-482-5396	812-8546	福岡市博多区博多駅東2-11-1福岡第一合同庁舎
沖縄総合事務局	経済産業部	企画振興課	098-866-1727	098-860-1375	900-0006	那覇市おもろまち2-1-1那覇第2地方合同庁舎2号館

第5節　届出の記載例

> 届出の記載例

様式第1〔第6条〕

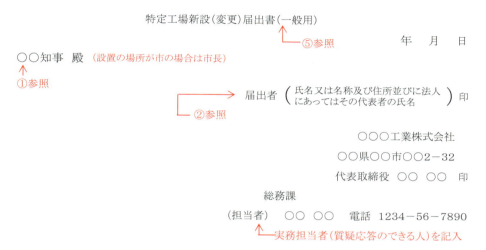

特定工場新設(変更)届出書(一般用)　　←⑤参照　　　年　月　日

○○知事　殿　(設置の場所が市の場合は市長)
　↑
　①参照

届出者（氏名又は名称及び住所並びに法人にあってはその代表者の氏名）印
　　　←②参照

　　　　　　　　　　　○○○工業株式会社
　　　　　　　　　　　○○県○○市○○2-32
　　　　　　　　　　　代表取締役　○○　○○　印
　　　　　　　　　　　総務課
　　　　　　　　　　　(担当者)　○○　○○　電話 1234-56-7890
　　　　　　　　　　　↑実務担当者(質疑応答のできる人)を記入

　工場立地法第6条第1項(第7条第1項、第8条第1項、工場立地の調査等に関する法律の一部を改正する法律(昭和48年法律第108号。以下「一部改正法」という。)附則第3条第1項)の規定により、特定工場の新設(変更)について、次のとおり届け出ます。

1	特定工場の設置の場所	〒000-0000　○○県△△市□□3-8-1	
2	特定工場における製品(加工修理業に属するものにあっては加工修理の内容、電気供給業、ガス供給業又は熱供給業に属するものにあっては特定工場の種類)	半導体集積回路	
3	特定工場の敷地面積	変更前　2,564㎡	変更後　55,868㎡(+3,004)
4	特定工場の建築面積	変更前　6,872㎡	変更後　7,352㎡(+480)
5	特定工場における生産施設の面積		別紙1のとおり
6	特定工場における緑地及び環境施設の面積及び配置　③参照		別紙2のとおり
7	工場団地の面積並びに工業団地共通施設の面積及び工業団地の環境施設の配置		別紙3のとおり
8	隣接緑地等の面積及び配置並びに負担総額及び届出者が負担する費用		別紙4のとおり
9	特定工場の新設(変更)のための工事の開始の予定日　←備考5、④参照	造成工事等	
		施設の設置工事	平成24年7月1日
※整理番号		※備考	
※受理年月日			
※審査結果			

備考 1　※の欄には、記入しないこと。
　　 2　6欄から8欄について、規則第4条に規定する緑地以外の環境施設以外の施設と重複する土地及び規則第3条に規定する建築物屋上等緑化施設はそれ以外の緑地と区別して記載すること。
　　 3　法第6条第1項の規定による新設の届出の場合は、1欄から9欄までのすべての欄（特定工場の設置の場所が工業団地に属しない場合は、7欄を、工業集合地特例の適用を受けようとしない場合は8欄を除く。）に記載すること。
　　 4　法第7条第1項又は一部改正法附則第3条第1項の規定による変更の届出の場合は、1欄から9欄までのすべての欄（特定工場の設置の場所が工業団地に属しない場合は、7欄を、工業集合地特例の適用を受けようとしない場合は8欄を除く。）に記載するとともに、2欄から6欄まで及び8欄のうち変更のある欄については、変更前及び変更後の内容を対照させること。
　　 5　法第8条第1項の規定による変更の届出の場合は、1欄及び9欄に記載するとともに、2欄から6欄まで及び8欄のうち変更のある欄については、変更前及び変更後の内容を対照させて記載すること。
　　 6　9欄については、埋立及び造成工事を行う場合にあっては造成工事等の欄に、生産施設、緑地等の施設の設置工事を行う場合にあっては施設の設置工事の欄に、それぞれ該当する日を記載すること。
　　 7　届出書及び別紙の用紙の大きさは、図面、表等やむを得ないものを除き、日本工業規格A4とすること。

① あて先はP.140参照のこと。
② 代理人が届け出る場合は下記のとおり2段書きすること。また、代表者の委任状を添付すること。印鑑は代理人のものを使用することができる。（P.157参照）

　　　　　　　○○○工業株式会社
　　　　　　　○○県○○市○○3－8－1
　　　　　　　　代表取締役
　　　　　　　　　社　　　長

　　　　　代理人　○○○工業株式会社　○○工場
　　　　　　　　○○県○○市△△4－5－6
　　　　　　　　　○○工場長　　　　　　　　印

③ 敷地面積、建築面積は、小数点以下を切り捨てること。別紙1、2等の生産施設面積、緑地及び環境施設面積についても同様にする。
④ 9欄では、敷地の増減のみの変更の場合は「造成工事等」の欄に記入する。
⑤ 法第6条第1項、第7条第1項若しくは第8条第1項又は一部改正法附則第3条第1項の届出をしようとする者が併せて第11条の実施制限期間の短縮の申請を行う場合は、規則に定める様式第1による届出書に代えて様式B（特定工場の設置の場所が指定地区に属する場合は規則に定める様式第2による届出書に代えて様式C）による届出及び期間短縮申請書を提出することができる。
　　（運用例規2－3－6）（様式BについてP.287参照。様式CについてP.288参照）

第5節　届出の記載例

別　紙1

特定工場における生産施設の面積

生産施設の名称	施設番号	面　　　積（m²）		増減面積（m²）
第　一　工　場	セ-1	変更前　2,980	変更後　2,980	
第　二　工　場	セ-2	253	253	
第　三　○○工場	セ-3	945	945	
ボ イ ラ ー 室	セ-4	80	95	△80 ＋95
第　四　○○工場	セ-5	なし	1,050	＋1,050
生産施設の面積の合計		4,258	5,323	△80 ＋1,145

（備考5参照　←　生産施設の面積の合計欄）
（備考4参照　差引き計算はしないこと）

備考1　施設番号欄には、セ-1からはじまる一連番号を記載すること。ただし、法第8条第1項の規定による変更の届出の場合には、その変更に係る施設に対応する変更前の施設があるときは当該変更前の施設の届出済の番号を記載し、その変更に係る施設に対応する変更前の施設がないときは届出済の一連番号の次の番号を新たに設けてそれを記載すること。
　　2　法第7条第1項又は一部改正法附則第3条第1項の規定による変更の届出の場合は、面積欄を変更前と変更後に区分し、変更前の欄には全部の施設の面積を記載するとともに、その変更に係る施設に対する変更前の施設がないときは「なし」と記載し、変更後の欄にはその変更に係る施設の変更後の面積のみを記載すること。
　　3　法第8条第1項の規定による変更の届出の場合は、面積欄を変更前と変更後に区分し、その変更に係る施設についてのみ記載し、その施設に対応する変更前の施設がないときは、変更前の欄には「なし」と記載すること。
　　4　増減面積欄には、法第7条第1項、第8条第1項又は一部改正法附則第3条第1項の規定による変更の届出の場合のみ記載すること。この場合において、当該変更が面積の増加である場合は増加面積を表す正の数字を、面積の減少である場合は減少面積を表す負の数字を、面積の減少と増加を同時に行う場合は減少面積を表す負の数字と増加面積を表す正の数字の両方を記載すること。
　　5　生産施設の面積の合計の欄は、変更の届出の場合にあっては、変更前と変更後に区分し、それぞれの欄に当該特定工場における全生産施設の面積の合計を記載すること。

別　紙 2

特定工場における緑地及び環境施設の面積及び配置

1　緑地及び環境施設の面積

緑地（様式第1又は第2備考2で区別することとされた緑地を除く。）の名称	施設番号	面積（㎡）
緑地面積（様式第1又は第2備考2で区別することとされた緑地を除く。）の合計		㎡
様式第1又は第2備考2で区別することとされた緑地の名称	施設番号	面積（㎡）
様式第1又は第2備考2で区別することとされた緑地の面積の合計		㎡
緑　地　面　積　の　合　計		㎡
緑　地　以　外　の　環　境　施　設　の　名　称	施設番号	面積（㎡）
緑　地　以　外　の　環　境　施　設　の　面　積　の　合　計		㎡
環　境　施　設　の　面　積　の　合　計		㎡

2　環境施設の配置

敷地の周辺部に配置する環境施設の各施設の番号		
敷地の周辺部に配置する環境施設の面積の合計		㎡
配置について勘案した周辺の地域の土地利用の状況などとの関係		

備考
1　緑地の名称の欄には、区画毎に緑地の種類及びその設置の場所を記載すること。
2　その他は、別紙1の備考1から3まで及び5と同様とすること。この場合において、「セ-1」とあるのは、緑地（様式第1又は第2備考2で区別することとされた緑地を除く。）にあっては「リ-1」と、様式第1又は第2備考2で区別することとされた緑地にあっては「ジ-1」と、緑地以外の環境施設にあっては「カ-1」と読み替えるものとする。

第5節　届出の記載例

委　任　状　に　つ　い　て

＊代理人が届け出る場合は、代表者の委任状が必要です。

1　委任状の様式

委　　任　　状

　私は、○○県□□市××町2-3-1における○×株式会社○○工場工場長△△△△を代理人と定め下記の事項を委任します。

記

　工場立地法に基づく届出に関する一切の権限

　平成　　年　　月　　日

○○県○○市○○3-8-1
○×株式会社

代表取締役社長　○○○○　印

2　委任状の取扱い
　一度委任状を届出後、委任者、受任者のどちらにも変更がない場合は、新たに委任状を作成する必要はありません。次回からの届出の際は、写しを添付して下さい。

様式例第1

整理番号 □

事業概要説明書

1	生産開始の日 ←①参照 (35.1.20)			7年 7月 10日			
2	主要製品別生産能力及び生産数量 ←備考1参照						
	製品名		生産能力		生産数量		
	熱分析装置		15,000台／月		10,000台／月		
	ガス分析機器		10,000台／月		7,000台／月		
3	水源別工業用水使用量　計　600　（単位：トン／日）						
	上水道	工業用水道	河川表流水	井戸水	その他	回収水	海水
	300			300			
4	電力の使用量　計　20,000　（単位：KWH／日）						
	買電による電力使用量			自家発電による電力使用量			
	20,000						
5	従業員数　計　315（単位：人）						
	職員	男 30 女 15	工員	男 150 女 120	計	男 180 女 135	

備考1　生産能力（フル稼働時）及び生産数量は、各々の業種に応じ通常用いる単位で記載して下さい。
　　2　事業概要説明書用紙の大きさは、日本工業規格A4を用いて下さい。

① 生産開始の日の欄には、届出に係る生産施設の稼働開始の日を記載して下さい。なお、変更届出の場合には、当該工場の操業開始の日を（　）書きで併記して下さい。
② 従業員数は、別会社の従業員、パート等でも工場内で日常的に働いている人は含めて下さい。

様式例第2　生産施設、緑地、緑地以外の環境施設その他の主要施設の配置図

備考 1　配置図に記載する生産施設は、建築物のあるものは建築物単位で、ないものは個々に記入して下さい。
　　 2　その他の主要施設には貯水池、井戸等の工業用水施設、電力施設、公害防止施設、倉庫、タンク等の貯蔵施設、駐車場等を含みます。配置図にはそれら位置、形状を明示するとともに、それらの名称を付記して下さい。
　　 3　生産施設、緑地、緑地以外の環境施設は、下表に指定する淡い色彩でそれらの位置、形状を着色して明示するとともに、規則による届出書の別紙1～3に記載した施設番号を付記して下さい。

施　設　の　名　称	色　彩
生　産　施　設	青
緑　　　　　地	緑
様式第1又は第2で区別することとされた緑地	網かけ
緑地以外の環境施設	黄

　　 4　変更の届出の場合は、変更前と変更後の状態が比較対照できるよう明示して下さい。
　　 5　図面には縮尺並びに方位を示す記号を記載して下さい。図面の縮尺は、原則として敷地面積が100ha未満の工場等にあっては1/500ないし1/1,000、100ha以上500ha未満の工場等にあっては1/1,000ないし1/2,000、500ha以上の工場等にあっては1/2,000ないし1/3,000程度として下さい。
　　 6　環境施設のうち屋内運動施設又は教養文化施設がある場合は、当該施設の利用規程及びその周知方法を記載した書類を添付して下さい。

様式例第3

特定工場用地利用状況説明書

特定工場敷地面積		m²	うち自己所有地	m²
都市計画法上の区域区分 （＊右記の該当項目を○で囲んで下さい。）	①工業専用地域 ④住居系地域 ⑦非線引都市計画区域	②工業地域 ⑤商業系地域 ⑧都市計画区域外		③準工業地域 ⑥市街化調整区域 ⑨都市計画なし

特定工場用地利用状況説明図	特定工場の用に供する土地の説明
（縮尺 1／ ）	

備考 1　自己所有地には、現在所有している土地及び将来自己の所有地となることが確実である土地を含みます。
　　 2　都市計画法上の用途地域を記入して下さい。
　　 3　特定工場の用に供する土地の説明の欄には、当該土地が埋立地、埋立予定地、空地、農用地、工業団地等の別を記入して下さい。
　　 4　特定工場用地利用状況説明図には、当該特定工場の周辺2km程度の範囲で海面、河川、湖沼、埋立地、山林、農用地、学校・病院・公園等の用地、住宅地、工場用地等の土地利用状況を明示して下さい。

様式例第4

特定工場の新設等のための工事の日程

工事の種類 \ 年月	年月	元年2月	年3月	年4月	年5月	年6月	年7月	2年1月	年2月	年3月
造成（埋立）工事 敷地の増減の移転登記日等を記載										
生産施設の設置工事										
施設の名称 ／ 施設番号										
ボイラー室 ／ セー4		←備考1		4/1	4/20 撤去					
第3製造室 ／ セー5 （備考2参照）		(2/1)						1/31	2/10 稼働	
環境施設・緑地の設置工事										
施設の名称 ／ 施設番号										
芝生 ボイラー室東 ／ リー6				4/1	4/20 撤去					
低木地 守衛所前 ／ リー10										
樹林地 敷地西 ／ リー11								1/15	2/10 新設	
広場 ／ カー2										
その他の主要施設の設置工事（備考3参照）										
空気圧縮機（アー9～12）								1/10	1/31	

備考1 工事の日程の欄には、工事の種類ごとに工事の期間を矢印で記載するとともに当該工事の開始と終了の日を付記して下さい。
　　　なお、生産施設については、当該生産施設の運転の開始の日も工事の日程の欄にあわせて明記して下さい。また、生産施設の設置工事、環境施設・緑地の設置工事において既存施設の廃棄工事が行われる場合には、当該廃棄工事の日程も記載して下さい。
　　2 施設の名称、施設番号の欄には規則による届出書の別紙1～3に記載した生産施設、緑地、緑地以外の環境施設の名称、番号を記載して下さい。
　　3 事務所、倉庫等その他の主要施設の設置工事の日程の欄には、当該工事の開始が、生産施設の設置工事、環境施設・緑地の設置工事のいずれよりも早い場合のみ当該施設の種類を工事の種類の欄に明記して下さい。
　　4 変更の届出の場合には、変更に係る施設について記載して下さい。

① 緑地と緑地以外の環境施設の設置工事の終了時期は、原則として、当該環境施設の設置届出と同時に届け出た生産施設の運転開始時期までとして下さい。ただし、以下のような場合で環境施設の設置工事の日程、内容が適切であり、かつその実施が確実であると認められる環境施設設置計画に従って設置工事が進められる場合はこの限りではありません。
　イ 生産施設の運転開始までの時期がごく短期間である場合
　ロ 樹木の植栽適期が生産施設の運転開始時までに到来しない場合
　ハ 植栽地盤の改良工事に長期間を要する場合

第5節　届出の記載例

〈記　載　例〉

　　　　　　　　　　　　　　　　　　　　　　　　　　　　　年　　月　　日

○○知事　殿
（市の場合は市長）

　　　　　　　　　　　　　　　　　　　　　住所
　　　　　　　　　　　　　　　　　　　　　氏名　　　　　　　　　　印
　　　　　　　　　　　　　　　　　　　　　担当者
　　　　　　　　　　　　　　　　　　　　　連絡先
　　　　　　（※造成主体、管理主体又は双方連名のいずれでもよい。）

　　　　　　　　　工場立地法に基づく工業団地特例について

　下記の工業団地に係る工場立地法第4条第1項に基づく工業団地特例について、適用の可否についてご確認願います。

　　　　　　　　　　　　　　　　記

　　　1．工業団地の名称　　　　　○○工業団地
　　　2．工業団地の所在地　　　　○○県○○市○○町○○番地
　　　3．団地造成主体　　　　　　○○公団
　　　4．団地管理主体　　　　　　○○市
　　　5．造成完了予定日　　　　　○○年○○月○○日
　　　6．分譲開始予定日　　　　　○○年○○月○○日
　　　7．工業団地の概要　　　　　別紙のとおり

Ⅳ 資料編

第1節　関係法令集
1．工場立地法

（昭和34年3月20日）
（法律第24号）
最終改正：平成23年12月14日

（目的）
第1条　この法律は、工場立地が環境の保全を図りつつ適正に行なわれるようにするため、工場立地に関する調査を実施し、及び工場立地に関する準則等を公表し、並びにこれらに基づき勧告、命令等を行ない、もって国民経済の健全な発展と国民の福祉の向上に寄与することを目的とする。

（工場立地に関する調査）
第2条　経済産業大臣（工場立地に伴う公害防止に関する調査にあっては、経済産業大臣及び環境大臣。次条第1項及び第15条の3において同じ。）は、あらかじめ、調査の対象、調査の方法その他調査に関する重要事項について産業構造審議会の意見を聴いて、工場適地の調査、工場立地の動向の調査及び工場立地に伴う公害の防止に関する調査を行なうものとする。

2　前項の工場適地の調査は、調査をすべき地区内の団地を実地に調査し、並びに当該地区の地形、地質その他の自然条件及び用水事情、輸送条件その他の立地条件に関する資料を収集することにより行なう。

3　第1項の工場立地の動向の調査は、製造業（物品の加工修理業を含む。以下同じ。）、電気供給業、ガス供給業又は熱供給業（以下「製造業等」という。）を営む者（以下「事業者」という。）の主要な工場又は事業場の設置の状況及びその設置に関する長期の見通しを個別的に調査することにより行なう。

4　第1項の工場立地に伴う公害の防止に関する調査は、大規模な工場又は事業場の設置が集中して行なわれると予想される地区及びその周辺の地域で調査をすべきものを実地に調査し、当該地区及びその周辺の地域に係る地形、風向、潮せきその他の自然条件並びに土地利用の現況、環境保全及び開発整備の方針その他の社会的条件に関する資料を収集し、並びにその実地調査の結果及び収集した資料に基づき、電子計算機、模型その他の機械及び装置を使用して解析をすることにより行なう。

（工場立地調査簿）
第3条　経済産業大臣は、前条第1項の調査及び第15条の3の報告に基づいて工場立地調査簿を作成するものとする。

2　経済産業大臣は、前項の工場立地調査簿を事業者、工場又は事業場を設置しようとする者その他これを利用しようとする者の閲覧に供するものとする。

3 　第１項の工場立地調査簿には、前条第１項の調査又は第15条の３の報告により知り得た事業者の秘密に属する事項を記載してはならない。

（工場立地に関する準則等の公表）

第４条　経済産業大臣及び製造業等を所管する大臣は、関係行政機関の長に協議し、かつ、産業構造審議会の意見を聴いて、次の事項につき、製造業等に係る工場又は事業場の立地に関する準則を公表するものとする。
　１　製造業等の業種の区分に応じ、生産施設（物品の製造施設、加工修理施設その他の主務省令で定める施設をいう。以下同じ。）、緑地（植栽その他の主務省令で定める施設をいう。以下同じ。）及び環境施設（緑地及びこれに類する施設で工場又は事業場の周辺の地域の生活環境の保持に寄与するものとして主務省令で定めるものをいう。以下同じ。）のそれぞれの面積の敷地面積に対する割合に関する事項
　２　環境施設及び設置の場所により工場又は事業場の周辺の地域の生活環境の悪化をもたらすおそれがある施設で主務省令で定めるものの配置に関する事項
　３　前２号に掲げる事項の特例に関する次に掲げる事項
　　イ　工業団地（製造業等に係る２以上の工場又は事業場の用に供するための敷地及びこれに隣接し、緑地、道路その他の施設の用に供するための敷地として計画的に取得され、又は造成される一団の土地をいう。以下同じ。）に工場又は事業場を設置する場合に、工業団地について一体として配慮することが適切であると認められるもの
　　ロ　工業集合地（製造業等に係る２以上の工場又は事業場が集中して立地する一団の土地（工業団地を含むものを含む。）をいう。以下同じ。）に隣接する一団の土地に緑地又は環境施設が計画的に整備されることにより周辺の地域の生活環境の改善に寄与すると認められる工業集合地に工場又は事業場を設置する場合に、工業集合地及び緑地又は環境施設について一体として配慮することが適切であると認められるもの
２　経済産業大臣及び製造業等を所管する大臣（工場立地に伴う公害の防止に係る判断の基準となるべき事項にあっては、経済産業大臣、環境大臣及び製造業等を所管する大臣）は、関係行政機関の長に協議し、かつ、産業構造審議会の意見を聴いて、第２条第１項の調査に基づき、製造業等に係る工場又は事業場の立地に関し事業者の判断の基準となるべき事項を公表するものとする。

第４条の２　都道府県は、当該都道府県内の町村の区域のうちに、その自然的、社会的条件から判断して、緑地及び環境施設のそれぞれの面積の敷地面積に対する割合に関する事項（以下この条において「緑地面積率等」という。）に係る前条第１項の規定により公表された準則によることとするよりも、他の準則によることとすることが適切であると認められる区域があるときは、その区域における緑地面積率等について、条例で、第３項の基準の範囲内において、同条第１項の規定により公表された準則に代えて適用すべき準則（第９条第２項第１号において「都道府県準則」という。）を定めることができる。
２　市は、当該市の区域のうちに、その自然的、社会的条件から判断して、緑地面積率等に係る前条第１項の規定により公表された準則によることとするよりも、他の準則によることとすることが適切であると認められる区域があるときは、その区域における緑地面積率等について、条例で、次項の基準の範囲内において、同条第１項の規定により公表された準則に代えて適用すべき準則（第９条第２項第１号において「市準則」という。）を定めることができる。
３　経済産業大臣及び製造業等を所管する大臣は、関係行政機関の長に協議し、かつ、産業構造

審議会の意見を聴いて、緑地面積率等について、緑地及び環境施設の整備の必要の程度に応じて区域の区分ごとの基準を公表するものとする。
4　第1項及び第2項の条例においては、併せて当該区域の範囲を明らかにしなければならない。
（工場立地に関する助言）
第5条　工場又は事業場を設置しようとする者は、経済産業大臣に対し、その工場又は事業場の立地に関する事項について、資料の提供又は助言を求めることができる。この場合において、経済産業大臣は、その所掌する事項に関し、必要な助言をするものとする。
（届出）
第6条　製造業等に係る工場又は事業場（政令で定める業種に属するものを除く。）であって、一の団地内における敷地面積又は建築物の建築面積の合計が政令で定める規模以上であるもの（以下「特定工場」という。）の新設（敷地面積若しくは建築物の建築面積を増加し、又は既存の施設の用途を変更することにより特定工場となる場合を含む。以下同じ。）をしようとする者は、主務省令で定めるところにより、次の事項を、当該特定工場の設置の場所が町村の区域に属する場合にあっては当該特定工場の設置の場所を管轄する都道府県知事（以下単に「都道府県知事」という）に、当該特定工場の設置の場所が市の区域に属する場合にあっては当該特定工場の設置の場所を管轄する市長（以下単に「市長」という。）に届け出なければならない。ただし、当該特定工場の設置の場所が、第2条第4項に規定する地区のうち同項の規定による調査の結果に基づき大気又は水質に係る公害の防止につき特に配慮する必要があると認められる地区で経済産業大臣及び環境大臣が産業構造審議会の意見を聴いて指定するもの（以下「指定地区」という。）に属しない場合には、第6号の事項については、この限りでない。
1　氏名又は名称及び住所
2　特定工場における製品（加工修理業に属するものにあっては、加工修理の内容、電気供給業、ガス供給業又は熱供給業に属するものにあっては特定工場の種類）
3　特定工場の設置の場所
4　特定工場の敷地面積及び建築面積
5　特定工場における生産施設、緑地及び環境施設の面積並びに環境施設及び第4条第1項第2号の主務省令で定める施設の配置（次のイ又はロに掲げる場合にあっては、それぞれイ又はロに定める事項を含む。）
　イ　工業団地に特定工場の新設をする場合　当該工業団地の面積並びに緑地、環境施設その他の主務省令で定める施設の面積及び環境施設の配置
　ロ　工業集合地に特定工場の新設をする場合であって、第4条第1項第3号ロに掲げる事項に係る同項第1号及び第2号に掲げる事項の特例の適用を受けようとするとき　当該工業集合地に隣接する一団の土地に計画的に整備される緑地又は環境施設（以下この号及び第8条第1項第2号において「隣接緑地等」という。）の面積、当該環境施設の配置並びに隣接緑地等の整備につき当該工業集合地に工場又は事業場を設置する者が負担する費用の総額（第8条第1項第2号において「負担総額」という。）及び当該特定工場の新設をする者が負担する費用
6　特定工場における大気又は水質に係る公害の原因となる主務省令で定める物質（以下「汚染物質」という。）の最大排出予定量並びにその予定量を超えないこととするための当該汚染物質に係る燃料及び原材料の使用に関する計画、公害防止施設の設置その他の措置

7　特定工場の新設のための工事の開始の予定日
2　前項の規定による届出には、当該特定工場の配置図その他の主務省令で定める書類を添附しなければならない。

第7条　前条第1項の規定に基づく政令の改廃の際現に当該政令の改廃により新たに同項の規定の適用を受けることとなる特定工場の設置をしている者（当該特定工場の新設のための工事をしている者を含む。）は、当該特定工場に係る同項第2号又は第4号から第6号までの事項（同項第5号の事項にあっては、当該特定工場内の生産施設、緑地若しくは環境施設の面積又は環境施設若しくは第4条第1項第2号の主務省令で定める施設の配置に係る事項に限り、前条第1項第6号の事項にあっては、当該特定工場の設置の場所が指定地区に属する場合に限る。次条第1項において同じ。）に係る変更（主務省令で定める軽微なものを除く。）で当該特定工場となる日以後最初に行われるものをしようとするときは、主務省令で定めるところにより、その旨及び前条第1項第2号又は第4号から第6号までの事項で当該変更に係るもの以外のものを当該特定工場の設置の場所が町村の区域に属する場合にあっては都道府県知事に、当該特定工場の設置の場所が市の区域に属する場合にあっては市長に届け出なければならない。ただし、当該特定工場の設置の場所が指定地区に属しない場合には、同項第6号の事項については、この限りでない。
2　前条第2項の規定は、前項の規定による届出について準用する。

（変更の届出）

第8条　第6条第1項又は前条第1項の規定による届出をした者は、当該特定工場に係る第6条第1項第2号又は第4号から第6号までの事項に係る変更（前条第1項の主務省令で定める軽微なものを除く。）をしようとするときは、主務省令で定めるところにより、その旨（次の各号に掲げる場合にあっては、当該各号に定める事項）をその届出をした都道府県知事又は市長に届け出なければならない。
　　1　当該変更が、指定地区の指定のあった際現に当該指定地区において設置されており又は新設のための工事がされている特定工場についての第6条第1項第2号又は第4号から第6号までの事項に係る変更で当該指定の日以後最初に行われるものであり、かつ、その変更に係る事項が同項第6号の事項以外の事項である場合　その旨及び同号の事項
　　2　当該変更が、工業集合地に設置されている特定工場についての第6条第1項第2号、第4号又は第5号の事項に係る変更で、隣接緑地等につき第4条第1項第3号ロに掲げる事項に係る同項第1号及び第2号に掲げる事項の特例の適用を受けようとする場合　その旨、隣接緑地等の面積、当該隣接緑等における環境施設の配置並びに負担総額及び当該変更をする者が負担する費用
2　第6条第2項の規定は前項の規定による届出について準用する。

（勧告）

第9条　都道府県知事又は市長は、第6条第1項、第7条第1項又は前条第1項の規定による届出があった場合において、その届出に係る事項（敷地面積又は建築物の建築面積の増加をすることにより特定工場となる場合に係る第6条第1項の規定による届出の場合には、当該増加に係る部分に限り、第7条第1項又は前条第1項の規定による届出の場合には、当該変更に係る部分に限る。以下同じ。）のうち第6条第1項第5号及び第6号の事項以外の事項が次の各号のいずれかに該当するときは、その届出をした者に対し、特定工場の設置の場所に関し必要な事項について勧告をすることができる。

1　特定工場の新設又は第7条第1項若しくは前条第1項の規定による届出に係る変更（以下「新設等」という。）によってその周辺の地域における工場又は事業場の立地条件が著しく悪化するおそれがあると認められるとき。
　2　特定工場の新設等をしようとする地域の自然条件又は立地条件からみて、当該場所を当該特定工場に係る業種の用に供することとするよりも他の業種の製造業等の用に供することとすることが国民経済上極めて適切なものであると認められるとき。
2　都道府県知事又は市長は、第6条第1項、第7条第1項又は前条第1項の規定による届出があった場合において、その届出に係る事項のうち第6条第1項第5号の事項が第1号に該当し、又は同項第6号の事項が第2号に該当するときは、その届出をした者に対し、同項第5号又は第6号の事項に関し必要な事項について勧告をすることができる。
　1　第4条第1項の規定により公表された準則（第4条の2第1項の規定により都道府県準則が定められた場合又は同条第2項の規定により市準則が定められた場合にあっては、その都道府県準則又は市準則を含む。）に適合せず、特定工場の周辺の地域における生活環境の保持に支障を及ぼすおそれがあると認められるとき。
　2　特定工場の設置の場所が指定地区に属する場合において、当該特定工場からの汚染物質の排出が当該指定地区において設置され又は設置されると予想される特定工場からの汚染物質の排出と一体となることによりその周辺の地域における大気又はその周辺の公共用水域における水質に係る公害の防止に支障を及ぼすおそれがあると認められるとき。
3　前2項の勧告は、第6条第1項、第7条第1項又は前条第1項の規定による届出のあった日から60日以内にしなければならない。

（変更命令）
第10条　都道府県知事又は市長は、前条第2項の勧告を受けた者がその勧告に従わない場合において、特定工場の新設等が行われることにより同項各号に規定する事態が生じ、かつ、これを除去することが極めて困難となると認めるときは、その勧告を受けた者に対し、その勧告に係る事項の変更を命ずることができる。
2　前項の規定による命令は、当該勧告に係る届出のあった日から90日以内にしなければならない。

（実施の制限）
第11条　第6条第1項の規定による届出をした者、第7条第1項の規定による届出をした者又は第8条第1項の規定による届出をした者は、その届出が受理された日から90日を経過した後でなければ、それぞれ、当該特定工場の新設をし、又は第7条第1項若しくは第8条第1項の規定による届出に係る変更をしてはならない。
2　都道府県知事又は市長は、第6条第1項、第7条第1項又は第8条第1項の規定による届出に係る事項について、その内容が相当であると認めるときは、前項に規定する期間を短縮することができる。

（氏名等の変更の届出）
第12条　第6条第1項又は第7条第1項の規定による届出をした者は、第6条第1項第1号の事項に変更があったときは、遅滞なく、その旨をその届出をした都道府県知事又は市長に届け出なければならない。

（承継）
第13条　第6条第1項又は第7条第1項の規定による届出をした者から当該特定工場を譲り受

け、又は借り受けた者は、当該特定工場に係る当該届出をした者の地位を承継する。
2 　第6条第1項又は第7条第1項の規定による届出をした者について相続、合併又は分割（当該特定工場を承継させるものに限る。）があったときは、相続人、合併後存続する法人若しくは合併により設立した法人又は分割により当該特定工場を承継した法人は、当該届出をした者の地位を承継する。
3 　前2項の規定により第6条第1項又は第7条第1項の規定による届出をした者の地位を承継した者は、遅滞なく、その旨をその届出をした都道府県知事又は市長に届けなければならない。

第14条及び第15条　削除
（国の援助）
第15条の2　国は、工場立地の適正化を円滑に推進するため、工場又は事業場に係る環境施設の整備につき、必要な資金のあっせんその他の援助に努めるものとする。
（報告）
第15条の3　経済産業大臣は、第2条第1項の調査を適正にするため必要があるときは、政令で定めるところにより、事業者に対し、その業務に関し報告をさせることができる。
第15条の4　削除
（経過措置）
第15条の5　この法律の規定に基づき政令又は主務省令を制定し、又は改廃する場合においては、それぞれ、政令又は主務省令で、その制定又は改廃に伴い合理的に必要と判断される範囲内において、所要の経過措置（罰則に関する経過措置を含む。）を定めることができる。
（主務省令）
第15条の6　第4条第1項第1号若しくは第2号又は第6条第1項第5号イにおける主務省令は、経済産業大臣及び製造業等を所管する大臣の発する命令とする。
2 　第6条第1項本文若しくは第6号若しくは第2項、第7条第1項又は第8条第1項における主務省令は、経済産業大臣、環境大臣及び製造業等を所管する大臣の発する命令とする。
（罰則）
第16条　次の各号の一に該当する者は、6月以下の懲役又は50万円以下の罰金に処する。
　1 　第6条第1項、第7条第1項又は第8条第1項の規定による届出をせず、又は虚偽の届出をした者
　2 　第10条第1項の規定による命令に違反した者
第17条　第11条第1項の規定に違反した者は、3月以下の懲役又は30万円以下の罰金に処する。
第18条　第15条の3の規定による報告をせず、又は虚偽の報告をした者は、20万円以下の罰金に処する。
第19条　法人の代表者又は法人若しくは人の代理人、使用人その他の従業者が、その法人又は人の業務に関し、前3条の違反行為をしたときは、行為者を罰するほか、その法人又は人に対して各本条の罰金刑を科する。
第20条　第12条又は第13条第3項の規定による届出をせず、又は虚偽の届出をした者は、10万円以下の過料に処する。

　　　附　則　抄
1 　この法律は、交付の日から起算して20日を経過した日から施行する。

附　　則（昭和36年6月1日法律第107号）抄
（施行期日）
1　この法律は、公布の日から起算して3月をこえない範囲内において政令で定める日から施行する。
　　　　（昭和36年政令第289号で昭和36年8月25日から施行）

　　　附　　則（昭和41年6月30日法律第98号）抄
（施行期日）
1　この法律は、昭和41年7月1日から施行する。

　　　附　　則（昭和47年6月22日法律第88号）抄
（施行期日）
1　この法律は、公布の日から起算して6月をこえない範囲内において政令で定める日から施行する。
　　　　（昭和47年政令第419号で昭和47年12月20日から施行）

　　　附　　則（昭和48年10月1日法律第108号）抄
（施行期日）
第1条　この法律は、公布の日から起算して6月をこえない範囲内において政令で定める日から施行する。
（経過措置）
第2条　この法律の施行の際改正後の工場立地法（以下「新法」という。）第6条第1項に規定する特定工場（以下「新法特定工場」という。）の新設（敷地面積若しくは建築物の建築面積を増加し、又は既存の施設の用途を変更することにより新法特定工場となる場合を含む。以下同じ。）のための工事をしている者又はこの法律の施行の日から90日を経過する日までに新法特定工場の新設のための工事を開始する者に係る当該新法特定工場の新設については、同項の規定は適用せず、なお従前の例による。
2　この法律の施行の日から90日を経過した日以後に新法特定工場の新設のための工事を開始する者で、当該新法特定工場につきこの法律の施行の際改正前の工場立地の調査等に関する法律（以下「旧法」という。）第6条第1項の規定による届出をしているものは、当該新法特定工場の新設については、新法第6条第1項の規定にかかわらず、同項第2号から第4号まで及び第7号の事項について届け出ることを要しない。
3　この法律の施行の日から90日を経過する日までに旧法第6条第1項に規定する特定工場（以下「旧法特定工場」という。）の設置（既存の施設の用途を変更することにより旧法特定工場となる場合を含むものとし、第1項に該当することとなる場合を除く。以下この項において同じ。）のための工事を開始する者に係る当該旧法特定工場の設置については、なお従前の例による。
第3条　前条第1項に規定する者又はこの法律の施行の際新法特定工場の設置をしている者は、工場立地法第6条第1項第2号又は第4号から第6号までの事項（同項第5号の事項にあっては、同項に規定する特定工場（以下「特定工場」という。）内の同法第4条第1項第1号に規定する生産施設、緑地若しくは環境施設の面積又は同号に規定する環境施設若しくは同項第2

号の主務省令で定める施設の配置に係る事項に限り、同法第6条第1項第6号の事項にあっては、当該特定工場の設置の場所が同項ただし書に規定する指定地区に属する場合に限る。）に係る変更（同法第7条第1項の主務省令で定める軽微なものを除く。）でこの法律の施行の日から90日を経過した日以後最初に行われるものをしようとするときは、主務省令（同法第15条の6第2項に規定する大臣の発する命令をいう。）で定めるところにより、その旨及び同法第6条第1項第2号又は第4号から第6号までの事項で当該変更に係るもの以外のものを当該新法特定工場の設置の場所が町村の区域に属する場合にあっては当該新法特定工場の設置の場所を管轄する都道府県知事に、当該新法特定工場の設置の場所が市の区域に属する場合にあっては当該新法特定工場の設置の場所を管轄する市長に届け出なければならない。ただし、当該新法特定工場の設置の場所が同項ただし書に規定する指定地区に属しない場合には、同項第6号の事項については、この限りでない。

2　前項の規定による届出は、工場立地法第7条第2項、第8条、第9条、第11条から第13条まで、第16条、第17条、第19条及び第20条の規定の適用については、同法第7条第1項の規定による届出とみなす。

第4条　前条第1項の規定による届出をせず、又は虚偽の届出をした者は、6月以下の懲役又は50万円以下の罰金に処する。

2　法人の代表者又は法人若しくは人の代理人、使用人その他の従業者が、その法人又は人の業務に関し、前項の違反行為をしたときは、行為者を罰するほか、その法人又は人に対して同項の罰金刑を科する。

第5条　この法律の施行前にした行為に対する罰則の適用については、なお従前の例による。

　　　　附　則（昭和54年3月31日法律第15号）抄
（施行期日）
第1条　この法律は、昭和54年4月1日から施行する。

　　　　附　則（平成9年12月12日法律第119号）抄
（施行期日）
第1条　この法律は、公布の日から起算して3月をこえない範囲内において政令で定める日から施行する。
　　　（平成10年政令第1号で平成10年1月31日から施行）
（経過措置）
第2条　この法律の施行前に通商産業大臣及び当該特定工場に係る事業を所管する大臣にされた改正前の工場立地法第6条第1項、第7条第1項又は第8条第1項の規定による届出に係る勧告、勧告に係る事項を変更すべき旨の命令又は実施の制限の期間の短縮については、なお従前の例による。
（工場立地の調査等に関する法律の一部を改正する法律の一部改正に伴う経過措置）
第4条　この法律の施行前に通商産業大臣及び当該特定工場に係る事業を所管する大臣にされた前条の規定による改正前の工場立地の調査等に関する法律の一部を改正する法律附則第3条第1項の規定による届出に係る勧告、勧告に係る事項を変更すべき旨の命令又は実施の制限の期間の短縮については、なお従前の例による。
（罰則に関する経過措置）

第5条 この法律の施行前にした行為並びに附則第2条及び前条の規定によりなお従前の例によることとされる場合におけるこの法律の施行後にした行為に対する罰則の適用については、なお従前の例による。

　　　附　　則（平成11年7月16日法律第87号）抄
（施行期日）
第1条 この法律は、平成12年4月1日から施行する。ただし、次の各号に掲げる規定は、当該各号に定める日から施行する。
1　第1条中地方自治法第250条の次に5条、節名並びに2款及び款名を加える改正規定（同法第250条の9第1項に係る部分（両議院の同意を得ることに係る部分に限る。）に限る。）、第40条中自然公園法附則第9項及び第10項の改正規定（同法附則第10項に係る部分に限る。）第244条の規定（農業改良助長法第14条の3の改正規定に係る部分を除く。）並びに第472条の規定（市町村の合併の特例に関する法律第6条、第8条及び第17条の改正規定に係る部分を除く。）並びに附則第7条、第10条、第12条、第59条ただし書、第60条第4項及び第5項、第73条、第77条、第157条第4項から第6項まで、第160条、第163条、第164条並びに第202条の規定　公布の日

（国等の事務）
第159条 この法律による改正前のそれぞれの法律に規定するもののほか、この法律の施行前において、地方公共団体の機関が法律又はこれに基づく政令により管理し又は執行する国、他の地方公共団体その他公共団体の事務（附則第161条において「国等の事務」という。）は、この法律の施行後は、地方公共団体が法律又はこれに基づく政令により当該地方公共団体の事務として処理するものとする。

（処分、申請等に関する経過措置）
第160条 この法律（附則第1条各号に掲げる規定については、当該各規定。以下この条及び附則第163条において同じ。）の施行前に改正前のそれぞれの法律の規定によりされた許可等の処分その他の行為（以下この条において「処分等の行為」という。）又はこの法律の施行の際現に改正前のそれぞれの法律の規定によりされている許可等の申請その他の行為（以下この条において「申請等の行為」という。）で、この法律の施行の日においてこれらの行為に係る行政事務を行うべき者が異なることとなるものは、附則第2条から前条までの規定又は改正後のそれぞれの法律（これに基づく命令を含む。）の経過措置に関する規定に定めるものを除き、この法律の施行の日以後における改正後のそれぞれの法律の適用については、改正後のそれぞれの法律の相当規定によりされた処分等の行為又は申請等の行為とみなす。
2　この法律の施行前に改正前のそれぞれの法律の規定により国又は地方公共団体の機関に対し報告、届出、提出その他の手続をしなければならない事項で、この法律の施行の日前にその手続がされていないものについては、この法律及びこれに基づく政令に別段の定めがあるもののほか、これを、改正後のそれぞれの法律の相当規定により国又は地方公共団体の相当の機関に対して報告、届出、提出その他の手続をしなければならない事項についてその手続がされていないものとみなして、この法律による改正後のそれぞれの法律の規定を適用する。

（不服申立てに関する経過措置）
第161条 施行日前にされた国等の事務に係る処分であって、当該処分をした行政庁（以下この条において「処分庁」という。）に施行日前に行政不服審査法に規定する上級行政庁（以下こ

の条において「上級行政庁」という。）があったものについての同法による不服申立てについては、施行日以後においても、当該処分庁に引き続き上級行政庁があるものとみなして、行政不服審査法の規定を適用する。この場合において、当該処分庁の上級行政庁とみなされる行政庁は、施行日前に当該処分庁の上級行政庁であった行政庁とする。
2　前項の場合において、上級行政庁とみなされる行政庁が地方公共団体の機関であるときは、当該機関が行政不服審査法の規定により処分することとされる事務は、新地方自治法第2条第9項第1号に規定する第1号法定受託事務とする。

（罰則に関する経過措置）

第163条　この法律の施行前にした行為に対する罰則の適用については、なお従前の例による。

（その他の経過措置の政令への委任）

第164条　この附則に規定するもののほか、この法律の施行に伴い必要な経過措置（罰則に関する経過措置を含む。）は、政令で定める。

（検討）

第250条　新地方自治法第2条第9項第1号に規定する第1号法定受託事務については、できる限り新たに設けることのないようにするとともに、新地方自治法別表第1に掲げるもの及び新地方自治法に基づく政令に示すものについては、地方分権を推進する観点から検討を加え、適宜、適切な見直しを行うものとする。

第251条　政府は、地方公共団体が事務及び事業を自主的かつ自立的に執行できるよう、国と地方公共団体との役割分担に応じた地方税財源の充実確保の方途について、経済情勢の推移等を勘案しつつ検討し、その結果に基づいて必要な措置を講ずるものとする。

○中央省庁等改革関係法施行法（平成11法律160）抄

（処分、申請等に関する経過措置）

第1301条　中央省庁等改革関係法及びこの法律（以下「改革関係法等」と総称する。）の施行前に法令の規定により従前の国の機関がした免許、許可、認可、承認、指定その他の処分又は通知その他の行為は、法令に別段の定めがあるもののほか、改革関係法等の施行後は、改革関係法等の施行後の法令の相当規定に基づいて、相当の国の機関がした免許、許可、認可、承認、指定その他の処分又は通知その他の行為とみなす。
2　改革関係法等の施行の際現に法令の規定により従前の国の機関に対してされている申請、届出その他の行為は、法令に別段の定めがあるもののほか、改革関係法等の施行後は、改革関係法等の施行後の法令の相当規定に基づいて、相当の国の機関に対してされた申請、届出その他の行為とみなす。
3　改革関係法等の施行前に法令の規定により従前の国の機関に対し報告、届出、提出その他の手続をしなければならないとされている事項で、改革関係法等の施行の日前にその手続がされていないものについては、法令に別段の定めがあるもののほか、改革関係法等の施行後は、これを、改革関係法等の施行後の法令の相当規定により相当の国の機関に対して報告、届出、提出その他の手続をしなければならないとされた事項についてその手続がされていないものとみなして、改革関係法等の施行後の法令の規定を適用する。

（従前の例による処分等に関する経過措置）

第1302条　なお従前の例によることとする法令の規定により、従前の国の機関がすべき免許、

許可、認可、承認、指定その他の処分若しくは通知その他の行為又は従前の国の機関に対してすべき申請、届出その他の行為については、法令に別段の定めがあるもののほか、改革関係法等の施行後は、改革関係法等の施行後の法令の規定に基づくその任務及び所掌事務の区分に応じ、それぞれ、相当の国の機関がすべきものとし、又は相当の国の機関に対してすべきものとする。

（罰則に関する経過措置）

第1303条 改革関係法等の施行前にした行為に対する罰則の適用については、なお従前の例による。

（政令への委任）

第1344条 第71条から第76条まで及び第1301条から前条まで並びに中央省庁等改革関係法に定めるもののほか、改革関係法等の施行に関し必要な経過措置（罰則に関する経過措置を含む。）は、政令で定める。

　　　附　則（平成11年12月22日法律第160号）抄

（施行期日）

第1条 この法律（第2条及び第3条を除く。）は、平成13年1月6日から施行する。ただし、次の各号に掲げる規定は、当該各号に定める日から施行する。

1　第995条（核原料物質、核燃料物質及び原子炉の規制に関する法律の一部を改正する法律附則の改正規定に係る部分に限る。）、第1305条、第1306条、第1324条第2項、第1326条第2項及び第1344条の規定　公布の日

────────────

　　　附　則（平成12年5月31日法律第91号）抄

（施行期日）

1　この法律は、商法等の一部を改正する法律（平成12年法律第90号）の施行の日から施行する。

　　　　（施行の日＝平成13年4月1日）

　　　附　則（平成23年6月22日法律第70号）抄

（施行期日）

第1条 この法律は、平成24年4月1日から施行する。ただし、次条の規定は公布の日から、附則第17条の規定は地域の自主性及び自立性を高めるための改革の推進を図るための関係法律の整備に関する法律（平成23年法律第105号）の公布の日又はこの法律の公布の日のいずれか遅い日から施行する。

　　　（地域の自主性及び自立性を高めるための改革の推進を図るための関係法律の整備に関する法律（平成23年法律第105号）の公布の日＝平成23年8月30日）

　　　附　則（平成23年8月30日法律第105号）抄

（施行期日）

第1条 この法律は、公布の日から施行する。ただし、次の各号に掲げる規定は、当該各号に定める日から施行する。

Ⅳ　資料編

1　略
2　第２条、第10条（構造改革特別区域法第18条の改正規定に限る。）、第14条（地方自治法第252条の19、第260条並びに別表第１騒音規制法（昭和43年法律第98号）の項、都市計画法（昭和43年法律第100号）の項、都市再開発法（昭和44年法律第38号）の項、環境基本法（平成５年法律第91号）の項及び密集市街地における防災街区の整備の促進に関する法律（平成９年法律第49号）の項並びに別表第２都市再開発法（昭和44年法律第38号）の項、公有地の拡大の推進に関する法律（昭和47年法律第66号）の項、大都市地域における住宅及び住宅地の供給の促進に関する特別措置法（昭和50年法律第67号）の項、密集市街地における防災街区の整備の促進に関する法律（平成９年法律第49号）の項及びマンションの建替えの円滑化等に関する法律（平成14年法律第78号）の項の改正規定に限る。）、第17条から第19条まで、第22条（児童福祉法第21の５の６、第21条の５の15、第21条の５の23、第24条の９、第24条の17、第24条の28及び第24条の36の改正規定に限る。）、第23条から第27条まで、第29条から第33条まで、第34条（社会福祉法第62条、第65条及び第71条の改正規定に限る。）、第35条、第37条、第38条（水道法第46条、第48条の２、第50条及び第50条の２の改正規定を除く。）、第39条、第43条（職業能力開発促進法第19条、第23条、第28条及び第30条の２の改正規定に限る。）、第51条（感染症の予防及び感染症の患者に対する医療に関する法律第64条の改正規定に限る。）、第54条（障害者自立支援法第88条及び第89条の改正規定を除く。）、第65条（農地法第３条第１項第９号、第４条、第５条及び第57条の改正規定を除く。）、第87条から第92条まで、第99条（道路法第24条の３及び第48条の３の改正規定に限る。）、第101条（土地区画整理法第76条の改正規定に限る。）、第102条（道路整備特別措置法第18条から第21条まで、第27条、第49条及び第50条の改正規定に限る。）、第103条、第105条（駐車場法第４条の改正規定を除く。）、第107条、第108条、第115条（首都圏近郊緑地保全法第15条及び第17条の改正規定に限る。）、第116条（流通業務市街地の整備に関する法律第３条の２の改正規定を除く。）、第118条（近畿圏の保全区域の整備に関する法律第16条及び第18条の改正規定に限る。）、第120条（都市計画法第６条の２、第７条の２、第８条、第10条の２から第12条の２まで、第12条の４、第12条の５、第12条の10、第14条、第20条、第23条、第33条及び第58条の２の改正規定を除く。）、第121条（都市再開発法第７条の４から第７条の７まで、第60条から第62条まで、第66条、第98条、第99条の８、第139条の３、第141条の２及び第142条の改正規定に限る。）、第125条（公有地の拡大の推進に関する法律第９条の改正規定を除く。）、第128条（都市緑地法第20条及び第39条の改正規定を除く。）、第131条（大都市地域における住宅及び住宅地の供給の促進に関する特別措置法第７条、第26条、第64条、第67条、第104条及び第109条の２の改正規定に限る。）、第142条（地方拠点都市地域の整備及び産業業務施設の再配置の促進に関する法律第18条及び第21条から第23条までの改正規定に限る。）、第145条、第146条（被災市街地復興特別措置法第５条及び第７条第３項の改正規定を除く。）、第149条（密集市街地における防災街区の整備の促進に関する法律第20条、第21条、第191条、第192条、第197条、第233条、第241条、第283条、第311条及び第318条の改正規定に限る。）、第105条（都市再生特別措置法第51条第４項の改正規定に限る。）、第156条（マンションの建替えの円滑化等に関する法律第百２条の改正規定を除く。）、第157条、第158条（景観法第57条の改正規定に限る。）、第160条（地域における多様な需要に応じた公的賃貸住宅等の整備等に関する特別措置法第６条第５項の改正規定（「第２項第２号イ」を「第２項第１号イ」に改める部分を除く。）並びに同法第11条及び第13条の改正規定に限る。）、第162条（高齢者、障害者等の移動等の円滑化の促進に関する法律第10条、第12条、第13条、第

36条第2項及び第56条の改正規定に限る。）、第165条（地域における歴史的風致の維持及び向上に関する法律第24条及び第29条の改正規定に限る。）、第169条、第171条（廃棄物の処理及び清掃に関する法律第21条の改正規定に限る。）、第174条、第178条、第182条（環境基本法第16条及び第40条の2の改正規定に限る。）及び第187条（鳥獣の保護及び狩猟の適正化に関する法律第15条の改正規定、同法第28条第9項の改正規定（「第4条第3項」を「第4条第4項」に改める部分を除く。）、同法第29条第4項の改正規定（「第4条第3項」を「第4条第4項」に改める部分を除く。）並びに同法第34条及び第35条の改正規定に限る。）の規定並びに附則第13条、第15条から第24条まで、第25条第1項、第26条、第27条第1項から第3項まで、第30条から第32条まで、第38条、第44条、第46条第1項及び第4項、第47条から第49条まで、第51条から第53条まで、第55条、第58条、第59条、第61条から第69条まで、第71条、第72条第1項から第3項まで、第74条から第76条まで、第78条、第80条第1項及び第3項、第83条、第87条（地方税法第587条の2及び附則第11条の改正規定を除く。）、第89条、第90条、第92条（高速自動車国道法第25条の改正規定に限る。）、第101条、第102条、第105条から第107条まで、第112条、第117条（地域における多様な主体の連携による生物の多様性の保全のための活動の促進等に関する法律（平成22年法律第72号）第4条第8項の改正規定に限る。）、第119条並びに第123条第2項の規定　平成24年4月1日

（工場立地法の一部改正に伴う経過措置）
第44条　第88条の規定の施行の際現に効力を有する都道府県が同条の規定による改正前の工場立地法（次項において「旧工場立地法」という。）第4条の2第1項の規定により定めた準則で、当該都道府県の区域のうち市の区域に係るものは、当該市が第88条の規定による改正後の工場立地法第4条の2第2項の規定により準則を定めた条例の施行の日又は当該都道府県が条例で定める日のいずれか早い日までの間は、当該市が定めた準則とみなす。
2　第88条の規定の施行前に都道府県知事にされた旧工場立地法第6条第1項、第7条第1項又は第8条第1項の規定による届出で、その設置の場所が市の区域に属する旧工場立地法第6条第1項に規定する特定工場に係るものは、第88条の規定の施行の日以後においては、当該特定工場の設置の場所を管轄する市長にされた届出とみなす。ただし、当該届出であって同日において勧告、勧告に係る事項を変更すべき旨の命令又は実施の制限の期間の短縮の処理がされていないものについての勧告、勧告に係る事項を変更すべき旨の命令又は実施の制限の期間の短縮については、なお従前の例による。

（罰則に関する経過措置）
第81条　この法律（附則第1条各号に掲げる規定にあっては、当該規定。以下この条において同じ。）の施行前にした行為及びこの附則の規定によりなお従前の例によることとされる場合におけるこの法律の施行後にした行為に対する罰則の適用については、なお従前の例による。

（政令への委任）
第82条　この附則に規定するもののほか、この法律の施行に関し必要な経過措置（罰則に関する経過措置を含む。）は、政令で定める。

（工場立地の調査等に関する法律の一部を改正する法律の一部改正に伴う経過措置）
第102条　前条の規定の施行前に都道府県知事にされた同条の規定による改正前の工場立地の調査等に関する法律の1部を改正する法律（以下この条において「旧昭和48年改正法」という。）附則第3条第1項の規定による届出で、その設置の場所が市の区域に属する旧昭和48年改正法附則第2条第1項に規定する新法特定工場に係るものは、前条の規定の施行の日以後において

は、当該新法特定工場の設置の場所を管轄する市長にされた届出とみなす。ただし、当該届出であって同日において勧告、勧告に係る事項を変更すべき旨の命令又は実施の制限の期間の短縮の処理がされていないものについての勧告、勧告に係る事項を変更すべき旨の命令又は実施の制限の期間の短縮については、なお従前の例による。

　　　附　則　（平成23年12月14日法律第122号）　抄
（施行期日）
第1条　この法律は、公布の日から起算して2月を超えない範囲内において政令で定める日から施行する。ただし、次の各号に掲げる規定は、当該各号に定める日から施行する。
　一　附則第6条、第8条、第9条及び第13条の規定　公布の日

2．工場立地法施行令

（昭和49年2月22日）
（政令第29号）
最終改正：平成24年6月1日

　内閣は、工場立地法（昭和34年法律第24号）第6条第1項、第14条第3項、第15条の3及び第15条の5の規定に基づき、この政令を制定する。

（特定工場）
第1条　工場立地法（以下「法」という。）第6条第1項の政令で定める業種に属する工場又は事業場は、電気供給業に属する発電所で水力若しくは地熱を原動力とするもの又は太陽光を電気に変換するものとする。
第2条　法第6条第1項の政令で定める規模は、敷地面積については9千平方メートル、建築物の建築面積の合計については3千平方メートルとする。

（報告）
第3条　工場適地の調査及び工場立地の動向の調査について法第15条の3の規定により経済産業大臣が報告をさせることができる事項は、次のとおりとする。
　1　工場又は事業場の敷地面積及び建築面積
　2　生産数量及び生産能力
　3　工業用水及び電力の使用の状況
　4　燃料、原材料、外注部品及び製品の輸送の状況
　5　従業員の雇用の状況
　6　公害防止施設の状況
　7　工場又は事業場の設置に関する計画又は長期の見通し
2　工場立地に伴う公害の防止に関する調査について法第15条の3の規定により経済産業大臣及び環境大臣が報告をさせることができる事項は、次のとおりとする。
　1　工場又は事業場の敷地面積
　2　生産数量及び生産能力
　3　生産施設、公害防止施設その他の施設の配置
　4　燃料、原材料及び工業用水の使用の状況
　5　汚染物質の発生の状況
　6　汚染物質の処理その他の公害防止のための措置の内容

　　　附　則　抄
1　この政令は、工場立地の調査等に関する法律の一部を改正する法律（昭和48年法律第108号）の施行の日（昭和49年3月31日）から施行する。
2　工場立地の調査等に関する法律施行令（昭和36年政令第290号）は廃止する。

　　　附　則（昭和53年7月5日政令第282号）抄
（施行期日）

第1条　この政令は、公布の日から施行する。

　　　附　則（昭和56年3月27日政令第42号）

（施行期日）

1　この政令は、地方支分部局の整理のための行政管理庁設置法等の一部を改正する法律（以下「改正法」という。）の施行の日（昭和56年4月1日）から施行する。

（経過措置）

2　改正法の施行前に新潟海運局長が法律若しくはこれに基づく命令の規定によりした許可、認可その他の処分又は契約その他の行為（以下「処分等」という。）は、改正法による改正後のそれぞれの法律若しくはこれに基づく命令の規定又はこの政令による改正後のそれぞれの政令の規定により新潟海運監理部長がした処分等とみなす。

3　改正法の施行前に新潟海運局長に対してした申請、届出その他の行為（以下「申請等」という。）は、改正法による改正後のそれぞれの法律若しくはこれに基づく命令の規定又はこの政令による改正後のそれぞれの政令の規定により新潟海運監理部長に対してした申請とみなす。

　　　附　則（昭和56年3月31日政令第73号）抄

（施行期日）

第1条　この政令は、昭和56年4月1日から施行する。

　　　附　則（昭和59年6月6日政令第176号）抄

（施行期日）

第1条　この政令は、昭和59年7月1日から施行する。

（経過措置）

第2条　この政令の施行前に次の表の上欄に掲げる行政庁が法律若しくはこれに基づく命令の規定によりした許可、認可その他の処分又は契約その他の行為（以下「処分等」という。）は、同表の下欄に掲げるそれぞれの行政庁がした処分等とみなし、この政令の施行前に同表の上欄に掲げる行政庁に対してした申請、届出その他の行為（以下「申請等」という。）は、同表の下欄に掲げるそれぞれの行政庁に対してした申請等とみなす。

北海海運局長	北海道運輸局長
東北海運局長（山形県又は秋田県の区域に係る処分等又は申請等に係る場合を除く。）	東北運輸局長
東北海運局長（山形県又は秋田県の区域に係る処分等又は申請等に係る場合に限る。）及び新潟海運監理部長	新潟運輸局長
関東海運局長	関東運輸局長
東海海運局長	中部運輸局長
近畿海運局長	近畿運輸局長
中国海運局長	中国運輸局長
四国海運局長	四国運輸局長
九州海運局長	九州運輸局長
神戸海運局長	神戸海運監理部長

札幌陸運局長	北海道運輸局長
仙台陸運局長	東北運輸局長
新潟陸運局長	新潟運輸局長
東京陸運局長	関東運輸局長
名古屋陸運局長	中部運輸局長
大阪陸運局長	近畿運輸局長
広島陸運局長	中国運輸局長
高松陸運局長	四国運輸局長
福岡陸運局長	九州運輸局長

附　則（平成４年８月７日政令第269号）

1　この政令は、平成４年９月１日から施行する。
2　この政令による改正後の第５条の規定により別表の６の項の下欄に掲げる者が行うこととなる同条第１項第１号（工場立地法第12条第１項及び第13条第３項に係るものに限る。）又は第２号から第５号までに掲げる事項であって、この政令の施行前に大蔵大臣、厚生大臣、農林水産大臣又は同表の１の項から５の項までの下欄に掲げる者にされた同法第６条第１項、第７条第１項若しくは第８条第１項又は工場立地の調査等に関する法律の一部を改正する法律附則第３条第１項の規定に基づく届出に係るものについては、なお従前の例による。

附　則（平成10年１月５日政令第２号）抄

（施行期日）
1　この政令は、工場立地法の一部を改正する法律の施行の日（平成10年１月31日）から施行する。

附　則（平成12年６月７日政令第311号）抄

（施行期日）
1　この法律は、内閣法の一部を改正する法律（平成11年法律第88号）の施行の日（平成13年１月６日）から施行する。

附　則（平成24年６月１日政令第159号）抄

（施行期日）
1　この政令は、公布の日から施行する。
2　この政令の施行前にした行為に対する罰則の適用については、なお従前の例による。

3．工場立地法施行規則

(昭和49年3月29日)
(大蔵省、厚生省、農林省、通商産業省、運輸省令第1号)
最終改正：平成24年6月15日

　工場立地法（昭和34年法律第24号）第4条第1項、第6条第1項及び第2項（第7条第2項及び第8条第2項において準用する場合を含む。）、第7条第1項、第8条第1項並びに工場立地の調査等に関する法律の一部を改正する法律（昭和48年法律第108号）附則第3条第1項の規定に基づき、並びに工場立地法を実施するため、工場立地法施行規則を次のように定める。

（用語）
第1条　この省令において使用する用語は、工場立地法（昭和34年法律第24号。以下「法」という。）において使用する用語の例による。
（生産施設）
第2条　法第4条第1項第1号の生産施設は、次の各号に掲げる施設（地下に設置されるものを除く。）とする。
1　製造業における物品の製造工程（加工修理工程を含む。）、電気供給業における発電工程、ガス供給業におけるガス製造工程又は熱供給業における熱発生工程を形成する機械又は装置（次号において「製造工程等形成施設」という。）が設置される建築物
2　製造工程等形成施設で前号の建築物の外に設置されるもの（製造工程等形成施設の主要な部分に係る附帯施設であって周辺の地域の生活環境の保持に支障を及ぼすおそれがないことが特に認められるものを除く。）
（緑地）
第3条　法第4条第1項第1号の緑地は、次の各号に掲げる土地又は施設（建築物その他の施設（以下「建築物等施設」という。）に設けられるものであって、当該建築物等施設の屋上その他の屋外に設けられるものに限る。（以下「建築物屋上等緑化施設」という。）とする。
1　樹木が生育する区画された土地又は建築物屋上等緑化施設であって、工場又は事業場の周辺の地域の生活環境の保持に寄与するもの。
2　低木又は芝その他の地被植物（除草等の手入れがなされているものに限る。）で表面が被われている土地又は建築物屋上等緑化施設
（緑地以外の環境施設）
第4条　法第4条第1項第1号の緑地以外の主務省令で定める環境施設は、次の各号に掲げる土地又は施設であって工場又は事業場の周辺の地域の生活環境の保持に寄与するように管理がなされるものとする。
1　次に掲げる施設の用に供する区画された土地（緑地と重複する部分を除く。）
　イ　噴水、水流、池その他の修景施設
　ロ　屋外運動場
　ハ　広場
　ニ　屋内運動施設
　ホ　教養文化施設
　ヘ　雨水浸透施設

ト　太陽光発電施設
　　チ　イからトに掲げる施設のほか、工場又は事業場の周辺の地域の生活環境の保持に寄与することが特に認められるもの
　２　太陽光発電施設のうち建築物等施設の屋上その他の屋外に設置されるもの（緑地又は前号に規定する土地と重複するものを除く。）

第5条　削除

（特定工場の新設等の届出）
第6条　法第6条第1項、第7条第1項若しくは第8条第1項又は工場立地の調査等に関する法律の一部を改正する法律（昭和48年法律第108号）附則第3条第1項の規定による届出（以下「新設等の届出」という。）をしようとする者は、当該特定工場の設置の場所を管轄する都道府県知事（当該特定工場の設置の場所が市の区域に属する場合にあっては、当該特定工場の設置の場所を管轄する市長）に、様式第1（特定工場の設置の場所が指定地区に属するときは、様式第2）による届出書を1部提出しなければならない。
２　法第6条第2項（法第7条第2項及び第8条第2項において準用する場合を含む。）の主務省令で定める書類は、次の各号（当該特定工場の設置の場所が指定地区に属しない場合にあっては、第1号から第5号まで及び第8号）に掲げるものとする。
　１　次に掲げる事項を記載した当該特定工場の事業概要説明書
　　イ　生産の開始の時期並びに生産数量及び生産能力
　　ロ　工業用水及び電力の使用量
　　ハ　従業員数
　２　生産施設、緑地、環境施設その他の主要施設の配置図
　３　当該特定工場の用に供する土地及びその周辺の土地の利用状況を説明した書類
　４　工業団地内の工場敷地、次条の施設、公共道路その他の主要施設の配置図（工業団地に当該特定工場の新設等が行われる場合であって法第8条第1項の規定による届出以外の新設等の届出をする場合に限る。）
　５　隣接緑地等における環境施設の配置図（工業集合地に当該特定工場の新設等が行われる場合であって法第4条第1項第3号ロに掲げる事項に係る同項第1号及び第2号に掲げる事項の特例の適用を受けようとする場合に限る。）
　６　汚染物質の発生経路及び汚染物質の処理工程を示す図面
　７　工場立地に伴う公害の防止に関する調査の対象となった物質であって別表第1及び別表第2に掲げる物質以外のもののうち指定地区ごとに経済産業大臣及び環境大臣が定めるものの最大排出予定量に関する事項を説明した書類
　８　当該特定工場の新設等のための工事の日程を説明した書類
３　法第8条第1項の規定による届出をしようとする者は、当該届出に係る特定工場の新設等の届出の際に添付した前項の書類であって最終のものに示した事項について変更がない場合には、当該書類に相当する書類の添付を省略することができる。

（工業団地共通施設）
第7条　法第6条第1項第5号の緑地、環境施設その他の主務省令で定める施設（以下「工業団地共通施設」という。）は、工業団地内の次の各号に掲げる施設（工業団地に設置される工場

又は事業場の敷地内にあるものを除く。）とする。
1　緑地及び緑地以外の環境施設
2　排水施設、工業団地管理事務所、集会所、駐車場その他これらに類する施設の敷地
（汚染物質）
第8条　法第6条第1項第6号に規定する汚染物質のうち、大気に係るものは別表第1に掲げる物質とし、水質に係るものは別表第2に掲げる物質とする。
（軽微な変更）
第9条　法第7条第1項の主務省令で定める軽微な変更は、次のとおりとする。
1　法第6条第1項第5号の事項に係る変更を伴わない当該特定工場の建築面積の変更
2　特定工場に係る生産施設の修繕によるその面積の変更であって、当該修繕に伴い増加する面積の合計が30平方メートル未満のもの
3　特定工場に係る生産施設の撤去
4　特定工場に係る緑地又は緑地以外の環境施設の増加
5　特定工場に係る緑地又は緑地以外の環境施設の移設であって、当該移設によりそれぞれの面積の減少を伴わないもの（周辺の地域の生活環境の保持に支障を及ぼすおそれがないものに限る。）
6　特定工場に係る緑地の削減によるその面積の変更であって、当該削減によって減少する面積の合計が10平方メートル以下のもの（保安上その他やむを得ない事由により速やかに行う必要がある場合に限る。）
（氏名等の変更の届出）
第10条　法第12条の規定による届出は、様式第3による届出書によってしなければならない。
2　第6条第1項の規定は、前項の届出の場合に準用する。
（承継の届出）
第11条　法第13条第3項の規定による届出は、様式第4による届出書によってしなければならない。
2　第6条第1項の規定は、前項の届出の場合に準用する。
（条例等に係る適用除外）
第12条　前2条の規定は、都道府県（特定工場の設置の場所が市の区域に属する場合にあっては、指定都市）の条例、規則その他の定めに別段の定めがあるときは、その限度において適用しない。

附　則　抄
1　この省令は、工場立地の調査等に関する法律の一部を改正する法律（昭和49年3月31日）から施行する。
2　工場立地の調査等に関する法律施行規則（昭和36年大蔵省、厚生省、農林省、通商産業省、運輸省令第1号）は廃止する。

附　則（昭和53年7月5日大蔵省、厚生省、農林省、通商産業省、運輸省令第2号）
この省令は公布の日から施行する。

附　則（昭和56年3月30日大蔵省、厚生省、農林水産省、通商産業省、運輸省令第2号）

この省令は、地方支分部局の整理のための行政管理庁設置法等の一部を改正する法律の施行の日（昭和56年４月１日）から施行する。

　　　附　　則（昭和57年３月23日大蔵省、厚生省、農林水産省、通商産業省、運輸省令第１号）
　この省令は、昭和57年４月１日から施行する。

　　　附　　則（昭和59年６月22日大蔵省、厚生省、農林水産省、通商産業省、運輸省令第２号）
　この省令は、昭和59年７月１日から施行する。

　　　附　　則（昭和61年４月26日大蔵省、厚生省、農林水産省、通商産業省、運輸省令第１号）
　この省令は公布の日から施行する。

　　　附　　則（平成４年８月31日大蔵省、厚生省、農林水産省、通商産業省、運輸省令第１号）
１　この省令は、工場立地法施行令の一部を改正する政令（平成４年政令第269号）の施行の日（平成４年９月１日）から施行する。
２　この省令の施行前に改正前の工場立地法施行規則第６条第１項、第10条第２項又は第11条第２項の規定により別表第２の１の項から７の項の中欄に掲げる者に提出された届出書については、なお従前の例による。

　　　附　　則（平成６年12月26日大蔵省、厚生省、農林水産省、通商産業省、運輸省令第２号）
　この省令は、平成７年１月１日から施行する。ただし、様式第１から様式第４までの改正規定の適用に関しては、平成７年３月31日までは、なお従前の例によることができる。

　　　附　　則（平成10年１月12日大蔵省、厚生省、農林水産省、通商産業省、運輸省令第１号）
　この省令は、工場立地法の一部を改正する法律の施行の日（平成10年１月31日）から施行する。

　　　附　　則（平成12年１月13日大蔵省、厚生省、農林水産省、通商産業省、運輸省令第１号）
　この省令は、平成12年４月１日から施行する。

　　　附　　則（平成12年９月19日大蔵省、厚生省、農林水産省、通商産業省、運輸省令第５号）
　この省令は、平成13年１月６日から施行する。

　　　附　　則（平成16年３月31日財務省、厚生労働省、農林水産省、経済産業省、国土交通省令第１号）
　この省令は、公布の日から施行する。

　　　附　　則（平成22年６月30日財務省、厚生労働省、農林水産省、経済産業省、国土交通省令第１号）
　この省令は、公布の日から施行する。

附　則（平成23年９月30日財務省、厚生労働省、農林水産省、経済産業省、国土交通省令第１号）

この省令は、公布の日から施行する。

　　附　則（平成24年２月17日財務省、厚生労働省、農林水産省、経済産業省、国土交通省令第１号）

この省令は、地域の自主性及び自立性を高めるための改革の推進を図るための関係法律の整備に関する法律附則第１条第２号に掲げる規定の施行の日（平成24年４月１日）から施行する。

　　附　則（平成24年６月15日財務省、厚生労働省、農林水産省、経済産業省、国土交通省令第２号）

この省令は、公布の日から施行する。

別表第１　（第６条・第８条関係）
　　　　　　　　　（昭56蔵厚農水通産運令２・一部改正、平10蔵厚農水通産運令１・旧別表第３繰上）
１　いおう酸化物
２　窒素酸化物
３　ばいじん
４　カドミウム及びその化合物
５　塩素及び塩化水素
６　ふつ素、ふつ化水素及びふつ化けい素
７　鉛及びその化合物
８　粉じん

別表第２　（第６条・第８条関係）
　　　　　　　　　（昭56蔵厚農水通産運令２・一部改正、平10蔵厚農水通産運令１・旧別表第４繰上）
１　生物化学的酸素要求量又は化学的酸素要求量として表示される有機性物質
２　浮遊物質
３　ノルマルヘキサン抽出物質
４　カドミウム及びその化合物
５　シアン化合物
６　有機りん化合物（ジエチルパラニトロフェニルチオホスフェイト（別名パラチオン）、ジメチルパラニトロフェニルチオホスフェイト（別名メチルパラチオン）、ジメチルエチルメルカプトエチルチオホスフェイト（別名メチルジメトン）及びエチルパラニトロフェニルチオノベンゼンホスホネイト（別名ＥＰＮ）に限る。）
７　鉛及びその化合物
８　六価クロム化合物
９　ひ素及びその化合物
10　水銀及びアルキル水銀その他の水銀化合物
11　水素イオン
12　フェノール類

13 銅
14 亜鉛
15 溶解性鉄
16 溶解性マンガン
17 クロム
18 ふっ素
19 大腸菌群

Ⅳ　資料編

様式第1〔第6条〕（平10蔵厚農水通産運令1・全改、平16財厚労農水経産国交令1・一部改正）

特定工場新設（変更）届出書（一般用）

　　　　　　　　　　　　　　　　　　　　　　　　　　　　年　　月　　日

　　殿

　　　　　　　　　　　　　　　　　届出者（氏名又は名称及び住所並びに法　）　印
　　　　　　　　　　　　　　　　　　　　（人にあってはその代表者の氏名　）

　　　　　　　　　　　　　　　　（担当者）　電話（　）（　）　　　番

　工場立地法第6条第1項（第7条第1項、第8条第1項、工場立地の調査等に関する法律の一部を改正する法律（昭和48年法律第108号。以下「一部改正法」という。）附則第3条第1項）の規定により、特定工場の新設（変更）について、次のとおり届け出ます。

1	特定工場の設置の場所		
2	特定工場における製品（加工修理業に属するものにあつては加工修理の内容、電気供給業、ガス供給業又は熱供給業に属するものにあつては特定工場の種類）		
3	特定工場の敷地面積		m²
4	特定工場の建築面積		m²
5	特定工場における生産施設の面積	別紙1のとおり	
6	特定工場における緑地及び環境施設の面積及び配置	別紙2のとおり	
7	工業団地の面積並びに工業団地共通施設の面積及び工業団地の環境施設の配置	別紙3のとおり	
8	隣接緑地等の面積及び配置並びに負担総額及び届出者が負担する費用	別紙4のとおり	
9	特定工場の新設（変更）のための工事の開始の予定日	造成工事等	
		施設の設置工事	

※ 整理番号		※ 備考	
※ 受理年月日			
※ 審査結果			

備考　1　※印の欄には、記載しないこと。
　　　2　6欄から8欄について、規則第4条に規定する緑地以外の環境施設以外の施設と重複する土地及び規則第3条に規定する建築物屋上等緑化施設はそれ以外の緑地と区別して記載すること。
　　　3　法第6条第1項の規定による新設の届出の場合は、1欄から9欄までのすべての欄（特定工場の設置の場所が工業団地に属しない場合は7欄を、工業集合地特例の適用を受けようとしない場合は8欄を除く。）に記載すること。
　　　4　法第7条第1項又は一部改正法附則第3条第1項の規定による変更の届出の場合は、1欄から9欄までのすべての欄（特定工場の設置の場所が工業団地に属しない場合は7欄を、工業集合地特例の適用を受けようとしない場合は8欄を除く。）に記載するとともに、2欄から6欄まで及び8欄のうち変更のある欄については、変更前及び変更後の内容を対照させること。
　　　5　法第8条第1項の規定による変更の届出の場合は、1欄及び9欄に記載するとともに、2欄から6欄まで及び8欄のうち変更のある欄については、変更前及び変更後の内容を対照させて記載すること。
　　　6　9欄については、埋立及び造成工事を行う場合にあっては造成工事等の欄に、生産施設、緑地等の施設の設置工事を行う場合にあっては施設の設置工事の欄に、それぞれ該当する日を記載すること。
　　　7　届出書及び別紙の用紙の大きさは、図面、表等やむを得ないものを除き、日本工業規格A4とすること。

第1節　関係法令集

様式第2（平10蔵厚農水通産運令1・全改、平16財厚労農水経産国交令1・一部改正）

特定工場新設（変更）届出書（指定地区用）

年　　月　　日

　　　　殿

届出者（氏名又は名称及び住所並びに法人にあってはその代表者の氏名）　印

（担当者）　電話（　）（　）　　番

工場立地法第6条第1項（第7条第1項、第8条第1項、工場立地の調査等に関する法律の一部を改正する法律（昭和48年法律第108号。以下「一部改正法」という。）附則第3条第1項）の規定により、特定工場の新設（変更）について、次のとおり届け出ます。

1	特定工場の設置の場所					
2	特定工場における製品（加工修理業に属するものにあつては加工修理の内容、電気供給業、ガス供給業又は熱供給業に属するものにあつては特定工場の種類）					
3	特定工場の敷地面積		m²	9	特定工場における大気に係る汚染物質の最大排出予定量	別紙5のとおり
4	特定工場の建築面積		m²			
5	特定工場における生産施設の面積	別紙1のとおり		10	特定工場における水質に係る汚染物質の最大排出予定量	別紙6のとおり
6	特定工場における緑地及び環境施設の面積及び配置	別紙2のとおり		11	燃料及び原材料の使用に関する計画	別紙7のとおり
7	工業団地の面積並びに工業団地共通施設の面積及び工業団地の環境施設の配置	別紙3のとおり		12	公害防止施設の設置その他の措置	別紙8のとおり
8	隣接緑地等の面積及び配置並びに負担総額及び届出者が負担する費用	別紙4のとおり		13	特定工場の新設（変更）のための工事の開始の予定日	造成工事等／施設の設置工事

※	整理番号	
※	受理年月日	
※	審査結果	

※備考

備考　1　※印の欄には、記載しないこと。
　　　2　6欄から8欄について、規則第4条に規定する緑地以外の環境施設以外の施設と重複する土地及び規則第3条に規定する建築物屋上等緑化施設はそれ以外の緑地と区別して記載すること。
　　　3　法第6条第1項の規定による新設の届出の場合は、1欄から13欄までのすべての欄（特定工場の設置の場所が工業団地に属しない場合は7欄を、工業集合地特例の適用を受けようとしない場合は8欄を除く。）に記載すること。
　　　4　法第7条第1項又は一部改正法附則第3条第1項の規定による変更の届出の場合は、1欄から13欄までのすべての欄（特定工場の設置の場所が工業団地に属しない場合は7欄を、工業集合地特例の適用を受けようとしない場合は8欄を除く。）に記載するとともに、2欄から6欄まで及び8欄から12欄までのうち変更のある欄については、変更前及び変更後の内容を対照させること。
　　　5　法第8条第1項の規定による変更の届出の場合は、1欄及び13欄に記載するとともに、2欄から6欄まで及び8欄から12欄までのうち変更のある欄については、変更前及び変更後の内容を対照させて記載すること。ただし、当該変更が指定地区の指定の際当該指定地区において設置されており又は新設のための工事がされている特定工場に係る変更で指定地区の指定の日以後最初に行われるものである場合は、2欄から6欄まで及び8欄から12欄までのうち変更のある欄について変更前及び変更後の内容を対照させて記載するとともに、9欄から12欄までのうち変更のある欄以外のすべての欄に記載すること。
　　　6　13欄については、埋立及び造成工事を行う場合にあっては造成工事等の欄に、生産施設、緑地等の施設の設置工事を行う場合にあっては施設の設置工事の欄に、それぞれ該当する日を記載すること。
　　　7　届出書及び別紙の用紙の大きさは、図面、表等やむを得ないものを除き、日本工業規格A4とすること。

別紙1

特定工場における生産施設の面積

生産施設の名称	施設番号	面　積 (m²)	増減面積 (m²)
生産施設の面積の合計		m²	

備考　1　施設番号欄には、セー1からはじまる一連番号を記載すること。ただし、法第8条第1項の規定による変更の届出の場合には、その変更に係る施設に対応する変更前の施設があるときは当該変更前の施設の届出済の番号を記載し、その変更に係る施設に対応する変更前の施設がないときは届出済の一連番号の次の番号を新たに設けてそれを記載すること。
　　　2　法第7条第1項又は一部改正法附則第3条第1項の規定による変更の届出の場合は、面積欄を変更前と変更後に区分し、変更前の欄には全部の施設の面積を記載するとともに、その変更に係る施設に対応する変更前の施設がないときは「なし」と記載し、変更後の欄にはその変更に係る施設の変更後の面積のみを記載すること。
　　　3　法第8条第1項の規定による変更の届出の場合は、面積欄を変更前と変更後に区分し、その変更に係る施設についてのみ記載し、その施設に対応する変更前の施設がないときは、変更前の欄には「なし」と記載すること。
　　　4　増減面積欄には、法第7条第1項、第8条第1項又は一部改正法附則第3条第1項の規定による変更の届出の場合のみ記載すること。この場合において、当該変更が面積の増加である場合は増加面積を表わす正の数字を、面積の減少である場合は減少面積を表わす負の数字を、面積の減少と増加を同時に行う場合は減少面積を表わす負の数字と増加面積を表わす正の数字の両方を記載すること。
　　　5　生産施設の面積の合計の欄は、変更の届出の場合にあっては、変更前と変更後に区分し、それぞれの欄に当該特定工場における全生産施設の面積の合計を記載すること。

別紙2

特定工場における緑地及び環境施設の面積及び配置

1 緑地及び環境施設の面積

緑地（様式第1又は第2備考2で区別することとされた緑地を除く。）の名称	施設番号	面積（m²）
緑地面積（様式第1又は第2備考2で区別することとされた緑地を除く。）の合計		m²
様式第1又は第2備考2で区別することとされた緑地の名称	施設番号	面積（m²）
様式第1又は第2備考2で区別することとされた緑地の面積の合計		m²
緑　地　面　積　の　合　計		m²
緑　地　以　外　の　環　境　施　設　の　名　称	施設番号	面積（m²）
緑　地　以　外　の　環　境　施　設　の　面　積　の　合　計		m²
環　境　施　設　の　面　積　の　合　計		m²

2 環境施設の配置

敷地の周辺部に配置する環境施設の各施設の番号	
敷地の周辺部に配置する環境施設の面積の合計	m²
配置について勘案した周辺の地域の土地利用の状況などとの関係	

備考　1　緑地の名称の欄には、区画毎に緑地の種類及びその設置の場所を記載すること。
　　　2　その他は、別紙1の備考1から3まで及び5と同様とする。この場合において、「セ―1」とあるのは、緑地（様式第1又は第2備考2で区別することとされた緑地を除く。）にあっては「リ―1」と、様式第1又は第2備考2で区別することとされた緑地にあっては「ジ―1」と、緑地以外の環境施設にあっては「カ―1」と読み替えるものとする。

別紙3

工業団地の面積並びに工業団地共通施設の面積及び配置

工 業 団 地 の 名 称					
工 業 団 地 の 所 在 地					
工 業 団 地 の 面 積					m^2
工業団地内の全工場又は全事業場の敷地面積の合計					m^2
工業団地共通施設の面積の合計					m^2
	うち緑地（様式第1又は第2備考2で区別することとされた緑地を除く。）	面積	m^2		
	うち様式第1又は第2備考2で区別することとされた緑地	面積	m^2		
	うち緑地以外の環境施設	面積	m^2	種類	
	その他の共通施設	面積	m^2	種類	
そ の 他 の 施 設		面積	m^2	種類	
工業団地等の配置に関する概略図その他の説明					

備考 1　その他の施設の面積の欄は、工業団地の面積から工業団地内の全工場又は全事業場の敷地面積の合計及び工業団地共通施設の面積の合計を減じた面積を記載すること。

別紙 4

隣接緑地等の面積及び配置並びに負担総額及び届出者が負担する費用

隣接緑地等の名称					
隣接緑地等の所在地					
隣接緑地等の面積の合計					m²
うち緑地（様式第1又は第2備考2で区別することとされた緑地を除く。）	面積	m²			
うち様式第1又は第2備考2で区別することとされた緑地	面積	m²			
うち緑地以外の環境施設	面積	m²	種類		
事業者の負担する総額	設置費用				円
	維持管理費用				円
うち届出者の負担費用	設置費用				円
	維持管理費用				円
隣接緑地等の配置に関する概略図その他の説明					

備考　1　「事業者の負担する総額」の欄には、隣接緑地等の整備につき当該工業集号地に工場又は事業場を設置する事業者が負担する費用の総額について、設置費用、維持管理費用（毎年の維持管理費用に協定等による維持管理期間を乗じた金額）のそれぞれを記載すること。
　　　2　「うち届出者の負担費用」の欄には、隣接緑地等の整備につき届出者が負担する費用について、設置費用、維持管理費用（毎年の維持管理費用に協定等による維持管理期間を乗じた金額）のそれぞれを記載すること。

別紙 5

特定工場における大気に係る汚染物質の最大排出予定量

ばい煙発生施設又は粉じん発生施設の名称	施設番号	排出ガス温度（℃）	排出ガス量 (N m³／h)		汚染物質の排出予定量					
					いおう酸化物 (N m³／h)	窒素酸化物 (N m³／h)	ばいじん (kg／h)	その他の汚染物質		
			最大		( )	( )	( )	( )	( )	( )
			通常		( )	( )	( )	( )	( )	( )
			最大		( )	( )	( )	( )	( )	( )
			通常		( )	( )	( )	( )	( )	( )
			最大		( )	( )	( )	( )	( )	( )
			通常		( )	( )	( )	( )	( )	( )
			最大		( )	( )	( )	( )	( )	( )
			通常		( )	( )	( )	( )	( )	( )
			最大		( )	( )	( )	( )	( )	( )
			通常		( )	( )	( )	( )	( )	( )
工 場 合 計			最大		( )	( )	( )	( )	( )	( )
			通常		( )	( )	( )	( )	( )	( )

備考　1　粉じんについては、粉じん発生施設ごとの排出ガス温度の欄、排出ガス量の欄及び汚染物質の排出予定量の欄には記載する必要はなく、工場合計の欄に当該特定工場の敷地の境界線における排出予定量及び濃度を記載すること。（濃度は（　）内に記載すること。）
　　　2　粉じん以外の汚染物質については、各ばい煙発生施設の欄の（　）内には排出口におけるばい煙の濃度（乾きガス中の濃度とし、ばい煙処理施設がある場合は処理後の濃度）を記載し、工場合計の欄の（　）内には各ばい煙の濃度を加重平均した濃度を記載すること。
　　　3　その他は、別紙1の備考1から3まで及び5と同様とする。この場合において、「セ—1」とあるのは「タ—1」と、「面積」とあるのは「排出ガス量又は汚染物質の排出予定量」と、「生産施設の面積の合計」とあるのは「工場合計」と、「全生産施設の面積の合計」とあるのは「全てのばい煙発生施設及び粉じん発生施設の排出ガス量及び汚染物質の排出予定量の合計」と読み替えるものとする。

別紙6

特定工場における水質に係る汚染物質の最大排出予定量

汚水等排出施設又は排水口の名称	施設番号又は排水口番号		排出水の量 (m³/day)	汚染物質の排出予定量					
				生物化学的酸素要求量又は化学的酸素要求量として表示される有機性物質 (kg/day)	浮遊物質 (kg/day)	ノルマルヘキサン抽出物質 (kg/day)	その他の汚染物質		
汚水等排出施設		最大		( )	( )	( )	( )	( )	( )
		通常		( )	( )	( )	( )	( )	( )
		最大		( )	( )	( )	( )	( )	( )
		通常		( )	( )	( )	( )	( )	( )
		最大		( )	( )	( )	( )	( )	( )
		通常		( )	( )	( )	( )	( )	( )
排水口		最大		( )	( )	( )	( )	( )	( )
		通常		( )	( )	( )	( )	( )	( )
		最大		( )	( )	( )	( )	( )	( )
		通常		( )	( )	( )	( )	( )	( )
工場合計		最大		( )	( )	( )	( )	( )	( )
		通常		( )	( )	( )	( )	( )	( )

備考 1 水素イオンについては汚水等排出施設及び排水口の欄にその濃度を、工場合計の欄には各排水口における濃度を加重平均した濃度を記載すること。
 2 水素イオン以外の汚染物質については、各汚水等排出施設の欄の（ ）内には汚水等排出施設から排出される排出水中の汚染物質の濃度を、各排水口の欄の（ ）内には排出口における排出水中の汚染物質の濃度を、工場合計の欄の（ ）内には排出口における排出水中の各汚染物質の濃度を加重平均した濃度を記載すること。
 3 その他は、別紙1の備考1から3まで及び5と同様とする。この場合において、「セ―1」とあるのは、汚水等排出施設については「ス―1」と、排出口については「ハ―1」と、「面積」とあるのは「排出水の量又は汚染物質の排出予定量」と、「生産施設の面積の合計」とあるのは「工場合計」と、「全生産施設の面積の合計」とあるのは「全ての排出口の排出水の量及び汚染物質の排出予定量の合計」と読み替えるものとする。

Ⅳ　資料編

別紙7

燃料及び原材料の使用に関する計画

用途	種類		燃料原料の別	年間総消費量	平均いおう含有率(％)	平均窒素含有率(％)
燃料・原料	石炭・コークス			(10^3t)		
	原油			(10^3kℓ)		
	重油	いおう含有率2％以上		(10^3kℓ)		
		いおう含有率1.5％〜2％未満		(10^3kℓ)		
		いおう含有率1.0％〜1.5％未満		(10^3kℓ)		
		いおう含有率0.5％〜1.0％未満		(10^3kℓ)		
		いおう含有率0.5％未満		(10^3kℓ)		
	灯軽油			(10^3kℓ)		
	ナフサ			(10^3kℓ)		
	LPG			(10^3t)		
	都市ガス			(10^6N m³)		
	副生ガス・オフガス			(10^6N m³)		
	天然ガス			(10^6N m³)		
	鉄鉱石			(10^3t)		
	その他（　　　）					
	（　　　）					
	（　　　）					
材料						

備考　1　年間総消費量の欄には、4月から翌年3月までの消費量を記載すること。
　　　2　同一物質を燃料及び原料に使用する場合には、燃料と原料とに区分してそれぞれ記載すること。
　　　3　その他の欄及び材料の欄には、汚染物質の発生に影響のある燃料、原料及び材料について記載すること。
　　　4　その他は、別紙1の備考2及び3と同様とする。この場合において、「面積」とあるのは、「年間総消費量、平均いおう含有率及び平均窒素含有率」と、「施設」とあるのは、「燃料、原料又は材料」と読み替えるものとする。

別紙 8

公害防止施設の設置その他の措置

公害防止施設の名称	施設番号	公害防止施設が設置されるばい煙発生施設、粉じん発生施設又は汚水等排出施設の施設番号	排出ガス量又は排出水の量	処理される汚染物質の種類	処理能力	汚染物質の処理前の排出量及び濃度(A)	汚染物質の処理後の排出量及び濃度(B)	汚染物質の除去効率 $\left(\dfrac{A-B}{A}\right)$
( )								
( )								
( )								
( )								
( )								
( )								
( )								
( )								
( )								
( )								
その他の措置								

備考 1 公害防止施設の名称の欄の（ ）には、処理の方式を記載すること。（煙突にあっては、（ ）には、高さを記載すること。）
　　 2 その他は、別紙1の備考1から3までと同様とする。この場合において、「セ―1」とあるのは「コ―1」と、「面積」とあるのは「処理能力」と読み替えるものとする。

Ⅳ 資料編

様式第3（平6蔵厚農水通産運令2・一部改正）

氏名（名称、住所）変更届出書

年　月　日

殿

届出者　（氏名又は名称及び住所並びに法人にあつてはその代表者の氏名）　印
（担当者）　電話（　）（　）　番

氏名(名称、住所)に変更があつたので、工場立地法第12条第1項の規定により、次のとおり届け出ます。

変更の内容	変更前		
	変更後		
変更年月日		変更の理由	
※整理番号		※受理年月日	
※備考			

備考　1　※印の欄には、記載しないこと。
　　　2　用紙の大きさは、日本工業規格A4とすること。

様式第4（平6蔵厚農水通産運令2・一部改正）

特定工場承継届出書

年　月　日

殿

届出者　（氏名又は名称及び住所並びに法人にあつてはその代表者の氏名）　印
（担当者）　電話（　）（　）　番

特定工場に係る届出をした者の地位を承継したので、工場立地法第13条第3項の規定により、次のとおり届け出ます。

被承継者	氏名又は名称			
	住所			
特定工場の設置の場所			承継の年月日	
			承継の原因	
※整理番号			※受理年月日	
※備考				

備考　1　※印の欄には、記載しないこと。
　　　2　用紙の大きさは、日本工業規格A4とすること。

4．工場立地に関する準則

（平成10年1月12日）
（大蔵省、厚生省、農林水産省、通商産業省、運輸省告示第1号）
最終改正：平成24年6月15日

　工場立地法（昭和34年法律第24号）第4条第1項の規定に基づき、工場立地に関する準則（昭和49年3月大蔵省、厚生省、農林省、通商産業省、運輸省告示第1号）の全部を次のように変更したので、同項の規定に基づき、告示する。
（生産施設の面積の敷地面積に対する割合）
第1条　工場立地法施行規則（昭和49年大蔵省、厚生省、農林水産省、通商産業省、運輸省令第1号。以下「規則」という。）第2条各号に掲げる生産施設（以下「生産施設」という。）の面積の敷地面積に対する割合は、別表第1の上欄に掲げる業種の区分に応じ、同表の下欄に掲げる割合以下の割合とする。
（緑地の面積の敷地面積に対する割合）
第2条　規則第3条各号に掲げる緑地（以下「緑地」という。）の面積の敷地面積に対する割合（以下「緑地面積率」という。）は、100分の20以上の割合とする。ただし、規則第4条に規定する緑地以外の環境施設以外の施設又は同条第1号トに掲げる施設と重複する土地及び規則第3条に規定する建築物屋上等緑化施設については、敷地面積に緑地面積率を乗じて得た面積の100分の25の割合を超えて緑地面積率の算定に用いる緑地の面積に算入することができない。
（環境施設の面積の敷地面積に対する割合）
第3条　緑地及び規則第4条の緑地以外の環境施設（以下「環境施設」という。）の面積の敷地面積に対する割合は、100分の25以上の割合とする。
（環境施設の配置）
第4条　環境施設の配置は、製造業等に係る工場又は事業場（以下「工場等」という。）の環境施設のうちその面積の敷地面積に対する割合（以下「環境施設面積率」という。）が100分の15以上になるものを当該工場等の敷地の周辺部に、当該工場等の周辺の地域の土地の利用状況等を勘案してその地域の生活環境の保持に最も寄与するように行うものとする。ただし、工場立地法（昭和34年法律第24号）第4条の2第1項の規定に基づき都道府県準則が定められた場合（以下「都道府県準則が定められた場合」という。）若しくは同条第二項の規定に基づき市準則が定められた場合（以下「市準則が定められた場合」という。）又は企業立地の促進等による地域における産業集積の形成及び活性化に関する法律（平成19年法律第40号）第10条第1項の規定に基づき準則が定められた場合であって、これらの準則に規定する環境施設面積率が100分の15未満である場合には、当該面積率に相当する分の環境施設を当該工場等の敷地の周辺部に、当該工場等の周辺の地域の土地の利用状況等を勘案してその地域の生活環境の保持に最も寄与するように行うものとする。
（工業団地に工場等を設置する場合における特例）
第5条　第1条から第4条までの敷地面積（都道府県準則が定められた場合にあってはその都道府県準則中の敷地面積、市準則が定められた場合にあってはその市準則中の敷地面積。次条において同じ。）、第2条の緑地の面積（都道府県準則が定められた場合にあってはその都道府県準則中の緑地の面積、市準則が定められた場合にあってはその市準則中の緑地の面積。次条において同じ。）並びに第3条及び第4条の環境施設の面積（都道府県準則が定められた場合に

あってはその都道府県準則中の環境施設の面積、市準則が定められた場合にあってはその市準則中の環境施設の面積。次条において同じ。）は、工業団地に工場等を設置する場合であって当該工業団地について一体として配慮することが適切であると認められるときは、次の各号に掲げる式により算定することができるものとする。

1 敷地面積

当該工場等の敷地面積＋規則第7条に規定する工業団地共通施設の面積

$$\times \frac{当該工場等の敷地面積}{工業団地内の全工場又は全事業場の敷地面積の合計}$$

2 緑地の面積

当該工場等の緑地の面積＋規則第7条に規定する工業団地共通施設のうち緑地の面積

$$\times \frac{当該工場等の敷地面積}{工業団地内の全工場又は全事業場の敷地面積の合計}$$

3 環境施設の面積

当該工場等の環境施設の面積＋規則第7条に規定する工業団地共通施設のうち環境施設の面積

$$\times \frac{当該工場等の敷地面積}{工業団地内の全工場又は全事業場の敷地面積の合計}$$

（工業集合地に工場等を設置する場合における特例）

第6条 第1条から第4条までの敷地面積、第2条の緑地の面積並びに第3条及び第4条の環境施設の面積は、工業集合地に隣接する一団の土地に、緑地又は環境施設が計画的に整備されることにより、地域における緑地等の整備の前進につながるなど、周辺の地域の生活環境の改善に寄与すると認められる工業集合地に工場等を設置する場合であって、当該工業集合地及び当該緑地又は環境施設（以下この条において「隣接緑地等」という。）について一体として配慮することが適切であると認められるときは、原則、次の各号に掲げる式により算定することができるものとする。

1 敷地面積

当該工場等の敷地面積＋隣接緑地等の面積

$$\times \frac{隣接緑地等の整備につき当該工場等を設置する者が負担する費用}{隣接緑地等の整備につき工業集合地に工場等を設置する者が負担する費用の総額}$$

2 緑地の面積

当該工場等の緑地の面積＋隣接緑地等のうち緑地の面積

$$\times \frac{隣接緑地等の整備につき当該工場等を設置する者が負担する費用}{隣接緑地等の整備につき工業集合地に工場等を設置する者が負担する費用の総額}$$

3 環境施設の面積

当該工場等の環境施設の面積＋隣接緑地等のうち環境施設の面積

$$\times \frac{隣接緑地等の整備につき当該工場等を設置する者が負担する費用}{隣接緑地等の整備につき工業集合地に工場等を設置する者が負担する費用の総額}$$

なお、例外として、隣接緑地等の整備につき工業集合地に工場等を設置する者がいずれも費用を負担しない場合についても、都道府県知事又は市長は、事業者間の公平性が著しく損なわれることのない範囲において算定することができるものとする。

（備考）

1 昭和49年6月28日に設置されている工場等又は設置のための工事が行われている工場等（以下「既存工場等」という。）において、昭和49年6月29日以後に生産施設の面積の変更（生産施設の面積の減少を除く。以下同じ。）が行われるときは、第1条の規定に適合する生産施設の面積、第2条の規定に適合する緑地の面積及び第3条の規定に適合する環境施設の面積の算定は、それぞれ次の各号に掲げる式によって行うものとする。

1 生産施設の面積

$$P \leq \gamma\left(S - \frac{P_0}{\gamma\alpha}\right) - P_1$$

ただし、$\gamma\left(S - \frac{P_0}{\gamma\alpha}\right) - P_1 \leq 0$のときはP＝0とする。

これらの式において、P、γ、S、P_0、α及びP_1は、それぞれ次の数値を表わすものとする。
P 当該変更に係る生産施設の面積
γ 当該既存工場等が属する別表第1の上欄に掲げる業種についての同表の下欄に掲げる割合
S 当該既存工場等の敷地面積
P_0 昭和49年6月28日に設置されている生産施設の面積及び設置のための工事が行われている生産施設の面積の合計
α 当該既存工場等が属する別表第2の上欄に掲げる業種についての同表の下欄に掲げる数値
P_1 昭和49年6月29日以後に生産施設の面積の変更が行われた場合におけるその変更に係る面積の合計（昭和49年6月29日以後に生産施設の面積の減少が行われる場合は、当該減少に係る面積の合計を減じたもの）

2 当該生産施設の面積の変更に伴い設置する緑地の面積

$$G \geq \frac{P}{\gamma}\left(0.2 - \frac{G_0}{S}\right)$$

ただし、$\frac{P}{\gamma}\left(0.2 - \frac{G_0}{S}\right) > 0.2S - G_1 > 0$のときは$G \geq 0.2S - G_1$とし、$0.2S - G_1 \leq 0$のときは$G \geq 0$とする。

これらの式において、G、P、γ、G_0、S及びG_1は、それぞれ次の数値を表わすものとする。
G 当該変更に伴い設置する緑地の面積
P 当該変更に係る生産施設の面積
γ 当該既存工場等が属する別表第1の上欄に掲げる業種についての同表の下欄に掲げる割合
G_0 当該変更に係る届出前に設置されている緑地（当該届出前に届け出られた緑地の面積の変更に係るものを含む。）の面積の合計のうち、昭和49年6月29日以後の当該変更以外の生産施設の面積の変更に伴い最低限設置することが必要な緑地の面積の合計を超える面積

S　当該既存工場等の敷地面積
　　G_1　当該変更に係る届出前に設置されている緑地（当該届出前に届け出られた緑地の面積の変更に係るものを含む。）の面積の合計

　下記の(1)、(2)のいずれの要件とも満たし、周辺の地域の生活環境の保全に支障を及ぼさない場合には、算定式により求まる緑地の面積に満たなくとも建替えを可能とする。ただし、ビルド面積がスクラップ面積を超えない部分に限る（3 1において同じ。）。
(1) 対象工場要件
　以下の①かつ②に該当する場合
　① 老朽化等により生産施設の建替えが必要となっている工場で、建替えにより景観が向上する等周辺の地域の生活環境の保全に資する見通しがあること
　② 建替え後に緑地の整備に最大限の努力をして緑地面積が一定量改善されること
(2) 生活環境保全等要件
　以下の①から③のいずれか一つに該当する場合
　① 現状の生産施設面積を拡大しない単なる改築、更新
　② 生産施設を住宅等から離す、住宅等の間に緑地を確保する等、周辺の地域の生活環境に配慮した配置への変更
　③ 工業専用地域、工業地域等に立地し、周辺に住宅等がないこと

3　当該生産施設の面積の変更に伴い設置する環境施設の面積

$$E \geq \frac{P}{\gamma}\left(0.25 - \frac{E_0}{S}\right)$$

ただし、$\frac{P}{\gamma}\left(0.25 - \frac{E_0}{S}\right) > 0.25S - E_1 > 0$のときは$E \geq 0.25S - E_1$とし、$0.25S - E_1 \leq 0$のときは$E \geq 0$とする。

　これらの式において、E、P、γ、E_0、S及びE_1は、それぞれ次の数値を表わすものとする。
　　E　当該変更に伴い設置する環境施設の面積
　　P　当該変更に係る生産施設の面積
　　γ　当該既存工場等が属する別表第1の上欄に掲げる業種についての同表の下欄に掲げる割合
　　E_0　当該変更に係る届出前に設置されている環境施設（当該届出前に届け出られた環境施設の面積の変更に係るものを含む。）の面積の合計のうち、昭和49年6月29日以後の当該変更以外の生産施設の面積の変更に伴い最低限設置することが必要な環境施設の面積の合計を超える面積
　　S　当該既存工場等の敷地面積
　　E_1　当該変更に係る届出前に設置されている環境施設（当該届出前に届け出られた環境施設の面積の変更に係るものを含む。）の面積の合計

　下記の(1)、(2)のいずれの要件とも満たし、周辺の地域の生活環境の保全に支障を及ぼさない場合には、算定式により求まる環境施設の面積に満たなくとも建替えを可能とする。ただし、

ビルド面積がスクラップ面積を超えない部分に限る（3 2において同じ。）。
(1) 対象工場要件
　以下の①かつ②に該当する場合
　① 老朽化等により生産施設の建替えが必要となっている工場で、建替えにより景観が向上する等周辺の地域の生活環境の保全に資する見通しがあること
　② 建替え後に環境施設の整備に最大限の努力をして環境施設面積が一定量改善されること
(2) 生活環境保全等要件
　以下の①から③のいずれか一つに該当する場合
　① 現状の生産施設面積を拡大しない単なる改築、更新
　② 生産施設を住宅等から離す、住宅等の間に緑地を確保する等、周辺の地域の生活環境に配慮した配置への変更
　③ 工業専用地域、工業地域等に立地し、周辺に住宅等がないこと

2　工場等が別表第1の上欄に掲げる2以上の業種に属するときは、第1条の規定に適合する生産施設の面積の算定は、次の式によって行うものとする。

$$\sum_{i=1}^{n} \frac{P_i}{\gamma_i} \leq S$$

ただし、昭和49年6月29日以後に既存工場等において生産施設の面積の変更が行われるときは $\sum_{i=1}^{n} \frac{P_i}{\gamma_i} \leq S - \sum_{i=1}^{m} \frac{P_{0i}}{\gamma_i \alpha_i}$ とする。

　これらの式において、n、P_i、γ_i、S、m、P_{0i} 及び α_i は、それぞれ次の数値を表わすものとする。
　n　当該工場等が属する業種の個数
　P_i　i業種に属する生産施設の新設に係る面積及びその面積の変更に係る面積の合計（i業種に属する生産施設の面積の減少が行われる場合は、当該減少に係る面積の合計を減じたもの）又は既存工場等が昭和49年6月29日以後に行うi業種に属する生産施設の面積の変更に係る面積の合計（昭和49年6月29日以後にi業種に属する生産施設の面積の減少が行われる場合は、当該減少に係る面積の合計を減じたもの）
　γ_i　i業種についての別表第1の下欄に掲げる割合
　S　当該工場等の敷地面積
　m　昭和49年6月28日における当該既存工場等が属する業種（その日に設置のための工事が行われている生産施設が属する業種を含む。）の個数
　P_{0i}　昭和49年6月28日に設置されているi業種に属する生産施設の面積、又は設置のための工事が行われているi業種に属する生産施設の面積の合計
　α_i　i業種についての別表第2の下欄に掲げる数値

3　昭和49年6月29日以後に生産施設の面積の変更が行われる場合であって当該既存工場等が別表第1の上欄に掲げる2以上の業種に属するときは、第2条の規定に適合する緑地の面積及び第3条の規定に適合する環境施設の面積の算定は、それぞれ次の各号に掲げる式によって行うものとする。
　1　当該生産施設の面積の変更に伴い設置する緑地の面積

$$G \geq \sum_{j=1}^{n} \frac{P_j}{\gamma_j}\left(0.2 - \frac{G_0}{S}\right)$$

ただし、$\sum_{j=1}^{n} \frac{P_j}{\gamma_j}\left(0.2 - \frac{G_0}{S}\right) > 0.2S - G_1 > 0$ のときは $G \geq 0.2S - G_1$ とし、$0.2S - G_1 \leq 0$ のときは $G \geq 0$ とする。

これらの式において、G、n、P_j、γ_j、G_0、S及びG_1は、それぞれ次の数値を表わすものとする。

G　当該変更に伴い設置する緑地の面積
n　当該既存工場等が属する業種の個数
P_j　当該変更に係るj業種に属する生産施設の面積
γ_j　j業種についての別表第1の下欄に掲げる割合
G_0　当該変更に係る届出前に設置されている緑地（当該届出前に届け出られた緑地の面積の変更に係るものを含む。）の面積の合計のうち、昭和49年6月29日以後の当該変更以外の生産施設の面積の変更に伴い最低限設置することが必要な緑地の面積の合計を超える面積
S　当該既存工場等の敷地面積
G_1　当該変更に係る届出前に設置されている緑地（当該届出前に届け出られた緑地の面積の変更に係るものを含む。）の面積の合計

2　当該生産施設の面積の変更に伴い設置する環境施設の面積

$$E \geq \sum_{j=1}^{n} \frac{P_j}{\gamma_j}\left(0.25 - \frac{G_0}{S}\right)$$

ただし、$\sum_{j=1}^{n} \frac{P_j}{\gamma_j}\left(0.25 - \frac{G_0}{S}\right) > 0.25S - E_1 > 0$ のときは $E \geq 0.25S - E_1$ とし、$0.25S - E_1 \leq 0$ のときは $E \geq 0$ とする。

これらの式において、E、n、P_j、γ_j、E_0、S及びE_1は、それぞれ次の数値を表わすものとする。

E　当該変更に伴い設置する環境施設の面積
n　当該既存工場等が属する業種の個数
P_j　当該変更に係るj業種に属する生産施設の面積
γ_j　j業種についての別表第1の下欄に掲げる割合
E_0　当該変更に係る届出前に設置されている環境施設（当該届出前に届け出られた環境施設の面積の変更に係るものを含む。）の面積の合計のうち、昭和49年6月29日以後の当該変更以外の生産施設の面積の変更に伴い最低限設置することが必要な環境施設の面積の合計を超える面積
S　当該既存工場等の敷地面積
E_1　当該変更に係る届出前に設置されている環境施設（当該届出前に届け出られた環境施設の面積の変更に係るものを含む。）の面積の合計

4　第3条（都道府県準則が定められた場合にあってはその都道府県準則中の環境施設の面積の敷地面積に対する割合、市準則が定められた場合にあってはその市準則中の環境施設の面積の

敷地面積に対する割合）を適用する場合には、工場等の周辺の区域の大部分が海面若しくは河川である場合又は工場等の周辺の区域に当該工場等のために設置されていると認められる相当規模の環境施設がある場合であって、実質的に同条の割合が担保されていると認められるときは、これらの事情を勘案することができる。
5 　昭和49年6月29日以後に既存工場等において生産施設の面積の変更が行われる場合における第4条の環境施設の配置は、当該既存工場等の周辺の地域の土地の利用状況、当該既存工場等の敷地の利用状況等を勘案して、可能な限り当該地域の生活環境の保持に寄与するように行うものとする。

別表第1（第一条及び（備考）関係）

業種の区分		敷地面積に対する生産施設の面積の割合
第1種	化学肥料製造業のうちアンモニア製造業及び尿素製造業、石油精製業、コークス製造業並びにボイラ・原動機製造業	30／100
第2種	伸鉄業	40／100
第3種	窯業・土石製品製造業（板ガラス製造業、陶磁器・同関連製品製造業、ほうろう鉄器製造業、七宝製品製造業及び人造宝石製造業を除く。）	45／100
第4種	鋼管製造業及び電気供給業	50／100
第5種	でんぷん製造業、冷間ロール成型形鋼製造業	55／100
第6種	石油製品・石炭製品製造業（石油精製業、潤滑油・グリース製造業（石油精製業によらないもの）及びコークス製造業を除く。）及び高炉による製鉄業	60／100
第7種	その他の製造業、ガス供給業及び熱供給業	65／100

別表第2(((備考))関係)

	業種の区分	既存生産施設用敷地計算係数
1	他の項に掲げる製造業以外の製造業及び熱供給業	1.2
2	化学調味料製造業、砂糖製造業、酒類製造業(清酒製造業を除く。)、動植物油脂製造業、でんぷん製造業、製材業・木製品製造業、造作材・合板・建築用組立材料製造業、パルプ製造業、紙製造業、加工紙製造業、化学工業(ソーダ工業、塩製造業、有機化学工業製品製造業(合成染料製造業、有機顔料製造業、熱硬化性樹脂製造業及び半合成樹脂製造業を除く。)、ゼラチン・接着剤製造業及び医薬品製造業(医薬品原薬製造業を除く。)を除く。)、石油製品・石炭製品製造業(コークス製造業を除く。)、タイヤ・チューブ製造業、窯業・土石製品製造業(板ガラス製造業、セメント製造業、陶磁器・同関連製品製造業、ほうろう鉄器製造業、七宝製品製造業及び人造宝石製造業を除く。)、高炉によらない製鉄業、製鋼・製鋼圧延業、熱間圧延業、冷間圧延業、冷間ロール成型形鋼製造業、鋼管製造業、伸鉄業、鉄素形材製造業(可鍛鋳鉄製造業を除く。)、非鉄金属第二次製錬・精製業(非鉄金属合金製造業を含む。)、非鉄金属・同合金圧延業、非鉄金属鋳物製造業、鉄骨製造業、建設用金属製品製造業、蓄電池製造業、自動車製造業、自動車車体・附随車製造業、鉄道車両製造業、船舶製造・修理業(長さ250メートル以上の船台又はドックを有するものに限る。)、航空機製造業、航空機用原動機製造業、産業用運搬車両製造業、武器製造業、電気供給業及びガス供給業	1.3
3	有機化学工業製品製造業(合成染料製造業、有機顔料製造業、熱硬化性樹脂製造業及び半合成樹脂製造業を除く。)、コークス製造業、板ガラス製造業、生産用機械器具製造業(機械工具製造業、金属用金型・同部分品・附属品製造業、非金属用金型・同部分品・附属品製造業及びロボット製造業を除く。)、はん用機械器具製造業(動力伝導装置製造業、消火器具・消火装置製造業、弁・同附属品製造業、パイプ加工・パイプ附属品加工業、玉軸受・ころ軸受製造業、ピストンリング製造業及び各種機械・同部分品製造修理業(注文製造・修理)を除く。)、発電用・送電用・配電用電気機械器具製造業(配線器具・配線附属品製造業を除く。)、産業用電気機械器具製造業及び舶用機関製造業	1.4
4	ソーダ工業、セメント製造業、高炉による製鉄業及び非鉄金属第一次製錬・精製業	1.5

5．緑地面積率等に関する区域の区分ごとの基準

(平成10年1月12日)
(大蔵省、厚生省、農林水産省、通商産業省、運輸省告示第2号)
最終改正：平成24年2月17日

　工場立地法第4条の2第3項の緑地面積率等に関する区域の区分ごとの基準は、次の表のとおりとする。

	第1種区域	第2種区域	第3種区域	第4種区域
緑地の面積の敷地面積に対する割合	(100分の20超100分の30以下) 以上	(100分の10以上100分の25以下) 以上	(100分の5以上100分の20未満) 以上	(100分の5以上100分の25以下) 以上
環境施設の面積の敷地面積に対する割合	(100分の25超100分の35以下) 以上	(100分の15以上100分の30以下) 以上	(100分の10以上100分の25未満) 以上	(100分の10以上100分の30以下) 以上

（備考）
1　第1種区域、第2種区域、第3種区域及び第4種区域とは、それぞれ次の各号に掲げる区域をいう。
　1　第1種区域　住居の用に併せて商業等の用に供されている区域
　2　第2種区域　住居の用に併せて工業の用に供されている区域
　3　第3種区域　主として工業等の用に供されている区域
　4　第4種区域　第1種区域、第2種区域及び第3種区域以外の区域
2　区域の設定に当たっては、緑地整備の適切な推進を図り周辺の地域の生活環境を保全する観点から、次に掲げる事項に留意すること。
　1　都市計画法（昭和43年法律第100号）第8条第1項第1号に定める用途地域の定めのある地域については、原則次の区分に従うこと。
　　ア　「第1種区域」として設定することができる区域　「第2種区域」又は「第3種区域」として設定することができる区域以外の区域
　　イ　「第2種区域」として設定することができる区域　準工業地域
　　ウ　「第3種区域」として設定することができる区域　工業専用地域、工業地域
　　　なお、工業地域であっても多数の住居が混在している場合のごとく第2種区域又は第3種区域を設定した場合に特定工場の周辺の地域における生活環境の保持が著しく困難と認められる地域については、用途地域にとらわれることなく地域の区分の当てはめを行うこと。
　2　都市計画法第8条第1項第1号に定める用途地域の定めのない地域については、原則次の区分に従うこと。
　　ア　「第4種区域」として設定することができる区域　工場の周辺に森林や河川、海、運河、環境施設等が存在している等、その区域内の住民の生活環境に及ぼす影響が小さい地域であること。
　　イ　「第4種区域」以外の区域として設定することができる区域　今後の用途地域の指定の動向、現に用途地域の定めのある周辺地域の状況等を参考に区域の設定を行うこと。
　3　また、第2種区域又は第3種区域を設定する場合には、工場の周辺に森林や河川、海、運

河、環境施設などが存在している等、その区域内の住民の生活環境に及ぼす影響が小さい地域であること。

さらに、第２種区域及び第３種区域の設定に当たっては、現在でも緑地面積率が数％と言う状況に留まっている、古くから形成されてきた工業集積地のような地域に第２種区域又は第３種区域を設定することによって、工場の緑地等の整備を促し、結果として現状よりも緑地等の整備が進むように配慮すること。

3　工場立地法施行規則（昭和49年大蔵省、厚生省、農林省、通商産業省、運輸省令第１号。以下「規則」という。）第４条に規定する緑地以外の環境施設以外の施設又は同条第１号トに掲げる施設と重複する土地及び規則第３条に規定する建築物屋上等緑化施設については、敷地面積に緑地面積率を乗じて得た面積の100分の50の割合を超えて緑地面積率の算定に用いる緑地の面積に算入することができない。

第1節　関係法令集

6．緑地面積率等に関する同意企業立地重点促進区域についての区域の区分ごとの基準

(平成19年6月25日)
(財務省、厚生労働省、農林水産省、経済産業省、国土交通省告示第2号)

最終改正：平成23年9月30日

　企業立地の促進等による地域における産業集積の形成及び活性化に関する法律第10条第2項に規定する緑地面積率等に関する同意企業立地重点促進区域についての区域の区分ごとの基準は次の表のとおりとする。

	甲種区域	乙種区域	丙種区域
緑地の面積の敷地面積に対する割合の下限	100分の10以上 100分の20未満	100分の5以上 100分の20未満	100分の1以上 100分の10未満
環境施設の面積の敷地面積に対する割合の下限	100分の15以上 100分の25未満	100分の10以上 100分の25未満	100分の1以上 100分の15未満

（備考）
1　甲種区域、乙種区域及び丙種区域とは、それぞれ次の各号に掲げる区域をいう。
　1　甲種区域　住居の用に併せて工業の用に供されている区域（緑地面積率等に関する区域の区分ごとの基準（平成10年大蔵省、厚生省、農林水産省、通商産業省、運輸省告示第2号）に規定する第2種区域と同等の区域）
　2　乙種区域　主として工業等の用に供されている区域（緑地面積率等に関する区域の区分ごとの基準に規定する第3種区域と同等の区域）
　3　丙種区域　専ら工業等の一般住民の日常生活の用以外の用に供されている区域
2　区域の設定に当たっては、緑地整備の適切な推進を図り周辺の地域の生活環境を保全する観点から、次に掲げる事項に留意すること。また、各区域の設定に当たっては、特定工場の周辺に森林や河川、海、運河、環境施設などが存在している等、その区域内の住民の生活環境に及ぼす影響が小さい区域であることを考慮すること。
　1　都市計画法（昭和43年法律第100号）第8条第1項第1号に定める用途地域の定めがある地域については、原則次の区分に従うこと。
　　ア　「甲種区域」として設定することができる区域　準工業地域
　　イ　「乙種区域」として設定することができる区域　工業地域、工業専用地域
　　ウ　「丙種区域」として設定することができる区域　工業地域又は工業専用地域のうち、設定区域における住民の生活、利便又は福祉のための用に供される施設（住宅等の居住施設、物品販売店舗及び飲食店等商業の用に供している施設、図書館等の文教施設、診療所等の医療施設、老人ホーム及び保育所等の社会福祉施設等であって、工業等の用に供している施設に付随して設置されたもの及び主として工業等の用に供している施設の従業員その他の関係者の利用に供されているものを除く。以下同じ。）が存しない区域
　2　工業地域であっても多数の住居が混在する場合など用途地域に即して区域を設定した場合に特定工場の周辺の地域における生活環境の保持が著しく困難と認められる場合については、用途地域にとらわれることなく区域の当てはめを行うこと。
　3　都市計画法第8条第1項第1号に定める用途地域の定めがない地域については、今後の用

途地域の指定の動向、現に用途地域の定めのある周辺地域の状況等を参考に、特定工場の周辺の地域について、以下のそれぞれの要件を満たす範囲を特定して区域の区分を行うこと。
- ア 「甲種区域」として設定することができる区域　設定区域における住民の生活、利便又は福祉のための用に供される施設が近隣の準工業地域と同程度以下の割合で存する区域
- イ 「乙種区域」として設定することができる区域　設定区域における住民の生活、利便又は福祉のための用に供される施設が近隣の工業地域又は工業専用地域と同程度以下の割合で存する区域
- ウ 「丙種区域」として設定することができる区域　乙種区域に相当する区域のうち、設定区域における住民の生活、利便又は福祉のための用に供される施設が存しない区域

4　各区域の設定に当たっては、現在でも緑地面積率が数％という状況にとどまっている、古くから形成されてきた工業集積地のような地域に区域を設定することによって、特定工場における緑地及び環境施設の整備を促し、結果として現状よりも緑地等の整備が進むように配慮すること。

　また、丙種区域の設定に当たっては、併せて丙種区域として設定しようとする区域の存する地域における緑地及び環境施設の整備に配慮する等、地域の環境の保全に留意すること。

5　緑地及び環境施設のそれぞれの面積の敷地面積に対する割合の下限値の設定に当たっては、区域内の状況のみにとどまらず、区域に接する地域が当該地域の住民の生活の用に供されている状況を勘案して、特定工場の周辺の生活環境の保持がなされるように配慮すること。

3　工場立地法施行規則（昭和49年大蔵省、厚生省、農林省、通商産業省、運輸省令第1号。以下「規則」という。）第4条に規定する緑地以外の環境施設以外の施設又は同条第1号トに掲げる施設と重複する土地及び規則第3条に規定する建築物屋上等緑化施設については、敷地面積に緑地面積率を乗じて得た面積の100分の50の割合を超えて緑地面積率の算定に用いる緑地の面積に算入することができない。

7．企業立地の促進等による地域における産業集積の形成及び活性化に関する法律（抄）

（平成19年5月11日）
（法律第40号）
最終改正：平成23年8月30日

（基本計画）
第5条 自然的経済的社会的条件からみて一体である地域を区域とする一又は二以上の市町村（特別区を含む。以下単に「市町村」という。）及び当該市町村の区域をその区域に含む都道府県（以下単に「都道府県」という。）は、共同して、基本方針に基づき、第7条の規定により組織する地域産業活性化協議会における協議を経て、産業集積の形成又は産業集積の活性化に関する基本的な計画（以下「基本計画」という。）を作成し、主務省令で定めるところにより主務大臣に協議し、その同意を求めることができる。
2　基本計画においては、次に掲げる事項について定めるものとする。
　1　産業集積の形成又は産業集積の活性化に関する目標
　2　集積区域として設定する区域
　3　集積区域の区域内において特に重点的に企業立地を図るべき区域を定める場合にあっては、その区域
　4　第10条の規定による工場立地法（昭和34年法律第24号）の特例措置を実施しようとする場合にあっては、その旨及び当該特例措置の実施により期待される産業集積の形成又は産業集積の活性化の効果
　5　集積業種として指定する業種
　6　集積区域における前号の業種（以下「指定集積業種」という。）に属する事業者の企業立地及び事業高度化の目標
　7　工場又は事業場、工場用地又は業務用地、研究開発のための施設又は研修施設その他の事業のための施設の整備（既存の施設の活用を含む。）、高度な知識又は技術を有する人材の育成その他の円滑な企業立地及び事業高度化のための事業環境の整備の事業を実施する者及び当該事業の内容
　8　環境の保全その他産業集積の形成又は産業集積の活性化に際し配慮すべき事項
　9　第3号に規定する区域における第7号の施設（工場若しくは事業場若しくはこれらの用に供するための工場用地若しくは業務用地又は研究開発のための施設若しくは研修施設に限る。）の整備が、農用地等（農業振興地域の整備に関する法律（昭和44年法律第58号）第3条に規定する農用地等をいう。以下この号において同じ。）として利用されている土地において行われる場合にあっては、当該土地を農用地等以外の用途に供するために行う土地の利用の調整に関する事項
　10　計画期間
3　基本計画は、国土形成計画その他法律の規定による地域振興に関する計画及び道路、河川、鉄道、港湾、空港等の施設に関する国又は都道府県の計画並びに都市計画及び都市計画法（昭和43年法律第100号）第18条の2の市町村の都市計画に関する基本的な方針との調和が保たれたものでなければならない。
4　基本計画は、産業集積の形成又は産業集積の活性化が効果的かつ効率的に図られるよう、市

町村及び都道府県の役割分担を明確化しつつ定めるものとする。

5　主務大臣は、基本計画が次の各号のいずれにも該当するものであると認めるときは、その同意をするものとする。

1　基本方針に適合するものであること。
2　当該基本計画の実施が集積区域における産業集積の形成又は産業集積の活性化の実現に相当程度寄与するものであると認められること。
3　円滑かつ確実に実施されると見込まれるものであること。
4　第10条の規定による工場立地法の特例措置が定められた場合にあっては、当該特例措置の実施により相当程度の産業集積の形成又は産業集積の活性化の効果が見込まれるものであること。

6　主務大臣は、基本計画につき前項の規定による同意をしようとするときは、関係行政機関の長に協議しなければならない。

7　市町村及び都道府県は、基本計画が第5項の規定による同意を得たときは、遅滞なく、これを公表しなければならない。

（工場立地法の特例）

第10条　同意基本計画（第5条第2項第4号に掲げる事項が定められているものに限る。）において定められた同項第3号に規定する区域（以下「同意企業立地重点促進区域」という。）の存する市町村は、同意企業立地重点促進区域における製造業等（工場立地法第2条第3項に規定する製造業等をいう。以下この条において同じ。）に係る工場又は事業場の緑地（同法第4条第1項第1号に規定する緑地をいう。以下この条において同じ。）及び環境施設（同法第4条第1項第1号に規定する環境施設をいう。以下この条において同じ。）のそれぞれの面積の敷地面積に対する割合に関する事項（以下この条において「緑地面積率等」という。）について、条例で、次項の基準の範囲内において、同法第4条第1項の規定により公表され、又は同法第4条の2第1項若しくは第2項の規定により定められた準則に代えて適用すべき準則を定めることができる。

2　経済産業大臣及び製造業等を所管する大臣は、関係行政機関の長に協議し、かつ、産業構造審議会の意見を聴いて、緑地面積率等について、同意企業立地重点促進区域における重点的な企業立地の必要性を踏まえ、緑地及び環境施設の整備の必要の程度に応じて同意企業立地重点促進区域についての区域の区分ごとの基準を公表するものとする。

3　第1項の規定により準則を定める条例（以下「緑地面積率等条例」といい、市が定めるものに限る。）が施行されている間は、当該緑地面積率等条例に係る同意企業立地重点促進区域に係る工場立地法第9条第2項の規定による勧告をする場合における同項第1号の規定の適用については、同号中「第4条の2第1項の規定により都道府県準則が定められた場合又は同条第2項の規定により市準則が定められた場合にあつては、その都道府県準則又は市準則」とあるのは、「企業立地の促進等による地域における産業集積の形成及び活性化に関する法律第10条第1項の規定により準則が定められた場合にあつては、その準則」とする。

4　緑地面積率等条例（町村が定めるものに限る。）が施行されている間は、工場立地法の規定により都道府県知事の権限に属するものとされている事務であって、当該緑地面積率等条例に係る同意企業立地重点促進区域に係るものは、当該同意企業立地重点促進区域の存する町村の長が行うものとする。

5　前項の規定により町村の長が事務を行う場合においては、工場立地法の規定及び工場立地の

調査等に関する法律の一部を改正する法律（昭和48年法律第108号）附則第3条第1項の規定中都道府県知事に関する規定は、当該同意企業立地重点促進区域については、町村の長に関する規定として当該町村の長に適用があるものとする。この場合において、工場立地法第9条第2項第1号中「第4条の2第1項の規定により都道府県準則が定められた場合又は同条第2項の規定により市準則が定められた場合にあつては、その都道府県準則又は市準則」とあるのは、「企業立地の促進等による地域における産業集積の形成及び活性化に関する法律第10条第1項の規定により準則が定められた場合にあつては、その準則」とする。

第11条 緑地面積率等条例を定めた市町村は、当該緑地面積率等条例に係る同意企業立地重点促進区域の廃止（その一部の廃止を含む。以下この条及び次条において同じ。）があった場合においては、当該廃止により同意企業立地重点促進区域でなくなった区域において当該廃止前に緑地面積率等条例の適用を受けた工場立地法第6条第1項に規定する特定工場（以下単に「特定工場」という。）について、条例で、当該廃止に伴い合理的に必要と判断される範囲内で、所要の経過措置を定めることができる。

2　前項の規定により経過措置を定める条例（市が定めるものに限る。）が施行されている間は、同項の特定工場に係る工場立地法第9条第2項の規定による勧告をする場合における同項第1号の規定の適用については、同号中「第4条の2第1項の規定により都道府県準則が定められた場合又は同条第2項の規定により市準則が定められた場合にあつては、その都道府県準則又は市準則」とあるのは、「企業立地の促進等による地域における産業集積の形成及び活性化に関する法律第11条第1項の規定により条例が定められた場合にあつては、その条例」とする。

3　第1項の規定により経過措置を定める条例（町村が定めるものに限る。）が施行されている間は、工場立地法の規定により都道府県知事の権限に属するものとされている事務であって、同項の特定工場に係るものは、当該条例に係る同意企業立地重点促進区域に係る町村の長が行うものとする。

4　前項の規定により町村の長が事務を行う場合においては、前条第5項の規定を準用する。この場合において、同項中「第10条第1項の規定により準則が定められた場合にあつては、その準則」とあるのは、「第11条第1項の規定により条例が定められた場合にあつては、その条例」と読み替えるものとする。

第12条　緑地面積率等条例の施行前に都道府県知事にされた工場立地法第6条第1項、第7条第1項若しくは第8条第1項又は工場立地の調査等に関する法律の一部を改正する法律附則第3条第1項の規定による届出であって緑地面積率等条例の施行の日において勧告、勧告に係る事項を変更すべき旨の命令又は実施の制限の期間の短縮の処理がされていないものについての勧告、勧告に係る事項を変更すべき旨の命令又は実施の制限の期間の短縮については、なお従前の例による。

2　前項の規定によりなお従前の例によることとされる場合における緑地面積率等条例の施行後にした行為に対する罰則の適用については、なお従前の例による。

3　緑地面積率等条例の廃止若しくは失効、同意企業立地重点促進区域の廃止又は前条第1項の規定により経過措置を定める条例（以下この項において「経過措置条例」という。）の廃止若しくは失効により、当該緑地面積率等条例（経過措置条例が定められている場合にあっては、当該経過措置条例）で定めた準則の適用を受けないこととなった特定工場について、それぞれ当該緑地面積率等条例の廃止若しくは失効の日、当該同意企業立地重点促進区域の廃止の日又は当該経過措置条例の廃止若しくは失効の日前に当該緑地面積率等条例に係る同意企業立地重

点促進区域に係る事務又は当該経過措置条例に係る同条第1項の特定工場に係る事務を行うものとされた町村の長にされた工場立地法第6条第1項、第7条第1項若しくは第8条第1項又は工場立地の調査等に関する法律の一部を改正する法律附則第3条第1項の規定による届出は、それぞれの廃止又は失効の日（以下この条において「特定日」という。）以後においては、当該緑地面積率等条例に係る同意企業立地重点促進区域に係る都道府県の知事にされたものとみなす。ただし、当該届出であって特定日において勧告、勧告に係る事項を変更すべき旨の命令又は実施の制限の期間の短縮の処理がされていないものについての勧告、勧告に係る事項を変更すべき旨の命令又は実施の制限の期間の短縮については、なお従前の例による。

4　前項ただし書の規定によりなお従前の例によることとされる場合における特定日以後にした行為に対する罰則の適用については、なお従前の例による。

8．総合特別区域法（抄）

（平成23年6月29日）
（法律第81号）
最終改正：平成24年3月31日

（国際戦略総合特別区域計画の認定）
第12条　指定地方公共団体は、総合特別区域基本方針及び当該指定に係る国際戦略総合特別区域に係る国際競争力強化方針に即して、内閣府令で定めるところにより、当該国際戦略総合特別区域における産業の国際競争力の強化を図るための計画（以下「国際戦略総合特別区域計画」という。）を作成し、内閣総理大臣の認定を申請するものとする。
2　国際戦略総合特別区域計画には、次に掲げる事項を定めるものとする。
　1　第9条第2項第1号の目標を達成するために国際戦略総合特別区域において実施し又はその実施を促進しようとする特定国際戦略事業の内容及び実施主体に関する事項
　2　前号に規定する特定国際戦略事業ごとの第4節の規定による特別の措置の内容
　3　前2号に掲げるもののほか、第1号に規定する特定国際戦略事業に関する事項
3　前項各号に掲げるもののほか、国際戦略総合特別区域計画には、次に掲げる事項を定めるよう努めるものとする。
　1　国際戦略総合特別区域の名称
　2　国際戦略総合特別区域計画の実施が国際戦略総合特別区域に及ぼす経済的社会的効果
　3　前2号に掲げるもののほか、国際戦略総合特別区域における産業の国際競争力の強化のために必要な事項
4　指定地方公共団体は、国際戦略総合特別区域計画を作成しようとするときは、関係地方公共団体及び第2項第1号に規定する実施主体（以下この章において単に「実施主体」という。）の意見を聴かなければならない。
5　特定国際戦略事業を実施しようとする者は、当該特定国際戦略事業を実施しようとする国際戦略総合特別区域に係る指定地方公共団体に対し、当該特定国際戦略事業をその内容に含む国際戦略総合特別区域計画の作成についての提案をすることができる。
6　前項の指定地方公共団体は、同項の提案を踏まえた国際戦略総合特別区域計画を作成する必要がないと認めるときは、その旨及びその理由を当該提案をした者に通知しなければならない。
7　指定地方公共団体は、国際戦略総合特別区域計画を作成しようとする場合において、第19条第1項の国際戦略総合特別区域協議会が組織されているときは、当該国際戦略総合特別区域計画に定める事項について当該国際戦略総合特別区域協議会における協議をしなければならない。
8　第1項の規定による認定の申請には、次に掲げる事項を記載した書面を添付しなければならない。
　1　第4項の規定により聴いた関係地方公共団体及び実施主体の意見の概要
　2　第5項の提案を踏まえた国際戦略総合特別区域計画についての認定の申請をする場合にあっては、当該提案の概要
　3　前項の規定による協議をした場合にあっては、当該協議の概要
9　指定地方公共団体は、第1項の規定による認定の申請に当たっては、国際戦略総合特別区域

において実施し又はその実施を促進しようとする特定国際戦略事業及びこれに関連する事業に関する規制について規定する法律及び法律に基づく命令（告示を含む。）の規定の解釈について、関係行政機関の長（当該行政機関が合議制の機関である場合にあっては、当該行政機関。以下同じ。）に対し、その確認を求めることができる。この場合において、当該確認を求められた関係行政機関の長は、当該指定地方公共団体に対し、速やかに回答しなければならない。
10　内閣総理大臣は、第1項の規定による認定の申請があった場合において、国際戦略総合特別区域計画のうち第2項各号に掲げる事項に係る部分が次に掲げる基準に適合すると認めるときは、その認定をするものとする。
　　1　総合特別区域基本方針及び当該国際戦略総合特別区域に係る国際競争力強化方針に適合するものであること。
　　2　当該国際戦略総合特別区域計画の実施が当該国際戦略総合特別区域における産業の国際競争力の強化に相当程度寄与するものであると認められること。
　　3　円滑かつ確実に実施されると見込まれるものであること。
11　内閣総理大臣は、前項の認定（以下この条から第14条までにおいて単に「認定」という。）を行うに際し必要と認めるときは、総合特別区域推進本部に対し、意見を求めることができる。
12　内閣総理大臣は、認定をしようとするときは、国際戦略総合特別区域計画に定められた特定国際戦略事業に関する事項について、当該特定国際戦略事業に係る関係行政機関の長（以下この節において単に「関係行政機関の長」という。）の同意を得なければならない。
13　内閣総理大臣は、認定をしたときは、遅滞なく、その旨を公示しなければならない。

（認定国際戦略総合特別区域計画の変更）
第14条　認定を受けた指定地方公共団体は、認定を受けた国際戦略総合特別区域計画（以下「認定国際戦略総合特別区域計画」という。）の変更（内閣府令で定める軽微な変更を除く。）をしようとするときは、内閣総理大臣の認定を受けなければならない。
2　第12条第4項から第13項まで及び前条の規定は、前項の認定国際戦略総合特別区域計画の変更について準用する。

（報告の徴収）
第15条　内閣総理大臣は、第12条第10項の認定（前条第1項の変更の認定を含む。以下この章において単に「認定」という。）を受けた指定地方公共団体（以下この節において「認定地方公共団体」という。）に対し、認定国際戦略総合特別区域計画（認定国際戦略総合特別区域計画の変更があったときは、その変更後のもの。以下同じ。）の実施の状況について報告を求めることができる。
2　関係行政機関の長は、認定地方公共団体に対し、認定国際戦略総合特別区域計画に定められた特定国際戦略事業の実施の状況について報告を求めることができる。

（措置の要求）
第16条　内閣総理大臣は、認定国際戦略総合特別区域計画の適正な実施のため必要があると認めるときは、認定地方公共団体に対し、当該認定国際戦略総合特別区域計画の実施に関し必要な措置を講ずることを求めることができる。

2　関係行政機関の長は、認定国際戦略総合特別区域計画に定められた特定国際戦略事業の適正な実施のため必要があると認めるときは、認定地方公共団体に対し、当該特定国際戦略事業の実施に関し必要な措置を講ずることを求めることができる。

（認定の取消し）
第17条　内閣総理大臣は、認定国際戦略総合特別区域計画が第12条第10項各号のいずれかに適合しなくなったと認めるときは、その認定を取り消すことができる。この場合において、内閣総理大臣は、あらかじめ関係行政機関の長にその旨を通知しなければならない。
2　関係行政機関の長は、内閣総理大臣に対し、前項の規定による認定の取消しに関し必要と認める意見を申し出ることができる。
3　第12条第13項の規定は、第1項の規定による認定国際戦略総合特別区域計画の認定の取消しについて準用する。

（工場立地法及び企業立地の促進等による地域における産業集積の形成及び活性化に関する法律の特例）
第23条　指定地方公共団体が、第12条第2項第1号に規定する特定国際戦略事業として、工場等新増設促進事業（国際戦略総合特別区域において製造業等（工場立地法（昭和34年法律第24号）第2条第3項に規定する製造業等をいう。以下この項において同じ。）を営む者がその事業の用に供する工場又は事業場（以下この項において「工場等」という。）の新増設を行うことを促進する事業をいう。第6項第2号及び別表第1の4の項において同じ。）を定めた国際戦略総合特別区域計画について、内閣総理大臣の認定を申請し、その認定を受けたときは、当該認定の日以後は、当該認定を受けた指定地方公共団体（市町村に限る。以下この条において「認定市町村」という。）は、当該国際戦略総合特別区域における製造業等に係る工場等の緑地（同法第4条第1項第1号に規定する緑地をいう。）及び環境施設（同法第4条第1項第1号に規定する環境施設をいう。）のそれぞれの面積の敷地面積に対する割合に関する事項について、条例で、同法第4条第1項の規定により公表され、又は同法第4条の2第1項若しくは第2項の規定により定められた準則（第13項において「工場立地法準則」といい、企業立地の促進等による地域における産業集積の形成及び活性化に関する法律（平成19年法律第40号。以下この条において「地域産業集積形成法」という。）第10条第1項の規定により準則が定められた場合又は地域産業集積形成法第11条第1項の規定により条例が定められた場合にあっては、その準則又はその条例（以下この条において「地域産業集積形成法準則等」という。）を含む。）に代えて適用すべき準則を定めることができる。
2　前項の規定により準則を定める条例（以下この条において「国際戦略総合特区緑地面積率等条例」といい、認定市町村である市が定めるものに限る。）が施行されている間は、当該国際戦略総合特区緑地面積率等条例に係る国際戦略総合特別区域に係る工場立地法第9条第2項の規定による勧告をする場合における同項第1号の規定の適用については、同号中「第4条の2第1項の規定により都道府県準則が定められた場合又は同条第2項の規定により市準則が定められた場合にあっては、その都道府県準則又は市準則」とあるのは、「総合特別区域法（平成23年法律第81号）第23条第1項の規定により準則が定められた場合にあっては、その準則」とする。
3　国際戦略総合特区緑地面積率等条例（認定市町村である町村（以下この条において「認定町

村」という。）が定めるものに限る。）が施行されている間は、工場立地法の規定により都道府県知事の権限に属するものとされている事務であって、当該国際戦略総合特区緑地面積率等条例に係る国際戦略総合特別区域に係るものは、当該国際戦略総合特区緑地面積率等条例を定めた認定町村の長が行うものとする。

4 前項の規定により認定町村の長が事務を行う場合においては、工場立地法の規定及び工場立地の調査等に関する法律の一部を改正する法律（昭和48年法律第108号）附則第3条第1項の規定中都道府県知事に関する規定は、当該国際戦略総合特別区域については、町村の長に関する規定として当該認定町村の長に適用があるものとする。この場合において、工場立地法第9条第2項第1号中「第4条の2第1項の規定により都道府県準則が定められた場合又は同条第2項の規定により市準則が定められた場合にあっては、その都道府県準則又は市準則」とあるのは、「総合特別区域法（平成23年法律第81号）第23条第1項の規定により準則が定められた場合にあっては、その準則」とする。

5 国際戦略総合特区緑地面積率等条例の施行により地域産業集積形成法準則等の適用を受けないこととなった特定工場（工場立地法第6条第1項に規定する特定工場をいう。以下この条において同じ。）については、当該国際戦略総合特区緑地面積率等条例が施行されている間は、地域産業集積形成法第12条第3項の規定は、適用しない。

6 国際戦略総合特区緑地面積率等条例を定めた市町村は、次に掲げる事由が生じた場合においては、当該事由の発生により当該国際戦略総合特区緑地面積率等条例の適用を受けないこととなった区域において当該事由の発生前に当該国際戦略総合特区緑地面積率等条例の適用を受けた特定工場について、条例で、当該事由の発生に伴い合理的に必要と判断される範囲内で、所要の経過措置を定めることができる。

   1 第8条第9項又は第10項の規定による国際戦略総合特別区域の指定の解除又はその区域の変更
   2 第14条第1項の規定による認定国際戦略総合特別区域計画の変更（第12条第2項第1号に規定する特定国際戦略事業として工場等新増設促進事業を定めないこととするものに限る。）の認定
   3 第17条第1項の規定による第1項の認定の取消し

7 前項の規定により経過措置を定める条例（以下この条において「国際戦略総合特区緑地面積率等経過措置条例」といい、市が定めるものに限る。）が施行されている間は、同項の特定工場に係る工場立地法第9条第2項の規定による勧告をする場合における同項第1号の規定の適用については、同号中「第4条の2第1項の規定により都道府県準則が定められた場合又は同条第2項の規定により市準則が定められた場合にあっては、その都道府県準則又は市準則」とあるのは、「総合特別区域法（平成23年法律第81号）第23条第6項の規定により条例が定められた場合にあっては、その条例」とする。

8 国際戦略総合特区緑地面積率等経過措置条例（町村が定めるものに限る。）が施行されている間は、工場立地法の規定により都道府県知事の権限に属するものとされている事務であって、第6項の特定工場に係るものは、当該国際戦略総合特区緑地面積率等経過措置条例を定めた町村の長が行うものとする。

9 前項の規定により町村の長が事務を行う場合においては、第4項の規定を準用する。この場合において、同項中「第23条第1項の規定により準則が定められた場合にあっては、その準則」とあるのは、「第23条第6項の規定により条例が定められた場合にあっては、その条例」

第1節　関係法令集

と読み替えるものとする。
10　国際戦略総合特区緑地面積率等経過措置条例の施行により地域産業集積形成法準則等の適用を受けないこととなった特定工場については、当該国際戦略総合特区緑地面積率等経過措置条例が施行されている間は、地域産業集積形成法第12条第3項の規定は、適用しない。
11　国際戦略総合特区緑地面積率等条例の施行前に都道府県知事にされた工場立地法第6条第1項、第7条第1項若しくは第8条第1項又は工場立地の調査等に関する法律の一部を改正する法律附則第3条第1項の規定による届出であって国際戦略総合特区緑地面積率等条例の施行の日において勧告、勧告に係る事項を変更すべき旨の命令又は実施の制限の期間の短縮の処理がされていないものについての勧告、勧告に係る事項を変更すべき旨の命令又は実施の制限の期間の短縮については、なお従前の例による。
12　前項の規定によりなお従前の例によることとされる場合における国際戦略総合特区緑地面積率等条例の施行後にした行為に対する罰則の適用については、なお従前の例による。
13　国際戦略総合特区緑地面積率等条例の廃止若しくは失効、第6項各号に掲げる事由の発生又は国際戦略総合特区緑地面積率等経過措置条例の廃止若しくは失効により、当該国際戦略総合特区緑地面積率等条例（国際戦略総合特区緑地面積率等経過措置条例が定められている場合にあっては、当該国際戦略総合特区緑地面積率等経過措置条例）で定めた準則の適用を受けないこととなった特定工場（当該国際戦略総合特区緑地面積率等条例の廃止若しくは失効、同項各号に掲げる事由の発生又は当該国際戦略総合特区緑地面積率等経過措置条例の廃止若しくは失効により工場立地法準則の適用を受けることとなったものに限る。）について、それぞれ当該国際戦略総合特区緑地面積率等条例の廃止若しくは失効の日、同項各号に掲げる事由の発生の日又は当該国際戦略総合特区緑地面積率等経過措置条例の廃止若しくは失効の日（以下この項及び次項において「特定日」という。）前に第3項又は第8項の規定によりこれらの規定に規定する事務を行うものとされた町村の長にされた工場立地法第6条第1項、第7条第1項若しくは第8条第1項又は工場立地の調査等に関する法律の一部を改正する法律附則第3条第1項の規定による届出は、特定日以後においては、当該町村の存する都道府県の知事にされたものとみなす。ただし、当該届出であって特定日において勧告、勧告に係る事項を変更すべき旨の命令又は実施の制限の期間の短縮の処理がされていないものについての勧告、勧告に係る事項を変更すべき旨の命令又は実施の制限の期間の短縮については、なお従前の例による。
14　前項ただし書の規定によりなお従前の例によることとされる場合における特定日以後にした行為に対する罰則の適用については、なお従前の例による。
15　前2項の規定は、国際戦略総合特区緑地面積率等条例の廃止若しくは失効、第6項各号に掲げる事由の発生又は国際戦略総合特区緑地面積率等経過措置条例の廃止若しくは失効により、当該国際戦略総合特区緑地面積率等条例（国際戦略総合特区緑地面積率等経過措置条例が定められている場合にあっては、当該国際戦略総合特区緑地面積率等経過措置条例）で定めた準則の適用を受けないこととなった特定工場（当該国際戦略総合特区緑地面積率等条例の廃止若しくは失効、同項各号に掲げる事由の発生又は当該国際戦略総合特区緑地面積率等経過措置条例の廃止若しくは失効により地域産業集積形成法準則等の適用を受けることとなったものに限る。）について準用する。この場合において、第13項中「当該町村の存する都道府県の知事」とあるのは、「地域産業集積形成法第10条第4項又は第11条第3項の規定によりこれらの規定に規定する事務を行うものとされた当該町村の長」と読み替えるものとする。

9．東日本大震災復興特別区域法（抄）

（平成23年12月14日）
（法律第122号）
最終改正：平成23年12月16日

（復興推進計画の認定）
第4条　その全部又は一部の区域が東日本大震災に際し災害救助法（昭和22年法律第118号）が適用された同法第2条に規定する市町村の区域（政令で定めるものを除く。）又はこれに準ずる区域として政令で定めるもの（以下この項及び第46条第1項において「特定被災区域」という。）である地方公共団体（以下「特定地方公共団体」という。）は、単独で又は共同して、復興特別区域基本方針に即して、当該特定地方公共団体に係る特定被災区域内の区域について、内閣府令で定めるところにより、復興推進事業の実施又はその実施の促進その他の復興に向けた取組による東日本大震災からの復興の円滑かつ迅速な推進（以下この節において「復興推進事業の実施等による復興の円滑かつ迅速な推進」という。）を図るための計画（以下「復興推進計画」という。）を作成し、内閣総理大臣の認定を申請することができる。
2　復興推進計画には、次に掲げる事項を定めるものとする。
　1　復興推進計画の区域
　2　復興推進計画の目標
　3　前号の目標を達成するために推進しようとする取組の内容
　4　第1号の区域内において次に掲げる区域を定める場合にあっては、当該区域
　　イ　第2号の目標を達成するために産業集積の形成及び活性化の取組を推進すべき区域（以下「復興産業集積区域」という。）
　　ロ　第2号の目標を達成するために居住の安定の確保及び居住者の利便の増進の取組を推進すべき区域（以下「復興居住区域」という。）
　　ハ　イ及びロに掲げるもののほか、第2号の目標を達成するために社会福祉、環境の保全その他の分野における地域の課題の解決を図る取組を推進すべき区域（第15条第1項及び第16条第1項において「復興特定区域」という。）
　5　第2号の目標を達成するために実施し又はその実施を促進しようとする復興推進事業の内容及び実施主体に関する事項
　6　前号に規定する復興推進事業ごとの次節の規定による特別の措置の内容
　7　前各号に掲げるもののほか、第5号に規定する復興推進事業に関する事項その他復興推進事業の実施等による復興の円滑かつ迅速な推進に関し必要な事項
3　特定地方公共団体は、復興推進計画を作成しようとするときは、関係地方公共団体及び前項第5号に規定する実施主体（以下この章において単に「実施主体」という。）の意見を聴かなければならない。
4　次に掲げる者は、特定地方公共団体に対して、第1項の規定による申請（以下この節において単に「申請」という。）をすることについての提案をすることができる。
　1　当該提案に係る区域において復興推進事業を実施しようとする者
　2　前号に掲げる者のほか、当該提案に係る区域における復興推進事業の実施に関し密接な関係を有する者
5　前項の提案を受けた特定地方公共団体は、当該提案に基づき申請をするか否かについて、遅

6　特定地方公共団体は、復興推進計画を作成しようとする場合において、第13条第１項の復興推進協議会（以下この項、第11条第１項及び第12条第４項第２号において「地域協議会」という。）が組織されているときは、当該復興推進計画に定める事項について当該地域協議会における協議をしなければならない。
7　申請には、次に掲げる事項を記載した書面を添付しなければならない。
　1　第３項の規定により聴いた関係地方公共団体及び実施主体の意見の概要
　2　第４項の提案を踏まえた申請をする場合にあっては、当該提案の概要
　3　前項の規定による協議をした場合にあっては、当該協議の概要
8　特定地方公共団体は、申請に当たっては、当該申請に係る復興推進計画の区域において実施し、又はその実施を促進しようとする復興推進事業及びこれに関連する事業に関する規制について規定する法律及び法律に基づく命令（告示を含む。）の規定の解釈について、関係行政機関の長（当該行政機関が合議制の機関である場合にあっては、当該行政機関。以下同じ。）に対し、その確認を求めることができる。この場合において、当該確認を求められた関係行政機関の長は、当該特定地方公共団体に対し、速やかに回答しなければならない。
9　内閣総理大臣は、申請があった復興推進計画が次に掲げる基準に適合すると認めるときは、その認定をするものとする。
　1　復興特別区域基本方針に適合するものであること。
　2　当該復興推進計画の実施が当該復興推進計画の区域における復興の円滑かつ迅速な推進と当該復興推進計画の区域の活力の再生に寄与するものであると認められること。
　3　円滑かつ確実に実施されると見込まれるものであること。
10　内閣総理大臣は、前項の認定（以下この条から第６条までにおいて単に「認定」という。）をしようとするときは、復興推進計画に定められた復興推進事業に関する事項について、当該復興推進事業に係る関係行政機関の長（以下この章において単に「関係行政機関の長」という。）の同意を得なければならない。
11　内閣総理大臣は、認定をしたときは、遅滞なく、その旨を公示しなければならない。

（認定に関する処理期間）
第５条　内閣総理大臣は、申請を受理した日から３月以内において速やかに、認定に関する処分を行わなければならない。
2　関係行政機関の長は、内閣総理大臣が前項の処理期間中に認定に関する処分を行うことができるよう、速やかに、前条第10項の同意について同意又は不同意の旨を通知しなければならない。

（認定復興推進計画の変更）
第６条　認定を受けた特定地方公共団体は、認定を受けた復興推進計画（以下「認定復興推進計画」という。）の変更（内閣府令で定める軽微な変更を除く。）をしようとするときは、内閣総理大臣の認定を受けなければならない。
2　第４条第３項から第11項まで及び前条の規定は、前項の認定復興推進計画の変更について準用する。

（報告の徴収）
第7条　内閣総理大臣は、第4条第9項の認定（前条第1項の変更の認定を含む。以下この章において単に「認定」という。）を受けた特定地方公共団体（以下「認定地方公共団体」という。）に対し、認定復興推進計画（認定復興推進計画の変更があったときは、その変更後のもの。以下同じ。）の実施の状況について報告を求めることができる。
2　関係行政機関の長は、認定地方公共団体に対し、認定復興推進計画に定められた復興推進事業の実施の状況について報告を求めることができる。

（措置の要求）
第8条　内閣総理大臣は、認定復興推進計画の適正な実施のため必要があると認めるときは、認定地方公共団体に対し、当該認定復興推進計画の実施に関し必要な措置を講ずることを求めることができる。
2　関係行政機関の長は、認定復興推進計画に定められた復興推進事業の適正な実施のため必要があると認めるときは、認定地方公共団体に対し、当該復興推進事業の実施に関し必要な措置を講ずることを求めることができる。

（認定の取消し）
第9条　内閣総理大臣は、認定復興推進計画が第4条第9項各号のいずれかに適合しなくなったと認めるときは、その認定を取り消すことができる。この場合において、内閣総理大臣は、あらかじめ関係行政機関の長にその旨を通知しなければならない。
2　関係行政機関の長は、内閣総理大臣に対し、前項の規定による認定の取消しに関し必要と認める意見を申し出ることができる。
3　第4条第11項の規定は、第1項の規定による認定復興推進計画の認定の取消しについて準用する。

（工場立地法及び企業立地の促進等による地域における産業集積の形成及び活性化に関する法律の特例）
第28条　特定地方公共団体が、第4条第2項第5号に規定する復興推進事業として、復興産業集積事業（復興産業集積区域内において製造業等（工場立地法（昭和34年法律第24号）第2条第3項に規定する製造業等をいう。以下この項において同じ。）を営む者がその事業の用に供する工場又は事業場（以下この項において「工場等」という。）の新増設を行うことを促進する事業をいう。第6項第1号及び別表の9の項において同じ。）を定めた復興推進計画について、内閣総理大臣の認定を申請し、その認定を受けたときは、当該認定の日以後は、当該認定を受けた特定地方公共団体（市町村に限る。以下この条において「認定市町村」という。）は、当該復興推進計画に定められた復興産業集積区域における製造業等に係る工場等の緑地（同法第4条第1項第1号に規定する緑地をいう。）及び環境施設（同法第4条第1項第1号に規定する環境施設をいう。）のそれぞれの面積の敷地面積に対する割合に関する事項について、条例で、同法第4条第1項の規定により公表され、又は同法第4条の2第1項若しくは第2項の規定により定められた準則（第13項において「工場立地法準則」といい、企業立地の促進等による地域における産業集積の形成及び活性化に関する法律（平成19年法律第40号。以下この条において「地域産業集積形成法」という。）第10条第1項の規定により準則が定められた場合又

は地域産業集積形成法第11条第１項の規定により条例が定められた場合にあっては、その準則又はその条例（以下この条において「地域産業集積形成法準則等」という。）を含む。）に代えて適用すべき準則を定めることができる。

2　前項の規定により準則を定める条例（以下この条において「復興産業集積区域緑地面積率等条例」といい、認定市町村である市が定めるものに限る。）が施行されている間は、当該復興産業集積区域緑地面積率等条例に係る復興産業集積区域に係る工場立地法第９条第２項の規定による勧告をする場合における同項第１号の規定の適用については、同号中「第４条の２第１項の規定により都道府県準則が定められた場合又は同条第２項の規定により市準則が定められた場合にあっては、その都道府県準則又は市準則」とあるのは、「東日本大震災復興特別区域法（平成23年法律第122号）第28条第１項の規定により準則が定められた場合にあっては、その準則」とする。

3　復興産業集積区域緑地面積率等条例（認定市町村である町村（以下この条において「認定町村」という。）が定めるものに限る。）が施行されている間は、工場立地法の規定により都道県知事の権限に属するものとされている事務であって、当該復興産業集積区域緑地面積率等条例に係る復興産業集積区域に係るものは、当該復興産業集積区域緑地面積率等条例を定めた認定町村の長が行うものとする。

4　前項の規定により認定町村の長が事務を行う場合においては、工場立地法の規定及び工場立地の調査等に関する法律の一部を改正する法律（昭和48年法律第108号）附則第３条第１項の規定中都道府県知事に関する規定は、当該復興産業集積区域については、町村の長に関する規定として当該認定町村の長に適用があるものとする。この場合において、工場立地法第９条第２項第１号中「第４条の２第１項の規定により都道府県準則が定められた場合又は同条第２項の規定により市準則が定められた場合にあっては、その都道府県準則又は市準則」とあるのは、「東日本大震災復興特別区域法（平成23年法律第122号）第28条第１項の規定により準則が定められた場合にあっては、その準則」とする。

5　復興産業集積区域緑地面積率等条例の施行により地域産業集積形成法準則等の適用を受けないこととなった特定工場（工場立地法第６条第１項に規定する特定工場をいう。以下この条において同じ。）については、当該復興産業集積区域緑地面積率等条例が施行されている間は、地域産業集積形成法第12条第３項の規定は、適用しない。

6　復興産業集積区域緑地面積率等条例を定めた市町村は、次に掲げる事由が生じた場合においては、当該事由の発生により当該復興産業集積区域緑地面積率等条例の適用を受けないこととなった区域において当該事由の発生前に当該復興産業集積区域緑地面積率等条例の適用を受けた特定工場について、条例で、当該事由の発生に伴い合理的に必要と判断される範囲内で、所要の経過措置を定めることができる。
　1　第６条第１項の規定による認定復興推進計画の変更（復興産業集積区域の区域を変更することとするもの又は第４条第２項第５号に規定する復興推進事業として復興産業集積事業を定めないこととするものに限る。）の認定
　2　第９条第１項の規定による第１項の認定の取消し

7　前項の規定により経過措置を定める条例（以下この条において「復興産業集積区域緑地面積率等経過措置条例」といい、市が定めるものに限る。）が施行されている間は、同項の特定工場に係る工場立地法第９条第２項の規定による勧告をする場合における同項第１号の規定の適用については、同号中「第４条の２第１項の規定により都道府県準則が定められた場合又は同

条第2項の規定により市準則が定められた場合にあっては、その都道府県準則又は市準則」とあるのは、「東日本大震災復興特別区域法(平成23年法律第122号)第28条第6項の規定により条例が定められた場合にあっては、その条例」とする。

8 復興産業集積区域緑地面積率等経過措置条例(町村が定めるものに限る。)が施行されている間は、工場立地法の規定により都道県知事の権限に属するものとされている事務であって、第6項の特定工場に係るものは、当該復興産業集積区域緑地面積率等経過措置条例を定めた町村の長が行うものとする。

9 前項の規定により町村の長が事務を行う場合においては、第4項の規定を準用する。この場合において、同項中「第28条第1項の規定により準則が定められた場合にあっては、その準則」とあるのは、「第28条第6項の規定により条例が定められた場合にあっては、その条例」と読み替えるものとする。

10 復興産業集積区域緑地面積率等経過措置条例の施行により地域産業集積形成法準則等の適用を受けないこととなった特定工場については、当該復興産業集積区域緑地面積率等経過措置条例が施行されている間は、地域産業集積形成法第12条第3項の規定は、適用しない。

11 復興産業集積区域緑地面積率等条例の施行前に都道県知事にされた工場立地法第6条第1項、第7条第1項若しくは第8条第1項又は工場立地の調査等に関する法律の一部を改正する法律附則第3条第1項の規定による届出であって復興産業集積区域緑地面積率等条例の施行の日において勧告、勧告に係る事項を変更すべき旨の命令又は実施の制限の期間の短縮の処理がされていないものについての勧告、勧告に係る事項を変更すべき旨の命令又は実施の制限の期間の短縮については、なお従前の例による。

12 前項の規定によりなお従前の例によることとされる場合における復興産業集積区域緑地面積率等条例の施行後にした行為に対する罰則の適用については、なお従前の例による。

13 復興産業集積区域緑地面積率等条例の廃止若しくは失効、第6項各号に掲げる事由の発生又は復興産業集積区域緑地面積率等経過措置条例の廃止若しくは失効により、当該復興産業集積区域緑地面積率等条例(復興産業集積区域緑地面積率等経過措置条例が定められている場合にあっては、当該復興産業集積区域緑地面積率等経過措置条例)で定めた準則の適用を受けないこととなった特定工場(当該復興産業集積区域緑地面積率等条例の廃止若しくは失効、同項各号に掲げる事由の発生又は当該復興産業集積区域緑地面積率等経過措置条例の廃止若しくは失効により工場立地法準則の適用を受けることとなったものに限る。)について、それぞれ当該復興産業集積区域緑地面積率等条例の廃止若しくは失効の日、同項各号に掲げる事由の発生の日又は当該復興産業集積区域緑地面積率等経過措置条例の廃止若しくは失効の日(以下この項及び次項において「特定日」という。)前に第3項又は第8項の規定によりこれらの規定に規定する事務を行うものとされた町村の長にされた工場立地法第6条第1項、第7条第1項若しくは第8条第1項又は工場立地の調査等に関する法律の一部を改正する法律附則第3条第1項の規定による届出は、特定日以後においては、当該町村の存する都道県の知事にされたものとみなす。ただし、当該届出であって特定日において勧告、勧告に係る事項を変更すべき旨の命令又は実施の制限の期間の短縮の処理がされていないものについての勧告、勧告に係る事項を変更すべき旨の命令又は実施の制限の期間の短縮については、なお従前の例による。

14 前項ただし書の規定によりなお従前の例によることとされる場合における特定日以後にした行為に対する罰則の適用については、なお従前の例による。

15 前2項の規定は、復興産業集積区域緑地面積率等条例の廃止若しくは失効、第6項各号に掲

げる事由の発生又は復興産業集積区域緑地面積率等経過措置条例の廃止若しくは失効により、当該復興産業集積区域緑地面積率等条例（復興産業集積区域緑地面積率等経過措置条例が定められている場合にあっては、当該復興産業集積区域緑地面積率等経過措置条例）で定めた準則の適用を受けないこととなった特定工場（当該復興産業集積区域緑地面積率等条例の廃止若しくは失効、同項各号に掲げる事由の発生又は当該復興産業集積区域緑地面積率等経過措置条例の廃止若しくは失効により地域産業集積形成法準則等の適用を受けることとなったものに限る。）について準用する。この場合において、第13項中「当該町村の存する都道府県の知事」とあるのは、「地域産業集積形成法第10条第4項又は第11条第3項の規定によりこれらの規定に規定する事務を行うものとされた当該町村の長」と読み替えるものとする。

10. 工場立地法運用例規集

第1編　工場立地法の用語の解釈、運用等
第1章　製造業
第1節　製造業等の定義

（製造業等）
1－1－1－1
　　製造業等の範囲は、原則として日本標準産業分類による製造業、電気供給業、ガス供給業又は熱供給業とする。
　　製造業に含まれる物品の加工修理業とは、製造と修理又は賃加工（他の業者の所有に属する原材料に加工処理を加えて加工賃を受けること）と修理をそれぞれ合わせて行う船舶製造・修理業、鉄道車輌製造業等の事業をいい、自動車整備業のように単に修理のみを行う事業は物品の加工修理業に含まれない。

（製造業等に係る工場又は事業場）
1－1－1－2
　　製造業等に係る工場又は事業場（以下「工場等」という。）とは、規則第2条による生産施設を設置して製造、加工等の業務のために使用する場所をいう。したがって、本社、営業所、変電所、石油油槽所等は生産施設を有しないので工場等とはしない。

（業種の定義：熱硬化性樹脂製造業及び半合成樹脂製造業）
1－1－1－3
　　プラスチック製造業のうち、熱硬化性樹脂製造業、半合成樹脂製造業には、次の樹脂の製造業が含まれる。
　　熱硬化性樹脂には
　　フエノール樹脂
　　ユリア樹脂
　　メラミン樹脂
　　不飽和ポリエステル樹脂
　　フタル酸樹脂
　　エポキシ樹脂
　　けい素樹脂（シリコン）
　　ジアリルフタレート樹脂
　　ポリアセタール樹脂
　　グアナミン樹脂
　　フラン樹脂
　　キシレン樹脂
　　スチレンホルマリン樹脂
　　ビニルエステル樹脂
　　レゾルシノール樹脂　等が含まれる。
　　半合成樹脂（セルロース系樹脂）には、
　　セルロイド生地

アセチルセルローズ（酢酸繊維素）
硝酸繊維素　等が含まれる。
　なお、石油又は石油副生ガスから一貫してプラスチックを製造する製造業は、石油化学系基礎製品製造業に、プラスチック製の管、板、食器などのプラスチック製品を製造する製造業はその他の製造業（第5種）にそれぞれ区分されている。

(業種の定義：加工紙製造業)
1－1－1－4
　加工紙製造業には、塗工紙（紙にろう、油、プラスチックを塗装、浸透または漬層加工したもの）、段ボール、壁紙、ふすま紙、ブックバインディングクロス（紙又は織物に水系塗料、プラスチックなどを塗装、浸透させて書籍装丁用、紙器用等に用いる）を製造する工場が含まれる。

(業種の定義：非鉄金属第2次製錬精製業)
1－1－1－5
　非鉄金属等第2次製錬精製業には、鉛、亜鉛、アルミニウム、すず、水銀、ニッケルなどの非鉄金属のくず及びドロスを処理し、再生する工場又は減摩合金、活字合金などの合金を製造する工場が含まれる。

(業種の定義：銑鉄鋳物業と自動車部分品・付属品製造業)
1－1－1－6
　自動車部品のエンジン、ブレーキ等の構成部品の銑鉄鋳物のみを製造する工場は銑鉄鋳物業に属する。エンジンやブレーキ等の自動車部品を製造、出荷する工場の鋳物工場は全量自家使用であるので兼業として取り扱わない。

(業種の定義：プレハブ住宅等)
1－1－1－7
　プレハブ住宅用ルームユニット製造業及びサニタリーユニット（浴室ユニット、便所ユニット、洗面所ユニット及びこれらを組み合わせたユニット）製造業は、準則の別表第1及び第2の「その他の製造業」に該当する。
　プレハブ住宅用部材製造業にあっては、その製造部材が木製品である場合には別表第1及び第2の「造作材・合板・建築用組立材料その他の木製品材製造業」、コンクリート製品である場合には別表第1及び第2の「窯業、土石製品製造業」、建築用金属製品である場合には別表第1の「その他の製造業」、別表第2の「金属製品製造業」に該当する。

(業種の定義：パルプ製造業及び紙製造業の取扱い)
1－1－1－8
　パルプ生産能力と紙生産能力の和に対するパルプ生産能力の比率が80％以上の工場等はパルプ製造業、30％以下の場合は紙製造業、30％ないし80％の場合はパルプ及び紙（加工紙を含む。）製造業に属する。

第2節　兼業の取扱い

（兼業かどうかの判断）

1―1―2―1

　1の工場が兼業かどうかの判断は、原則として当該工場から出荷される製品で判断する。

①自動車工場やピアノ製造工場のように当該工場で生産されるすべての半製品又は中間製品が当該工場の最終の製品のためのものである場合は、兼業扱いとせず、最終の製品の製造業の工場とする。

②工場で生産される半製品又は中間製品が当該工場の最終の製品のためのものであるとともに、当該工場から出荷もされる場合には、最終の製品の製造業と当該出荷される半製品又は中間製品の製造業を兼業している工場とする。

③工場の生産形態で業種分類がなされる工場の場合（例えば、高炉による製鉄業、電気炉による製鋼及び圧延業、石油化学系基礎製品製造業、石油精製業等の工場は複数の製品を一貫工程の範囲で生産・出荷するが1つの工場として取り扱われている。）は出荷される製品の種類の如何によらず一つの業種の工場として取り扱う。

（例1）段ボールシートと段ボール箱を製造している工場の場合、段ボールシートと段ボール箱をそれぞれ出荷する場合は、段ボールシート製造業（加工紙製造業）及び段ボール箱製造業（紙製容器製造業）の兼業であるが、段ボールシートを全部段ボール箱にして段ボール箱のみ出荷する場合は、この工場は段ボール箱製造業に属する。

（例2）棒鋼、線材、厚板、薄板、帯鋼、鋼管などの鋼材を一貫して製造する工場は高炉による製鉄業に属するが、表面処理、伸線等を含めて行う場合も高炉による製鉄業に属する。

（例3）パルプから紙を一貫して製造する工場で、紙製品及び紙製容器を合わせて製造し、それぞれ出荷する場合は、パルプ製造業及び紙製造業、紙製品製造業、及び紙製容器製造業の兼業である。

（兼業の場合の生産施設面積の算定）

1―1―2―2

　兼業の場合の準則の計算のためには、それぞれの業種に属する生産施設面積を算定する必要があるが、算定の方法が不確かなものは次の例によるものとする。

①共用の用役施設等については、工場内の業種別に明らかに分けることのできる生産施設の面積のそれぞれの合計で比例配分し、それぞれの生産施設の面積として算定する。

②一の工場建屋内に段ボールシート製造機と段ボール箱製造機が設置されており、当該工場が全体として兼業の場合は、当該工場建屋は面積の大きい方の製造機に係る業種に属する生産施設として面積を算定するが、判別のつけがたいものは、属する業種の個数で単純に工場建屋面積を分割してそれぞれの生産施設面積として算定する。

③A製造業（準則値30％）とB製造業（準則値40％）の兼業に属する工場においてAを製造する工場建屋がある場合、Aの一部はB製造用に自家消費し、他はAのまま出荷する場合であっても当該Aを製造する工場建屋全体が準則値30％を適用される生産施設となる。

```
┌─────────────────────────────────────┐
│              工場敷地                │
│  ┌─────┐              ┌─────┐      │
│  │A工場 │─────────────→│B工場 │─────→│
│  └──┬──┘    一部       └─────┘      │
│     │      自家消費                  │
└─────┼───────────────────────────────┘
      ↓
    一部出荷
```

④一の工場建屋の同一設備から異種の製品を製造し、それぞれ異種の製造業に属する場合には、その工場建屋は準則値の厳しい方の生産施設面積として算定する。

第2章　特定工場
第1節　特定工場の定義

（製造業等に係る工場又は事業場）
1－2－1－1

次のような事業場は製造業等に係る工場又は事業場に含まれない。
①工場とは別の団地にある、独立した本社、支店、営業所、倉庫、中継所等（これらに付随して、選別、梱包、包装、混合等を行うものを含む。）
　（例1）油槽所（潤滑油ベースに添加剤を加えて出荷する油槽所を含む。）
　（例2）石炭の集荷、出荷場（混炭を行う石炭の集荷、出荷場を含む。）
②農林水産物の出荷のために選別、洗浄、包装等を行う事業場（選果場、ライスセンター等）
③業として保管を行う事業所で当該保管業務に付随して選別、梱包、包装、混合等を行う事業所
④修理を専業とする事業場（自動車整備場、機械器具修理場）
⑤電気供給業に属する変電所、ガス供給業に属するガス供給所
⑥鉄スクラップを集荷、選別して卸売する事業所等
⑦ＬＰガスを充填して小売する事業所等
⑧機械又は装置を設置している職業訓練所、学校等

（自家発電所等）
1－2－1－2
①別法人格の共同火力発電所及び製造業等に属する工場の自家発電所で当該工場とは別の団地にあるものは全て電気供給業として、本法の対象とする。
②別法人格の共同熱供給所及び製造業等に属する工場の自家用の熱供給所で当該工場とは別の団地にあるものは全て熱供給業として本法の対象とする。
③別法人格の共同のガス製造工場及び製造業等に属する工場の自家用のガス製造工場で、当該工場とは別の場所にあるものは全てガス供給業として、本法の対象とする。
④特定の需要者に対し、熱、電気、ガスのうち、2つ以上のものを供給する事業所（いわゆるユーティリティ会社）は、それらの業種の兼業に属するものとして、本法の対象とする。

(一の団地)
1－2－1－3
　一の団地とは、連続した一区画内の土地をいう。したがって、道路、河川、鉄道等により二分されている場合は、通常は一の団地ではないがその工場自体のために設けた私道、軌道等により分断されている場合又は道路、鉄道等により分断されてはいるが生産工程上、環境保全上若しくは管理運営上極めて密接な関係があり一体をなしている場合は、一の団地と解する。

(一の団地の例)
1－2－1－4
　一の団地の判断については、次の事例を参考とされたい。

(例1)
　第1工場と第2工場の間に道路を挟んでいるが、生産機能上密接なつながりがある場合は、A及びBを一の団地とする。

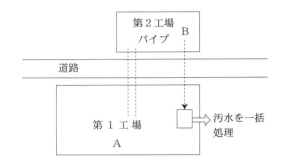

(例2)
　第1工場と第2工場との間に他社工場がある場合は、一の団地としない。

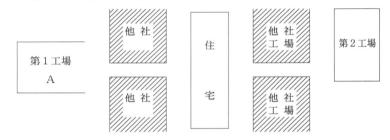

(例3)
　鉄道を隔てて工場と病院、研究所とがあり、同一法人の所有敷地である（それぞれの区画ははっきり区別できるものとする。）場合で、研究所も中央研究所のように直接工場と関係がない場合は一の団地としない。したがって、A及びBを一の団地とする。

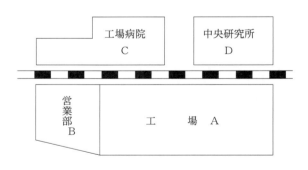

(例4)
　道路を挟んで、従業員用の駐車場がある場合は、A及びBを一の団地とする。

(例5)
　飛地に運動場、体育館などがある場合は、一の団地とはしない。

（例6）
　高速道路等の幅の広い道路又は河口部等の非常に巾の広い河川が間に入る場合で、工場の規模と比較して社会通念上一の団地と解し難いものは一の団地としない。

第2節　敷地面積

（工場等の敷地面積）
1－2－2－1
　工場等の敷地面積とは、工場等の用に供する土地の全面積をいう。工場等の用に供する土地には、社宅、寮又は病院の用に供する土地及びこれらの施設の用地として明確な計画のあるものは含まれないが、当面用途不明のまま将来の予備として確保している土地は含まれる。

（土地の所有関係に関する工場の敷地面積）
1－2－2－2
　工場敷地面積は、所有地、借地等のいかんを問わず、当該工場の用に供する土地の面積をいう。したがって、子会社、下請工場等に土地を貸している場合には、その部分は除かれ、子会社、下請工場等の工場敷地となる。ただし、建設、土木工事等に伴う臨時的な業者ハウスの敷地は当該工場の一体の敷地に含まれるものとする。

（例1）　自社工場敷地内に法人格の異なる工場がある場合

　製鉄所の敷地面積は、コークス工場の敷地面積を除いたA－Bとする。

（例2）　自社工場の敷地の一部を関連下請工場（法人格は異なる。）に貸地としている場合

　自動車工場の敷地面積はA－(B＋C＋D＋E)とする。

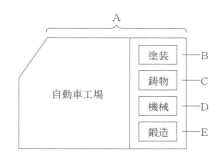

（工場敷地から除外する社宅、寮、病院の取扱い）
1－2－2－3
　社宅、寮又は病院の用に供する土地の範囲に明確な仕切りがない場合には、社宅、寮又は病院の建築面積を0.6で除した面積を工場敷地面積から除外する。なお、病院には患者の収容施設を有する診療所を含むものとする。

（保育所及び託児所の取扱い）
1－2－2－4
　工場等の用に供する土地には、社宅、寮又は病院の用に供する土地及びこれらの施設の用地として明確な計画のあるものは含まれないが、保育所及び託児所用の土地もこれに準じて取扱うものとする。

(公有水面の取扱い)
1－2－2－5
　　海、河川、堀割、クリーク等公有水面上を埋立によらないで工場の用に供する施設の一部として使用している場合は当該水面は工場敷地面積には含めない。例えば、公有水面に材木を浮かべた貯水場や浮きドッグ、桟橋等の面積は工場敷地面積には含めない。

第3節　建築物の建築面積

(工場等の建築面積)
1－2－3－1
　　工場等の建築面積とは、工場等の建築物（社宅、寮又は病院の建築物を除く。）の水平投影面積をいい、その測り方は建築基準法施行令第2条第1項第2号の規定による。すなわち、建築物（地階で地盤面上1メートル以下にある部分を除く。）の外壁又はこれに代わる柱の中心線（軒、ひさし、はね出し縁その他これらに類するもので当該中心線から水平距離1メートル以上突き出たものがある場合においては、その端から水平距離1メートル後退した線）で囲まれた部分の水平投影面積を測定する。

第3章　生産施設
第1節　生産施設の定義

(生産施設の定義)
1－3－1－1
　　生産施設とは、規則第2条に規定する施設をいい、同条にいう物品の製造工程を形成する機械又は装置とは、原材料に最初の加工を行う工程から出荷段階前の最終の製品が出来上がるまでの工程のうち直接製造・加工を行う工程を形成する機械又は装置及びこれらに付帯する用役施設（受変電施設及び用水施設を除く。以下同じ。）をいう。

(地下に設置された施設)
1－3－1－2
　　規則第2条にいう地下に設置される施設とは、地下に埋設される施設又は地下室に設置される施設をいう。

(発電工程等の生産施設)
1－3－1－3
　　規則第2条にいう発電工程、ガス製造工程、熱発生工程又は加工修理工程を形成する機械又は装置は物品の製造工程を形成する機械又は装置に準ずるものとする。

(主要な部分に係る附帯施設)
1－3－1－4
　　規則第2条第2号にいう主要な部分に係る附帯施設とは、製造工程等形成施設のうち用役施設をいう。

(主要な部分に係る附帯施設のうち生産施設から除くもの)
1－3－1－5
　　規則第2条第2号にいう主要な部分に係る附帯施設であって周辺の地域の生活環境の保持

に支障を及ぼすおそれがないことが特に認められるものとして生産施設から除くものとは、用役施設であって主に自家用の電気を発電するために設置される施設（水力、地熱、風力又は太陽光を原動力とするものに限る。）をいう。

第2節　製造工程別の取扱い

（コントロールハウス）
1―3―2―1
　　生産機能の集中制御のための建築物は生産施設とする。

（季節的に用途が変わる建築物）
1―3―2―2
　　でんぷん製造や清酒製造のように、生産活動を行う時期が季節的である場合で規則第2条第1号の建築物（以下「工場建屋」という。）の用途が季節的に異なる場合でも、生産施設とする。

（事務所、研究所、食堂等）
1―3―2―3
　　事務所、研究所、食堂等で独立の建築物であるものは生産施設としない。

（倉庫関連施設）
1―3―2―4
（ⅰ）　原材料、資材、製品又は機器類の倉庫、置き場若しくはタンク等専ら貯蔵の用に供する独立した施設は生産施設としない。
（ⅱ）　倉庫又は置場に付随した原材料の仕分け施設、納入品の検査所、原材料又は最終の製品の抜取検査施設、計量施設は生産施設としない。

（半製品又は中間製品のタンク、倉庫）
1―3―2―5
　　ある工場における半製品又は中間製品とは、当該工場における最終の製品に至るまでの製造工程の途中段階までに製造されるものをいうが、そのものの大半が販売品として、又は、系列会社等の原料として出荷される場合は当該工場における製品とみなし、半製品又は中間製品とはしないものとする。
①半製品又は中間製品のタンクが製造の単位としての工程を形成する一連の機械又は装置が設置されている独立の区画に属する場合には生産施設とする。（1―3―4―10の（注）参照）
　　ただし、原材料又は最終の製品のタンクヤード内の一部に設置されている半製品又は中間製品のタンクは生産施設とはしない。
②半製品又は中間製品の倉庫が工場建屋の中に含まれる場合には当該工場建屋は生産施設とする。
③原材料や製品の倉庫に半製品や中間製品が置かれていても当該倉庫は生産施設とはしない。

（タンク付属施設）
1―3―2―6
　　生産施設でない貯蔵タンクに付属した加熱装置は当該貯蔵タンクと一体の貯蔵施設とし、

生産施設としない。
（例1）

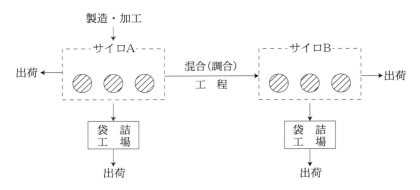

サイロA、サイロBは生産施設としない。
（袋詰工場は生産施設とする。）

（例2）

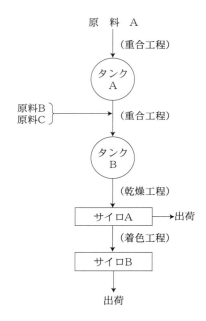

タンクA、Bは生産施設とし、サイロA、Bは生産施設としない。

(サイロ等)
1－3－2－7
　セメント製造業、肥料製造業、清酒製造業等における独立したサイロ、倉庫であって、出荷の用に供されるものは生産施設としない。

(貯酒蔵)
1－3－2－8
　清酒製造業、ウイスキー製造業等における独立した貯酒蔵は生産施設としない。

(製紙業におけるプレス装置)
1－3－2－9

製紙業において単なる貯蔵を目的として古紙をプレスし、コンパクトにする装置は、生産施設としない。

(出荷輸送関連施設)

1－3－2－10
（ⅰ） 生産工程の一環として製品の包装・荷造（梱包）を継続して行う施設は生産施設とする。
（ⅱ） 倉庫、置場に付随して最終の製品を出荷するための施設は生産施設としない。
（ⅲ） 屋外ベルトコンベヤー、輸送用配管等の専ら輸送の用に供する施設は生産施設としない。

(包装・荷造（梱包）施設)

1－3－2－11
　医薬品の粉体を包装紙に包み、これを瓶詰にし、紙箱に詰める工程に係る施設やビールの瓶詰施設、セメントの袋詰施設等は生産工程の一環としての製品の包装・荷造（梱包）を継続して行う生産施設とする。

(用役施設)

1－3－2－12
　用役施設のうち、主に自家用の電気を発電するために設置される施設（水力、地熱、風力又は太陽光を原動力とするものを除く。）、ボイラー（純水製造設備を含む。）、コンプレッサー、酸素製造施設、熱交換器、整流器等の施設は生産施設とする。なお、用役施設から除かれる受変電施設とは変電所、開閉所、受変電施設をいい、用水施設とは工業用水の取水・貯水施設、冷却塔、排水施設等をいう。

(製造工程等の用以外の用に供されるボイラー、コンプレッサー等)

1－3－2－13
　ボイラー、コンプレッサー、ポンプ等の用役施設であって規則第2条にいう製造工程等の用以外の用に専ら供されているもの、例えば、事務所用の空気調節施設（すなわち、ボイラーコンプレッサー、ポンプ等）又は出荷施設や用水施設の用に供されているコンプレッサー、ポンプ等は生産施設としない。
　ただし、製造工程等の用に一部共用されるボイラー、コンプレッサー、ポンプ等の用役施設は生産施設とする。
　又、工場建屋のための空気調整施設は製造工程等の用に供するので生産施設とする。

(検査所（試験室）)

1－3－2－14
　製品の検査が生産工程の一環として行われる検査所又は試験室は生産施設とするが、独立して製品の技術開発を目的とする試験研究を行う検査所又は試験室は生産施設としない。

(修理工場)

1－3－2－15
　製造・加工と修理を合わせて行う修理工場は生産施設とするが、単に部品の取替え等によって自らの工場等の生産施設の修理のみを行う修理工場は生産施設としない。

(修理工場であって生産施設でないもの)

1－3－2－16
　修理工場であって、生産施設から除かれるものは、当該工場の機器類の修理のための部品

の取替え（切断又は曲げ等の低次な加工を含む。）を行うものをいうが、治工具（工場で生産のために使用する治具又は工具）を製造し、併せて生産施設の修理をする工場建屋、あるいは、金型製造と修理を併せて行う工場建屋等は生産施設とする。

（公害防止施設）
1－3－2－17
　自らの工場における排出物を処理するための施設は公害防止施設とし生産施設とはしない。例えば、重油脱硫施設などはこの意味から生産施設である。しかし、当該施設によって有用成分の回収又は副産品の生産を行う場合は、次の考え方によるものとする。
（ⅰ）　生産工程からの排出物の処理の過程において得た有用成分を自己の主製品の原材料として使用する場合において、次のいずれにも該当するときにおける当該有用成分を原材料として使用するための加工等の用に供される施設は公害防止施設とする。
　　・当該有用成分を廃棄することにより公害を生ずる恐れがあると認められる事情があること。
　　・当該有用成分を原材料として使用するための加工等を行うことにより、その原材料を他から購入することに比べ、明らかに継続して損失が生ずると認められること。
（ⅱ）　生産工程からの排出物の処理の過程において得た有用成分を製品化する場合において次のいずれにも該当するときにおける当該製品化工程の用に供される施設は公害防止施設とする。
　　・当該有用成分を廃棄することにより公害を生ずる恐れがあると認められる事情があること。
　　・当該有用成分を製品化して販売することによりその有用成分をそのまま廃棄することに比べ、明らかに継続して損失が生ずると認められること。
　以上の具体例を示すと、クラフトパルプ製造工程における黒液燃焼装置、非鉄金属精錬における硫酸回収施設等は生産施設であるが、発電所における排煙脱硫施設等は公害防止施設として取り扱うものとする。

（排水処理施設等）
1－3－2－18
　排水処理施設等に関する取扱いについては、次のとおりとする。
（ⅰ）　排水処理施設からの排水を再度循環利用する場合であっても当該排水処理施設は生産施設としない。
（ⅱ）　工場からのはい塵又は粉塵の防除を行うための集塵施設であって有用成分の回収を行わないものは生産施設としない。
（ⅲ）　製造業の用に供するＬＮＧ、ＬＰＧの気化装置は生産施設とする。
（ⅳ）　ガス製造工程におけるコークス炉ガスの脱硫施設は生産施設とする。
（ⅴ）　高炉ガスからのアンモニア回収施設は生産施設とする。
（ⅵ）　サルファイドパルプ製造工場の廃液濃縮燃焼装置は生産施設としない。
（ⅶ）　アルコール製造工場における蒸留廃液の濃縮燃焼装置は生産施設としない。
（ⅷ）　製鉄工場、金属製品製造工場における廃酸、廃アルカリ回収施設は生産施設とする。
（ⅸ）　セミケミカルパルプ、ケミグランドパルプの廃液濃縮燃焼装置は、生産施設としない。
（ⅹ）　製鉄工場において自家消費するコークス炉ガスを公害防止を目的とする脱硫する施設は、生産施設としない。

(排煙施設)
1－3－2－19
　煙突、煙道等排煙施設は排水施設に準じるものとし、生産施設としない。

(休廃止施設)
1－3－2－20
　一時的な遊休施設は生産施設とする。また、廃止された施設であっても撤去されない限り原則として生産施設とする。

(試作プラント)
1－3－2－21
　試作品、開拓品等を製造、研究する施設は原則として生産施設から除外するが、当該試作のための施設の規模、性能等からみて実稼働プラントに移行する可能性のあるもの、あるいは当該試作品等を販売する場合はこの限りではない。

(屋外作業場)
1－3－2－22
　屋外の作業場（屋外の作業場の作業環境の改善のため、次に掲げる日除け用構造物又は移動屋根によつて覆われる作業場を含む。）は生産施設としない。ただし、当該作業場内の生産の用に供する機械又は装置（作業定盤及びクレーンを除く。）は生産施設とする。
①クレーンで吊上げ移動する、簡易な構造の日除け。
②屋根及び柱を含む一体が軌条上を移動する簡易な構造の移動屋根であって、静止した状態で移動する為の軌条間面積の1/3を覆う程度の小規模のもの。

(技術訓練施設)
1－3－2－23
　技術訓練所の訓練施設は生産施設としない。

(混合、調合施設)
1－3－2－24
　単に混合、調合を行う行為でも、生産工程の一環として製品又は半製品を製造するための加工行為であるものは、生産工程を形成するものとする。例えば、農薬の混合、無機薬品の混合又は清涼飲料の原液と清涼飲料剤の調合等の施設は生産施設とする。

(冷凍施設等)
1－3－2－25
　冷凍食品を製造するための冷凍施設等生産工程を形成する冷凍施設は生産施設とする。しかし、でき上がった冷凍食品を出荷又は保存のために冷蔵しておく冷蔵施設は生産施設としない。

(養生施設)
1－3－2－26
　コンクリート製品の屋外の養生場は生産施設ではないが、屋内で養生を行う場合、当該養生を行う建築物は生産施設とする。

(造船ドック及び船台)
1－3－2－27
　造船場におけるドック及び船台は生産施設とする。

(副資材製造工場等)
1－3－2－28
　　製品の出荷のための梱包材を製造する工場建屋や鋳物用木型又は金型を製造する工場建屋、工場の自家用の生産用機器、工具等を製造する工場建屋はすべて生産施設とする。

第3節　電気供給業等における生産施設

(電気供給業における生産施設)
1－3－3－1
①発電工程前の原燃料の受入、貯蔵、輸送施設は生産施設としない。ただし、石炭の粉砕機、LNGの気化装置、レギュレーターは生産施設とする。
②発電工程を形成する機械又は装置とは、ボイラー本体、再熱器、タービン本体、復水器本体、給水ポンプ、給水加熱器、給水処理装置、ボイラー水処理装置、ボイラーに付属する空気予熱器、蒸気配管、発電機、励磁機等をいう。
③独立した変電施設（主変圧器を含む。）開閉所、冷却池、冷却塔、取水施設、受電施設は生産施設としない。
④原子力発電に係る廃棄物貯蔵施設、核燃料貯蔵施設、淡水源施設（ダム、プール等）は生産施設としない。
⑤発電工程を形成する機械又は装置の主要な部分に係る附帯施設として設けられる太陽光発電施設については生産施設としない。

(石炭ガスによるガス供給業の生産施設)
1－3－3－2
　　ガス製造工程前の原料の受入れ、貯蔵又は輸送の施設である石炭クレーン、貯炭場又はコンベアー等は生産施設としないが、石炭の粉砕機、混合機及びこれに付属した制御室並びにガス製造施設、ガス精製施設、コークス製造施設及びタール精製施設等は生産施設とする。
①ガス製造施設は石炭ガス発生炉、消火塔及びこれらに付随する空気圧縮機、押出機、制御室、装炭車、消火車、コークガイド車、並びにこれらが設置されている区画内にあるドライメーン等の配管で構成され、生産施設とするが、消火水の沈澱槽（消火用ポンプを含む。）、沈澱粉処理施設は生産施設としない。
②ガス精製施設は、冷却装置、タール排除器（コットレルを含む）、ガス排送機、硫安回収施設（硫安飽和器、結晶槽、硫酸計量槽、蒸留塔、分離機、その他の補機類）、スクラバー、脱硫施設、ガス軽油回収施設、熱量調節装置等及びこれらが設置されている区画内にある配管で構成され、生産施設とするが、硫酸タンク、硫安の倉庫、脱硫剤の倉庫、洗浄油受入槽、ガス軽油出荷槽は生産施設としない。
③コークス製造施設は炉前ワーク、粉砕装置、ふるい分け装置及び選別装置で構成され、生産施設とするが、屋外ベルトコンベヤ、出荷用の計量施設等は生産施設としない。また、ガスホルダー、ガス供給のための出荷用の圧送機、クーラー、付臭施設及び熱量調節施設の出口以降のガスの本管は生産施設としない。
④タール精製施設は、ガス液タール分離槽、タール槽、タール蒸留施設及びこれに付属する施設で構成され、生産施設とするが、ガス液槽、ガス液管は生産施設としない。
⑤熱量測定室及びコントロールハウスは生産施設とする。

(原油、ナフサ、ＬＮＧ又はＬＰＧによるガス供給業の生産施設)
1－3－3－3
　　原油又はナフサによるガス製造の場合の生産施設は、ガス発生器、増熱器、原料加熱炉、蒸気予熱器、熱交換器、廃熱ボイラー、ＣＯ変成装置、脱硫施設、油圧又は水圧等の動力発生装置、制御室、送風機、レリーフホルダー等及びこれらが設置されている区画内にある配管等をいう。
　　また、ＬＮＧ又はＬＰＧによるガス製造の場合における生産施設は、ガス発生器、熱交換器、制御室及びこれらが設置されている区画内にある配管等をいう。

(熱供給業における生産施設)
1－3－3－4
　　熱供給業における生産施設は、ボイラー（蒸気ボイラー、温水ボイラー）、ボイラー循環ポンプ、電動駆動冷凍機、蒸気タービン駆動冷凍機、吸収式冷凍機、加圧タンク、蒸気ヘッダー、ホットウェルタンク、給水ポンプ、熱交換機等をいう。
　　独立した燃料の受入れ、輸送又は貯蔵の施設、灰の搬出又は輸送の施設、蓄熱槽及び供給導管等は生産施設としない。

第4節　生産施設の面積の測定方法

(生産施設の面積の測定方法)
1－3－4－1
　　生産施設の面積は原則として投影法による水平投影面積を測定する。

(規則第2条第1号の建築物の面積)
1－3－4－2
　　工場等の建築面積の測り方と同様に建築基準法施行令第2条第1項第2号の算定方法による。
　　建築物の一部に製造工程等を形成する機械又は装置が設置される場合における生産施設の面積は、原則として、当該建築物の全水平投影面積とするが、同一建築物内の原材料若しくは完成品の倉庫、一般管理部門の事務所又は食堂であって壁で明確に仕切られることにより実質的に別の建築物とみなされるものがある場合は、当該床面積を除いた面積とする。

(同一建築物内の原材料若しくは完成品の倉庫、一般管理部門の事務所又は食堂であって壁で明確に仕切られることにより実質的に別の建築物とみなされるもの)
1－3－4－3
　　同一建築物内の倉庫等のうち生産施設面積から除くことのできる場合を定める基準は、「実質的に倉庫等のために供される建築物であるか否か」にあり、1－3－4－2に示している「壁で明確に仕切られている」場合以外でも構造面において明確に区画されている場合は、これを生産施設から除くことができるものと解せられる。
(例)　壁の一部に連絡通路の扉のある場合又は壁の一部を連絡配管若しくはコンベアが貫通しているような場合も、壁で明確に仕切られているものとして取り扱ってよい。ただし、同一建築物の天井にクレーンが設置されて吹き抜けとなっている場合、壁が床から中空までしかないような場合及び移動式カーテンウォール、のれんに類するようなカーテン、つい立て等によって仕切られているような場合は、実質的に別の建築物とはみなされず当該建築物全体を生産施設として取り扱うものとする。

IV 資料編

(同一建築物内の一般管理部門の事務所)

1－3－4－4

　同一建築物のうち、生産施設面積から除くことのできる一般管理部門の事務所とは、工場全体の管理部門の事務所をいい、単に製造部門の現場監督事務所、現場作業事務所等をいうものではない。

(同一建築物内の原材料又は完成品の倉庫)

1－3－4－5

　同一建築物のうち、生産施設面積から除くことのできる倉庫は、原材料若しくは完成品の倉庫であるが、資材倉庫又は機器類の倉庫で壁で明確に仕切られている場合は、これに準じるものとする。

(同一建築物内の社宅、寮及び病院等)

1－3－4－6

　同一建築物のうち、社宅、寮、病院、休憩所、更衣室及び便所については壁で明確に仕切られることにより実質的に別の建築物とみなされるものは、生産施設面積から除くものとする。

(二階建以上の建築物)

1－3－4－7

　1階が倉庫で2階に生産施設がある建築物等について、当該建築物のいずれかの階に生産施設が設置されていれば、当該建築物は生産施設である。したがって、当該建築物の水平投影面積を生産施設面積とする。

(工場建屋の場合における生産施設面積)

1－3－4－8

(例1)

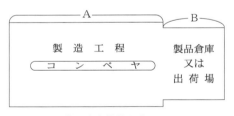

A、Bは一体の生産施設とする

(例2)

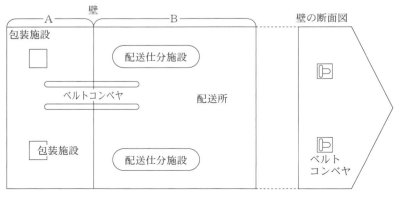

Bの面積は生産施設面積から除外する

（例３）

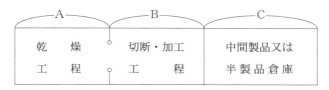

A、B、Cは一体の生産施設とする

（例４）

Aは一体の生産施設とする

（例５）

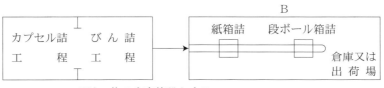

Bは一体の生産施設とする

（例６）

Cは生産施設としない

（規則第２条第２号の施設面積）
１－３－４－９
　原則として、当該施設の水平投影図の外周によって囲まれる面積とする。（原則として地盤面上１メートル未満の基礎部を除く。）
（プラント等の屋外の生産施設面積の測定方法）
１－３－４－10
　屋外にある生産施設の面積は水平投影図の外周によって囲まれる面積とする。その場合、面積を測定する図面は、工場の建設計画の段階で製造工程を形成する機器類等の主要施設の配置を明らかにした図面（通称プロットプラン図）を用いるものとする。

水平投影図の外周のとり方等は次によることとする。
(1) 塔、槽等の機器類又は装置の面積の測定方法
　①塔、槽等の機器類又は装置の架台がある場合には、架台の投影面積又は機器類若しくは装置の水平投影面積の大きい方とする。
　②架台のない場合には、機器類又は装置の断面積とする。ポンプ、圧縮機のように投影図の断面が複雑な場合には、基礎の床面積をもって投影面積とする。
(2) パイプの面積の測定方法
　製造装置の設置されている区画内にあるパイプは生産施設とする。
　①パイプラックに乗っているものについては（パイプラックの当該区画内に係る長さ）×（ラック幅）＝水平投影面積とする。
　（なお、配管トラフについては、トラフの上にふたが無い限りパイプラックと同じ扱いをする。）
　②製造装置の設置されている区画内の独立した塔、竪型ドラム、熱交換器等の機器類又は装置（タンク、横型ドラム、加熱炉を除く）のまわりの付属配管の水平投影面積は、独立した塔、竪型ドラム、熱交換器等の機器類又は装置の水平投影面積の合計に等しいものとする。（即ち、独立した塔、竪型ドラム、熱交換器等の機器類又は装置については、それらの投影面積の合計を2倍した面積で、周りの付属配管の面積を含めたものとする。）
　③その他の配管についても、原則として水平投影面積とする。
（注）製造装置の設置されている区画とは、製造の単位としての工程を形成する一連の機械又は装置（主要な部分に係る附帯施設であって周辺の地域の生活環境の保持に支障を及ぼすおそれがないことが特に認められるものを除く。）が設置されている独立の区画（その周辺が道路等で明確に区分されているもの）をいう。この場合、製造の単位としての工程を形成する一連の機械又は装置とは、例えば石油化学工業においては、
　　　エチレン製造装置
　　　ポリエチレン製造装置
　　　エチレンオキサイド製造装置
　　　クメン製造装置
　　　アセトン
　　　フェノール製造装置
　　　ブタジエン製造装置
　　　ＳＢＲ製造装置
　　　ＢＴＸ製造装置
　　　ボイラー
等をその単位として考えるものとする。
また石油精製業においても、
　　　常圧蒸留装置
　　　減圧蒸留装置
　　　分解装置
　　　水素製造装置
　　　改質装置
　　　脱硫装置

ボイラー
等をその単位として考えるものとし、その他の装置型の製造業の場合もこれに準じるものとする。また、それぞれの製造装置をコンパクトに集中させており、必ずしもそれぞれの製造装置ごとに区画がなく、まとまった複数の製造装置で一体の区画がある場合には、その一体の範囲を一つの区画として扱う。

（例１）　製造装置の区画内の生産施設面積の測り方の例

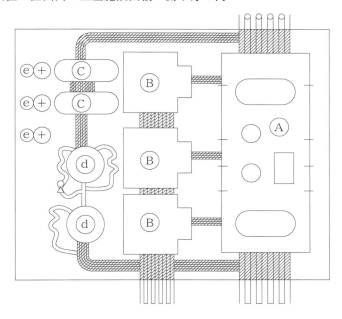

①架台に乗っている装置については架台の水平投影面積とする。
②加熱炉Ｂ横型ドラムＣタンクｅは水平投影面積を測定する。
③②以外の独立の塔、槽等の機器類又は装置であって附属配管を伴うものは、本体の塔、槽等の水平投影面積を２倍して、附属配管の面積を含めたものとする。
④パイプの面積は▨の部分の面積を測定する。
⑤製造装置の区画内にあっても最終製品タンク等の非生産施設の面積は当然除く。

Ⅳ 資料編

(例2)

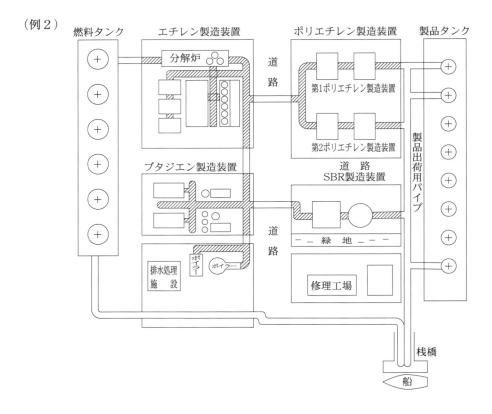

① ポリエチレン製造装置は第1製造装置と第2製造装置が連続した一体の区画に入っている場合である。
② パイプラックは、それぞれの製造装置の配置されている一体の区画内にあるものは生産施設として面積を測定する。ただし、原燃料及び製品の輸送専用のパイプラックが製造装置の土地の区画内を横切っている場合でも、当該パイプラックは生産施設から除いてよい。
③ 上図の▨▨▨の部分は生産施設として取り扱うパイプラックである。

（船台及びドックの生産施設の面積の測定方法）
1—3—4—11
　船台及びドックにおける生産施設の面積は、当該船台及びドックにおいて、建造又は入渠可能な最大船形の盤木の外周線によって囲まれる部分の水平投影面積とする。

（風力発電設備の生産施設面積の測定方法）
1—3—4—12
　水平軸型風車の風力発電設備（風車及びその支柱）の生産施設面積は、次により算出するものとする。
　　生産施設面積＝発電機等収納筐体（ナセル及びハブキャップ等）の水平投影面積＋動翼の
　　　　　　　　　最大水平投影面積（但し、発電機等収納筐体と重なる部分の面積を除く。）
　　　　　　　　　＋支柱の水平投影面積（ただし、発電機等収納筐体又は動翼と重なる部分
　　　　　　　　　の面積を除く。）
（注）「動翼の最大水平投影面積」とは、動翼全体の水平投影面積が最大になる状態にしたときの水平投影面積をいう。

第4章　緑地
第1節　緑地の定義

(緑地の定義)
1－4－1－1
　　緑地とは、規則第3条に規定する区画された土地又は建築物屋上等緑化施設をいう。この場合樹木の生育する土地については、当該土地又は建築物屋上等緑化施設(その一部に緑地以外の環境施設が含まれているときは、当該環境施設の部分以外の土地又は建築物屋上等緑化施設)の全体について平均的に植栽されている必要があり、また、緑地の植栽工事の完了期限は原則として届出に係る生産施設の運転開始時までとする。

(樹冠)
1－4－1－2
　　樹冠とは樹木の梢頭を構成している一段の枝葉をいう。

(規則第3条第1号に規定する「工場又は事業場の周辺の地域の生活環境の保持に寄与するもの」の取扱い)
1－4－1－3
　　規則第3条第1号に規定する「工場又は事業場の周辺の地域の生活環境の保持に寄与するもの」とは、原則、以下の①かつ②に適合するものとする。
①定期的に整枝・剪定等手入れを行い、工場等の周辺の地域の生活環境を損なうものでないこと。
②大気の浄化、騒音の防止、防災、保安並びに飛砂及び風塵の防止等に資するものであること。

(高木・低木)
1－4－1－4
　　低木(灌木ともいう)とは、高木以外の樹木であり、高木に比べて樹高が低く、また幹と樹冠の区別が不明で数本の幹を生ずるのが普通である。
　　高木(喬木ともいう)とは、一般に木質多年生で、単一の主幹をもち、幹と枝の区分が明らかであり、直立して成長し、成木に達したときの樹高が概ね4m以上の樹木をいう。
　　樹の高さを4m以上としたのは、一応の目安を付けるために定めたもので、気候、土壌条件等によっては4mに達しない場合もあり得る。
　　高木、低木の区別については、以下を参考にされたい。
①苗木は、植栽時は樹高が4mに達しないものでも、樹種が高木であれば、高木とする。
②樹種が高木であっても、生垣等として低く刈りこんで使用する場合には、低木とする。
③蔓もの(フジ、バラ等の幹が直立せず他の樹木又は構築物によりかかったり、地上を蔓状にはうものをいう。)は低木とする。

(地被植物(除草等の手入れがなされているものに限る。))
1－4－1－5
　　地被植物とは、低木の草本、灌木の類で地表を被って生育するものをいい、種類をいうのではなく、用い方による分類である。
　　除草等の手入れがなされているとは、植物の生育上又は緑地としての美観上良好な状態に維持管理がなされていることをいい、手入れの種類、ひん度を義務づける趣旨ではない。

第2節　個別の施設の取扱い

（緑地として認められるもの）
1－4－2－1
　　次に掲げるものは緑地とする。ただし、（ⅰ）（ⅱ）については、地面や壁面等に固定されており、容易に移設することができないものに限る。
（ⅰ）苗木床
（ⅱ）花壇
（ⅲ）いわゆる雑草地であっても、植生、美観等の観点から良好な状態に維持管理されているもの

（高圧線の芝）
1－4－2－2
　　ゴルフ場で芝、樹木で被われているもの及び高圧線下の芝その他の地被植物で被われているものは、準則第2条ただし書に規定する土地としては取り扱わず、緑地とみなす。

（緑地として認められないもの）
1－4－2－3
　　次に掲げるものは緑地としない。
（ⅰ）野菜畑
（ⅱ）温室、ビニールハウス

第3節　緑地整備に関する事項

（樹木の植栽方法）
1－4－3－1
　　樹木の植栽方法は区画された土地又は建築物屋上等緑化施設全体が緑地と認められるように当該区画された土地又は建築物屋上等緑化施設全体に平均的に植栽しなければならない。
（例1）
（例1）平均的に植栽されている場合

　　平均的に植栽しない場合（区画された土地又は建築物屋上等緑化施設の一部にまとめて植栽する場合等）は裸地の部分を除いて、残りの植栽部分を実質的に区画された土地又は建築物屋上等緑化施設としなければならない。（例2）

（例2）平均的に植栽しない場合

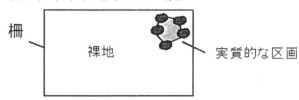

　平均的に植栽しているものの（樹木を区画の四隅にのみ植栽している等）、樹木を適当な間隔で植栽しない場合は、区画された土地又は建築物屋上等緑化施設全体を緑地とはみなさず、裸地の部分を除いて、残りの植栽部分を単独の樹木等として取り扱う。（例3）

（例3）平均的に植栽しているものの、区画された土地又は建築物屋上等緑化施設全体を緑
　　　　地とはみなさない場合

（緑化工事の終了時期）
1-4-3-2
　　緑化工事の終了時期は、原則として緑地の設置届出と同時に届け出た生産施設の運転開始時までとする。ただし、次のような場合で緑化工事の日程、内容が適切であり、かつ、その実施が確実であると認められる緑化の計画に従って緑化工事が進められる場合は、この限りではない。
①生産施設の運転開始までの期間がごく短期である場合
②樹木の植栽適期が生産施設の運転開始時までに到来しない場合
③植栽地盤の改良工事に長期間を要する場合
　　なお、既存工場において、敷地を買い増した場合は、その後の生産施設の変更を行う時に準則上必要な緑地を、原則として当該変更に係る生産施設の運転開始時までにつくるものとする。
　　既存工場以外の工場（以下「新設工場」という。）において、新たに敷地を買い増した場合には、可及的速やかに準則に適合するような緑地を設置するものとする。

第4節　緑地の面積の測定方法

（緑地の面積の測定方法）
1-4-4-1
　　樹木が生育する土地又は建築物屋上等緑化施設でさく、置石、へい等により区画されているものについては当該土地又は建築物屋上等緑化施設の区画の面積を緑地面積として測定する。

（区画されていないものの取扱い）
1-4-4-2
　　次の場合実質的に区画されているものとして扱い次のようにして測定する。

（ⅰ）樹木が生育する土地又は建築物屋上等緑化施設でさく、置石、へい等により区画されていないものについては、外側にある各樹木の幹を直線で結んだ線で囲まれる面積を緑地面積として測定する。

（ⅱ）一列の並木状の樹木が生育する土地又は建築物屋上等緑化施設でさく、置石、へい等により区画されていないものについては、当該樹木の両端の樹木に沿って測った距離に１メートルを乗じた面積を緑地面積として測定する。

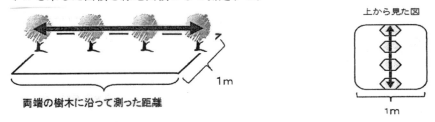

（単独の樹木の取扱い）
1－4－4－3
　　単独の樹木については、当該樹冠の樹冠の水平投影面積を緑地面積として測定する。また、植栽が平均的でない等、面積として算定する範囲が明確でない場合も個々の樹木を単独の樹木として取り扱うものとする。

（低木又は芝その他の地被植物の取扱い）
1－4－4－4
　　低木又は芝その他の地被植物で表面が被われている土地又は建築物屋上等緑化施設の面積については、当該表面が被われている土地又は建築物屋上等緑化施設の面積を緑地面積として測定する。

（緑地以外の環境施設が樹林地で囲まれている場合の取扱い）
1－4－4－5
　　緑地以外の環境施設が樹木の生育する緑地で囲まれており、かつ緑地の面積が緑地以外の環境施設の面積の２倍程度以上である場合で、緑地以外の環境施設の面積も含めて規則第３条第１号に適合する場合は緑地以外の環境施設の面積も緑地の面積として測定する。

（例―1）

```
┌─────────┬─┬─────────┐
│         │遊│         │
│ 樹 林 地 │歩│ 樹 林 地 │
│         │道│         │
├──遊歩道─┤噴水├─遊歩道─┤
│         │遊│         │
│ 樹 林 地 │歩│ 樹 林 地 │
│         │道│         │
└─────────┴─┴─────────┘
```

（例―2）

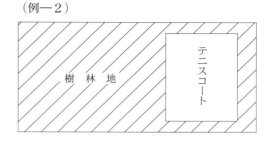

(樹木と芝の混合した緑地の取扱い)

1―4―4―6

　樹木と芝の混合した緑地の取扱いは次のとおりとする。
（ⅰ）　芝生の中に樹木が生育している区画された土地又は建築物屋上等緑化施設が規則第3条第1号及び第2号の両方に適合する場合は、緑地は当該区画された面積を測定するものとし、区画された面積の2倍とはならない。
（ⅱ）　区画された土地又は建築物屋上等緑化施設の中に芝生と樹木が混在している場合で、1―4―3―1の（例2）（例3）のような場合にあっては、樹林について植栽の状況に応じ1―4―4―2又は1―4―4―3のいずれかの方法で測定する。（例参照）

（例）実質的な区画内及び個々の芝生地を緑地面積として算定する場合

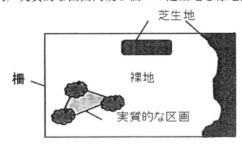

(法面の取扱い)

1―4―4―7

　法面（斜面）を緑化した場合の緑地の面積は法面（斜面）の水平投影面積を測定するものとする。

(壁面緑地の面積の測定方法)

1―4―4―8

　建築物その他の施設の直立している部分（以下「直立壁面」という。）において緑化施設を設置した場合の緑地の面積は、緑化しようとする部分の水平延長に1.0メートルを乗じた面積とする。ただし、傾斜した壁面においては、緑化しようとする部分の水平投影面積とす

る。

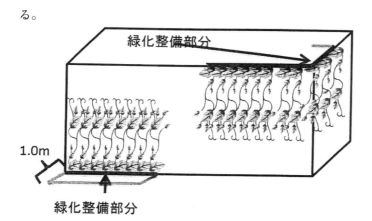

第5章　緑地以外の環境施設
第1節　緑地以外の環境施設の定義等

(緑地以外の環境施設の定義)
1－5－1－1
　　緑地以外の環境施設とは、規則第4条に規定する区画された土地又は施設をいい、粉じん、騒音等を防止する観点のみならず、工場立地が周辺住民に与える違和感等も含めて周辺地域との調和を保つために整備することをねらいとしたものである。

(緑地以外の環境施設の判断基準)
1－5－1－2
　　緑地以外の環境施設の判断基準は次の5つのうち、1つを満たすこととする。
①オープンスペースであり、かつ、美観等の面で公園的に整備されていること。
②一般の利用に供するよう管理されること等により、周辺の地域住民等の健康の維持増進又は教養文化の向上が図られること。
③災害時の避難場所等となることにより防災対策等が推進されること。
④雨水等の流出水を浸透させる等により地下水の涵養が図られること。
⑤規則第4条に規定する太陽光発電施設であって、実際に発電の用に供されるものであること。

　　したがって、たとえば、水流であっても単なる排水溝は①の基準に該当しないが、防火用の貯水池でも周辺の地域の生活環境の保持に寄与するものは、環境施設とする。
　　右の他、周辺の地域が抱えている課題の解決、工場と周辺の地域との融和に資すると認められるような利用がなされている施設（生産工程に関係するものを除く。）であれば、当該施設を規則第4条第1項チに規定する施設とする。（例えば、地域住民の集会場として適した施設が整備されていない地域において、工場内の専ら従業員の利用に供するクラブハウスを無償でいつでも集会場として供用する場合等が考えられる。）
（例）
(一般の利用に供するよう管理されることの判断基準)
　　上記②にいう「一般の利用に供するよう管理されること」とは、例えば、以下の要件を満たすことを基準とすることも考えられる。
①一週間に2日以上地域住民等が利用できるよう管理されていること。
②当該施設の概要（教養文化施設のうち企業博物館及び美術館にあっては、収集し、保管し、及び展示している資料の名称並びにその資料が歴史的、文化的に価値がある旨の説明を含む。）、利用方法、利用可能日時等を規定した利用規程等が広く一般に周知されていること。
③地域住民等の利用状況が確認できるよう利用者名簿が具備され、その記録が一定期間保管されていること。
④当該施設の利用は原則として無料であること。（ただし、施設の維持管理のため必要な金額を利用者に負担させることについては、当該工場が立地している地域においては、地方公共団体（公社、事業団その他公的機関を含む。）が設置している類似の公的施設に係る同種の利用料と比較して低額であることを条件に例外的に認める。）

第2節　個別の施設の取扱い

（修景施設）
1－5－2－1
　　修景施設とは、噴水、水流、池、滝、つき山、彫像、灯籠、石組、日陰たな等の施設をいう。

（屋外運動場）
1－5－2－2
　　屋外運動場とは、野球場、陸上競技場、蹴球場、庭球場、バスケットボール場、バレーボール場、水泳プール、スケート場、すもう場等で屋外にあるもの（これらに付属する観覧席、更衣所、シャワーその他の工作物を含む。）をいう。

（広場）
1－5－2－3
　　広場とは、単なる空地、玄関前の車まわりのような場所ではなく、休息、散歩、キャッチボール、バレーボール程度の簡単な運動、集会等総合的な利用に供する明確に区画されたオープンスペースで公園的に整備されているものをいう。

（屋内運動施設）
1－5－2－4
　　屋内運動施設とは、体育館、屋内水泳プール、屋内テニスコート、武道館、アスレチックジム等（これらに付属する観覧席、更衣室、シャワーその他の工作物を含む。）をいう。

（教養文化施設）
1－5－2－5
　　教養文化施設とは、企業博物館（名称の如何にかかわらず、製造業等に関する歴史的、文化的に価値のある資料を豊富に収集し、保管し、及び展示している施設をいう。）、美術館、ホール（音楽又は演劇等に利用する施設で音響設備、観覧席等が整備されているものをいう。）等であって、教養文化の向上に資することが目的とされ、かつ、その効果が見込まれるものをいう。
　　したがって、主に販売を目的に自社製品を展示している施設、単に絵画を展示している通路等は、教養文化施設としない。

（雨水浸透施設）
1－5－2－6
　　雨水浸透施設とは、浸透管（浸透トレンチ）、浸透ます（雨樋等といった雨水を通すためだけのものは除く。）、浸透側溝、透水性舗装が施された土地等である。これらのうち、環境施設とは、雨水を集めて地下に浸透させ、雨水の流出を抑制することにより、地下水源の涵養、浸水被害の防止、合流式下水道の越流水による汚濁負荷の削減等に資することが目的とされ、かつ、設置される地域の特性（設置場所の地形、地質、土地利用等の諸条件を含む。）から見てその効果が十分に見込まれるものをいう。

（太陽光発電施設）
1－5－2－7
　　規則第4条でいう太陽光発電施設とは、太陽電池、太陽電池設置器具、パワーコンディショナー及び変圧器など太陽光を電気に変換するための一連の機械又は装置をいう。

同条第2号でいう太陽光発電施設のうち建築物等施設の屋上その他の屋外に設置されるものとは、建築物等施設の屋上又は壁面に設置される太陽光発電施設をいう。

（調整池）

1－5－2－8

　雨水等の流出水を一時的に貯留するための調整池は、美観等の面で公園的な形態をととのえているものであれば環境施設とする。

（野菜畑）

1－5－2－9

　野菜畑は緑地以外の環境施設とする。

（駐車場）

1－5－2－10

　駐車場は環境施設としない。（1－6－2－1で規定する場合を除く。）

第3節　緑地以外の環境施設の面積の測定方法

（緑地以外の環境施設の面積の測定方法）

1－5－3－1

　緑地以外の環境施設はさく、置石、へい等で区画された土地又は施設の面積（規則第4条第1号ニに規定する屋内運動施設、同号ホに規定する教養文化施設、同号ト及び同条第2号に規定する太陽光発電施設にあっては、投影法による当該建築物の水平投影面積。同条第1号ヘの雨水浸透施設で地中に埋設されるものにあっては、当該施設が地表に出ている面積）を環境施設面積として測定する。

（体育館、クラブハウス等が環境施設に附置され一体をなしている場合の取り扱い）

1－5－3－2

　クラブハウス、研修所等（福利厚生施設をいい、食堂、休けい所を含む。）であって周辺の地域の生活環境の保持に特に寄与するものと認められないものは、緑地以外の環境施設ではないが、緑地その他の環境施設に附置され一体をなしている場合は、専ら従業員の利用に供する体育館、クラブハウス等の面積を除外する必要はない。具体的には、環境施設に体育館、クラブハウス等が囲まれているか、又は接している場合で、環境施設の面積が体育館、クラブハウス等の面積の5倍程度以上である場合に行うものとする。この場合において体育館等の面積は緑地以外の環境施設の面積として測定するものとする。

Ⅳ　資料編

（例）

体育館	緑　　地	
サッカー場		野球場
緑　　地	クラブハウス	

（地下に埋設されている雨水浸透施設）
1—5—3—3
　　地下に埋設されている雨水浸透施設については、当該施設が地表に出ている部分の面積とし、雨水を集められる部分の面積とはしない。

（例）

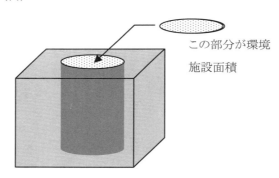

この部分が環境施設面積

第6章　生産施設、緑地、緑地を含む環境施設の配置
第1節　環境施設の配置
（敷地の周辺部）
1—6—1—1
　　準則第4条の敷地の周辺部とは、敷地の境界線から対面する境界線までの距離の1／5程度の距離だけ内側に入った点を結んだ線と境界線との間に形成される部分をいう。

(例)

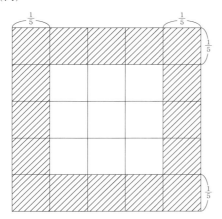
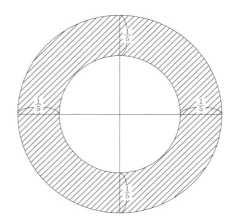

(準則第4条に規定する「周辺の地域の生活環境の保持に最も寄与するように」の取扱い)
1－6－1－2
　　準則第4条の周辺の地域の生活環境の保持に最も寄与するようにとは、住宅、学校、病院等の施設が存在する方向に集中的、重点的に環境施設を配置して環境施設の遮断帯としての機能を最も効果的に発揮させるようにということである。
　　なお、敷地境界線と環境施設との間に、生産施設が設置されている場合は原則として生活環境との保持に寄与していないものとみなす。

第2節　重複

(樹木又は芝その他の地被植物が生育する部分と緑地以外の施設が重複する場合の取扱い)
1－6－2－1
　　樹木又は芝その他の地被植物が生育する部分と緑地以外の施設が重複する場合（屋上庭園、パイプの下の芝生、藤棚の下が広場若しくは駐車場になっている場合又は規則第4条第1号トに規定する太陽光発電施設が重複する場合等）にあっては、当該重複部分は緑地とする。（以下、「重複緑地」という。」）
　　ただし、樹木又は芝その他の地被植物が生育する部分と生産施設が重複する場合、当該重複部分は生産施設としても取り扱う。

(建築物屋上等緑化施設が互いに重複した場合の取扱い)
1－6－2－2
　　2以上の建築物屋上等緑化施設が互いに重複する場合は、その重複する部分の面積については、当該建築物屋上等緑化施設のうちのいずれかの建築物屋上等緑化施設の面積とし、他の建築物屋上等緑化施設の面積とはしない。（例えば、屋上に設置された緑化施設と各階に設置された緑化施設が重複する場合、それらの緑化施設のうちのいずれかの緑化施設の面積が本法の緑地の面積となる。）

(屋内運動施設又は教養文化施設と生産施設等が重複する場合の取扱い)
1－6－2－3
　　生産施設、事務所、倉庫、食堂等環境施設以外の施設と重複する場合（1階が生産施設で

2階に体育館がある建築物等）は当該施設は環境施設としない。ただし、一棟の建築物であっても壁で明確に仕切られることにより実質的に別の建築物とみなされる場合はこの限りではない。

（規則第4条に規定する太陽光発電施設と生産施設が重複する場合の取扱い）
1－6－2－4
　規則第4条に規定する太陽光発電施設と生産施設が重複する場合は、当該重複部分は環境施設とする。
　ただし当該重複部分は生産施設としても取り扱う。

（緑地以外の環境施設が互いに重複した場合の取扱い）
1－6－2－5
　2以上の緑地以外の環境施設が互いに重複する場合は、当該重複部分についてはそのいずれかの緑地以外の環境施設とし、他の緑地以外の環境施設とはしない。

（雨水浸透施設と環境施設以外の施設が重複する場合の取扱い）
1－6－2－6
　駐車場、構内道路等環境施設以外の施設であって、生産工程に関係するものと重複する場合（原材料の搬入、製品の搬出等の車両が駐車するための駐車場に施された透水性舗装等）は、環境施設としない。ただし、駐車場から屋内運動場や教養文化施設といった施設への誘導路が整備されているなどにより実質的に生産工程との関係がないとみなされる場合はこの限りではない。

第7章　敷地外緑地に関する取扱い
第1節　工業団地

第1款　工業団地及び工業団地共通施設の定義等
（工業団地の定義）
1－7－1－1－1
　法第4条第1項第3号にいう工業団地は、地方公共団体、公団、事業団、地方開発公社、第3セクター、民間デベロッパー、立地予定企業の組合などにより主として工場を設置させる目的で先行的につくられる、いわゆる先行造成工業団地をいう。工業団地の範囲は、工場用地及びこれと一体として計画的に整備される緑地等の一団の土地の範囲をいい、流通業務施設用地又は、卸売業等の用地が工業団地に附置され一体となっている場合はそれも含むが、工業団地に隣接する住宅用地は、たとえそれが工業団地と一体的に計画され、造成されたものであっても工業団地には含めない。

（工業団地の造成時期が分割される場合）
1－7－1－1－2
　一つの工業団地の工場用地の造成、分譲及び工業団地共通施設の造成時期が第1期完了後に第2期を始めるといった具合に分割され、それぞれ別の区画からなる場合であっても、造成主体の堅実性のあること（地方公共団体、公団、事業団等が造成主体となる等）、用地買収が完了していること等造成の全体計画の実現性が高い場合には全体計画に係る範囲を一つの工業団地とし、工業団地共通施設等の取扱いを一体的に行うこととし、そうでない場合は、第1期、第2期ごとの区画をそれぞれ別の工業団地とみなすこととする。

(工業団地共通施設の定義及び共有施設との違い)
1—7—1—1—3
　　規則第7条にいう工業団地共通施設とは、工業団地の造成と一体的に計画されて設置される非分譲の土地であり、緑地、緑地以外の環境施設、公害防止施設、排水施設、工業団地管理事務所、集会所、駐車場等の設けられる敷地をいう。他方、複数工場の共有施設はそれを共有するグループに分譲された土地に設けられるものであり、工業団地共通施設ではない。共有施設の敷地は共有の持分に応じて、又、持分が不明確な場合はそれぞれの工場の固有の敷地面積の大きさに応じて各工場の固有敷地面積に含まれる。

(工業団地共通施設としない施設)
1—7—1—1—4
　　工業団地内に設置される国道、県道、市町村道及び団地に隣接して設置される港湾における係留、荷さばき、保管等のために必要とされる施設は工業団地共通施設としない。

第二款　工業団地に工場等を設置する場合の特例
(工業団地共通施設の配分方法)
1—7—1—2—1
　　準則第6条の工業団地共通施設面積を団地入居企業に計算上配分する場合、配分を受ける工場等は法の対象となる全ての業種の工場等（敷地面積や建築物の建築面積の規模は問わない）及び同工業団地内の流通業務施設を有する事業所又は卸売業等用地の分譲を受けた事務所の全て（予定地を含む。）が対象となる。

（例）例えば図のような工業団地の場合

共　通　緑　地　Rm²		
共通運動場Um²	共通駐車場Tm²	
I工場／G工場／E工場 ／C 自動車整備業	A工場　緑地／運動場	
J工場／H工場／F工場 ／D 卸売業	B工場	

（注）E, F は敷地面積9,000m²未満かつ、建築物の建築面積も3,000m²未満とする。

Aの計算上の敷地面積 ＝ Aの固有の敷地面積
$$+ (R+U+T) \times \frac{A の固有の敷地面積}{A \sim J の固有の敷地面積計}$$

Aの計算上の緑地面積 ＝ Aの固有の敷地内の緑地

$$+ (R) \times \frac{Aの固有の敷地面積}{A〜Jの固有の敷地面積計}$$

Aの計算上の環境施設面積＝Aの固有の敷地内の緑地と運動場の面積計

$$+ (R+U) \times \frac{Aの固有の敷地面積}{A〜Jの固有の敷地面積計}$$

とする。

但し、届出においてA工場が9,000平方メートルの敷地面積を有するか否かはA工場の固有の敷地面積（分譲を受けた面積）で判断するものとし、前記計算上の敷地面積で判断するものではない。

（工業団地に工場等を設置する場合における特例）

1－7－1－2－2

上記1－7－1－2－1の例においてA工場に準則の特例を適用する方法は次のとおりとする。

① 生産施設面積の敷地面積に対する割合＝$\frac{Aの固有の敷地内の生産施設面積}{Aの計算上の敷地面積}$

② 緑地面積の敷地面積に対する割合＝$\frac{Aの計算上の緑地面積}{Aの計算上の敷地面積}$

③ 環境施設面積の敷地面積に対する割合＝$\frac{Aの計算上の環境施設面積}{Aの計算上の敷地面積}$

（特例を適用するか否かの基準）

1－7－1－2－3

工業団地の計算特例は、緑地等の工業団地共通施設を当該工業団地について一体のものとして取扱うことが適切であると判断される場合に適用することとするが、その判断の基準は次のとおりである。

①工業団地の造成の計画に一体性があり、かつ、計画の確実性が高いものであること。

②工業団地の共通施設の面積の合計がある程度まとまった大きさを持ち、その中で緑地の面積の割合が20％以上かつ環境施設の面積の割合が25％以上であって、当該環境施設の配置も、周辺の生活環境の保持に積極的に貢献するよう配慮されていること。

ただし、国の準則に代えて適用される条例を制定している地域に存する工業団地においては、緑地面積及び環境施設面積の割合はそれぞれその条例に定められる値とする。

なお、計算特例では一つの工業団地の工場のうち一部工場にのみ適用することはせず、工業団地ぐるみで適用するか否かを判断するものとする。

第2節　工業集合地

第1款　工業集合地の定義等

（工業集合地の定義）

1－7－2－1－1

法第4条第1項第3号ロに定める「製造業等に係る二以上の工場又は事業場が集中して立地する」とは、二以上の製造業等に係る工場又は事業場の用に供するための敷地を指し、住宅等の用に供するための敷地は含まない。

1－7－2－1－2
　法第4条第1項第3号ロに定める「土地」は、工業団地のように計画的に取得され、又は造成される必要はなく、既存の工業地帯のように、従来からの事業活動の過程で工場等が自然発生的に集中して立地する土地でもよい。
1－7－2－1－3
　法第4条第1項第3号ロに定める「一団の土地」とは、物理的に一連の土地の他、道路、川等に分断されていても、一体性をもった土地を含む。ただし、工場等の用に供するための敷地が二以上であっても各々が点在して存在する場合には対象とならない。
1－7－2－1－4
　工業集合地の構成要素としては、独立した工場又は事業場の他に、工業団地内の工場又は事業場を含めることができる。その際、工業団地内の工場又は事業場のみで構成される場合も、特例の対象となり得る。

第2款　隣接緑地等
（隣接緑地等の定義）
1－7－2－2－1
　法第6条第1項第5号ロに定める「工業集合地に隣接する」とは、工業集合地に少なくとも一部隣接している必要があり、住宅等を隔てたいわゆる「飛び緑地」は認めない。
1－7－2－2－2
　法第6条第1項第5号ロに定める「一団の土地」については、1－7－2－1－3に同じ。
1－7－2－2－3
　法第6条第1項第5号ロに定める「計画的に整備される」とは、工業集合地の形成に伴って、緑地等が計画的に整備される場合を指し、手入れのされない単なる自然林、原始林や工業集合地の形成と無関係に整備された緑地等は該当しない。
　また、整備とは、敷地の取得又は造成のみだけでなく、緑地及び環境施設の設置又は管理までをも含む概念であるため、造成を伴わず、単に管理がなされる場合であっても特例の対象となる。
1－7－2－2－4
　法第6条第1項第5号ロに定める「緑地」の認定にあたっては、下記の要件を満たすよう配慮するものとする。
　　イ　地域の周辺生活環境との調和に資すること
　　ロ　敷地外における緑地などについても恒久性が担保されること
　　ハ　地域における緑地などの整備の前進につながること
　　ニ　緑地等の整備又は管理に要する費用の一部を事業者が、原則負担していること
1－7－2－2－5
　隣接緑地等のうち、住宅等の周辺地域との遮断性を有するものは、遮断性を有しない緑地と比較して、周辺の地域の生活環境の改善に特に寄与すると認められるものである。

第8章　既存工場等に関する取扱い

(既存工場の買増し)

1－8－1

既存工場等が増設するために敷地を買増した場合で、その買増しした土地で昭和49年6月29日以後、生産施設の増設を行おうとするときの準則の適用は準則の備考によるが、計算に用いるS（敷地面積）は、買増し後の全敷地面積とする。

(業種の変更)

1－8－2

A業種の既存工場が昭和49年6月29日以降、用途変更等によりB業種になる場合の準則の適用について準則の備考1の1における $P \leq \gamma\left(S - \dfrac{P_0}{\gamma\alpha}\right) - P_L$ の γ、α はB業種に属する γ、α とする。

(環境施設面積の減少について)

1－8－3

既存工場が生産施設の面積を減少する場合又は生産施設面積の変更を行わない場合において、環境施設についての変更の届出があったときは、法の趣旨に照らして、例えば既存の環境施設面積を減少させる等、既に存在する状態を悪化させるような行為はつつしむよう指導するものとする。

(既存工場が新たに特定工場となる場合)

1－8－4

既存工場が敷地面積若しくは建築物の建築面積を増加し、又は既存の施設の用途を変更することにより特定工場となる場合は、法第6条第1項の規定による届出を必要とするが、当該特定工場に係る工場立地の準則の適用については、準則の備考によるものとする。

(製鉄所の敷地内に別法人格のコークス会社が借地している場合等の準則の適用)

1－8－5

法人格が異なる企業の場合は、それぞれ個々の企業が準則に適合する必要がある。しかし、製鉄所の敷地内に別法人格のコークス会社が借地している場合は次の考え方によることができる。

① 生産施設の面積に関する準則の適用は兼業式によることができる。

$$製鉄所の全敷地面積 \geq \dfrac{高炉による製鐵会社の生産施設面積}{0.6} + \dfrac{コークス会社の生産施設面積}{0.3}$$

を製鉄所全体で満足していればよい。

② 緑地、環境施設面積については、製鉄所全体で実質的に準則が満足されていればよい。

第9章　適用すべき準則

(異なる準則の定められた区域の存する特定工場の扱い)

1－9－1

一の工場等の敷地内に複数の異なる準則（緑地又は環境施設のそれぞれの面積の敷地面積に対する割合に関する準則（以下「緑地面積率等準則」という。）を言う。）の定められた区域の存する特定工場にあっては、これらの区域のうち敷地面積に占める割合が最大となる区

第1節　関係法令集

域に係る緑地面積率等準則を適用する。

第2編　届出手続き等
第1章　届出
第1節　届出の要否

(法第6条第1項第2号の特定工場の製品の変更)

2―1―1―1

　　法第6条第1項第2号の事項に係る変更により届出を要する場合は、次のいずれかに該当する場合とする。
　①　日本標準産業分類における或る3ケタ分類に属する業種が他の3ケタ分類に属する業種となるような変更が行われる場合（或る業種の廃止又は追加の場合を含む。）。
　②　当該工場に適用される準則値が変わるような業種の変更が行われる場合
　③　当該工場に適用される既存生産施設用敷地計算係数が変わるような業種の変更が行われる場合

(埋立)

2―1―1―2

　　公有水面を埋立てて、自工場の工場敷地とする場合は、埋立工事の90日前までに、新設であれば法第6条第1項の届出（以下「新設の届出」という。）、敷地の増加であれば法第8条第1項又は一部改正法附則第3条第1項の変更の届出（以下「変更の届出」という。）を要する。

(造成)

2―1―1―3

　　土地を購入して、自工場の工場敷地として造成する場合は、造成工事の90日前までに新設であれば新設の届出、敷地の増加に伴うものであれば変更の届出を要する。

(工場敷地の一部売却)

2―1―1―4

　　工場敷地の一部を売却する場合は、当該不動産の移転登記の90日前までに敷地面積の変更の届出を要する。

(工場敷地の買増し)

2―1―1―5

　　工場敷地の買増しは、当該不動産の移転登記の90日前までに敷地面積の変更の届出を要する。

(工場建屋内の機械装置の取換え)

2―1―1―6

　　工場建屋内の機械装置の取換えは、生産施設の面積の変更とはならない。したがって他の変更がなければ届出は要しない。

(一階建の工場建屋を二階以上にする場合)

2―1―1―7

　　一階建の工場を二階以上にする場合で、生産施設の面積の変更のないものは届出を要しない。ただし一階の建屋を取り壊し、その跡地に、新たに二階建の工場を建設するような場合（スクラップアンドビルド）は届出を要する。

（単純移設）

2—1—1—8

　　既存の生産施設をその状態のままで当該工場内の他の場所に移設する場合は生産施設の面積の変更とならないので届出を要しない。

（軽微な変更）

2—1—1—9—1

　　規則第9条第1号にいう法第6条第1項第5号の事項に係る変更を伴わない建築面積の変更とは、生産施設、緑地及び環境施設の面積並びに環境施設の配置の変更を伴わない建築面積の変更をいい、軽微な変更として届出を要しない。

　　例えば、空地に倉庫、事務所が設置する場合がこれに該当する。

（規則第9条第5号に規定する「周辺の地域の生活環境の保持に支障を及ぼすおそれがないもの」の取扱い）

2—1—1—9—2

　　規則第9条第5号に規定する「周辺の地域の生活環境の保持に支障を及ぼすおそれがないもの」とは、下記を参考に判断することとする。

①住宅等周辺の地域と隣接する境界部へ緑地又は緑地以外の環境施設を移設するもの

（例1）工場中心部から外縁部へ

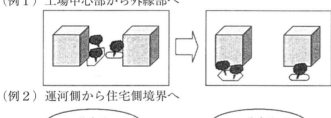

（例2）運河側から住宅側境界へ

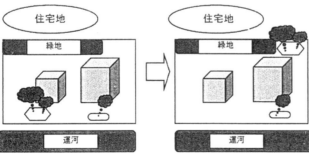

②重複緑地を通常の緑地へ変更するもの

（規則第9条第6号に規定する「保安上その他やむを得ない事由により速やかに行う必要がある場合」の取扱い）

2—1—1—9—3

　　規則第9条第6号に規定する保安上その他やむを得ない事由により速やかに行う必要がある場合とは、産業保安・衛生・安全等の観点から、できるだけ早く緑地の削減を行う必要がある場合をいう。

　　例えば、産業保安上必要な措置が講じられていなかった場合であって、当該措置をできるだけ早く行うことが安全の確保のために必要な場合がこれに該当する。

（生産施設の面積の変更を伴わない修繕）

2—1—1—10

生産施設の修繕ではあっても、修繕（注）によるその面積（生産施設の面積の意）の変更がない場合（例参照）には届出を要しない。

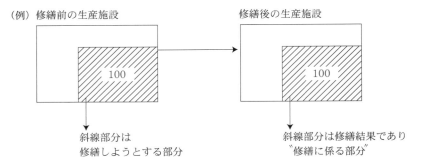

（注）修繕とは、通常、或る施設又は装置の機能維持等のために当該施設又は装置の一部をおおむね同様の型式、寸法からなる部品又は材料によって取り換えることである。
　　　工場建屋への更衣所の付置、パイプの取換え等も修繕に含まれるものとする。

（生産施設の面積の変更を伴う修繕）
2―1―1―11
　生産施設の修繕によるその面積の変更については、当該修繕に伴い増加する面積が、30㎡未満であれば届出は要しないが、30㎡以上であれば届出を要する。（例参照）

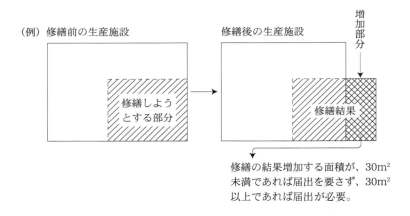

（増設）
2―1―1―12
　生産施設の面積の変更で増設によるものは、規則第9条第2号にいう「生産施設の修繕によるその面積の変更」に該当しないので届出を要する。

（スクラップアンドビルド）
2―1―1―13
　スクラップアンドビルド（注）については規則第9条第2号にいう「生産施設の修繕によるその面積の変更」に該当しないので届出を要する。
　（注）スクラップアンドビルドとは、既存生産施設の一部又は全部を土台から撤去し、当該部分を新たに設置し直すことをいう。例えば、工場建屋の一部又は全部を土台から取り壊

（工業団地の共通施設としての環境施設面積の変更について）
2―1―1―14
　　工業団地共通施設としての環境施設の面積及び配置の変更には、届出義務はかからないが、工業団地に工場等を設置する場合における特例との関係もあるので、工業団地管理主体又は入居している特定工場が当該変更について報告するよう指導し、事業の掌握に努めるものとする。
　　また、当該変更の結果、工業団地内の特定工場で工場立地の準則に適合しないこととなるものが出てくる場合は、当該特定工場内の緑地の増加等、必要な指導を行うものとする。
（既存施設が用途変更により生産施設となる場合）
2―1―1―15
　　従来、原材料又は最終の製品のタンク、倉庫又は置場であったものが、中間製品又は半製品のタンク、倉庫又は置場になることにより生産施設となるような用途変更をする場合は、変更の届出を要する。
（建設工事に伴い砕石等の行為を営む場合）
2―1―1―16
⑴　建設工事を行う者が、建設資材を自己の用にのみ供する目的をもって砕石、生コンクリート等の製造施設を設置する場合は、建設工事の一環をなすものであるので、その者は製造業を営むものとはしない。
⑵　出荷する目的をもって、砕石、生コンクリート等の製造施設を設置する場合は、その者は製造業を営む者とする。
（特定工場の廃止について）
2―1―1―17
　　特定工場を廃止する場合は、以下に掲げる資料を提出するよう指導するものとする。
①当該特定工場の設置者の氏名又は名称及び住所
②当該特定工場の設置の場所
③当該特定工場における製品
④当該特定工場の敷地面積及び建築面積
⑤廃止後の敷地利用の予定
（既存工場の譲受け等）
2―1―1―18
　　既存工場等の設置をしている者から当該特定工場を譲り受け、若しくは借り受け又は相続若しくは合併により取得した者及び氏名を変更した者は、一部改正法附則第3条第1項に規定する者に含めるものとする。
　　従って、このような者が昭和49年6月29日以後最初に行う変更（軽微なものを除く。）については、一部改正法附則第3条第1項の届出を要する。
　　なお、当該既存工場等の設置をしていた者が一部改正法附則第3条の届出をしていない場合は、当該取得については、法及び一部改正法に規定する届出を要しない。
（特定工場の譲受け等に伴い業種変更を行う場合）
2―1―1―19

A業種に係る甲の特定工場の全部を譲り受け若しくは借り受け又は相続若しくは合併により取得する乙が、その特定工場の製品をB業種に変更を行う場合の取扱いは、次のとおりとする。
(1)　A業種に属する既存の生産施設を完全に取りこわし、B業種に属する新たな生産施設を設置する場合。
①甲による廃止の届出（2－1－1－17）及び乙による法第6条第1項の規定による新設の届出を要する。
②乙の特定工場にかかる準則の適用については、新設工場と同様の扱いとする。
(2)　その他の場合
①甲が工場立地法又は一部改正法附則の規定による届出をしている場合には、乙は法第13条第3項の承継の届出を要し、かつ、法第8条第1項の変更の届出を要する。
②甲が工場立地法又は一部改正法附則の規定による届出をしていない場合には、乙は一部改正法附則第3条第1項の規定による変更の届出を要する。
③乙に対する準則の適用については、1－8－2によるものとする。

（着工前の変更について）
2－1－1－20
　　法第6条第1項、第7条第1項、第8条第1項又は一部改正法附則第3条第1項の規定による届出をした後、当該届出に係る工事の着工の前に当該届出事項の変更（軽微なものを除く。）を行おうとする場合は、原則として法第8条第1項に規定する届出を行うものとする。

（火災その他の災害又は事故）
2－1－1－21
　　火災その他の災害又は事故による被害の全部又は一部の復旧工事に係る届出の扱いは、既存工場等に係る工事等に係る被害の復旧工事の場合にあっては当該復旧工事が昭和49年6月29日以後最初の工事であれば、一部改正法附則第3条第1項に規定する届出をするものとし、その他の場合は法第8条第1項の届出を行うものとする。

（規則第4条第1号ニ及びホに規定する緑地以外の環境施設について）
2－1－1－22
　　規則第4条第1号ニ及びホに規定する緑地以外の環境施設として、法第6条第1項、第7条第1項、第8条第1項又は一部改正法附則第3条第1項の規定による届出を行おうとする場合は、一般の利用に供する等といった周辺の地域の生活環境の改善に寄与することを具体的に説明した書類等により確認すること。なお、一般の利用に供することを通じて、規則第4条第1号ニ及びホに規定する屋内運動施設及び教養文化施設として届出を行おうとする場合は、次の書類により確認すること。
①施設の概要、利用方法、利用可能日時等を規定した当該施設の利用規程
②①を広く一般に周知する方法を記載した書類

（規則第4条第1号ヘに規定する緑地以外の環境施設について）
2－1－1－23
　　規則第4条第1号ヘに規定する緑地以外の環境施設として、法第6条第1項、第7条第1項、第8条第1項又は一部改正法附則第3条第1項の規定による届出を行おうとする場合は、雨水等の流出水を浸透させる等により地下水の涵養が図られること等といった周辺の地域の生活環境の改善に寄与することを具体的に説明した書類等により確認すること。なお、

地下水の涵養が図られることを通じて、規則第1号ヘに規定する雨水浸透施設として届出を行おうとする場合は、次の書類等により確認すること
①雨水浸透施設の種類や浸透能力、維持管理方法を記載した書類
②周辺地域の状況から見て、雨水流出を抑制する必要性があることをを記載した書類

(規則第4条第1号ト及び第2号に規定する緑地以外の環境施設について)
2—1—1—24
　規則第4条第1号ト及び第2号に規定する緑地以外の環境施設として、法第6条第1項、第7条第1項、第8条第1項又は一部改正法附則第3条第1項の規定による届出を行おうとする場合は、次の書類により確認すること。
①太陽光発電施設の種類、発電能力、設置場所を記載した書類
②発電した電力の用途を記載した書類

第2節　手続き

第1款　届出者

(譲渡又は貸与することを目的とした工場用の建築物等を建設するもの)
2—1—2—1—1
　譲渡又は貸与することを目的として、工場用の建築物を建設する者（例えば、工場リース業者）は、機械装置を設置しない限り工場の新設とはならないので届出は要しないが、建築物に機械装置を合わせて設置する場合は、工場の新設となり、法第6条第1項の届出を要する。

(工場用の建築物等を譲り受け又は借り受ける者)
2—1—2—1—2
　機械装置が設置されていない工場用の建築物等を譲り受け又は借り受ける者が、機械装置を設置する場合には、工場の新設となり、当該譲受人又は借受人は法第6条第1項の届出を要する。機械装置の設置されている工場を譲り受け又は借り受ける者は、法第13条第3項の届出を要する。

(工場用ではない建築物を譲り受け又は借り受けて工場にする者)
2—1—2—1—3
　工場用ではない建築物を譲り受け又は借り受けて、機械装置を設置して工場とする者（例えば貸ビル入居工場）は、法第6条第1項の新設の届出を要する（建築物を建設する者は、届出を要しない）。

(中小企業等協同組合)
2—1—2—1—4
　中小企業等協同組合の取扱いは、おおむね次のとおりとする。
①中小企業等協同組合（以下「組合」という。）が、敷地、工場建屋を所有し、単一の事業体となっているものは、組合が工場を設置する者であるので届出は組合が行うこととなる。
②敷地は組合の所有であるが、工場建屋はそれぞれの組合員が設置する場合は、組合員が工場を設置する者であるので届出は組合員が行う。この場合、組合員毎の工場敷地は組合の総会の議決がある場合は議決によるが、議決がない場合は工場建屋の面積による比例配分

の方法で定めるものとする。
③工場敷地、工場建屋がそれぞれの組合員のものである場合は組合員が工場を設置する者であるので、届出は組合員が行う。

なお、組合員が共同で利用する組合所有の事務所等の施設は、それぞれの組合員の建築面積には含めないものとし、工業団地共通施設に準じて取り扱う。

(工場アパート)
2—1—2—1—5

工場アパートについては、その建築物のみを建設する者は、届出を要しない。また、工場アパートに入居する者は、特定工場であれば、機械装置を設置するときに、法第6条第1項の届出を要する。工場アパートに入居する者の設置する工場の敷地面積、建築面積は次のとおりとする。
①建築面積は、当該工場が占有する床の部分の水平投影面積とする。
②敷地面積は、次の式によって算定する。

工場アパート入居企業の敷地面積
$$= 工場アパート全体の敷地面積 \times \frac{工場アパート入居企業の延床面積}{工場アパート全体の延床面積}$$

（例）A、B、Cの3社が入っているとすると、建築面積は水平投影面積だから、Aの建築面積は、3階の面積、Bのは2階の面積、Cのは1階の面積（太線の部分）となる。

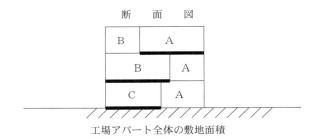

工場アパート全体の敷地面積

(代理人による届出)
2—1—2—1—6

代表者以外の届出（例えば、工場長、建設会社等による届出）は、代表者からの届出についての一切の権限を委任する旨の委任状を付して行うことができる。この場合に届出書の届出者の欄は次のように記載することになる。
（例1）　○○機械工業株式会社
　　　　　取締役社長　○　○　○　○
　　　　　代理人
　　　　　○○工場長　○　○　○　○
（例2）　○○自動車株式会社
　　　　　代表取締役　○　○　○　○
　　　　　代理人
　　　　　株式会社　○　○　組
　　　　　代表取締役　○　○　○　○

第2款　届出の受理
（法第6条第1項等の届出に係る都道府県知事等の処理手順等）
2―1―2―2―1
　法第6条第1項、第7条第1項、第8条第1項及び一部改正法附則第3条1項の届出に係る届出書の処理手順等は次のとおりとする。
①都道府県知事（以下「知事」という。）又は政令指定都市の長（以下「市長」という。）は、特定工場を設置しようとする、又は既に設置している事業者等からの届出があったときは、届出書及び添付書類が所定様式又は内容を具備していることを確認してこれを受理し、届出者に対して様式甲による受理通知書を交付すること。
②知事又は市長は、受理通知書を交付した届出について、様式乙による届出調書を作成すること。
③知事は、法第6条第1項の規定による届出について、②により作成した届出調書の写し1通を毎月（知事が届出書を受理した月）とりまとめの上、それぞれの特定工場の設置の場所を管轄する市町村長に送付すること。

（法第6条第2項等の添付書類）
2―1―2―2―2
　法第6条第2項（法第7条第2項及び第8条第2項において準用する場合を含む。）の添付書類は、以下の内容を具備するものとする。
　イ．事業概要説明書―規則第6条第2項第1号に規定するもの
　ロ．生産施設、緑地、環境施設その他の主要施設の配置図―規則第6条第2項第2号に規定するもの（環境施設のうち規則第4条第1号チ等により工場の周辺の地域の生活環境の改善に特に寄与すると認められることをもって環境施設と認める場合には、それを具体的に確認すること。）
　ハ．特定工場用地利用状況説明書―規則第6条第2項第3号に規定するもの
　ニ．工業団地共通施設等配置図―工業団地造成者が作成した工業団地図で環境施設、配水施設、工業団地管理事務所、集会場、駐車場等の工業団地共通施設等を含み団地全体が明らかなもののある場合には、これを用いるように指導すること。
　ホ．隣接緑地等における環境施設の配置図―工業集合地を構成する工場等の位置関係、隣接緑地等と工場との位置関係、住宅等の周辺生活環境との遮断状況が確認できるものを添付するよう指導すること。
　ヘ．汚染物質の発生経路及び汚染物質の処理工程を示す図面―汚染物質の発生から処理を経て工場外への排出に至る経路を図式化し、各段階ごとに汚染物質の排出量及び濃度を記載することとし、水質関係についてはロにおける配置図に取水・排水先を明確に示し、排水口別に排水量を記載した取水・排水経路図を加えること。
　ト．工場立地に伴う公害防止に関する調査の対象となった物質であって規則の別表第1及び第2に掲げる物質以外のもののうち指定地区ごとに経済産業大臣及び環境大臣が定めるものの最大排出予定量に関する事項を説明した書類―規則の様式第2の別紙5、6及び8の様式に準じて記載すること。
　チ．工事の日程を説明した事項―規則第6条第2項第8号に規定するもの

(法第8条第1項の届出に関する届出書類の省略)
2-1-2-2-3
　　法第8条第1項の規定に基づく変更の届出の場合であって、法第6条第1項、第7条第1項若しくは第8条第1項又は一部改正法附則第3条第1項の届出に添付された書類で最終のものに示した事項に変更がない場合には、当該書類に相当する書類を省略することができる。

第3款　届出書類の記載方法
(新設、変更の区別)
2-1-2-3-1
　　規則の様式第1又は様式第2による届出書の新設、変更の区別は、法第6条第1項の規定による届出は新設とし、法第7条第1項、第8条第1項又は一部改正法附則第3条第1項の規定による届出は変更とする。

(宛先)
2-1-2-3-2
　　届出書の宛先は、特定工場の設置の場所を管轄する都道府県知事(特定工場が政令指定都市内に設置されている場合にあっては、当該特定工場の設置の場所を管轄する政令指定都市の長)とする。
　　ただし、特定工場が企業立地の促進等による地域における産業集積の形成及び活性化に関する法律(平成19年法律第40号)第10条第1項の規定に基づき市町村が定めた緑地面積率等条例に係る区域(以下「緑地面積率等条例区域」という。)に設置されている場合にあっては、当該市町村の長とする。

(行政区域の境界線上に設置された特定工場の扱い)
2-1-2-3-3
　　特定工場が、当該特定工場の設置の場所を管轄する都道府県知事(特定工場が政令指定都市内に設置されている場合にあっては、当該特定工場の設置の場所を管轄する政令指定都市の長)の行政区域(緑地面積率等条例区域を含む。以下同じ。)の境界線上に設置されている場合における届出書の宛先は、2-1-2-3-2に基づく届出書の宛先のうち、敷地面積に占める割合が最大となる行政区域に係る地方公共団体の長とする。
　　なお、平成24年4月1日以降の行政区域の境界線上に設置された特定工場の届出は、2-1-2-3-2の通り

(製品)
2-1-2-3-4
　　規則の様式第1又は様式第2における製品の欄は、当該特定工場で製造、加工を行う製品名を日本標準産業分類で4ケタ分類で説明している程度の内容(商品分類で6ケタ分類程度)で記載することとする。電気供給業、ガス供給業、熱供給業に属する特定工場の種類は次のとおりとする。
　　(例)

業種	特定工場の種類
電気供給業	火力発電所、原子力発電所又は風力発電所

ガス供給業	一般ガス製造所又は簡易ガス製造所
熱供給業	熱発生所

(例)

業種	製品名
乳製品製造業	バター、チーズ、クリーム
家具製造業	木製家庭用、事務用机、テーブル、タンス
紙製造業	新聞巻取紙、印刷用紙、クラフト紙
石油化学系基礎製品製造業	エチレン、プロピレン、ブタン
プラッチック製造業	フェノール樹脂、ポリエチレン、塩化ビニール樹脂
石油精製業	ガソリン、ナフサ、灯油、軽油
板ガラス製造業	普通板ガラス、変り板ガラス
セメント製造業	ポルトランドセメント、フライアッシュセメント
金属加工機械製造業	施盤、ボール盤、圧延機械、液圧プレス
電気機械器具製造業	電気冷蔵庫、ジューサー、電気がま
自動車製造業	乗用車、バス、トラック

(生産施設の名称欄)
2—1—2—3—5
　規則の様式第1又は第2の別紙1の生産施設の名称の欄は、次のような単位でその名称を記入する。
①高炉による一貫製鉄工場にあっては、製銑施設（高炉）、製鋼施設（転炉）、熱間圧延施設、冷間圧延施設、製管施設等をそれぞれ一つの単位とする。
②ナフサから一貫して誘導品を製造する石油化学工場にあっては、エチレン製造装置、芳香族抽出装置、ポリエチレン製造装置等をそれぞれ一つの単位とする。
③パルプ、紙製造工場にあっては、砕木施設、蒸解施設、薬品回収施設、抄紙施設等をそれぞれ一つの単位とする。
④生産工程が工場建屋単位で独立している機械工場等の場合はそれぞれの工場建屋を一つの単位として取り扱う。
　　(記載例1)　　石油化学工場の場合
　　　　　　　エチレン製造装置　　　　　　　　セ—1
　　　　　　　分解炉　　　　　　　　　　　　　セ—1—1
　　　　　　　急速冷却装置　　　　　　　　　　セ—1—2
　　　　　　　圧縮機　　　　　　　　　　　　　セ—1—3
　　　　　　　精製装置　　　　　　　　　　　　セ—1—4
　　　　　　　配管　　　　　　　　　　　　　　セ—1—5
　　　　　　　第1ポリエチレン製造装置　　　　セ—2
　　　　　　　圧縮機　　　　　　　　　　　　　セ—2—1
　　　　　　　重合装置　　　　　　　　　　　　セ—2—2

Ⅳ　資料編

分離精製装置	セ−2−3
仕上装置	セ−2−4
配管	セ−2−5
第2ポリエチレン製造装置	セ−3
圧縮機	セ−3−1
重合装置	セ−3−2
分離精製装置	セ−3−3
仕上装置	セ−3−4
配管	セ−3−5
ブタジエン製造装置	セ−4
抽出装置	セ−4−1
精製装置	セ−4−2
配管	セ−4−3
ＳＢＲ製造装置	セ−5
重合装置	セ−5−1
分離精製装置	セ−5−2
仕上装置	セ−5−3
配管	セ−5−4
ボイラー	セ−6

（記載例2）　セメント工場の場合

原料粉末室	セ−1
スラリータンク	セ−2
粘土ドライヤー	セ−3
ブレンディングタンク	セ−4
回転窯	セ−5
燃焼室	セ−6
クリンカータンク	セ−7
包装工場	セ−8
製袋工場	セ−9
発電所	セ−10
ボイラー	セ−11

（面積欄）

2−1−2−3−6

　規則の様式第1又は様式第2の別紙1の面積の変更がある場合は面積欄を変更前と変更後に区分し、変更後の面積欄には増減面積ではなく、変更後の当該生産施設の面積を記入する。

（増減面積）

2−1−2−3−7

　規則の様式第1又は第2の別紙1の増減面積欄の記載方法の例示は次の通りである。

(例1) 1,000㎡の生産施設を500㎡増設する場合

面積（㎡）		増減面積（㎡）
変更前	変更後	
1,000	1,500	＋500

(例2) 新たな単位の生産施設を1,500㎡増設する場合

面積（㎡）		増減面積（㎡）
変更前	変更後	
なし	1,500	＋1,500

(例3) 1,000㎡の生産施設を500㎡廃棄する場合

面積（㎡）		増減面積（㎡）
変更前	変更後	
1,000	500	△500

(例4) 1,000㎡の生産施設を500㎡スクラップするとともに同一の単位の生産施設を1,000㎡ビルドする場合

面積（㎡）		増減面積（㎡）
変更前	変更後	
1,000	1,500	△500＋1,000

(例5) 新たな単位の生産施設を1,000㎡ビルドするとともに、別の単位の1,000㎡の生産施設を500㎡スクラップする場合

面積（㎡）		増減面積（㎡）
変更前	変更後	
1,000	500	△500
なし	1,000	＋1,000

(生産施設の面積の合計の欄)
2－1－2－3－8
　法第8条の規定による変更の届出の場合にも、当該特定工場における全生産施設の面積の合計を変更前と変更後とを区分して把握するものとする。
(緑地の名称欄)
2－1－2－3－9
　規則の様式第1又は第2の別紙2の緑地の名称は、区画毎に緑地の種類と設置の場所を記載するものとする。緑地の種類とは、樹林地（高木又は高木と低木の混植地をいう。）、低木地（低木で被われているもの）、芝生、樹木と芝生の混植地等をいう。ただし、1－4－4－5の場合は緑地の面積として測定した緑地以外の環境施設の種類を緑地の種類の後に（　）書で付記することとする。
　設置の場所は、例えば工場敷地の東側周辺部、事務所前、球型タンク横、用役エリア周り、中央分離帯等と具体的に記入する。
(緑地以外の環境施設の名称)
2－1－2－3－10
　規則の様式第2又は第2の別紙2の緑地以外の環境施設の名称は、池、噴水、野球場、テニスコート、太陽光発電施設等具体的な名称を記入する。燈籠、石組等はそれらが含まれる遊歩道、公園等と記入するものとする。

第2章　勧告及び変更命令

(法第9条第1項第1号に規定する場合の勧告の基準)
2－2－1
　　法第9条第1項第1号に規定する場合は、特定工場の新設等によってその特定工場が設置される場所の周辺の地域に存在している工場又は事業場の工業用水事情、輸送事情等の立地条件に甚しい影響を与え、その影響を近い将来において除去することが困難であると認められる場合である。

(法第9条第1項第2号に規定する場合の勧告の基準)
2－2－2
　　法第9条第1項第2号に規定する場合は、特定工場の新設等をしようとする地域の自然条件又は立地条件及び各製造業等の立地上の特性から判断して、当該場所を当該特定工場に係る業種の用に供することとするよりも他の業種の製造業等の用に供することが、明らかに工業の適正配置及び国民経済の均衡のとれた発展という見地から効果的であると認められる場合である。

(法第4条第1項の規定に適合しない場合の勧告の基準)
2－2－3
　　法第4条第1項の規定により公表された準則（以下「準則」という。）に適合しない場合は、原則として勧告することとする。ただし、次のような個別的事情が存する場合には当該事情を十分審査の上、勧告しないことができる。
①工場等の周辺の区域に当該工場のために設置されていると認められる相当規模の緑地がある場合であって、実質的に緑地に係る準則が満たされていると認められる場合。
②現に設置されている工場等が生産施設の面積を変更（減少を除く。）する場合において、準則に適合するために必要な緑地又は環境施設（以下「緑地等」という。）を当該工場等の敷地内に確保できない事情があり、当該工場等の敷地外の土地に整備される相当規模の緑地等により実質的に緑地等に係る準則が満たされ、かつ、当該工場等の設置の場所を管轄する都道府県知事の定める基準に照らし、当該敷地外緑地等の整備が当該工場等の周辺の地域の生活環境の保持に寄与するものと認められる場合。この場合において、当該工場等の設置の場所を管轄する都道府県知事は、必要に応じて当該工場等の存する市町村の長に意見を求め、判断を行うものとする。
③現に設置されている工場等が生産施設の面積を変更（減少を除く。）する場合において、準則に適合するために必要な緑地等を当該工場の敷地内に確保できない事情があり、工場等の敷地の周辺部（準則第4条の敷地の周辺部を言う。）その他の敷地内の土地に整備される樹木その他の植栽が、工場敷地内の建築物その他の施設（緑地及び環境施設を除く。）を視覚的に一定程度覆うことが見込まれ、緑地に係る準則（（備考）の規定を除く。）を満たしている他の工場等と景観上同等であると認められる場合。
④国の施策の方針により、国民の健康・安全の確保のために緊急に必要とされる施設の配置、改築等を既存工場において行う場合であって、周辺の土地の買い増しがきわめて困難である等の事情があり、準則を遵守するための最大限の努力をしてもなお準則に適合しないことがやむを得ないと認められる場合。
⑤親会社の敷地の借地等をする子会社が単独では準則に適合しない場合であって、相当規模

の環境施設を有する親会社の敷地と一体とみなすことにより実質的には準則が満たされていると認められる場合。
⑥国又は地方公共団体の指導に基づく中小企業の集団化等であって、法施行時に既に団地の土地の割り振り等の計画が確定している等の事情があり、当該団地の設置の場所、周辺の土地利用の状況等からみて問題が少ないと認められる場合。
⑦既存工場等において生産施設の全部又は一部の廃棄又は譲渡（以下「スクラップ」という。）をするとともに生産施設の設置（以下「ビルド」という。）をすること（以下「スクラップアンドビルド」という。）が現状の生産機能を維持又は縮小することを目的とした単なる改築、更新（当該施設で生産する製品の変更を伴わず、能力の増加が一割以内であるものでビルドされる面積（以下「ビルド面積」という。）がスクラップされる面積（以下「スクラップ面積」という。）の範囲内であるもの。（以下単に「更新」という。）であって、準則を遵守するための最大限の努力をしてもなお準則に適合しないことがやむを得ないと認められる場合。
⑧生産施設に係る建築物の変更を全く伴わない業種変更を既存工場等において行う場合であって、周辺の土地の買い増しが極めて困難である等の事情があり、準則を遵守するための最大限の努力をしても、なお準則に適合しないことがやむを得ないと認められ、かつ、今後、準則に適合するための環境施設が整備されることが確実である場合。
⑨既存工場等の生産施設の一部が別法人化し、それ自体が独立した工場として存続する場合であって、当該工場と分離・譲渡した工場を一体としてみた場合、法人格の変更以外には、従前の状態から何ら変更がない場合。
⑩既存工場等において生産施設のスクラップアンドビルド（更新を除く。）をする場合であって、次の全ての要件に該当し、周辺の地域の生活環境の保持に支障を及ぼさないと認められる場合。
　（イ）ビルド面積がスクラップ面積の範囲内であること。
　（ロ）準則に適合しないまでも可能な限りの緑地を含む環境施設の整備を行い、かかる努力の結果、準則の趣旨を著しく損なうものとならないこと。
　（ハ）当該工場の立地場所及び周辺の土地利用状況が次のいずれかに該当すること。
　　　（ⅰ）都市計画法上の工業専用地域及び工業地域（以下「工業専用地域等」という。）に立地し、かつ、当該工場の周囲全てが工業専用地域等に立地する他工場、倉庫等に接している場合。
　　　（ⅱ）工業専用地域等に立地し、かつ、当該工場の周囲において工業専用地域等に立地する他工場、倉庫等と接していない部分について、緩衝緑地帯、非常に幅の広い運河又は河川が存在し、当該工場と工業専用地域等以外の用途地域等が離れている場合。
⑪流通業務の総合化及び効率化の促進に関する法律（平成17年法律第85号）に規定する特定流通業務施設をはじめとする流通業務施設（トラックターミナル、卸売市場、倉庫等）内に設置される機械又は装置の面積が当該施設の面積に比して小さく、機械又は装置の面積のみを生産施設の面積として算入した場合（生産施設の面積の測定方法は、1－3－4－9及び10の測定方法に準じる。）には準則第1条に適合し、かつ周辺の地域の生活環境の保全に支障を及ぼさない場合。
⑫森林、丘陵地、原野及び海上等、山間部又は海岸部において周囲に広く自然環境が存在す

る区域に風力発電施設が設置される場合であって、周辺の地域における生活環境の保持に支障を及ぼすおそれがないと認められる場合。

第3章　実施の制限

(実施の制限)
2－3－1
　　法第11条第1項の届出の受理の日から90日間はしてはならない新設、変更は次のとおりとする。
①工場の新設の場合であって、工場敷地の埋立工事又は造成工事を伴うものは、埋立工事の着手又は造成工事の着手の時点で工場の新設とする。埋立、造成工事を行わないで、建築物、生産施設又は緑地その他の環境施設の設置の工事等から開始するものは、それらの設置工事の中で最初の工事の着手の時点で工場の新設とする。
　　　ただし、建設用飯場若しくは仮設事務所等の一時的な施設又は境界を画する門、へい等の施設の設置工事の着手は、工場の新設としない。
②変更の場合であって、変更のための工事を伴う場合はその工事の着手の時点で変更とする。変更のための工事を伴わない場合（製品のみの変更、敷地面積のみの変更、公害の防止のための措置の変更）は土地の移転登記の時点、公害の防止のための措置を講じる時点、製品を変更する時点で変更として取り扱う。

(工事の開始時点)
2－3－2
　　工事の開始とは、次に掲げる各種工事毎にそれぞれ連続して行われる作業のうち最初の作業を始めることをいう。
①埋立工事の開始は、シートパイルの打ち込み、海底の地盤改良、ケーソンの沈設、土砂等の投入の各作業のうちいずれか早いものを始めることをいう。
②整地等のいわゆる造成工事の開始は、土地の掘削、土盛、地ならしの各作業のうちいずれか早いものを始めることをいう。
③生産施設若しくは生産施設以外の施設の設置工事の開始は、当該施設の建設のための基礎打ち作業を始めることをいう。
④生産施設以外の既存の施設が用途変更により生産施設となる場合の工事の開始は、用途変更に伴い新たに必要とされる機械、設備、建築物等の新設、改造または移動等の作業を始めることをいう。

（工事の着工を認められる施設の単位）
2―3―3
　工事の着工と認められる施設の単位とは、生産施設の場合は、一つの製造の単位の工程を形成する機械又は装置（付帯する用役施設を含む（1―3―4―10（注）の製造装置の考え方による。））を、工場建屋については、機械又は装置の設置される工場建屋をその単位とする。
　緑地、環境施設の場合は、一連の整備計画に従って造成される緑地、環境施設をその単位とする。

（法第11条の実施制限期間の短縮）
2―3―4
　法第11条第2項又は第3項の規定による実施制限期間の短縮は、原則として、届出の内容が法第9条の勧告の要件に該当しないと認められる場合について行うことができる。
2―3―5
　知事又は市長は、2―3―4により実施制限期間の短縮を認めるときは、届出者に対して様式Aによる期間短縮承認書を交付する。
　なお、この場合にあっては、2―1―2―2―1①の受理通知書の交付をしないこととするが、2―1―2―2―1②の届出調書は作成することとする。
2―3―6
　法第6条第1項、第7条第1項若しくは第8条第1項又は一部改正法附則第3条第1項の届出をしようとする者が併せて法第11条の実施制限期間の短縮の申請を行う場合は、規則に定める様式第1による届出書に代えて様式B（特定工場の設置の場所が指定地区に属する場合は規則に定める様式第2による届出書に代えて様式C）による届出及び期間短縮申請書を提出することができる。

第4章　氏名等の変更及び承継

（法第12条第1項、第13条第3項の届出）
2―4―1
　法第12条第1項、第13条第3項の届出については、2―1―2―2―1①に準じて取り扱うこと。

第3編　その他
第1章　指定地区関連

（汚染物質の最大排出予定量）
3－1－1
　　最大排出予定量とは、届出に係る特定工場の設置が完成した時点におけるものをいい、当該特定工場において予定している公害防止施設の設置、原料・燃料の転換等の各種の公害防止対策が講じられ、かつ、当該特定工場におけるばい煙発生施設、粉じん発生施設又は汚水等排出施設が定格能力で運転されるときの排出量をいう。

第2章　経過措置関連

3－2－1
　　昭和49年6月28日までに工事が開始される埋立若しくは造成又は生産施設等の施設の設置若しくは変更については法第6条第1項又は一部改正法附則第3条第1項の規定による届出を要しない。

3－2－2
　　昭和49年6月29日以後に新設工事のすべてが開始される特定工場にあっては、法第6条第1項の規定による届出を要するが、当該新設工事について旧法（一部改正法による改正前の工場立地の調査等に関する法律）による届出がなされている場合には同項第2号から第4号まで及び第7号の事項については届出を省略することができる。

3－2－3
　　昭和49年6月28日に既に設置されている特定工場又は同日に新設の工事中の特定工場にあっては、昭和49年6月29日以降最初に工事が開始される生産施設の設置その他の変更について一部改正法附則第3条第1項による届出を要する。

3－2－4
　　平成10年1月30日までに経済産業大臣及び当該特定工場に係る事業を所管する大臣になされた改正前の工場立地法第6条第1項、第7条第1項、第8条第1項及び工場立地の調査等に関する法律の一部を改正する法律附則第3条第1項の規定に基づく届出に係る勧告、変更命令、実施制限期間の短縮については、引き続き経済産業大臣及び製造業を所管する大臣が行う。
　　なお、平成10年1月30日以前に届け出られて、平成10年1月31日の時点で都道府県知事を経由中の案件については、経済産業大臣及び当該特定工場に係る事業を所管する大臣に届出がなされたものとみなす。

3－2－5
　　平成10年1月30日までに、改正前の工場立地法に基づいて行われた行為並びに附則第2条及び附則第4条の規定によりなお従前の例によることとされる場合におけるこの法律後にした行為に対する罰則の適用については、法施行前の規定に基づき行われる。

（平成24年4月1日の「地域の自主性及び自立性を高めるための改革の推進を図るための関係法律の整備に関する法律」（平成23年法律第105号）施行後の読替表）

3－2－6

対象条項	読替え前	読替え後
1－9－1		（削除）
2－1－2－2－1① 2－1－2－3－2	政令指定都市	市
2－1－2－2－1③ 2－1－2－3－2 2－2－3②	市町村	町村
2－2－3②	都道府県知事の定める基準	都道府県知事及び市長の定める基準

様式甲

番　　　号
年　月　日

殿

都道府県知事又は政令指定都市の長

　工場立地法第6条第1項（第7条第1項、第8条第1項、第12条、第13条第3項、一部改正法附則第3条第1項）の届出について

　平成　年　月　日付けの上記の届出については、下記の通り受理したので通知します。

記

　1　整理番号

　2　受理年月日

届出整理番号：
届出受理年月日：

第1節　関係法令集

様式乙

特定工場新設（変更）届出調書

整理番号		受理年月日	平成　年　月　日	調書作成者		6　8-11 6-11　12 8　13

（届出者）
名称・所在地・担当者　　　　　　　　　TEL

（届出工場）
名称・設置場所・業種　　　　　　　　（用途地域等）
　　　　　　　　　　　　　　　　　　（細分類番号）

主要製品	名称		生産能力	数量

面積	敷地面積		+△	㎡		工業団地	団地名称		
	建築面積		+△	㎡	%		団地総面積		㎡
	生産施設		+△	㎡	%		緑地（規則様式第1及び第2備考2で区別することとされた緑地を除く。）		㎡
	緑地（規則様式第1及び第2備考2で区別することとされた緑地を除く。）		+△	㎡	%	共通施設面積	規則様式第1及び第2備考2で区別することとされた緑地		㎡
	規則様式第1及び第2備考2で区別することとされた緑地		+△	㎡	%		緑地以外の環境施設		㎡
	緑地以外の環境施設		+△	㎡	%		その他の共通施設		㎡
	上記の緑地の合計			㎡	%	工場等の敷地面積			㎡
	隣接緑地等総面積			㎡		隣接緑地等名称			
						緑地（規則様式第1及び第2備考2で区別することとされた緑地を除く。）			㎡
						規則様式第1及び第2備考2で区別することとされた緑地			㎡
						緑地以外の環境施設面積			㎡
地域準則指定区域	区域				%	事業者の負担する総費用			円
準則設定状況	緑地面積率				%	届出者の負担費用	設置		円
	環境施設面積率				%		維持管理		円
備考							設置		
							維持管理		

	緑地の種類		面積	樹木の本数	
緑地内容	緑地（規則様式第1及び第2備考2で区別することとされた緑地を除く。）	樹木 芝生その他の地被植物	㎡ ㎡	（高木） （高木）	本（低木）　本 本（低木）　本
	規則様式第1及び第2備考2で区別することとされた緑地	樹木 芝生その他の地被植物	㎡ ㎡	（高木）	本（低木）　本

緑地以外の環境施設の種類

			生産着手	緑地、環境施設
日程	埋立開始 用地取得 造成開始		建設着手 操業開始	造園等着手 完成

輸送	輸送手段	自動車	鉄道	船舶	その他
	燃料・原材料・外注部品 製品				

| 労働力 | 職種 | 員（管理者、事務従事者）
員（生産従事者） | 性別 | 男　人
　　人 | 女　人
　　人 | 計　人
　　人 |

| 用水 | 使用総量 | | (t/日) | 取水源の内訳 | 上水道
工業用水道
河川表流水
井戸水
その他（　　　） | (t/日)
(t/日)
(t/日)
(t/日)
(t/日) |
| | 取水源に対する影響 | | | | | |

| 電力 | 買電による電力使用量 | | kW/日 | | | |
| | 自家発電による電力使用量 | | kW/日 | | | |

工場周辺の状況

公害防止対策の概要と所見

| 変更点 | ・氏名・住所
・業種
・敷地面積
・建築面積
・生産施設面積
・緑地面積・配置
・緑地以外・配置 | 審査結果 | ○○○適合
ー準則適合・不適合
ー制限期間短縮 |

（注）
1. 地域準則設定状況の設定区域の欄には、第1種区域、第2種区域の別を記載。
2. 生産能力及び生産数量は、各々の業種に応じ通常用いる単位で記載（例　トン／日　㎡／月等）輸送料は、トン換算した値で1ヶ月当たり平均輸送料を記載。
3. 公害防止対策の概要と所見欄には、指定地区に限定せず一般的に当該届出に係る公害防止対策を記載。
4. 変更に係る届出については、当該変更部分のみ記載。

IV 資料編

(以下指定地区に係る届出の場合のみ記載すること。)

汚　染　物　質　の　最　大　排　出　予　定　量					
汚染物質の発生施設の名称	汚　染　物　質　の　種　類				
工　場　合　計					

燃料・原材料の使用に関する計画			
種　　　類	年間総消費量	平均いおう含有率(%)	平均窒素含有率(%)

公　害　防　止　施　設　の　設　置				
公害防止施設の名称	公害防止施設が設置される汚染物質発生施設	処理される汚染物質の種類	処理能力	汚染物質の処理後の排出量および濃度

そ　の　他　の　公　害　防　止　対　策

(注)　1．必要に応じ欄を追加して記入して下さい。
　　　2．「その他の公害防止対策」とは規則の様式第2の別紙8にいう「その他の措置」をいう。また、
　　　　（備考）公害防止対策の概要と所見欄には、指定地区に限定せず一般的に当該届出に係る公害
　　　　防止対策を記載して下さい。
　　　3．変更に係る届出については、当該変更部分のみ記載して下さい。

様式例第1

事 業 概 要 説 明 書

1	生 産 開 始 の 日		年　　月　　日	
2	主要製品別生産能力及び生産数量			
	製　品　名	生産能力	生 産 数 量	
3	水源別工業用水使用量　　　計　　　　　　　　　　　(単位：トン／日)						
	上水道	工業用水道	河川表流水	井戸水	その他	回収水	海　水
4	電 力 の 使 用 量　　　計　　　　　　　　　　　　(単位：KWH／日)	
	買電による電力使用量	自家発電による電力使用量
5	輸 送 手 段 別 輸 送 量　　　計　　　　　　　　(単位：トン／月)					
		自動車	鉄道	船舶	その他	計
	燃料、原材料及び外注部品					
	製　　　　　　　品					
6	従 業 員 数　　　計　　　　　　　　　　　　　　　(単位：人)				
	職　員	男　女	工　員	男　女	計	男　女

備考　1　生産能力及び生産数量は、各々の業種に応じ通常用いる単位で記載して下さい。(例　トン／日、m³／月等) 輸送量は、トン換算した値で1カ月当り平均輸送量を記載して下さい。
　　　2　事業概要説明書の用紙の大きさは、日本工業規格Ａ4を用いて下さい。

様式例第 2

生産施設、緑地、緑地以外の環境施設、特別配置施設その他の主要施設の配置図

縮尺 1／

備考 1 配置図に記載する生産施設は、建築物のあるものは建築物単位で、ないものは個々に記入して下さい。
 2 その他の主要施設には貯水池、井戸等の工業用水施設、電力施設、公害防止施設、倉庫、タンク等の貯蔵施設、駐車場等を含みます。配置図にはそれらの位置、形状を明示するとともに、それらの名称を付記して下さい。
 3 生産施設、緑地、緑地以外の環境施設、特別配置施設は、下表に指定する淡い色彩でそれらの位置、形状を着色して明示するとともに、規則による届出書の別紙1～3に記載した施設番号を付記して下さい。

施 設 の 名 称	色 彩
生 産 施 設	青
緑 地	緑
様式第1又は第2で区別することとされた緑地	網掛け
緑 地 以 外 の 環 境 施 設	黄

 4 変更の届出の場合は、変更前と変更後の状態が比較対照できるように明示して下さい。
 5 図面には縮尺並びに方位を示す記号を記載して下さい。図面の縮尺は、原則として敷地面積が100ha 未満の工場等にあっては五百分の一ないし千分の一、100ha 以上500ha 未満の工場等にあっては千分の一ないし二千分の一、500ha 以上の工場等にあっては二千分の一ないし三千分の一程度として下さい。
 6 環境施設のうち屋内運動施設又は教養文化施設がある場合は、当該施設の利用規程及びその周知方法を記載した書類を添付して下さい。

様式例第3

特 定 工 場 用 地 利 用 状 況 説 明 書

特定工場敷地面積	m²	うち自己所有地	m²
都市計画法上の区域区分 (*右記の該当項目を○で囲んでください。)	①工業専用地域　　②工業地域　　③準工業地域 ④住居系地域　　⑤商業系地域　　⑥市街化調整区域 ⑦未線引都市計画区域　　⑧都市計画区域外 ⑨都市計画なし		

特定工場用地利用状況説明図	特定工場の用に供する土地の説明
          縮尺　1／	

備考1　自己所有地には、現在所有している土地及び将来自己の所有地となることが確実である土地を含みます。
　　2　都市計画法上の用途地域を記入して下さい。
　　3　特定工場の用に供する土地の説明の欄には、当該土地が埋立地、埋立予定地、空地、農用地、工業団地等の別を記入して下さい。
　　4　特定工場用地利用状況説明図には、当該特定工場の周辺2km程度の範囲内で海面、河川、湖沼、埋立地、山林、農用地、学校・病院・公園等の用地、住宅地、工場用地等の土地の利用状況を明示して下さい。

様式A

番　　　号
年　　月　　日

　　　　　　殿

都道府県知事又は政令指定都市の長

工場立地法第11条第2項の規定に
基づく実施制限期間の短縮について

　　平成　　年　　月　　日付けをもって申請のあった実施制限期間の短縮については、平成　　年　　月　　日より工事を開始することを認めます。

| 届出整理番号： |
| 届出受理年月日： |

第1節　関係法令集

様式B

特定工場新設（変更）届出及び実施制限期間の短縮申請書（一般用）

年　　月　　日

殿

届出者（氏名又は名称及び住所並びに法人にあってはその代表者の氏名）印

（担当者）　　電話（　）（　）　　番

　工場立地法第6条第1項（第7条第1項、第8条第1項、工場立地の調査等に関する法律の一部を改正する法律（昭和48年法律第108号。以下「一部改正法」という。）附則第3条第1項）の規定により、特定工場の新設（変更）について、次のとおり届け出るとともに工場立地法第11条第1項の期間の短縮方を申請します。

1	特定工場の設置の場所		
2	特定工場における製品（加工修理業に属するものにあつては加工修理の内容、電気供給業、ガス供給業又は熱供給業に属するものにあつては特定工場の種類）		
3	特定工場の敷地面積		m²
4	特定工場の建築面積		m²
5	特定工場における生産施設の面積	別紙1のとおり	
6	特定工場における緑地及び環境施設の面積及び配置	別紙2のとおり	
7	工業団地の面積並びに工業団地共通施設の面積及び工業団地の環境施設の配置	別紙3のとおり	
8	隣接緑地等の面積及び配置並びに負担総額及び届出者が負担する費用	別紙4のとおり	
9	特定工場の新設（変更）のための工事の開始の予定日	造成工事等	
		施設の設置工事	
※整理番号		※備考	
※受理年月日			
※審査結果			

備考　1　※印の欄には、記載しないこと。
　　　2　6欄から8欄について、規則第4条に規定する緑地以外の環境施設以外の施設と重複する土地及び規則第3条に規定する建築物屋上等緑化施設はそれ以外の緑地と区別して記載すること。
　　　3　法第6条第1項の規定による新設の届出の場合は、1欄から9欄までのすべての欄（特定工場の設置の場所が工業団地に属しない場合は7欄を、工業集合地特例の適用を受けようとしない場合は8欄を除く。）に記載すること。
　　　4　法第7条第1項又は一部改正法附則第3条第1項の規定による変更の届出の場合は、1欄から9欄までのすべての欄（特定工場の設置の場所が工業団地に属しない場合は7欄を、工業集合地特例の適用を受けようとしない場合は8欄を除く。）に記載するとともに、2欄から6欄まで及び8欄のうち変更のある欄については、変更前及び変更後の内容を対照させること。
　　　5　法第8条第1項の規定による変更の届出の場合は、1欄及び9欄に記載するとともに、2欄から6欄まで及び8欄のうち変更のある欄については、変更前及び変更後の内容を対照させて記載すること。
　　　6　9欄については、埋立及び造成工事を行う場合にあっては造成工事等の欄に、生産施設、緑地等の施設の設置工事を行う場合にあっては施設の設置工事の欄に、それぞれ該当する日を記載すること。
　　　7　届出書及び別紙の用紙の大きさは、図面、表等やむを得ないものを除き、日本工業規格A4とすること。

Ⅳ　資料編

様式Ｃ

特定工場新設（変更）届出及び実施制限期間の短縮申請書（指定地区用）

　　　　　　　　　　　　　　　　　　　　　　　　　　　　　　　年　　月　　日

　　　　　殿

　　　　　　　　　　　　　　　　　　　届出者（氏名又は名称及び住所並びに法人にあってはその代表者の氏名）　印

　　　　　　　　　　　　　　　　　　　（担当者）　電話（　　）（　　）　　番

　工場立地法第６条第１項（第７条第１項、第８条第１項、工場立地の調査等に関する法律の一部を改正する法律（昭和48年法律第108号。以下「一部改正法」という。）附則第３条第１項）の規定により、特定工場の新設（変更）について、次のとおり届け出るとともに工場立地法第11条第１項の期間の短縮方を申請します。

1	特定工場の設置の場所					
2	特定工場における製品(加工修理業に属するものにあつては加工修理の内容、電気供給業、ガス供給業又は熱供給業に属するものにあつては特定工場の種類)					
3	特定工場の敷地面積		m²	9	特定工場における大気に係る汚染物質の最大排出予定量	別紙5のとおり
4	特定工場の建築面積		m²			
5	特定工場における生産施設の面積	別紙1のとおり		10	特定工場における水質に係る汚染物質の最大排出予定量	別紙6のとおり
6	特定工場における緑地及び環境施設の面積及び配置	別紙2のとおり		11	燃料及び原材料の使用に関する計画	別紙7のとおり
7	工業団地の面積並びに工業団地共通施設の面積及び工業団地の環境施設の配置	別紙3のとおり		12	公害防止施設の設置その他の措置	別紙8のとおり
8	隣接緑地等の面積及び配置並びに負担総額及び届出者が負担する費用	別紙4のとおり		13	特定工場の新設(変更)のための工事の開始の予定日	造成工事等
						施設の設置工事
※整理番号				※備考		
※受理年月日						
※審査結果						

備考　1　※印の欄には、記載しないこと。
　　　2　6欄から8欄について、規則第4条に規定する緑地以外の環境施設以外の施設と重複する土地及び規則第3条に規定する建築物屋上等緑化施設はそれ以外の緑地と区別して記載すること。
　　　3　法第6条第1項の規定による新設の届出の場合は、1欄から13欄までのすべての欄（特定工場の設置の場所が工業団地に属しない場合は7欄を、工業集合地特例の適用を受けようとしない場合は8欄を除く。）に記載すること。
　　　4　法第7条第1項又は一部改正法附則第3条第1項の規定による変更の届出の場合は、1欄から13欄までのすべての欄（特定工場の設置の場所が工業団地に属しない場合は7欄を、工業集合地特例の適用を受けようとしない場合は8欄を除く。）に記載するとともに、2欄から6欄まで及び8欄のうち変更のある欄については、変更前及び変更後の内容を対照させること。
　　　5　法第8条第1項の規定による変更の届出の場合は、1欄及び13欄に記載するとともに、2欄から6欄まで及び8欄から12欄までのうち変更のある欄については、変更前及び変更後の内容を対照させて記載すること。ただし、当該変更が指定地区の指定の際当該指定地区において設置されており又は新設のための工事がされている特定工場に係る変更で指定地区の指定の日以後最初に行われるものである場合は、2欄から6欄まで及び8欄から12欄までのうち変更のある欄について変更前及び変更後の内容を対照させて記載するとともに、9欄から12欄までのうち変更のある欄以外のすべての欄に記載すること。
　　　6　13欄については、埋立及び造成工事を行う場合にあっては造成工事等の欄に、生産施設、緑地等の施設の設置工事を行う場合にあっては施設の設置工事の欄に、それぞれ該当する日を記載すること。
　　　7　届出書及び別紙の用紙の大きさは、図面、表等やむを得ないものを除き、日本工業規格A4とすること。

11. 指定地区の指定について

(昭和53年7月13日　通商産業省告示第289号)

　工場立地法（昭和34年法律第24号）第6条第1項ただし書の規定に基づき、同項ただし書の指定地区を次のように定めたので告示する。

1　茨城県の区域のうち、鹿島郡鹿島町、同郡神栖町及び同郡波崎町の区域
2　大分県の区域のうち、大分市及び北海部郡佐賀関町の区域

12. 事業者の判断の基準となるべき事項について

(昭和54年8月29日　大蔵省、厚生省、農林水産省、通商産業省、運輸省告示第1号)

　工場立地法（昭和34年法律第24号）第4条第2項の規定に基づき、鹿島地区における工場立地に伴う公害の防止に関し汚染物質に係る事業者の判断の基準となるべき事項を次のように定めたので告示する。

　鹿島地区（茨城県の区域のうち、鹿島郡鹿島町、同郡神栖町及び同郡波崎町の区域）における工場立地に伴う公害の防止に関し汚染物質に係る事業者の判断の基準となるべき事項

1　別表第1に掲げる工場立地想定に沿つて工場立地が行われる場合にあつては、硫黄酸化物及び化学的酸素要求量として表示される汚濁負荷量に関し、それぞれ別表第2及び別表第3に掲げる排出想定に沿つた排出が行われるものであること。
2　工場立地法第6条第1項第6号に規定する汚染物質に関し、大気汚染防止法（昭和43年法律第97号）、水質汚濁防止法（昭和45年法律第138号）、下水道法（昭和33年法律第79号）、その他の法令及び条例に定める排出に関する基準等に適合する排出が行われるものであること。
3　前記1は、工場立地法第2条第1項の工場立地に伴う公害の防止に関する調査の結果に基づくものであり、工場立地想定の大幅な変更等により必要があると認められるときは、所要の見直しを行うことを予定している。その調査の内容については、通商産業省環境立地局環境指導課、関東通商産業局総務企画部環境保安課及び茨城県企画部交通・産業立地課に備え付けてある工場立地調査簿を参照すること。

別表第1　主な工場立地想定

業　　種	主要製品の生産規模等	地　　区
有機化学工業製品製造業	エチレン　年間110万t	鹿島郡神栖町
石油精製業	原油処理量　1日当たり95,400kℓ	鹿島郡神栖町
鉄鋼業	粗鋼換算　年間1,500万t	鹿島郡鹿島町及び同郡神栖町
電気供給業	電力　6,716,000kW	鹿島郡鹿島町、同郡神栖町及び同郡波崎町

別表第2　硫黄酸化物排出想定

業　　種	硫黄酸化物排出量 (単位　温度零度、圧力1気圧の状態に換算した㎥毎時)
有機化学工業製品製造業	480
石油精製業	423
鉄鋼業	644
電気供給業	2,927
その他	223
合　　　計	4,697

備　考
　この表に掲げる硫黄酸化物排出量は、本地区における1の特定工場の煙突から排出される硫黄酸化物の最大地上濃度の1時間値が風向東南東、風速4m毎秒において原則として0.007（単位　体積百万分率）以下となることを前提として設定されたものである。

別表第3　化学的酸素要求量として表示される汚濁負荷量排出想定

業　　種	排出水中の化学的酸素要求量として表示される汚濁負荷量（単位　1日当たりのkg）
鉄鋼業	8,700
その他	11,400
合　　　計	20,100

備　考
1　その他は、下水道終末処理施設で処理された後、公共用水域に排出される産業排水に係る化学的酸素要求量として表示される汚濁負荷量である。
2　この表に掲げる排出水中の化学的酸素要求量として表示される汚濁負荷量には、海水とともに持込まれ、かつ、排出される汚濁負荷量は、含まれないものとする。

（昭和54年8月29日　大蔵省、厚生省、農林水産省
通商産業省、運輸省告示第2号）

　工場立地法（昭和34年法律第24号）第4条第2項の規定に基づき、大分地区における工場立地に伴う公害の防止に関し汚染物質に係る事業者の判断の基準となるべき事項を次のように定めたので告示する。
　大分地区（大分県の区域のうち、大分市及び北海部郡佐賀関町の区域）における工場立地に伴う公害の防止に関し汚染物質に係る事業者の判断の基準となるべき事項
1　別表第1に掲げる工場立地想定に沿つて工場立地が行われる場合にあつては、硫黄酸化物及び化学的酸素要求量として表示される汚濁負荷量に関し、それぞれ別表第2及び別表第3に掲げる排出想定に沿つた排出が行われるものであること。
2　工場立地法第6条第1項第6号に規定する汚染物質に関し、大気汚染防止法（昭和43年法律第97号）、水質汚濁防止法（昭和45年法律第138号）、下水道法（昭和33年法律第79号）、その他の法令及び条例に定める排出に関する基準等に適合する排出が行われるものであること。
3　前記1は、工場立地法第2条第1項の工場立地に伴う公害の防止に関する調査の結果に基づくものであり、工場立地想定の大幅な変更等により必要があると認められるときは、所要の見直しを行うことを予定している。その調査の内容については、通商産業省環境立地局環境指導課、九州通商産業局総務商工部環境保安課及び大分県商工労働観光部商工振興課に備え付けて

ある工場立地調査簿を参照すること。

別表第1　主な工場立地想定

業　　　種	主要製品の生産規模等	地　　　区
パルプ・紙・紙加工品製造業	パルプ　年間41万 t	大分市
有機化学工業製品製造業	エチレン　年間82万 t	大分市及び埋立予定地
石油精製業	原油処理量　1日当たり127,200kℓ	大分市及び埋立予定地
鉄鋼業及び非鉄金属製造業	粗鋼換算　年間1,200万 t 銅・鉛・フェロニッケル　年間606,000t	大分市及び北海部郡佐賀関町
電気供給業	電力　2,128,000kW	大分市

別表第2　硫黄酸化物排出想定

業　　　種	硫黄酸化物排出量 (単位　温度零度、圧力1気圧の状態に換算したm³毎時)
パルプ・紙・紙加工品製造業	95
有機化学工業製品製造業	255
石油精製業	637
鉄鋼業及び非鉄金属製造業	1,149
電気供給業	903
その他	181
合　　　　計	3,220

備　考
　この表に掲げる硫黄酸化物排出量は、本地区における1の特定工場の煙突から排出される硫黄酸化物の最大地上濃度の1時間値が風向北東、風速4m毎秒において原則として0.008（単位　体積百万分率）以下となることを前提として設定されたものである。

別表第3　化学的酸素要求量として表示される汚濁負荷量排出想定

業　　　種	排出水中の化学的酸素要求量として表示される汚濁負荷量（単位　1日当たりのkg）
パルプ・紙・紙加工品製造業	6,480
有機化学工業製品製造業	6,626
石油精製業	832
鉄鋼業、非鉄金属製造業及びその他	4,832
合　　　　計	18,770

第2節　参考資料

1．既存工場の緑地創出ガイドライン

　工場立地法でいう「周辺の地域の生活環境」とは、具体的に住宅、学校、病院等住民の存在を指すものであり、工場の敷地周辺部を中心として住宅等が存在する方向に集中的、重点的に緑地等を整備し、工場の生産活動と生活環境を空間的に遮断したり、周辺住民に対する心理的融和を与えることで、住民に違和感、不安感を抱かせないようにすることが、まさに同法及びそれに基づき公表されている準則の意図するところです。

　既存工場における生産施設のスクラップ＆ビルドについては、今般勧告を受けない場合の基準を明確化したところですが、その条件の中には「準則に適合できないまでも可能な限りの緑地等の整備を行い、かかる努力の結果、準則の趣旨を著しく損なうものとならないこと。」という項目により準則遵守のための最大限の努力を促す旨の規定が設けられています。

　以下では、その条件をクリアするためのポイントを示しています。

　担当窓口においてもこれをベースに指導が行われることとなりますので、各企業の担当者におかれましても、このガイドラインを熟読し、周辺地域と調和した工場立地の実現に努力されますことをお願いします。

(1) 緑地など環境施設の配置の基本的考え方

　工場の緑地等の環境施設整備の基本的な目的は、地球市民として環境との共生を前提として、そこで働く人々が元気で楽しく働き、地域の人々と語りあえる工場を目指し、地域環境を生かし、企業の個性を十分に発揮した、環境と人々にやさしい産業環境の創造です。

　具体的には、次のような観点が大切とされています。

① 地域環境との調和

　生産活動の場である工場は、地域社会や住民からの支持がなければ、健全な生産活動を続けることはできません。したがって、工場は単に地域社会や環境に対して悪影響を及ぼさないというだけでなく、緑地等の環境施設の創出により、積極的に地域環境の向上、改善に取組むことにより、地域社会から親しまれる工場となることが大切です。

② 生産環境の快適化

　緑を眺めたり、緑の香気を吸い込んだりすることが、精神疲労や肉体疲労からの回復に効果があることは、様々な科学的データから明らかです。このことは、緑地等環境施設は、単に修景とか運動の場というだけでなく、生産活動が従業員に与えるマイナスを防ぐことにより、従業員の作業効率を安定化させ、労働災害の減少をもたらし、生産性を向上

させます。
③ 企業イメージの向上
　　緑豊かで整然とした工場の外観は、企業のイメージを高め、質の高い労働力を惹きつけます。企業イメージと一体となった豊かな生産環境の整備は、企業という組織の活力を高めます。

写真―1　地域環境の調和に配慮した緑地の整備

写真―2　職場環境に配慮した緑地の整備

　前記の緑地等環境施設の確保の観点のうち、工場立地法においては工場の周辺地域の生活環境との調和を重視していることから、特に地域環境との調和に配慮した緑地等の配置が望まれます。
　表4―1は緑地等を配置するにあたり、工場周辺の環境並びに業種との関連において、特に留意すべき点を整理したものです。

表4—1　地域別・業種別に見る緑地等の配慮に関する留意点

項目		周囲の環境	住、農・林地帯	工場地帯	海浜地帯
一般的事項			・周辺環境との調和を図る。 ・外周部緑地を大きく確保する。（視覚的・精神的配慮） ・外部からの工場景観に配慮する。 ・広場、運動場等の広場空間の確保。（災害時の避難場所） ・駐車場等の緑化を図る。 ・既存樹、樹林があれば保存、活用する。 ・環境施設を開放しやすいようにレイアウトする。 ・ランドマーク的特徴のある緑地を創る。	・工場地帯全体の調和を図る。 ・駐車場等の緑化を図る。 ・既存樹、樹林があれば保存、活用する。 ・隣接工場と話し合いにより、外周緑地の一体化を図る。	・外周緑地を大きく確保する（防風、防潮、視覚的配慮） ・海浜景観との調和を図る。 ・駐車場等の緑化を図る。
業種との関連で特に考慮すべき事項	業種区分第1種～第3種		外周緑地を大きくとる。（20m幅以上が望ましい緩衝と視覚的配慮。）	左記に準ずるが、工業地帯（団地）全体的な調和を考えて、20m幅以下でも可。	外周樹林地帯を特に大きく確保する。海側はさらに大きく確保する。
	業種区分〔第4種〕		外周緑地をとる。（10m幅程度が望ましい。）	左記に準ずるが、工業地帯（団地）全体的な調和を考えて、10m幅以下でも可。	外周樹林帯は10m幅程度は確保する。海側はさらに大きく確保する。
	業種区分〔第5種〕		外周緑地として少なくとも列状植栽、生垣等は確保する。	外周緑地として少なくとも列状植栽、生垣等は確保する。	外周樹林帯5m幅程度は確保する。

（注）　業種区分は「工場立地に関する準則・別表第1」による。
　　　本表は理想的な目標を示したものであり、基準ではありません。

(2) 既存工場における緑地の創出

既存工場で、緑地や環境施設を拡大・充実しようとする場合、新設工場に比べると多くの厳しい制約にぶつかり、その用地の確保に四苦八苦しなければなりません。

既存工場において緑地等を確保する場合は、その用地を生み出すための工夫を考えましょう。

□ステップ1・工場敷地の見直しのポイント
(1) 工場内の土地利用配分の見直し

工場敷地内で、どのくらい効率的な土地利用配分が行われているか、隅々まで徹底して見直しましょう。

例えば、敷地内の主要な動線を実際に細かく調査しどの道路がよく使われ、どの道路があまり使われていないかを明らかにします。

その上で、あまり使われていない道路について、廃止したり幅員を狭めて緑化用地を生み出すわけです。

さらに、本格的には屋外付帯施設の集中又は分散化による整理、工場建屋や倉庫、事務所などの再配置等から緑地のための用地を生み出しましょう。

(2) 現状土地利用配分の中での土地のひねり出し

現状の工場敷地内でデッドスペースとなっているところなどをこまめにチェックしたり、植物を植える植桝の設置できそうな場所を探すなどして緑化用地を生み出しましょう。

例えば、既存の舗装道路などで部分的に植桝を設置する場を探したり、付帯施設の地下埋設化や地上施設の覆土化等によって用地を生み出す工夫です。

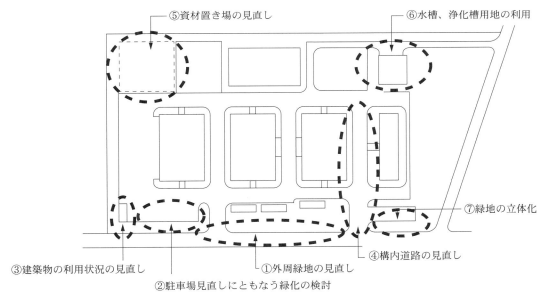

図4-1　現況土地利用のチェック図

□ステップ２・具体的な緑地の創出
(1) 工場敷地外周部の見直し

既存工場では、敷地境界部がブロック塀などの万年塀で囲まれている例が少なくありません。この部分に手を入れることはできないでしょうか。

ブロック塀に多少手を加えたり、金網フェンスに変えたりするのと同時に、緑でうまく修景すると、周辺住民に対して快適な環境を提供することになります。

① ブロック塀を後退させて、その外側を緑化してみましょう。

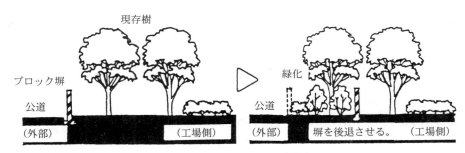

図４－２　塀の外に緑地を確保する

② ブロック塀を撤去し、盛り土をするとともにその内側にフェンスを設けて緑化してみましょう。

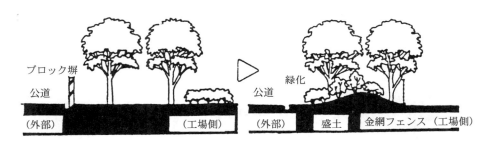

図４－３　外周部に開放的な緑地を確保する

(2) 駐車場の見直し

既存工場では、駐車場はアスファルト舗装に白線を引いただけのものが多く認められます。

こういう駐車場に緑地帯を確保することにより車の流れを秩序立てたり、機能的で快適な空間になります。

また、駐車場は来訪者に工場の第一印象を与えるところでもありますので、企業イメージの面でも効果的ですし、照り返しや車内温度の上昇も防ぐ効果もあります。

第2節 参考資料

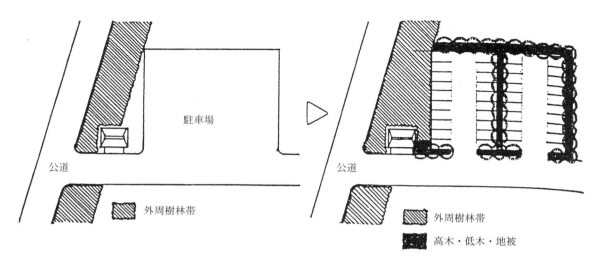

図4－4　駐車場の緑化

(3) 建築物（事務所棟、倉庫等）の利用現況の見直し

　操業後、相当年数を経た工場では、よく調べてみると予想以上に利用度の低い建物や倉庫があります。これらの建築物を整理統合し、現在の仕事の内容に適応した再配置を行えば、新たな緑地用地も生まれるのではないでしょうか。

　また、建物と道路との余地や出入口部分に小さな緑地空間を確保することができれば、生産環境の快適化に寄与できます

① 建物の統合整理を検討することにより緑地空間を創出しましょう。

　利用度の低い倉庫や建物を放置することは、土地利用の点からも無駄ですし、動線をすっきりさせ周囲の環境を整えれば、生産性の向上にもつながるでしょう。

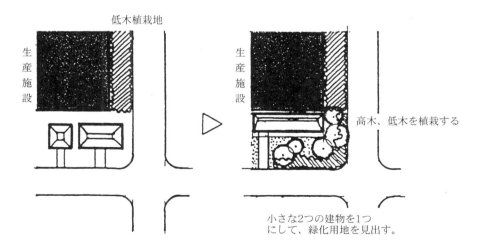

図4－5　建物の統合整理による緑地の確保

② 建物回りの空地チェックにより緑地を創出しましょう。

建物と道路との間の余地や、建物の出入口の隅部分に小さな休息緑地を確保しましょう。

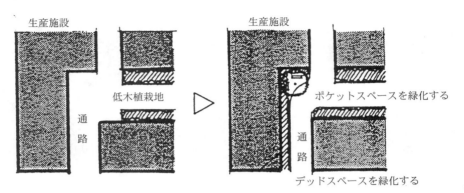

図4-6　ポケットスペースの確保

(4) 構内道路の見直し

工場内の道路の緑化は工場緑地増設の大きなポイントといえます。特に、幅広い幹線道路については工場における緑の骨格形成の点からも大切であり、平面的にはもちろん、立面的にも緑の豊富な緑化を行いましょう。

① 幅の広い幹線道路は、自動車の往来と従業員の歩行とが混乱している場合があります。

そこで図のように車線を整理し、中央分離帯を設けることも考えられ、車の流れが秩序立つ効果も期待できます。

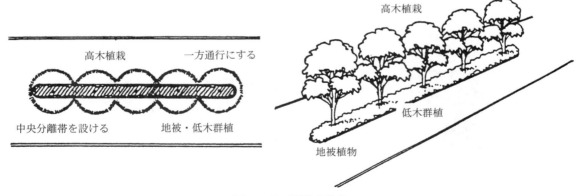

図4-7　道路の緑化

② 工場内動線の再検討を行うことにより、幅員の減少、ルート変更、部分廃道等によって緑地スペースを生み出すことができます。

第2節　参考資料

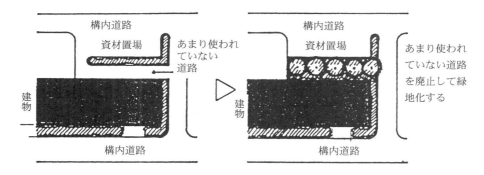

図4－8　道路の廃止

(5) 資材置場の整理

　資材置場は、ともすると資材が乱雑におかれた空間になりがちですが、整理整頓すると思いがけず空地が生まれることもあります。
　放置しておくと乱雑になりがちなこのような空間に緑地を作ると、すっきりしたイメージを生み出します。

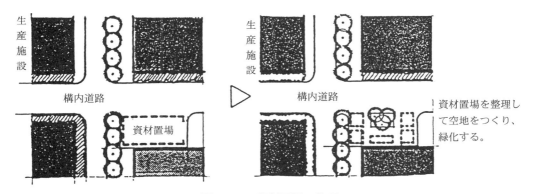

図4－9　資材置場の整理

(6) 水槽や浄化槽用地の利用

　工場には、水槽や浄化槽が点在していることが多いようです。
　これらは、通常、むきだしのままとなっていますが、表面を覆い覆土して緑化用地にすることができます。

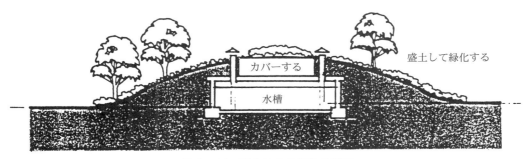

図4－10　覆土による緑地の創出

Ⅳ　資料編

(7) 緑地の立体化

　ゴミ置場や資材置場などは、どう整理しても多少乱雑になります。

　このようなところは、なるべく人の目に触れないよう遮蔽したいものですが、ブロック塀や生け垣では視覚的に十分でない場合もあります。

　そのようなときは、図のように盛土し、そこを緑化すれば、非常に感じの良い緑地が生まれます。

　また、植栽不可能な急斜面がある場合、客土するか、切・盛土して緩斜面に造成し直して緑地空間を創出しましょう。

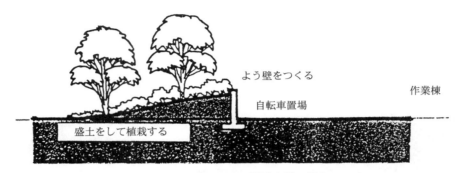

図4-11　盛土による緑地空間の創出

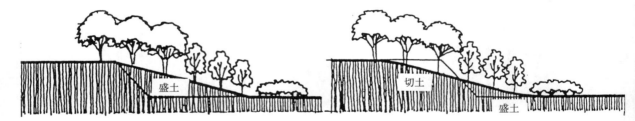

図4-12　切・盛土による緩斜面緑地の創出

第2節　参考資料

表4-2　緑地創出チェックリスト表

チェック項目 ＼ チェック内容	実施済・未済	計画内容	創出面積（m²）
1．工場敷地外周部の見直し 　①ブロック塀の後退			
②ブロック塀の撤去			
2．駐車場の見直し			
3．建築物（事務所棟、倉庫等）の利用状況の見直し 　①建物の統合整理			
②建物廻りの空地確保			
4．資材置場の整理			
5．構内道路の見直し 　①中央分離帯等の創出			
②道路等の廃止			
6．水槽や浄化槽用地の利用			
7．緑地の立体化 　①盛土による緑地の創出			
②緩斜面緑地の創出			
8．その他			
計			

＊この表は、担当窓口へご相談する際の参考として下さい。

Ⅳ 資料編

工場緑化用樹木樹生一覧表（参考）

区分				例	1月	2	3	4	5	6	7	8	9	10	11	12
高木	常葉樹	針葉樹		アカマツ、クロマツ、ヒバ、ヒノキ、スギ、カヤ	▨	▨	▨	▨					▨	▨	▨	▨
		広葉樹		クス、ヤマモモ、マキ、カシ、タイサンボク		▨	▨	▨	▨	▨	▨	▨	▨			
				マチバシイ、シイ、ツバキ		▨	▨	▨	▨	▨			▨	▨	▨	
				モクセイ、ネズミモチ、モクコク、モチ	▨	▨	▨	▨	▨				▨	▨	▨	▨
		ヤシ類		カナリーヤシコ、スヤシ				▨	▨	▨	▨	▨				
		タケ類		シュロ、竹類			▨	▨	▨				▨	▨	▨	
中木	落葉樹	針葉樹		落葉松、メタセコイヤ、落羽松	▨	▨	▨	▨						▨	▨	▨
		広葉樹	普通	サクラ、ヤナギ、モクレン、アオキリ、プラタナス、ウメ	▨	▨	▨	▨						▨	▨	▨
			移植ニ強い	イチョウ	▨	▨	▨	▨	▨	▨	▨	▨		▨	▨	▨
			暖地性	ザクロ、サルスベリ、センダン、イチジク			▨	▨	▨	▨	▨	▨		▨	▨	▨
灌木・株物		針葉樹		キャラボク、タマネブキ、ソナレ	▨	▨	▨	▨	▨				▨	▨	▨	▨
		常緑樹		カカツバキ、ツツジ、クチナシ、チンチョウゲ		▨	▨	▨	▨				▨	▨	▨	
		落葉樹		コキヤナギ、レンギョウ、コデマリ、ハギ	▨	▨	▨	▨						▨	▨	▨
高麗芝植付								▨	▨	▨	▨		▨	▨		

備考　不適期 ──── 中適期 ▨ 最適期 ▨ を示す。

2．視覚的な緑量による評価導入のためのガイドライン

　工場立地法の制度見直しについては、平成20年1月に取りまとめられた産業構造審議会工場立地法検討小委員会の報告書に基づき、今回、「視覚的な緑量による評価」を新たに導入するべく運用例規集の一部改正を行ったところです。

　この新たな措置については、工場立地法の他の事務同様、自治事務における地域の実情に応じた運用が原則ですが、同小委員会報告書において「どの程度の量の緑が視覚的に確保されていれば工場周辺の住環境との調和が保たれていると判断しうるか等について、国は、あらかじめガイドラインや判断基準を示しておくことが適当である」との提言が行われたことを踏まえ、運用に当たっての参考としてガイドラインを策定しました。

　今回、新たに規定された運用例規集2―2―3の③の運用に際しては、工場等の敷地の周辺部その他の敷地内の土地に整備される樹木その他の植栽が、工場敷地内の建築物その他の施設を視覚的に覆う度合い（以下「施設緑量比率」という。）が一定程度以上であるか否かの判断が求められます。

　本ガイドラインにおいては、①施設緑量比率の計算方法、②工場周辺の住環境との調和が保たれていると判断しうる施設緑量比率（以下「調和比率」という。）の考え方を示します。

施設緑量比率の計算式

　施設緑量比率は、仮想描画面における「工場施設（以下「施設像」という。）の面積」に対する「工場施設を覆っている緑（以下「緑量像」という。）の面積」の割合を計算することにより求めます。具体的な計算方法は、(2)で説明します。

【計算式】

$$\text{施設緑量比率}(\%) = \frac{\text{工場施設を覆っている緑（緑量像）の面積}}{\text{工場施設（施設像）の面積}} \times 100$$

【イメージ図】

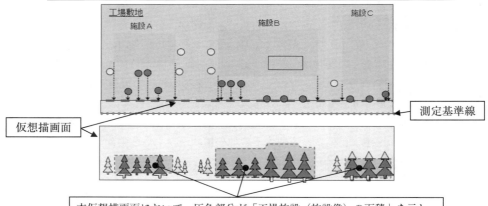

施設緑量比率の計算方法

施設緑量比率は、工場地の敷地の境界線から10メートル離れた地点を測定基準線として、測定基準線上高さ1.5メートルの地点から工場を見たときの施設と緑の視覚的状態を表した投影図（以下、「仮想描画面」といいます。）を作成して計算します。

仮想描画面上の施設像と緑量像の作図方法は以下のとおりです。

(1) 施設像の作図方法

施設像の作図に当たっては、施設の立面図や工場の平面図といった既存の図面を参考に、まず、施設の各頂点（下記イメージ図●印）の高さ（b）及び測定基準線からの距離（d）を求めます。この数値を基に、以下の算式から「施設像の高さ（a）」及び「施設像の仮想描画面下端からの高さ（以下「施設像の下端からの高さ」という。）（c）」を算出します。

なお、仮想描画面は実際の視覚的状態を表した図であるため、測定基準線から見て仮想描画面より奥にある施設は、「施設像の下端からの高さ（c）」の分だけ仮想描画面の下端から浮いた状態で投影されることになります。

$$\text{「施設像の高さ（a）」} = 10b/d$$

$$\text{「施設像の下端からの高さ（c）」} = 1.5(d-10)/d$$

【イメージ図】

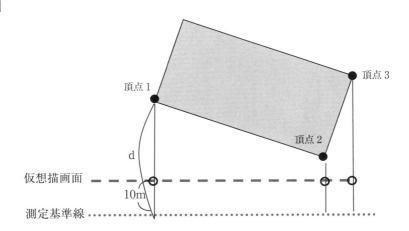

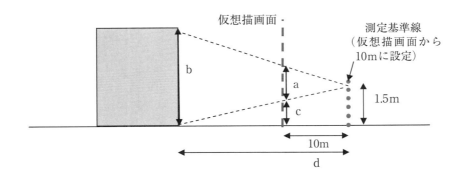

次に、頂点ごとに「施設像の高さ（a）」及び「施設像の下端からの高さ（c）」から、「施設像の高さに施設像の下端からの高さを加えた高さ（a + c）」を求め、それらを結び、下記イメージ図のように仮想描画面上に作図を行います。

【イメージ図】

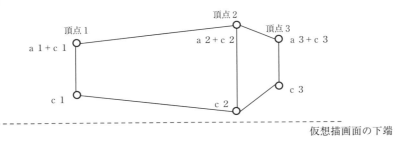

(2) 緑量像の作図方法

　　緑量像の作図についても、基本的に施設像と同じ要領で行いますが、樹木については施設と異なり形状が一定ではないため、実際の形状を把握することに代えて、面積の算出が複雑にならないように樹木の形状に合わせて楕円形、三角形、長方形等の図形を当てはめるという単純化を行っても構いません。

Ⅳ　資料編

　具体的な樹木の形状については、財団法人建設物価調査会が管理しているホームページ「緑化情報ナビ」（http://ryokka.kensetu-navi.com/）を参考に分類すると、おおむね下記イメージ図の4種類になると考えられます。

【イメージ図】

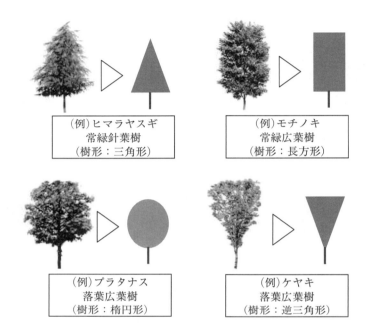

　以上の方法によって、緑量の形状を確定した後で、樹木の実際の高さ（b）、測定基準線から樹木までの距離（d）及び枝張り※1を測定します。

　新規に植栽する樹木が、国土交通省の「公共用緑化樹木等品質寸法規格基準（案）」※2に記載されている場合は、当該基準より樹高、枝張りを求めることができます。

　当該基準に記載されていない樹木及び既に植栽されている樹木については、敷地外（測定規準線）から視認しうるものを実測します。

　この測定値を基に以下の算式から「緑量像の高さ（a）」及び「緑量像の仮想描画面下端からの高さ（以下「緑量像の下端からの高さ」という。）（c）」を算出します。

※1：「枝張り」とは、樹木の四方面に伸長枝（葉）の幅をいい、低木の場合は「葉張り」といいます。
※2：公共用緑化樹木の安定的需給、品質の標準化等を図る目的で定められたものであり、多くの緑化に用いられる樹種について、樹高、枝張り等の規格が定められている基準です。なお、当該基準は、（財）日本緑化センター発行の「公共用緑化樹木等品質寸法規格基準（案）の解説」及び建設物価調査会発行の「建設物価」に掲載されています。

$$「緑量像の高さ（a）」= 10b/d$$

$$「緑量像の下端からの高さ（c）」= 1.5(d-10)/d$$

【イメージ図】

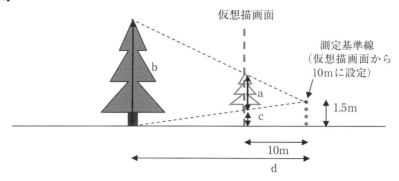

　次に、「緑量像の高さ（a）」及び「緑量像の下端からの高さ（c）」をもとに、「緑量像の高さに緑量像の下端からの高さを加えた高さ（a＋c）」を求め、枝張りを含む各数値をもとに、樹木の種類に応じて単純化した緑量像を仮想描画面上に作図します。

　なお、緑量像の作図に当たっては、樹木の幹のみの部分も対象となることから、当該部分と枝が張っている緑の部分の各寸法を把握した上で計算を行う必要があります。

　各寸法の把握については、既存の樹木については実測を行いますが、新たに植栽を行う樹木の場合には実測が不可能であるため、樹木の高さ1.2m以下の部分には枝が無いもの※として、以下の具体例のように計算します。

　　※通常は、樹木の上方向の成長促進及び樹形のバランスの保持等を図る理由から、1.2m以下に枝が無い
　　　状態の苗木が出荷されるという実態を踏まえています。

【具体例】測定基準線から樹木までの距離（d）が20m、樹木の実際の高さ（b）が5mの場合

> 緑量像の高さ（a）は、
> 　　$10×5/20＝\underline{2.5m}$
> と求められるため、樹木の緑の部分と幹の部分の実際の高さ（右図）に応じて、緑量像におけるそれぞれの高さを以下のように求めます。
> 　　緑の部分の高さ：$2.5×3.8/5＝\underline{1.9m}$
> 　　幹の部分の高さ：$2.5－1.9＝\underline{0.6m}$
> また、緑量像の下端からの高さ（c）は、
> 　　$1.5×(20－10)/20＝\underline{0.75m}$
> となります。

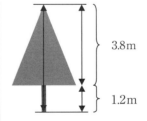

　計算により求めた数値等を踏まえ、緑量像を下記イメージ図のように仮想描画面上に作図します。

Ⅳ　資料編

【イメージ図】

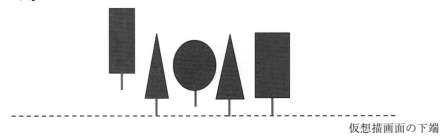

仮想描画面の下端

(3) 施設緑量比率の計算

　　仮想描画面上に、①、②で作図した施設像及び緑量像を合成します。

【イメージ図】

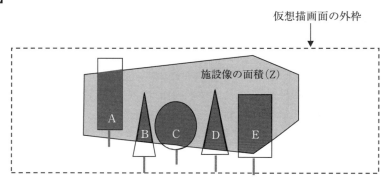

仮想描画面の外枠

施設像の面積(Z)

　上記イメージ図の仮想描画面における施設緑量比率は、「１．(1)施設緑量比率の計算式」に基づき以下のとおり求めます。

$$\frac{施設像を覆っている緑量像の面積（A＋B＋C＋D＋E）}{施設像の面積（Z）} \times 100 ＝ ○○\%$$

(4) 測定箇所

　　施設緑量比率は、住居エリア（工場施設との混在エリアを含む）や商業エリア等、周辺住民の生活に関連する施設等が存するエリアに隣接する地点に測定基準線を設定し、仮想描画面を作成して求めます。

【イメージ図】

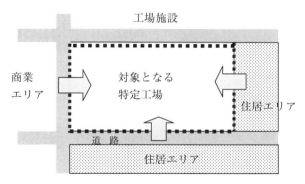

※このイメージ図の場合は、黄色の矢印がある3つの測定基準線
　において測定を行い、仮想描画面を作成します。

調和施設緑量比率の考え方

　都市の良好な自然的景観を維持するために都市計画で定められている風致地区において、良好な住環境における施設緑量比率を調査し、検討した結果、「視覚的な緑量による評価」を行う場合に工場周辺の住環境との調和が保たれていると判断しうる調和施設緑量比率（以下「調和比率」という。）は、当該工場が立地する区画全体の施設緑量比率※については「35％以上」、同区画に係る仮想描画面ごとの施設緑量比率については「15％以上」が適当と考えられます。

　この水準は、風致地区のなかでも良好な環境を保っている上位4割弱の区画並の基準であり、工場と周辺住環境との調和が充分に図られるものと考えられます。

※「工場が立地する区画全体の施設緑量比率」とは、当該区画に係る全ての施設像の面積に対する全ての緑量像の面積の割合を意味します。

施設緑量比率の判定

　算出した施設緑量比率が、各地方自治体の定める施設緑量比率の基準を満たしているかどうかの判定は、以下の2つの施設緑量比率について行います。
　　A．当該工場が立地する区画全体の施設緑量比率
　　B．同区画に係る仮想描画面ごとの施設緑量比率

具体的な判定については、以下のモデルケースをご参考ください。

【モデルケース】

　判定対象工場が立地する区画に係る施設緑量比率の基準が、以下のとおり、調和比率と同じ場合を想定します。
①当該区画全体の施設緑量比率（比率A）に係る基準が35％以上
②同区画に係る仮想描画面ごとの施設緑量比率（比率B）に係る基準が15％以上

仮想描画面番号	比率A（基準35以上％）	比率B（基準15％以上）
①	36％（判定○）	20％（判定○）
②		16％（判定○）
③		55％（判定○）
④		52％（判定○）

　この場合、比率A、Bについて、それぞれ基準を満たしていることから、当該工場については工場立地法運用例規集2—2—3の③の適用が可能となります。

3．敷地外緑地等
工場立地法運用例規集
（法第4条第1項の規定に適合しない場合の勧告の基準）
2—2—3

> 法第4条第1項の規定により公表された準則（以下「準則」という。）に適合しない場合は、原則として勧告することとする。ただし、次のような個別的事情が存する場合には当該事情を十分審査の上、勧告しないことができる。
> ①工場等の周辺の区域に当該工場のために設置されていると認められる相当規模の緑地がある場合であって、実質的に緑地に係る準則が満たされていると認められる場合。
> ②現に設置されている工場等が生産施設の面積を変更（減少を除く。）する場合において、準則に適合するために必要な緑地又は環境施設（以下「緑地等」という。）を当該工場等の敷地内に確保できない事情があり、当該工場等の敷地外の土地に整備される相当規模の緑地等により実質的に緑地等に係る準則が満たされ、かつ、当該工場等の設置の場所を管轄する都道府県知事の定める基準に照らし、当該敷地外緑地等の整備が当該工場等の周辺の地域の生活環境の保持に寄与するものと認められる場合。この場合において、当該工場等の設置の場所を管轄する都道府県知事は、必要に応じて当該工場等の存する市町村の長に意見を求め、判断を行うものとする。

　従来、工場立地法運用例規集2—2—3①において、工場等の周辺の区域に相当規模の緑地等が整備されていれば、緑地等に係る準則を満たさない場合であっても勧告を行わないことができると規定されていたところであるが、「工場等の周辺の区域」に限らずとも、工場等の周辺の地域の生活環境の保持に寄与する緑地等が存在しうるとの観点から、平成20年6月、既に立地している工場等が敷地内に緑地面積率等を充足するための緑地等を確保する余地が無い場合であっても、その周辺の区域より離れた場所に緑地等が整備され、当該緑地等により実質的に緑地面積率等が充足されているのであれば、地方自治体の判断により勧告を行わないことができるという規定を2—2—3②として設けることとなった。

　本規定は、地域の実情や個別の事例における事情を十分審査した上で法律による勧告を行わないことができるというものであることから、当該工場等の設置の場所を管轄する都道府県知事又は市長が基準を作成することとなっており、また、個別の事例の判断について、必要に応じ関係町村長の意見を求めることとしている。

　このような規定の趣旨から、基準の作成や個別事例の取り扱いに当たっては、関係地方自治体が、本規定の趣旨はもとより、その地域の実情や個々の事例の事情を十分踏まえて判断を行う必要があるが、例えば、生産施設の老朽化が進んだ既存工場が、工場敷地外に相当規模の緑地等を整備することにより生産施設を更新できることとなるような場合には、周辺の地域の生活環境の改善に資する可能性が高いという観点から、本規定の適用について積極的な検討が行われることを期待する。

　このような検討に当たり適宜参考としていただくため、論点や実例を以下のように整理した。

1．「準則に適合するために必要な緑地又は環境施設（以下「緑地等」という。）を当該工場等の敷地内に確保できない事情」について
・一般的には、工場等の敷地内に未利用部分がないため、緑地等を整備するスペースが確保で

きないケースが考えられる。また、係る「事情」に該当するか否かについては、屋上緑化、重複緑地の設置の有無や程度も重要な判断要素と考えられる。

2．「当該工場等の敷地外の土地に整備される相当規模の緑地等」について
・敷地外緑地として認めるか否かについては、工場等と敷地外緑地等の周辺の状況（端的には工業専用地域等の用途地域）、工場等と敷地外緑地等との距離、敷地外緑地等の性格（公園、山林等）や工場等との関係など様々な判断要素が考えられる。単に工場等と敷地外緑地等との物理的距離のみで認否を判断することは困難と考えられ、これらの判断要素を地域の実情に即してバランスよく配慮することが重要と考えられる。
・敷地外緑地等は、法が念頭に置いている緑地等の様々な効果に鑑みれば、公園のみならず樹林地等も含まれ得るし、工場等との関係についても所有に限られず賃貸や更には自治体が整備した公園に財政的負担をするなど様々な形態が考えられる。これらの点については、敷地外緑地等の永続性・管理可能性、また、例えば、工場等が敷地外緑地等について財政的負担を行う場合や維持・管理を一定程度行う場合など工場等の敷地外緑地等への貢献度といった実質的な要素を考慮することが重要と考えられる。
・複数の敷地外緑地等を算入することは可能と考えられる。
・敷地外緑地等が工場等の立地する市町村とは別の市町村に整備されることも考えられるが、このような場合も一律に排除されるものではなく、例えば（当該敷地外緑地等の永続性・管理可能性や当該工場と当該敷地外緑地等との間に有意な関係があることを前提として、）仮に近隣の市町村であって当該市町村間で当該敷地外緑地等が当該工場のためのものであることについて合意ができる場合などは、当該敷地外緑地等を認めることも排除されないと考えられる。ただし、企業立地促進法による特例条例が制定されている区域においては、敷地外緑地を認める範囲を当該区域内に限ることも一つの案として考えられる。

3．「相当規模の緑地等により実質的に緑地等に係る準則が満たされ」について
・一般的には、敷地外緑地等の面積を工場等の敷地面積に含めて緑地面積率等を試算した場合に、準則に定められている緑地面積率等を充足している状態となっていることが想定される。

4．「必要に応じて当該工場等の存する市町村の長に意見を求め」について
・本規定の適用に当たっては、地域の実情や個々の事例の事情を十分に踏まえて判断を行う必要があることから、場合によっては、本規定の適用を検討している工場等やその周辺の地域の生活環境等について、より身近な情報を持っている、あるいは入手しうる（市）町村の長に意見を求めることが必要となることも想定される。

第2節　参考資料

4．生産施設面積の敷地面積に対する割合一覧表

(注)(1)　製造品名、賃加工品名は日本標準産業分類に基づいて作成された工業統計調査用産業分類によっています。
　(2)　一覧表の左側の「産業分類」欄は日本標準産業分類に一致しています。
　(3)　γは、生産施設面積の敷地面積に対する割合を表わします。
　(4)　αは既存生産施設用敷地計算係数です。

中分類　09―食料品製造業

産業分類	製造品名・賃加工品名	γ	α
091 畜産食料品製造業		―	―
911 部分肉・冷凍肉製造業			
	部分肉		
	ブロック肉		
	冷凍食肉		
912 肉加工品製造業			
	ハム（缶詰、瓶詰、つぼ詰を含む）		
	ソーセージ（缶詰、瓶詰、つぼ詰を含む）		
	ベーコン（缶詰、瓶詰、つぼ詰を含む）		
913 処理牛乳・乳飲料製造業			
	市乳		
	粉乳		
	練乳		
	乳酸菌飲料		
914 乳製品製造業（処理牛乳，乳飲料を除く）			
	乳製品		
	バター		
	チーズ		
	アイスクリーム	65	1.2
	発酵乳		
	カゼイン		
919 その他の畜産食料品製造業			
	加工卵		
	乾燥卵		
	液卵		
	はちみつ処理加工		
	食鳥処理加工		
092 水産食料品製造業			
921 水産缶詰・瓶詰製造業			
	水産缶詰・瓶詰		
	魚缶詰・瓶詰		
	かに缶詰		
	海藻缶詰・瓶詰		
	水産つくだ煮瓶詰		
922 海藻加工業			
	こんぶ		
	とろろこんぶ		
	酢こんぶ		
	焼のり		
	味付けのり		
	わかめ		
	あらめ		
	ふのり		
	ひじき		
	海藻類つぼ詰		
	天屋（寒天を製造するもの）		
	寒天		
923 水産練製品製造業			
	かまぼこ		
	焼きちくわ		
	揚げかまぼこ		
	はんぺん		
	水産練製品		
	魚肉ハム・ソーセージ		
924 塩干・塩蔵品製造業			
	塩蔵魚介類		
	塩魚		
925 冷凍水産物製造業			
	冷凍魚介類		
926 冷凍水産食品製造業			
	冷凍水産食品		
	冷凍すり身		
929 その他の水産食料品製造業			
	鰹節		
	水産くん製品		
	生すり身	65	1.2
	水産つくだ煮		
	するめ		
	いりこ		
	干魚		
	干しアワビ		
	みりん干し		
	身欠きにしん		
	切りするめ		
	のりつくだ煮		
	削節		
	塩辛		
	水産漬物		
	水産珍味加工品		
	海藻つくだ煮		
	魚介類つぼ詰		
	鯨ベーコン		
093 野菜缶詰・果実缶詰・農産保存食料品製造業			
931 野菜缶詰・果実缶詰・農産保存食料品製造業（野菜漬物を除く）			
	野菜缶詰（瓶詰、つぼ詰を含む）		
	野菜漬物缶詰（瓶詰、つぼ詰を含む）		
	果実缶詰（瓶詰、つぼ詰を含む）		

―313―

IV 資料編

	乾燥野菜		砂糖
	乾燥果物		氷砂糖
	乾燥きのこ		角砂糖
	冷凍野菜		糖みつ
	冷凍果実	953 ぶどう糖・水あめ・異性化糖製造業	
	ジャム・マーマレード		
	ジュース原液		
	ゼリー		ぶどう糖
	ピーナッツバター		グルコース
	乾燥芋		水あめ
	干しがき		麦芽糖
	かんぴょう		異性化糖
	マッシュポテト	096 精穀・製粉業	
932 野菜漬物製造業（缶詰，瓶詰，つぼ詰を除く）		961 精米・精麦業	精米 精麦
	野菜漬物	962 小麦粉製造業	
	果実漬物		小麦粉
094 調味料製造業		969 その他の精穀・製粉業	
941 味そ製造業			穀粉
	味そ		米粉
	醸造（主として味そを製造するもの）		そば粉
			とうもろこし粉
	粉味そ		豆粉
942 しょう油・食用アミノ酸製造業			きな粉
			みじん粉
	しょう油		はったい粉
	醸造（主としてしょう油を製造するもの）		香せん（煎）
		097 パン・菓子製造業	
	粉しょう油	971 パン製造業	
	固形しょう油		食パン
	食用アミノ酸		菓子パン
943 ソース製造業		972 生菓子製造業	
	ソース		洋生菓子
	トマトソース		和生菓子
	トマトケチャップ（トマトピューレ）		ゼラチン菓子
			カステラ
	ウスターソース		蒸しパン
	マヨネーズ		ドーナッツ
944 食酢製造業		973 ビスケット類・干菓子製造業	
	食酢		
	醸造（主として食酢を製造するもの）		ビスケット
949 その他の調味料製造業			干菓子
			クラッカー
	香辛料		乾パン
	カレー粉		せんべい
	固形カレー	974 米菓製造業	
	とうがらし粉		米菓
	七味とうがらし		あられ
	にっけい粉		うるちせんべい
	わさび粉	979 その他のパン・菓子製造業	
	こしょう		キャンデー・チョコレート
	濃縮そば汁		油菓（かりんとうなど）
	にんにく粉		砂糖漬（甘納豆、ざぼん漬けなど）
	うま味調味料		
	グルタミン酸ナトリウム		ウエハース
	イノシン酸ナトリウム		氷菓（アイスキャンデーなど）
	その他の化学調味料		チューインガム
095 糖類製造業		098 動植物油脂製造業	砂糖菓子
951 砂糖製造業（砂糖精製業を除く）		981 動植物油脂製造業（食用油脂加工業を除く）	
	甘しゃ糖		
	てん菜糖		
952 砂糖精製業			

（右欄値：1.2、65、1.3）

第2節　参考資料

産業分類	製造品名・賃加工品名	γ	α
	牛脂		
	豚脂		
	さなぎ油		
	鯨油		
	魚油（いわし・たら・にしん・さめ油など）		
	内臓油		
	植物油		
	大豆油		
	菜種油		
	ごま油		
	落花生油		
	あまに油		
	えごま油		
	米油		
	つばき油	65	
	ひまし油		
	きり油		
	オリーブ油		
	やし油		1.3
	カポック油		
	パーム油		
	綿実油		
	食用油		
	サラダオイル		
	食用精製油		
982 食用油脂加工業			
	食用精製油脂		
	マーガリン		
	ショートニング		
	精製ラード		
	精製ヘッド		
099 その他の食料品製造業			
991 でんぷん製造業			
	でんぷん	55	
	かんしょでんぷん		
	ばれいしょでんぷん		
	コーンスターチ		
992 めん類製造業			
	製めん		
	うどん		
	そうめん		
	そば		
	マカロニ		
	手打ちめん		
	即席めん		
	中華めん		
993 豆腐・油揚製造業			
	豆腐		
	油揚げ		
	しみ豆腐	65	1.2
994 あん類製造業			
	生あん		
	練あん		
	乾燥あん		
995 冷凍調理食品製造業			
	冷凍調理食品		
996 そう（惣）菜製造業			
	そう（惣）菜		
	和風そう（惣）菜		
	洋風そう（惣）菜		
	中華そう（惣）菜		
997 すし・弁当・調理パン製造業			
	すし		
	弁当		
	サンドイッチ		
	調理パン		
998 レトルト食品製造業			
	レトルト食品		
	レトルトカレー		
999 他に分類されない食料品製造業			
	パン種		
	ふくらし粉		
	イースト		
	きのこ種菌		
	酵母剤		
	クロレラ（養殖）		
	しいたけ種駒		
	こうじ		
	種こうじ		
	麦芽	65	1.2
	いり豆		
	こんにゃく		
	ふ・焼ふ		
	ゆば		
	玄米乳		
	甘酒		
	納豆		
	即席ココア		
	春さめ（豆素めん）		
	麦茶		
	はま茶		
	こぶ茶		
	プレミックス食品		
	最中かわ		
	バナナ熟成加工		
	粉末ジュース		
	せんべい生地		
	野菜つくだ煮		
	果糖		
	もち（あんもちを除く）		
	なめ味そ		
	パン粉		
	フラワーペースト		

中分類　10—飲料・たばこ・飼料製造業

産業分類	製造品名・賃加工品名	γ	α
101 清涼飲料製造業			
1011 清涼飲料製造業	清涼飲料		
	し好飲料		
	サイダー		
	ラムネ		
	炭酸水		
	ジュース	65	1.2
	シロップ（糖みつでないもの）		
	ミネラルウォーター		
	果実飲料		
	茶系飲料		
	コーヒー飲料		

IV 資料編

産業分類	製造品名・賃加工品名	γ	a
102 酒類製造業			
1021 果実酒製造業			
	果実酒		
	甘味果実酒		
	りんご酒		
	ぶどう酒	1.3	
	いちご酒		
	みかん酒		
1022 ビール類製造業			
	ビール		
	醸造（主としてビールを製造するもの）		
	発泡酒		
1023 清酒製造業		1.2	
	清酒		
	濁酒		
1024 蒸留酒・混成酒製造業			
	ウイスキー		
	焼ちゅう		
	洋酒（主として混成酒を製造するもの）		
	ブランデー	1.3	
	合成清酒		
	味りん		
	薬用酒		
	飲料用アルコール		
	梅酒		
103 茶・コーヒー製造業（清涼飲料を除く）			
1031 製茶業			
	荒茶（緑茶、紅茶）		
	茶再製（緑茶、紅茶、輸出茶）		
1032 コーヒー製造業		65	
	荒びきコーヒー		
	インスタントコーヒー		
	コーヒー豆ほうせん		
104 製氷業			
1041 製氷業			
	氷（天然氷を除く）		
	人造氷		
	冷凍（主として氷の製造を行うもの）		
105 たばこ製造業			
1051 たばこ製造業（葉たばこ処理業を除く）			
	たばこ	1.2	
1052 葉たばこ処理業			
	葉たばこ処理		
106 飼料・有機質肥料製造業			
1061 配合飼料製造業			
	配合飼料		
	動物性たん白質混合飼料		
	植物性たん白質混合飼料		
	フィッシュソリュブル吸着飼料		
	観賞魚用飼料		
	ドッグフード		
1062 単体飼料製造業			
	酵母飼料		
	魚粉飼料		
	羽毛粉飼料		
	貝殻粉飼料		
1063 有機質肥料製造業			
	海産肥料		
	骨粉肥料		
	魚肥		
	植物かす肥料	65	1.2
	腐葉土		
	たい（堆）肥		
	バークたい（堆）肥		

中分類　11―繊維工業

産業分類	製造品名・賃加工品名	γ	a
111 製糸業, 紡績業, 化学繊維・ねん糸等製造業			
1111 製糸業			
	器械生糸		
	座繰生糸		
	玉糸		
	野蚕糸		
	副蚕糸		
1112 化学繊維製造業			
	レーヨンフィラメント		
	スフ（ビスコース短繊維）製ア		
	セテート長繊維		
	アセテート短繊維		
	ナイロン繊維		
	ビニロン繊維		
	ポリ塩化ビニリデン繊維		
	ポリ塩化ビニル繊維		
	ポリエステル繊維		
	ポリエチレン繊維		
	アクリル繊維		
	ポリプロピレン繊維		
	スパンデックス繊維		
1113 炭素繊維製造業			
	炭素繊維		
1114 綿紡績業			
	綿紡績	65	1.2
	落綿紡績		
	特紡紡績		
1115 化学繊維紡績業			
	スフ紡績		
	アセテート紡績		
	合成繊維紡績		
1116 毛紡績業			
	そ（梳）毛紡績		
	紡毛紡績		
	毛紡績		
1117 ねん糸製造業（かさ高加工糸を除く）			
	絹ねん糸		
	レーヨンねん糸		
	綿ねん糸		
	スフねん糸		
	毛ねん糸		
	麻ねん糸		
	合成繊維ねん糸		
	カタン糸		
	刺しゅう糸		
	意匠より糸		
	縫糸		
	金銀ねん糸		

第2節　参考資料

1118	かさ高加工糸製造業				絹・レーヨン織物、絹・レーヨン風合成繊維織物機械無地染	
		かさ高加工糸			絹・レーヨン織物、絹・レーヨン風合成繊維織物機械なっ染	
1119	その他の紡績業				"絹・レーヨン織物、絹・レーヨン風合成繊維織物機械整理仕上	
		絹紡績			（つや出し、つや消し、起毛、防縮、防火、防しゅう（皺）、柔軟、押型、のり付け等の処理を含む）"	
		亜麻紡績				
		ちょ麻紡績				
		黄麻紡績				
		毛紡績				
		和紡績				
112 織物業						
1121	綿・スフ織物業			1143	毛織物機械染色整理業	
		綿織物			毛織物、毛風合成繊維織物機械漂白	
		スフ織物			毛織物、毛風合成繊維織物機械無地染	
		和紡織物				
		タオル地織物			毛織物、毛風合成繊維織物機械なっ染	
1122	絹・人絹織物業					
		絹織物			毛織物、毛風合成繊維織物機械整理仕上（固定、起毛、防虫、防ばい（黴）等の処理を含む）	
		絹紡織物				
		人絹織物				
1123	毛織物業					
		そ（梳）毛織物				
		紡毛織物				
		織フェルト		1144	織物整理業	
1124	麻織物業				織物幅出	
		亜麻織物			織物乾燥	
		ちょ麻織物		1145	織物手加工染色整理業	
		黄麻織物				
		ホース織物			手なっ染（スクリーン又は板上げの方法による友禅柄、成人女子・少女服柄、スカーフ柄、マフラー柄、ネッカチーフ柄、さらさ柄、小紋柄、ふろしき柄などのなっ染を含む）	
1125	細幅織物業					
		光輝畳縁				
		リボン				
		織マーク				
		テープ	65	1.2	注染（中形、手ぬぐい染を含む）	65	1.2
		ゴム糸入織物			和ざらし（晒）	
1129	その他の織物業				紋染	
		抄繊紙織物			手描染	
113 ニット生地製造業					引染	
1131	丸編ニット生地製造業				印はんてん染	
					旗染	
		丸編ニット生地			長板本染	
		丸編ニット半製品			精練・漂白（白張を含む）	
1132	たて編ニット生地製造業				浸染（あい染、紅染を含む）	
					手加工染色整理仕上	
		たて編ニット生地			織物手加工修整	
1133	横編ニット生地製造業		1146	綿状繊維・糸染色整理業		
		横編ニット生地			綿状繊維・糸漂白	
		横編ニット半製品			綿状繊維・糸染色	
114 染色整理業					綿状繊維・糸整理仕上	
1141	綿・スフ・麻織物機械染色業			1147	ニット・レース染色整理業	
		綿・スフ・麻織物、綿・スフ・麻風合成繊維織物機械無地染			ニット・レース漂白	
					ニット生地・同製品（靴下を含む）・編レース漂白	
		"綿・スフ・麻織物、綿・スフ・麻風合成繊維織物機械整理仕上（つや出し、つや消し、起毛、防縮、防しゅう（皺）、防水、柔軟、防火、シルケット、硬化、擬麻、押型、防ばい（黴）、のり付け等の処理を含む）"			ニット・レース染色	
					ニット生地・同製品（靴下を含む）・編レース染色	
					ニット・レース整理仕上	
					ニット生地・同製品（靴下を含む）・編レース整理仕上	
1142	絹・人絹織物機械染色業			1148	繊維雑品染色整理業	
		絹・レーヨン織物、絹・レーヨン風合成繊維織物機械漂白			タオル染色整理	
					細幅織物染色整理	

Ⅳ　資料編

		組ひも染色整理			ジャカードカード（紋紙）	
		網網染色整理			模様形	
115 網・網・レース・繊維粗製品製造業					巻糸	
					電着植毛（ベースのいかんを問わない）	
	1151 網製造業					
		トワイン			モール	
		ロープ			ふさ類	
		コード			巻きひも	
	1152 漁網製造業				編みひも	
		漁網			よりひも	
	1153 網地製造業（漁網を除く）			116 外衣・シャツ製造業（和式を除く）		
		網地		1161 織物製成人男子・少年服製造業（不織布製及びレース製を含む）		
	1154 レース製造業					
		刺しゅうレース（エンブロイダリーレース）				
		ケミカルレース			織物製成人男子・少年服	
		ギュピヤーレース			織物製制服（学校服を除く）	
		編レース			織物製外とう（なめし革・毛皮製及び成人女子・少女用を除く）	
		リバーレース				
		ボビンカーテンレース			織物製成人男子・少年用ジャンパー	
		トーションレース				
		プレンネット			織物製成人男子・少年用ズボン	
	1155 組ひも製造業					
		組ひも		1162 織物製成人女子・少女服製造業（不織布製及びレース製を含む）		
		さなだひも				
		靴ひも				
	1156 整毛業					
		整毛			織物製成人女子・少女服	
		反毛			織物製成人女子・少女用外とう	
		洗毛化炭素			ブラウス	
		トップ				
	1157 フェルト・不織布製造業		65	1.2	1163 織物製乳幼児服製造業（不織布製及びレース製を含む）		65	1.2
		プレスフェルト				
		乾式不織布			織物製乳幼児服	
	1158 上塗りした織物・防水した織物製造業				織物製ロンパース	
					織物製乳幼児用ズボン・スカート	
		油布				
		タイプライタリボン（ベースが布のもの）		1164 織物製シャツ製造業（不織布製及びレース製を含み，下着を除く）		
		トレーシングクロス				
		ブラインドクロス				
		絶縁布			織物製ワイシャツ	
		ガムテープ（ベースが布のもの）			織物製開襟シャツ	
		擬皮布			織物製アロハシャツ	
		アスファルトルーフィング（ベースが布のもの）			織物製シャツ（下着を除く）	
	1159 その他の繊維粗製品製造業			1165 織物製事務用・作業用・衛生用・スポーツ用衣服・学校服製造業（不織布製及びレース製を含む）		
		製綿				
		麻製繊				
		べっちんせん（剪）毛				
		コールテンせん（剪）毛				
		真綿				
		絹ラップ			織物製事務服	
		ペニー			織物製作業服	
		分繊糸			織物製衛生衣	
		金銀糸（ねん糸を除く）			織物製スポーツ用衣服	
		たて系のり付き（サイジング）			織物製エプロン	
		整経			織物製割ぽう着	
		おさ（筬）通し			織物製学校服	
		そうこう（綜絖）通し				
		カバードヤーン				

第 2 節　参考資料

1166 ニット製外衣製造業（アウターシャツ類，セーター類などを除く）				118 和装製品・その他の衣服・繊維製身の回り品製造業			
	ニット製成人男子・少年服			1181 和装製品製造業（足袋を含む）			
	ニット製成人女子・少女服				帯		
	ニット製乳幼児服				コート		
	ニット製ジャケット				浴衣		
	ニット製ブレザー				寝間着		
	ニット製ジャンパー				柔道着		
1167 ニット製アウターシャツ類製造業					剣道着		
					半てん		
	T シャツ				ショール		
	ニット製スポーツシャツ				半えり		
	ニット製開襟シャツ				帯揚げ		
1168 セーター類製造業					帯締め		
	セーター				羽織ひも		
	カーディガン				足袋		
	ベスト				足袋カバー		
1169 その他の外衣・シャツ製造業					ふろしき		
					ふくさ		
	ニット製事務服			1182 ネクタイ製造業			
	ニット製作業服				ネクタイ		
	ニット製スポーツ用（トレーニングウェア，スキー服，野球服，水着類など）衣服（アウターシャツ類を除く）			1183 スカーフ・マフラー・ハンカチーフ製造業			
					スカーフ		
					ネッカチーフ		
	ニット製学校服				マフラー		
117 下着類製造業					ハンカチーフ		
1171 織物製下着製造業		65	1.2	1184 靴下製造業			
					靴下	65	1.2
	織物製下着				タイツ		
	織物製アンダーシャツ（ワイシャツ等を除く）				パンティストッキング		
	織物製ズボン下				ニット製靴下		
	織物製パンツ			1185 手袋製造業			
	織物製ペチコート				布製手袋		
	織物製スリップ				ニット製手袋		
	織物製キャミソール				繊維製手袋		
1172 ニット製下着製造業				1186 帽子製造業（帽体を含む）			
					フェルト帽子・帽体		
	ニット製下着				ニット製帽子		
	ニット製アンダーシャツ（アウターシャツを除く）				織物製帽子		
					レース製帽子		
	ニット製ズボン下			1189 他に分類されない衣服・繊維製身の回り品製造業			
	ニット製パンツ						
	ニット製スリップ						
	ニット製ペチコート						
1173 織物製・ニット製寝着類製造業					毛皮製品		
					毛皮コート		
	織物製パジャマ				毛皮ジャケット		
	織物製ナイトガウン				毛皮えり巻き		
	織物製ネグリジェ				毛皮チョッキ		
	ニット製パジャマ				毛皮マフ		
	ニット製ナイトガウン				毛皮装飾品		
	ニット製ネグリジェ				毛皮製衣服		
1174 補整着製造業					サスペンダー		
	ブラジャー				ガーター		
	ガードル				アームバンド		
	ブラスリップ				ズボン吊り		
					靴下止め		
					衣服用ベルト（繊維製のもの）		
					繊維製靴		
					繊維製スリッパ		

IV 資料編

産業分類		製造品名・賃加工品名	γ	α
		繊維製草履・同附属品		
		よだれ掛		
		おしめカバー		
		衛生バンド		
		なめし革製衣服		
		布製甲被		
119 その他の繊維製品製造業				
	1191 寝具製造業			
		フォームラバー製寝具		
		布団		
		寝台掛		
		まくら		
		寝具用カバー		
		羽根ぶとん		
		ポリウレタンフォーム製寝具		
		寝袋		
		シーツ		
		マットレス（和室用）		
		タオルケット		
	1192 毛布製造業			
		毛布		
		敷毛布		
		こたつ掛け毛布		
		ひざ掛け毛布		
	1193 じゅうたん・その他の繊維製床敷物製造業			
		じゅうたん		
		だん通		
		繊維製床敷物		
	1194 帆布製品製造業			
		テント	65	1.2
		シート		
		日よけ		
		ほろ		
	1195 繊維製袋製造業			
		麻袋		
		ヘッシャンバック		
		ガンニーバッグ		
		綿袋		
		スフ袋		
		合成繊維袋		
	1196 刺しゅう業			
		手刺しゅう		
		機械刺しゅう		
		刺しゅう製品		
	1197 タオル製造業			
		タオル		
		フェイスタオル		
		バスタオル		
	1198 繊維製衛生材料製造業			
		脱脂綿		
		繊維製生理用品		
		ガーゼ・包帯		
		眼帯		
		衛生マスク		
	1199 他に分類されない繊維製品製造業			
		どん帳		
		テーブル掛け		
		テーブルセンター		
		ドイリー		
		ナプキン		
		手ぬぐい		
		布きん		
		ぞうきん		
		巻脚はん		
		旗	65	1.2
		のぼり		
		引幕		
		ウエイスト手袋・防災用手袋		
		カーテン		
		蚊帳		

中分類 12—木材・木製品製造業（家具を除く）

産業分類		製造品名・賃加工品名	γ	α
121 製材業，木製品製造業				
	1211 一般製材業			
		製材		
		製板		
		ひき（挽）材		
		仕組板製材		
		木材小割（薪製造を除く）		
		唐木製材		
		まくら木		
		支柱		
		腕木		
		賃びき（家庭向けを除く）		
	1212 単板（ベニヤ）製造業			
		単板（ベニヤ）		
	1214 木材チップ製造業			
		木材チップ		
	1219 その他の特殊製材業			
		屋根板		
		屋根まさ		
		経木	65	1.3
		経木箱仕組材		
		経木マット		
		経木さなだ		
		エキセルシャー		
		木毛		
		たる材		
		おけ材		
		木栓		
		たが		
		たる丸		
		和たる用材		
		洋たる用材		
		げた材		
		鉛筆軸板		
		木管素地		
		竹ひご		
		さらし竹		
		成形竹		
		竹・とう・きりゅう・枝づる加工基礎資材		
		野球用バット素材		

第2節 参考資料

122 造作材・合板・建築用組立材料製造業					味そたる		
					しょう油たる		
1221 造作材製造業（建具を除く）					洋たる		
					ビールたる		
	サッシ（木製のもの）				くぎたる		
	ドアフレーム（木製のもの）				薬品たる		
	造作材				漬物たる		
1222 合板製造業					おけ		
	合板				水おけ		
	竹合板				化学用おけ		
	単板積層材（LVL）				肥料用おけ		
	化粧ばり合板				たらい		
1223 集成材製造業					ふろおけ		
	集成材				飯びつ（木製おけ形のもの）		
	台形集成材				醸造おけ		
	積層材		1.3	129 その他の木製品製造業（竹，とうを含む）			
	幅はぎ板						
1224 建築用木製組立材料製造業				1291 木材薬品処理業			
					木材防腐処理		
	建築用木製組立材料				木材注薬		
1225 パーティクルボード製造業					木材耐火処理		
					木材乾燥（天日乾燥を含む）		
	パーティクルボード				まくら木薬品処理		
1226 繊維板製造業					木製履物台木いぶし		
	硬質繊維板			1292 コルク加工基礎資材・コルク製品製造業			
	半硬質繊維板						
	軟質繊維板						
	吸音繊維板				コルク栓		
1227 銘木製造業					コルクタイル		
	銘板				生圧搾コルク板		
	銘木				炭化コルク板		
	床柱				コルクカーペット		
	磨き丸太	65		1299 他に分類されない木製品製造業（竹，とうを含む）		65	1.2
1228 床板製造業							
	床板						
123 木製容器製造業（竹，とうを含む）					靴型（金属製、プラスチック製を含む）		
1231 竹・とう・きりゅう等容器製造業					靴しん（芯）		
					木製履物		
	竹製容器				げた台		
	竹製品（竹製容器の製造を主とするもの）				塗りげた（漆塗りを除く）		
	かご				木製サンダル		
	ざる				曲輪		
	こうり				曲物		
	とう製品				せいろ		
	きりゅう製品				ひつ（櫃）		
	ベニヤかご				彫刻物（木製のもの）		
1232 木箱製造業					旗ざお（木・竹製のもの）		
	製かん（函）		1.2		柄（とう，竹製のもの）		
	木箱				かい（櫂）		
	ベニヤ箱				洗濯板		
	輸送用木製ドラム				寄木細工（家具、置物を除く）		
	包装木箱				つまようじ		
	工具木箱				くり物		
	取引・巻枠				漆器素地（木製くり物）		
	梱包容器（木製）				竹製敷物		
	折箱				とう製敷物		
	経木折箱				はし（木、竹製のもので漆塗りを除く）		
	ささ折箱						
	杉折箱				割りばし		
1233 たる・おけ製造業					竹ばし		
					木ばし		
	和たる				茶せん		
	酒たる				ふるい		

IV 資料編

産業分類	製造品名・賃加工品名	γ	α
	米びつ 重箱（漆器製を除く） 木官製造業 洋服掛 木製品塗装（鉛筆軸を除く） 木ゴテ よしず 角せいろ	65	1.2

中分類　13—家具・装備品製造業

産業分類	製造品名・賃加工品名	γ	α
131 家具製造業			
1311 木製家具製造業 　　　（漆塗りを除く）	和家具 さし物 たんす 鏡台 和机 座卓 座机 水屋 はえ帳 さし物火鉢 長持 竹製家具 とう製家具 きりゅう製家具 はり板 へら台 アイロン台 洋家具（木製のもの） テーブル（木製のもの） いす（木製のもの、折りたたみ式を含む） 応接セット（木製のもの） 船舶用木製家具 学校用木製家具 ベッド（木製のもの） ラジオ・テレビ・ステレオ用キャビネット（木製のもの） ミシンテーブル（脚を除く） 戸棚（木製のもの） 書棚（木製のもの） 病院用木製家具 薬品棚（木製のもの） 家具塗装（金属製漆製を除く）	65	1.2
1312 金属製家具製造業	金属製家具 キャビネット（金属製のもの） ロッカー（金属製のもの） いす（金属製のもの） ベッド（金属製のもの） テーブル（金属製のもの） 保管庫・戸棚類（金属製のもの、ノックダウン方式を含む）		
1313 マットレス・組スプリング製造業	マットレス（ベッド用）		
	組スプリング（クッション用のもの） スプリングクッション		
132 宗教用具製造業			
1321 宗教用具製造業	仏具（位はい、仏具台、香盤、霊具ぜん、木魚、高つき） 神仏具 お宮 みこし 仏壇 三方（ひな祭り用を除く） じゅず		
133 建具製造業			
1331 建具製造業	建具（主として戸、障子を製造するもの） 戸・障子 欄間（銘板を除く） ふすま ふすま骨 ふすま縁		
139 その他の家具・装備品製造業			
1391 事務所用・店舗用装備品製造業	陳列ケース（網棚、台を含む） 事務所用備品（事務所用つい立てなど） つい立て 間仕切り	65	1.2
1392 窓用・扉用日よけ，日本びょうぶ等製造業	日よけ（部品・附属品製造を含む） ブラインド（部品・附属品製造を含む） よろい戸（金属製を除く） カーテン部品（カーテンロッド、カーテンの部品・附属品） びょうぶ 衣こう・つい立（和式のもの） すだれ 掛軸（業務用、広告用などの掛軸を製造するもの）		
1393 鏡縁・額縁製造業	鏡縁 額縁 画入れ額縁 さお縁 写真入れ額縁		
1399 他に分類されない家具・装備品製造業	石製家具 黒板 プラスチック製家具・装備品 強化プラスチック製家具		

第2節　参考資料

中分類　14―パルプ・紙・紙加工品製造業

産業分類	製造品名・賃加工品名	γ	α
141 パルプ製造業			
1411 パルプ製造業			
	溶解サルファイトパルプ		
	溶解クラフトパルプ		
	サルファイトパルプ		
	ケミグランドパルプ		
	クラフトパルプ		
	セミケミカルパルプ		
	砕木パルプ		
	木材以外のパルプ（ソーダパルプ、わらパルプなど）		
142 紙製造業			
1421 洋紙製造業			
	新聞用紙		
	印刷用紙		
	筆記・図画用紙		
	包装用紙		
	薄葉洋紙		
	雑種洋紙		
	衛生用洋紙		
	印画紙用原紙		
	湿式不織布		
1422 板紙製造業			
	黄板紙		
	白板紙		
	色板紙		
	段ボール原紙		
	チップボール		
	建材原紙		
1423 機械すき和紙製造業			
	障子紙（機械すき）	65	1.3
	せんか紙		
	薄葉和紙		
	雑種紙		
	衛生用紙（ちり紙を含む）		
	紙ひも原紙		
	書道用紙		
	家庭用薄葉紙		
1424 手すき和紙製造業			
	障子紙（手すき）		
	こうぞ紙		
	改良紙		
	温床紙		
	傘紙		
	工芸紙		
	かんぴ紙		
143 加工紙製造業			
1431 塗工紙製造業（印刷用紙を除く）			
	ろう加工紙		
	油脂加工紙		
	プラスチック加工紙		
	包装加工紙		
	ターポリン紙		
	防せい（さび）紙		
	カーボン紙		
	アスファルトルーフィング（ベースが紙のもの）		
	絶縁紙・絶縁紙テープ		
	ろう紙		
	油紙		
	人造竹皮		
	ソリッドファイバー		
	バルカナイズドファイバー		
	ラミネート紙		
	プラスチック塗装紙		
	紙製ブックバインディングクロス		
	織物製ブックバインディングクロス		1.3
	プラスチック加工ブックバインディングクロス		
1432 段ボール製造業			
	段ボール		
1433 壁紙・ふすま紙製造業			
	壁紙		
	ふすま紙		
144 紙製品製造業			
1441 事務用・学用紙製品製造業			
	帳簿類		
	事務用書式類		
	封筒・事務用紙袋		
	事務用せん（箋）		
	手帳		
	表紙類（ブックバインディングクロスを除く）		
	計算機用紙製品		
	事務用角底紙袋		
	ノート・学習帳	65	
	図画用紙		
	手工・工作用紙		
	原稿用紙・方眼紙		
	紙ばさみ（挟）		
1442 日用紙製品製造業			
	便せん（箋）		
	祝儀用紙製品		
	写真用紙製品（アルバム、コーナー、台紙など）		
	日記帳・卓上日記		1.2
1449 その他の紙製品製造業			
	正札		
	名刺台紙		
	私製はがき		
	包装紙		
	カード		
	荷札		
145 紙製容器製造業			
1451 重包装紙袋製造業			
	セメント袋		
	小麦粉袋		
	石灰袋		
	肥料袋		
	砂糖袋		
	米麦用袋		
	石炭袋		
	重包装紙袋		
1452 角底紙袋製造業			
	角底紙袋		

IV 資料編

産業分類	製造品名・賃加工品名	γ	α
	ショッピングバッグ		
	手提紙袋		
1453 段ボール箱製造業			
	段ボール箱		
1454 紙器製造業			
	印刷箱		
	貼箱		
	簡易箱		
	紙製コップ・皿		
149 その他のパルプ・紙・紙加工品製造業			
1499 その他のパルプ・紙・紙加工品製造業			
	紙タオル・紙ナプキン		
	紙ひも		
	紙テープ		
	紙切断整理		
	セロファン		
	セロファン袋	65	1.2
	紙製ストロー		
	抄繊紙糸		
	紙管		
	巻取紙断裁加工		
	小形紙袋(重包装・角底紙袋を除く)		
	ガムテープ(ベースが紙のもの)		
	紙おむつ		
	紙製生理用品		
	ソリッドファイバー(箱、管、筒)		
	バルカナイズドファイバー(箱、管、筒)		
	ソリッドファイバードラム		
	バルカナイズドファイバー製ボビン・糸巻		
	絶縁用バルカナイズドファイバー製品		
	衛生用紙綿		
	衛生用綿状パルプ		

中分類 15—印刷・同関連業

産業分類	製造品名・賃加工品名	γ	α
151 印刷業			
1511 オフセット印刷業(紙に対するもの)			
	オフセット印刷(紙に対するもの)		
1512 オフセット印刷以外の印刷業(紙に対するもの)			
	とっ版印刷(紙に対するもの)	65	1.2
	おう版印刷(紙に対するもの)		
	スクリーン印刷		
1513 紙以外の印刷業			
	プラスチックフィルム印刷		
	金属印刷		
	布地印刷		
152 製版業			
1521 製版業			
	写真製版		
	写真植字(電算植字、手動植字を含む)		
	デジタル製版		
	印刷焼付		
	グラビア製版		
	スクリーン製版		
	フレキソ製版		
	版下作成		
	鉛版		
	活字		
	紙型鉛版		
	銅版彫刻		
	木版彫刻		
	印刷用プラスチック版		
	フォトマスク	65	1.2
153 製本業,印刷物加工業			
1531 製本業			
	製本		
1532 印刷物加工業			
	印刷物加工		
	印刷物光沢加工		
	印刷物裁断		
	印刷物折り加工		
	印刷物はく(箔)押し		
159 印刷関連サービス業			
1591 印刷関連サービス業			
	校正刷		
	刷版研磨		
	印刷物結束		
	印刷校正		

中分類 16—化学工業

産業分類	製造品名・賃加工品名	γ	α
161 化学肥料製造業			
1611 窒素質・りん酸質肥料製造業			
	アンモニア製造業	30	
	アンモニア・アンモニア誘導品	65	
	硫酸アンモニウム	65	
	尿素製造業	30	
	硝酸アンモニウム		
	硝酸		
	硝酸ナトリウム		
	亜硝酸ナトリウム		
	塩化アンモニウム		
	石灰窒素		
	過りん酸石灰		1.3
	溶成りん肥		
	焼成りん肥		
	重焼りん肥	65	
1612 複合肥料製造業			
	複合肥料(化成・配合肥料など)		
1619 その他の化学肥料製造業			
	けい酸質肥料		
	苦土質肥料		
	マンガン質肥料		
	ほう素質肥料		

第2節 参考資料

分類	品目	値
162 無機化学工業製品製造業		
1621 ソーダ工業	ソーダ灰 か性ソーダ 液体塩素 塩酸 塩酸ガス さらし粉 重炭酸ナトリウム 塩化アンモニウム（ソーダ灰と併産するもの）	1.5
1622 無機顔料製造業	無機顔料 酸化チタン カーボンブラック べんがら 黄鉛 窯業顔料 炭酸カルシウム（体質顔料用）	1.3
1623 圧縮ガス・液化ガス製造業	圧縮酸素 液体酸素 圧縮水素 ドライアイス 溶解アセチレン ネオンガス アルゴン 液体炭酸ガス	
1624 塩製造業	塩製造 製塩 食卓塩 精製塩 かん水（濃縮塩水）	65　1.2
1629 その他の無機化学工業製品製造業	硫酸 クロム塩 バリウム塩 りん化合物 ほう酸 ふっ化水素酸 硫酸塩 ひ酸塩（殺虫剤を除く） 臭素 臭化物 金属カリウム カリウム塩 金属カルシウム カルシウム塩 マグネシウム塩 海水マグネシア 無機塩類 硝酸銀 明ばん 二硫化炭素 活性炭 よう素 ナトリウム塩（他に分類されないもの） 触媒 シアン化ナトリウム	1.3
	シアン化水素 フェロシアン化ナトリウム プラスチック安定剤（有機系並びに有機系及び無機系混成のものを除く） カーバイド（カルシウムカーバイド） 人造黒鉛 りん酸	1.3
163 有機化学工業製品製造業		
1631 石油化学系基礎製品製造業（一貫して生産される誘導品を含む）	ナフサ分解によるエチレン・プロピレン及び連産品（ブタン、ブチレン、分解ガソリンなど）及びこれら石油化学基礎製品からの一貫生産による誘導品 石油を原料とするベンゼン（ベンゾール）・トルエン（トルオール）・キシレン（キシロール）等 ナフサ直接酸化方式による酢酸 ナフサ分解によるアセチレン・エチレン及びこれら石油化学基礎製品からの一貫生産による誘導品 原油分解によるアセチレン・エチレン及び連産品（タール、ピッチなど）及びこれら石油化学基礎製品からの一貫生産による誘導品	65
1632 脂肪族系中間物製造業（脂肪族系溶剤を含む）	アセチレンを原料とするアセトアルデヒド・酢酸・酢酸エチル・トリクロルエチレン・テトラクロルエチレン（パークロルエチレン）・酢酸ビニル アセチレンを原料とする塩化ビニル（モノマー）・塩化ビニリデン（モノマー） 他から受け入れたアセトアルデヒドを原料とする酢酸・酢酸エチル・酢酸ビニル 他から受け入れたエチレン又は酸化エチレンを原料とする酸化エチレン誘導品 他から受け入れたプロピレン又は酸化プロピレンを原料とする酸化プロピレン誘導品 プロピレンを原料とする塩化アリル・プロピレンクロルヒドリン・合成グリセリン ドデシルベンゼン ノネン ドデセン	1.4
1633 発酵工業	エチルアルコール（発酵法によるもの） くえん酸（発酵法によるもの） 乳酸（発酵法によるもの）	

Ⅳ　資料編

分類	品目	値	分類	品目	値
1634 環式中間物・合成染料・有機顔料製造業	石油たん白（発酵法によるもの）		1636 合成ゴム製造業	他から受け入れたエチレン又はプロピレンによるプラスチック	
	テレフタル酸（T. P. A）			合成ゴム	
	ジメチルテレフタート（D. M. T）			合成ラテックス	
	スチレン（モノマー）	1.4	1639 その他の有機化学工業製品製造業		
	メタキシレンジアミン			メタノール	
	トルイレンジイソシアネート（T. D. I）			ホルマリン	
	ジフエニルメタンジイソシアネート（M. D. I）			フルオロカーボン	
	シクロヘキサン			塩化メチル	
	シクロヘキサノン			塩化メチレン	
	カプロラクタム			臭化メチル	
	合成石灰酸			クレオソート油	
	合成染料（食用染料を含む）	1.3		石炭化学系ナフタリン	
	染料・医薬中間物	1.4		クレゾール類	
	有機顔料製造業	1.3		コールタール分留物	
	ベンゼン系又はナフタリン系誘導品（ニトロベンゼン、クロルベンゼン、トルイジン、サルチル酸、塩化ベンジル、ナフトール、ジメチルアニリン安息香酸など）			アントラセン	1.4
				コールタールを原料とするベンゼン（ベンゾール）・トルエン（トルオール）・キシレン（キシロール）等	
				有機酸（他に分類されるものを除く）	
	多環式中間物（アントラセン、フェナントレン誘導品など）			有機酸塩	
				可塑剤	
				サッカリン	
	複素環式中間物（合成ピリジン、合成キノリン、チオフェン、フルフラール及びこれらの誘導品）			ゴム加硫促進剤	
				ゴム老化防止剤	
				合成なめし剤	
	無水フタル酸	1.4		合成タンニン	
1635 プラスチック製造業		65		天然物を原料とする高級アルコール	65
	ポリエチレン			繊維素グリコール酸ナトリウム	
	ポリスチレン			プラスチック安定剤（無機系並びに無機系及び有機系混成の物を除く）	
	ポリプロピレン				
	塩化ビニル樹脂				
	ポリビニルアルコール		164 油脂加工製品・石けん・合成洗剤・界面活性剤・塗料製造業		
	たん白可塑物				
	ホルマリン系プラスチック		1641 脂肪酸・硬化油・グリセリン製造業		
	ふっ素樹脂				
	不飽和ポリエステル樹脂			脂肪酸	
	フタル酸樹脂			硬化油（工業用、食用）	
	ポリブタジェン（樹脂）			グリセリン	
	エチレン-酢酸ビニル共重合樹脂		1642 石けん・合成洗剤製造業		
	ポリエチレンテレフタレート				
	ポリイソブチレン（樹脂）			石けん	1.3
	けい素樹脂（シリコン）			浴用石けん	
	ユリア樹脂			洗濯石けん	
	メラミン樹脂			工業用石けん	
	フェノール樹脂			カリ石けん	
	エポキシ樹脂	1.3		家庭用合成洗剤	
	ジアリルフタレート樹脂			工業用合成洗剤	
	ポリアセタール樹脂		1643 界面活性剤製造業（石けん、合成洗剤を除く）		
	グアナミン樹脂				
	フラン樹脂				
	キシレン樹脂			界面活性剤（石けん、合成洗剤を除く）	
	スチレンホルマリン樹脂				
	ビニルエステル樹脂			繊維用油剤	
	レゾルシノール樹脂		1644 塗料製造業		
	セルロイド生地				
	アセチルセルローズ			エナメル	
	硝化綿			ワニス	
	塩化ビニリデン樹脂				

第 2 節　参考資料

		ペイント 水系塗料 船底塗料 漆 合成樹脂塗料		1669 その他の化粧品・歯磨・化粧用調整品製造業	頭髪料 染毛料	
1645 印刷インキ製造業		印刷インキ 新聞インキ			日焼け止め・日焼け用化粧品 脱毛料 ひげそり用化粧品 歯磨 ひげそりクリーム	
1646 洗浄剤・磨用剤製造業				169 その他の化学工業 1691 火薬類製造業		
		クレンザー つや出し剤 洗浄剤（石けん，合成洗剤でないもの） 磨粉 金属磨用剤 革つや出し 靴クリーム 塗装ワックス	1,3		黒色火薬 産業用・武器用無煙火薬 硝安爆薬 ダイナマイト カーリット 導火線 導爆線 工業雷管 電気雷管 信号雷管 猟用火工品 銃用雷管 猟銃用実包・空包 建設用空包 捕鯨用信管・火管・雷管 トリニトロ化合物（火薬類に限る） 硝酸エステル（火薬類に限る） 硝安油剤爆薬 産業用信管・火管・雷管	1,3
1647 ろうそく製造業		ろうそく				
165 医薬品製造業						
1651 医薬品原薬製造業		医薬品原末 医薬品原液				
1652 医薬品製剤製造業		内服薬 注射剤 外用薬 殺虫・殺そ（鼠）剤 蚊取り線香 殺菌・消毒剤（農薬を除く） 診断用試薬 医療用植物油脂 医療用動物油脂 薬用酵母剤	65	1692 農薬製造業	殺虫剤（農薬に限る） 殺菌剤（農薬に限る） ニコチン製剤 硫酸銅製剤（殺菌用のもの） ひ酸鉛・同製剤 ひ酸カルシウム・同製剤 除虫菊乳剤 除草剤 植物成長調整剤	65
1653 生物学的製剤製造業		ワクチン 血液製剤	1,2	1693 香料製造業	天然香料 くろもじ油 みかん油 苦扁桃油 バルサム 薄荷油 合成香料 調合香料	
1654 生薬・漢方製剤製造業		生薬 漢方製剤 生薬小分け				
1655 動物用医薬品製造業		繁殖用薬 飼料添加剤 （成長促進剤など）		1694 ゼラチン・接着剤製造業		
166 化粧品・歯磨・その他の化粧用調整品製造業					にかわ ゼラチン 大豆グルー ミルクカゼイングルー 合成樹脂系接着剤 プラスチック系接着剤	1,2
1661 仕上用・皮膚用化粧品製造業（香水，オーデコロンを含む）				1695 写真感光材料製造業		
		仕上用化粧品 皮膚用化粧品 香水 オーデコロン	1,3		写真フィルム（X線フィルムを含む） 印画紙 乾板	1,3
1662 頭髪用化粧品製造業						

Ⅳ 資料編

産業分類	製造品名・賃加工品名	γ	α
	青写真感光紙		
	複写感光紙		
	製版用感光性樹脂		
	感光紙用化学薬品		
	写真用化学薬品（メートル、ハイドロキノン、調合剤などを包装したもの）		
	写真感光紙		
	映画フィルム		
1696 天然樹脂製品・木材化学製品製造業			
	木材乾留		
	松根油		
	木タール（木材乾留によるもの）		
	木酢酸（木材乾留によるもの）		
	漆液精製		
	木ろう（蝋）		
	テレピン油		
	なめし剤（天然のもの）		
	タンニン抽出（天然のもの）	65	1.3
	タンニンエキス		
	天然染料		
	あい（藍）染料		
	あかね染料		
	しょう脳		
	しょう脳油		
	ダンマルガム精製		
	コーパルガム精製		
	セラック		
1697 試薬製造業			
	試薬（診断用試薬を除く）		
1699 他に分類されない化学工業製品製造業			
	デキストリン		
	浄水剤		
	イオン交換樹脂		
	防臭剤		
	筆記用インキ		
	スタンプ用インキ		
	プラスチック安定剤（無機系及び有機系混成のもの）		
	めっき薬品		

中分類　17―石油製品・石炭製品製造業

産業分類	製造品名・賃加工品名	γ	α
171 石油精製業			
1711 石油精製業			
	石油精製		
	ガソリン精製（原油から製造するもの）		
	パラフィン精製	30	1.3
	潤滑油・グリース（石油精製業によるもの）		
172 潤滑油・グリース製造業（石油精製業によらないもの）		65	
1721 潤滑油・グリース製造業（石油精製業によらないもの）			
	潤滑油（購入原料によるもの）	65	1.3
	機械油（購入原料によるもの）		
	工作油剤（購入原料によるもの）（切削油剤、塑性加工油剤、熱処理油剤、さび止め油剤）		
	グリース		
173 コークス製造業			
1731 コークス製造業			
	コークス（成型コークスを含む）	30	1.4
	半成コークス		
174 舗装材料製造業			
1741 舗装材料製造業			
	舗装材料		
	舗装用混合物		
	れき青乳剤		
	舗装用ブロック		
	タールブロック		
	アスファルトブロック		
179 その他の石油製品・石炭製品製造業			
1799 その他の石油製品・石炭製品製造業		60	1.3
	石油コークス		
	再生燃料油		
	廃油再生（潤滑油、グリース以外のもの）		
	膨潤炭		
	微粉炭		
	ガラ焼		
	カルサインコークス		
	練炭		
	豆炭		
	ピッチ練炭		
	成型炭		

中分類　18―プラスチック製品製造業（別掲を除く）

産業分類	製造品名・賃加工品名	γ	α
181 プラスチック板・棒・管・継手・異形押出製品製造業			
1811 プラスチック板・棒製造業			
	プラスチック平板		
	プラスチック積層板		
	プラスチック化粧板		
	プラスチック棒		
	プラスチック波板	65	1.2
1812 プラスチック管製造業			
	プラスチック硬質管		
	プラスチックホース		
	プラスチック積層管		
1813 プラスチック継手製造業			
	プラスチック継手		

第 2 節　参考資料

分類	細分類	品目例			分類	細分類	品目例		
	1814 プラスチック異形押出製品製造業					1833 その他の工業用プラスチック製品製造業（加工業を除く）			
		プラスチック異形押出製品 プラスチック雨どい・同附属品					プラスチック製カメラボデー プラスチック製複写機きょう（筐）体		
	1815 プラスチック板・棒・管・継手・異形押出製品加工業					1834 工業用プラスチック製品加工業			
		プラスチック板・棒加工 プラスチック管加工 プラスチック継手加工 プラスチック異形押出製品加工					工業用プラスチック製品加工		
182 プラスチックフィルム・シート・床材・合成皮革製造業					184 発泡・強化プラスチック製品製造業				
	1821 プラスチックフィルム製造業					1841 軟質プラスチック発泡製品製造業（半硬質性を含む）			
		プラスチックフィルム プラスチック積層フィルム プラスチックインフレーションチューブ プラスチック製袋					軟質ポリウレタンフォーム ポリエチレンフォーム（硬質） 軟質塩化ビニルフォーム		
	1822 プラスチックシート製造業					1842 硬質プラスチック発泡製品製造業			
		プラスチックシート					硬質ポリウレタンフォーム ポリスチレンフォーム 硬質塩化ビニルフォーム ポリスチレンペーパー 板状発泡製品 棒状発泡製品 管状発泡製品		
	1823 プラスチック床材製造業								
		プラスチックタイル プラスチック床材 塩化ビニルタイル				1843 強化プラスチック製板・棒・管・継手製造業			
	1824 合成皮革製造業								
		合成皮革	65	1.2			強化プラスチック製板・棒・管・継手 強化プラスチック製波板	65	1.2
	1825 プラスチックフィルム・シート・床材・合成皮革加工業					1844 強化プラスチック製容器・浴槽等製造業			
		プラスチックフィルム加工 プラスチックシート加工 プラスチック床材加工 合成皮革加工 プラスチック製袋（購入フィルムによるもの）					強化プラスチック製容器 強化プラスチック製浴槽 強化プラスチック製浄化槽 強化プラスチック製保安帽体 強化プラスチック製がい子 強化プラスチック製橋脚 強化プラスチック製コンテナ		
183 工業用プラスチック製品製造業						1845 発泡・強化プラスチック製品加工業			
	1831 電気機械器具用プラスチック製品製造業（加工業を除く）						軟質プラスチック発泡製品加工（半硬質性を含む） 硬質プラスチック発泡製品加工 強化プラスチック製板・棒・管・継手加工 強化プラスチック製容器加工		
		プラスチック製電話機きょう（筐）体 プラスチック製冷蔵庫内装用品 プラスチック製電気掃除機器体 プラスチック製扇風機羽根 プラスチック製テレビジョン・ラジオきょう（筐）体 プラスチック系光ファイバ素線			185 プラスチック成形材料製造業（廃プラスチックを含む）				
						1851 プラスチック成形材料製造業			
	1832 輸送機械器具用プラスチック製品製造業（加工業を除く）						プラスチック配合成形材料 再生プラスチック 塩化ビニルコンパウンド		
						1852 廃プラスチック製品製造業			
		プラスチック製自動車バンパー					廃プラスチック製品		

IV　資料編

産業分類	製造品名・賃加工品名	γ	a
189 その他のプラスチック製品製造業			
1891 プラスチック製日用雑貨・食卓用品製造業			
	プラスチック製台所用品（まな板、ボウル、コーナー、しゃもじ、洗い桶など）		
	プラスチック製食卓用品（食器、盆、調味料入れなど）		
	プラスチック漆器下地		
	プラスチック製浴室用品（洗面器、石けん箱、腰掛けなど）		
	プラスチック製バケツ		
1892 プラスチック製容器製造業			
	プラスチック製容器	65	1.2
	プラスチック製ボトル		
	プラスチック製コンテナ		
	プラスチック製ごみ容器		
1897 他に分類されないプラスチック製品製造業			
	プラスチック結束テープ		
	塩化ビニル止水板		
	人工芝（合成樹脂製のもの）		
	プラスチック製絶縁材料		
	ビニル製外衣（一貫作業によるもの）		
	プラスチック製つり（吊）革		
1898 他に分類されないプラスチック製品加工業			
	プラスチック製品加工（他に分類されないもの）		

中分類　19―ゴム製品製造業

産業分類	製造品名・賃加工品名	γ	a
191 タイヤ・チューブ製造業			
1911 自動車タイヤ・チューブ製造業			
	自動車タイヤ		
	自動車チューブ		1.3
1919 その他のタイヤ・チューブ製造業			
	自動車タイヤ・チューブ		
	リヤカータイヤ・チューブ	65	
	一輪車タイヤ・チューブ		
192 ゴム製・プラスチック製履物・同附属品製造業			
1921 ゴム製履物・同附属品製造業			
	地下足袋		1.2
	ゴム底布靴		
	ゴム靴		
	ゴム草履		
	ゴム製履物用部分品・同附属品		
1922 プラスチック製履物・同附属品製造業			
	プラスチック製靴		
	合成皮革製靴		
	プラスチック成形靴		
	ヘップサンダル		
	バックレスサンダル		
	プラスチック製射出成形サンダル		
	プラスチック製草履		
	プラスチック製スリッパ		
	プラスチック製履物用部分品・同附属品		
193 ゴムベルト・ゴムホース・工業用ゴム製品製造業			
1931 ゴムベルト製造業			
	ゴムベルト		
1932 ゴムホース製造業			
	ゴムホース		
1933 工業用ゴム製品製造業			
	防振ゴム		
	工業用エボナイト製品		
	工業用ゴムロール		
	工業用ゴム管		
	工業用ゴム板		
	工業用スポンジゴム製品	65	1.2
	フラップ・リムバンド		
	ゴム系接着剤		
	ゴムライニング加工		
199 その他のゴム製品製造業			
1991 ゴム引布・同製品製造業			
	ゴム引布		
	ゴム引布製品（ゴム引布から同製品まで一貫生産するもの）		
1992 医療・衛生用ゴム製品製造業			
	ゴム製医療用品（ゴム手袋など）		
	コンドーム		
	ゴム製乳首		
1993 ゴム練生地製造業			
	更生タイヤ練生地		
1994 更生タイヤ製造業			
	更生タイヤ		
1995 再生ゴム製造業			
	再生ゴム		
1999 他に分類されないゴム製品製造業			
	フォームラバー		
	糸ゴム		
	ゴムバンド		
	ゴム手袋（医療用を除く）		
	ゴムタイル		
	ウエットスーツ		

第2節　参考資料

中分類　20—なめし革・同製品・毛皮製造業

産　業　分　類	製造品名・賃加工品名	γ	α
201　なめし革製造業 　　2011　なめし革製造業			
	皮なめし業 なめし革 タンニンなめし革 クロムなめし革 水産革 は虫類革 皮さらし 染革業		
202　工業用革製品製造業 　　（手袋を除く） 　　2021　工業用革製品製造業（手袋を除く）			
	革ベルト パッキン（なめし革製） ガスケット（なめし革製） 紡績用エプロンバンド 工業用革ベルト ローハイドピニオン 自転車用サドル革 チューブホース（なめし革製） オイルシール（革製） 工業用ピッカー		
203　革製履物用材料・同附属品製造業 　　2031　革製履物用材料・同附属品製造業		65	1.2
	製靴材料（革製） 靴底（革製） 靴革ひも（完成したもの） 革製履物用材料 靴中敷物（革製）		
204　革製履物製造業 　　2041　革製履物製造業			
	革靴 サンダル（革製） スリッパ（革製） 草履（革製）		
205　革製手袋製造業 　　2051　革製手袋製造業			
	革製手袋 手袋（合成皮革製のもの） 工業用革手袋 スポーツ用革手袋		
206　かばん製造業 　　2061　かばん製造業			
	革製かばん 繊維製かばん 金属製トランク プラスチック製かばん（合成皮革を含む） バルカナイズドファイバー製トランク ゴム引布製かばん		
207　袋物製造業			
2071　袋物製造業（ハンドバッグを除く）			
	革製袋物 プラスチック製袋物（合成皮革を含む） 繊維製袋物 紙・ストロー製袋物 金属製袋物 ビーズ・人造真珠製袋物 携帯用袋物 ゴム引布製袋物 財布 たばこ入れ		
2072　ハンドバッグ製造業			
	革製ハンドバッグ プラスチック製ハンドバッグ 繊維製ハンドバッグ セカンドバッグ		
208　毛皮製造業 　　2081　毛皮製造業		65	1.2
	毛皮 毛皮縫製 毛皮染色・仕上		
209　その他のなめし革製品製造業 　　2099　その他のなめし革製品製造業			
	室内用革製品 つり（吊）革 腕時計用革バンド 首輪（革製） 服飾用革ベルト 革製肩帯 帽子つば革 革と カットガット ケン（すじ） 革クッション 革まくら 馬具（革及び類似品のもの） ばん（鞍）具（革及び類似品のもの） むち（革製のもの）		

中分類　21—窯業・土石製品製造業

産　業　分　類	製造品名・賃加工品名	γ	α
211　ガラス・同製品製造業		65	1.4
2111　板ガラス製造業	板ガラス		
2112　板ガラス加工業	すりガラス 合わせガラス 強化ガラス 曲げガラス 複層ガラス 自動車用ガラス 石英ガラス	45	1.3

Ⅳ 資料編

分類番号・名称	品目		分類番号・名称	品目		
2113 ガラス製加工素材製造業	光学ガラス素地 電球類用ガラスバルブ 電子管用ガラスバルブ アンプル用ガラス管 ガラス繊維原料用ガラス 電子機器用基盤ガラス		2122 生コンクリート製造業 2123 コンクリート製品製造業	高炉セメント 生コンクリート コンクリートパイル コンクリートポール コンクリート管 空洞コンクリートブロック 土木用コンクリートブロック 道路用コンクリート製品 テラゾー プレストレストコンクリート製品（まくら木、はり、けた、矢板など） 建築用プレキャストコンクリートパネル		1.5
2114 ガラス容器製造業	ビール瓶 酒瓶 牛乳瓶 サイダー瓶 しょう油瓶 化粧瓶					
2115 理化学用・医療用ガラス器具製造業	フラスコ ビーカー 標本瓶 耐酸瓶 アルコール瓶 試薬瓶 試験管 注射筒（目盛りのないもの） アンプル 耐熱ガラス製理化学用・医療用器具 寒暖計・体温計用ガラス	45 1.3	2129 その他のセメント製品製造業 213 建設用粘土製品製造業（陶磁器製を除く） 2131 粘土かわら製造業 2132 普通れんが製造業	木毛セメント板 木片セメント板 パルプセメント板 厚形スレート 気泡コンクリート製品 スラグせっこう板 窯業外装材 粘土かわら 普通れんが 建築用れんが 築炉用外張りれんが 舗装用れんが	45	1.3
2116 卓上用・ちゅう房用ガラス器具製造業	コップ 皿 しょう油差し 耐熱ガラス製ちゅう房器具 インキスタンド 金魚鉢 花瓶 灰皿					
2117 ガラス繊維・同製品製造業	ガラス繊維 ガラス繊維製品 石英系光ファイバ素線		2139 その他の建設用粘土製品製造業 214 陶磁器・同関連製品製造業 2141 衛生陶器製造業	陶管 土管 テラコッタ ストーブライニング用品 粘土がわら白生地 衛生陶器（硬質、半硬質のもの） 衛生陶器用配管用品		
2119 その他のガラス・同製品製造業	照明器具用ガラス 時計用ガラス シャンデリアガラス 石英ガラス製品 ガラスブロック 多泡ガラス 電灯かさ（ガラス製のもの） 眼鏡用ガラス 漁業用ガラス浮玉 魔法瓶用ガラス製中瓶 ガラス製絶縁材料		2142 食卓用・ちゅう房用陶磁器製造業 2143 陶磁器製置物製造業 2144 電気用陶磁器製造業	陶磁器製食器 陶磁器製ちゅう房器具 陶磁器製こんろ 土なべ 陶磁器製置物 陶磁器製花瓶 陶磁器製ランプ台	65	1.2
212 セメント・同製品製造業 2121 セメント製造業	ポルトランドセメント	1.5				

第2節　参考資料

分類コード・名称	品目			
	陶磁器製絶縁材料			
	がい（碍）子・がい（碍）管			
	電気用特殊陶磁器			
	電気用セラミック製品			
2145 理化学用・工業用陶磁器製造業				
	理化学用陶磁器			
	工業用陶磁器			
	熱電対保護管			
	温度計用陶磁器			
	理化学用・工業用セラミック			
2146 陶磁器製タイル製造業				
	陶磁器製タイル			
	うわ（釉）薬タイル			
	モザイクタイル加工（紙はり、網はりなど）			
2147 陶磁器絵付業		65	1.2	
	陶磁器絵付			
	陶磁器製がん具絵付			
	陶磁器加工（陶磁器に装飾加工を行うもの）			
2148 陶磁器用はい（坏）土製造業				
	陶土精製			
	陶磁器用粘土			
	陶磁器用はい（坏）土			
2149 その他の陶磁器・同関連製品製造業				
	植木鉢			
	セラミックブロック			
	陶瓶			
	陶磁器製神仏具			
	陶磁器素（生）地			
	陶磁器関連製品素（生）地			
215 耐火物製造業				
2151 耐火れんが製造業				
	耐火れんが			
	耐火断熱れんが			
2152 不定形耐火物製造業				
	不定形耐火物			
	耐火モルタル			
2159 その他の耐火物製造業				
	マグネシアクリンカー			
	合成ムライト			
	高炉用ブロック			
	粘土質るつぼ		45	1.3
216 炭素・黒鉛製品製造業				
2161 炭素質電極製造業				
	炭素電極			
	黒鉛電極			
2169 その他の炭素・黒鉛製品製造業				
	電ブラシ（刷子）			
	炭素棒			
	特殊炭素製品			
	黒鉛るつぼ			
	精製黒鉛			
	炭素れんが			
	黒鉛れんが			
217 研磨材・同製品製造業				
2171 研磨材製造業				
	研削用ガーネット			
	研削用けい砂フリント			
	溶融アルミナ研削材			
	炭化けい素研削材			
	炭化ほう素			
	窒素化ほう素などの炭化物・窒化物研磨材			
	シリコンカーバイド			
2172 研削と石製造業				
	ビトリファイド法と石			
	レジノイド法と石			
	ゴム法と石			
	マグネシア法と石			
2173 研磨布紙製造業				
	研磨布			
	耐水研磨布			
	研磨紙			
	耐水研磨紙			
	研磨ファイバ			
2179 その他の研磨材・同製品製造業				
	再生研磨材			
	研削と石加工			
	天然と石			
218 骨材・石工品等製造業				
2181 砕石製造業				45　1.3
	玉石砕石			
	岩石砕石			
2182 再生骨材製造業				
	再生骨材			
2183 人工骨材製造業				
	人工骨材			
	焼成真珠岩（パーライト）			
	焼成ひる石			
2184 石工品製造業				
	石材			
	石細工			
	石材切断・切削			
	石磨き			
	大理石加工品			
	大理石磨き			
	石材彫刻品			
	石うす			
	石とうろう			
	石碑			
	建築用石材			
	すずり			
	石工業（石工品を製造するもの）			
	敷石			
	石タイル			
	舗装タイル（石タイル製のもの）			
2185 けいそう土・同製品製造業				
	けいそう土精製			
	けいそう土製品			
	けいそう土製耐火物			
	けい酸カルシウム保温材			
	けい酸カルシウム板			

Ⅳ　資料編

産業分類	製造品名・賃加工品名		
		γ	a

左側の表：

産業分類	製造品名・賃加工品名	γ	a
2186 鉱物・土石粉砕等処理業	石粉		
	つき（搗）粉		
	クレー（陶石クレー、ろう石クレーを除く）		
	化学用粘土		
	雲母精製		
	シャモット		
	ベントナイト精製		
	重質炭酸カルシウム		
219 その他の窯業・土石製品製造業			
2191 ロックウール・同製品製造業	ロックウール（岩綿、鉱さい綿）		
	ロックウール製品（板、帯、筒、ブランケット、フェルト、マット、化粧板、吸音板、シージング板、吹付用ロックウールなど）		
2192 石こう（膏）製品製造業	焼石こう		
	石こうプラスタ		
	石こうボード		
	建築用装飾石こう製品		
	石こう細工（美術品、置物など）		
	医療用石こう		
2193 石灰製造業	生石灰		
	消石灰	45	1.3
	焼成ドロマイト		
	苦土石灰		
	ドロマイトプラスタ		
	貝灰		
	軽質炭酸カルシウム		
2194 鋳型製造業（中子を含む）	鋳型		
	中子		
2199 他に分類されない窯業・土石製品製造業			
	ほうろう鉄器製造業		
	ほうろう引き食器		
	ほうろう引き浴槽		
	ほうろう酒造タンク		
	ほうろう引き製バット		
	家庭電気用ほうろう鉄器		
	燃焼器具用ほうろう鉄器		
	看板・標識用ほうろう鉄器		
	ほうろう製看板・標識	65	1.2
	ほうろうパネル		
	七宝製品製造業		
	模造宝石		
	人造宝石製造業		
	石筆		
	白墨		
	雲母板		
	気硬性セメント		
	うわ（釉）薬		

中分類　22—鉄鋼業

産業分類	製造品名・賃加工品名	γ	a
221 製鉄業			
2211 高炉による製鉄業	高炉銑		
	圧延鋼材（高炉が稼働しているもの）		
	普通鋼（高炉が稼働しているもの）	60	1.5
	特殊鋼（高炉が稼働しているもの）		
	鋼管（高炉が稼働しているもの）		
2212 高炉によらない製鉄業	電気炉銑		
	小形高炉銑		
	再生炉銑		1.3
	純鉄		
	原鉄		
	ベースメタル		
2213 フェロアロイ製造業			1.2
	合金鉄		
222 製鋼・製鋼圧延業			
2221 製鋼・製鋼圧延業	製鋼（転炉、電気炉が稼働しているもの）		
	圧延鋼材（転炉、電気炉が稼働しているもの）	65	
	特殊鋼（転炉、電気炉が稼働しているもの）		
	鋼管（転炉、電気炉が稼働しているもの）		
223 製鋼を行わない鋼材製造業（表面処理鋼材を除く）			
2231 熱間圧延業（鋼管，伸鉄を除く）	熱間圧延（製鋼を行わないもの）		
2232 冷間圧延業（鋼管，伸鉄を除く）			1.3
	冷延鋼板		
	磨帯鋼		
2233 冷間ロール成型形鋼製造業		55	
	軽量形鋼		
2234 鋼管製造業	継目無鋼管		
	電縫鋼管	50	
	ガス溶接鋼管		
	鍛接鋼管		
2235 伸鉄業	伸鉄	40	
	再生仕上鋼板		
2236 磨棒鋼製造業	磨棒鋼		
2237 引抜鋼管製造業		65	1.2
	引抜鋼管		
	再生引抜鋼管		

第2節 参考資料

産業分類	製造品名・賃加工品名	γ	α
2238 伸線業	鉄線		
	硬鋼線		
	ピアノ線		
	くぎ（線材から一貫作業によるもの）		
	針金（線材から一貫作業によるもの）		
	金網（線材から一貫作業によるもの）		
	ワイヤロープ（線材から一貫作業によるもの）		
	PC鋼より線（線材から一貫作業によるもの）		
2239 その他の製鋼を行わない鋼材製造業（表面処理鋼材を除く）			1.2
	溶接形鋼		
224 表面処理鋼材製造業			
2241 亜鉛鉄板製造業	亜鉛鉄板		
	着色亜鉛鉄板		
2249 その他の表面処理鋼材製造業			
	亜鉛めっき鋼管		
	ブリキ		
	針金（線材から一貫作業によるもの）		
	亜鉛めっき硬鋼線		
	ビニル鋼板		
	ティンフリースチール		
225 鉄素形材製造業		65	
2251 銑鉄鋳物製造業（鋳鉄管，可鍛鋳鉄を除く）			1.3
	機械用銑鉄鋳物		
	日用品用銑鉄鋳物		
2252 可鍛鋳鉄製造業	可鍛鋳鉄		
	合金可鍛鋳鉄		1.2
	靴底金		
	パイプ継手		
2253 鋳鋼製造業	鋳鋼		
2254 鍛工品製造業	鍛工品		1.3
2255 鍛鋼製造業	鍛鋼		
229 その他の鉄鋼業			
2291 鉄鋼シャースリット業	鉄鋼シャーリング		
	鉄鋼スリット		
2292 鉄スクラップ加工処理業	鉄スクラップ加工処理		1.2
	製鋼原料用鉄スクラッププレス・シャーリング		
	製鋼原料用鉄スクラップシュレッダー		
	製鋼原料用鉄スクラップ化学処理		
2293 鋳鉄管製造業	鋳鉄管		
2299 他に分類されない鉄鋼業	鉄粉	65	1.2
	純鉄粉		
	純鉄圧延		
	ペレット		

中分類　23―非鉄金属製造業

産業分類	製造品名・賃加工品名	γ	α
231 非鉄金属第1次製錬・精製業			
2311 銅第1次製錬・精製業	銅製錬・精製		
	銅（主として鉱石から製造するもの）		
	電気銅精製（主として鉱石から製造するもの）		
2312 鉛第1次製錬・精製業	亜鉛製錬・精製（主として鉱石から製造するもの）		
	電気亜鉛製錬・精製		
2319 その他の非鉄金属第1次製錬・精製業	鉛製錬・精製（主として鉱石から製造するもの）		
	金，銀，白金製錬・精製		
	貴金属製錬・精製		1.5
	ニッケル製錬・精製（主として鉱石又はニッケルマットから製造するもの）		
	ニッケル地金		
	チタン製錬・精製（主として鉱石から製造するもの）	65	
	ウラン製錬・精製		
	トリウム製錬・精製		
	すず製錬		
	アンチモン製錬		
	水銀製錬		
	マンガン製錬		
	クロム製錬		
	タングステン製錬		
	モリブデン製錬		
	マグネシウム製錬		
	ゲルマニウム製錬		
	シリコン製錬		
	タンタル製錬		
	アルミニウム製錬（主として鉱石又はアルミナから製造するもの）		
	アルミナ製錬		
232 非鉄金属第2次製錬・精製業（非鉄金属合金製造業を含む）			1.3
2321 鉛第2次製錬・精製業（鉛合金製造業を含む）	鉛再生		
	はんだ・減摩合金		

— 335 —

Ⅳ 資料編

分類	細分類	品目	値1	値2
		活字合金		
2322 アルミニウム第2次製錬・精製業（アルミニウム合金製造業を含む）				
		アルミニウム再生 アルミニウム合金		
2329 その他の非鉄金属第2次製錬・精製業（非鉄金属合金製造業を含む）				
		貴金属再生 すず再生 水銀再生 ニッケル再生 貴金属合金 銅合金 ニッケル合金 チタン合金 すず合金 亜鉛再生 亜鉛合金		
233 非鉄金属・同合金圧延業（抽伸，押出しを含む）				
	2331 伸銅品製造業	銅圧延 銅合金圧延 銅線・銅合金線（裸電線を除く） 銅管 黄銅棒 銅くぎ（線材から一貫作業によるもの）	65	1.3
	2332 アルミニウム・同合金圧延業（抽伸，押出しを含む）	アルミニウム・同合金圧延 アルミニウム線（裸電線を除く） アルミニウム管 アルミニウム圧延はく		
	2339 その他の非鉄金属・同合金圧延業（抽伸，押出しを含む）	鉛・同合金圧延 鉛・同合金伸線 鉛管・鉛板 貴金属・同合金圧延 亜鉛・同合金圧延 ニッケル・同合金圧 チタン・同合金圧延 すず・同合金圧延 マグネシム・同合金圧延		
234 電線・ケーブル製造業				
	2341 電線・ケーブル製造業（光ファイバケーブルを除く）	裸電線 絶縁電線 ケーブル		1.2
	2342 光ファイバケーブル製造業（通信複合ケーブルを含む）	光ファイバケーブル 光複合ケーブル 光ファイバ通信ケーブル（通信複合ケーブルを含む） 光架空地線 光ファイバコード 光ファイバ心線		1.2
235 非鉄金属素形材製造業				
	2351 銅・同合金鋳物製造業（ダイカストを除く）	銅・同合金鋳物（ダイカストを除く）		
	2352 非鉄金属鋳物製造業（銅・同合金鋳物及びダイカストを除く）	非鉄金属鋳物（銅・同合金を除く） アルミニウム・同合金鋳物（ダイカストを除く） マグネシウム・同合金鋳物（ダイカストを除く）	65	1.3
	2353 アルミニウム・同合金ダイカスト製造業	アルミニウム・同合金ダイカスト		
	2354 非鉄金属ダイカスト製造業（アルミニウム・同合金ダイカストを除く）	非鉄金属ダイカスト（アルミニウム・同合金ダイカストを除く） 亜鉛・同合金ダイカスト 銅・同合金ダイカスト マグネシウム・同合金ダイカスト		
	2355 非鉄金属鍛造品製造業	非鉄金属鍛造 銅・同合金鍛造品 アルミニウム・同合金鍛造品		1.2
239 その他の非鉄金属製造業				
	2391 核燃料製造業	核燃料成形加工 核燃料濃縮 使用済核燃料再処理		
	2399 他に分類されない非鉄金属製造業	非鉄金属粉末（粉末や金を除く） 非鉄金属シャーリング		

第 2 節　参考資料

中分類　24―金属製品製造業

産　業　分　類	製造品名・賃加工品名	γ	α
241 ブリキ缶・その他のめっき板等製品製造業			
2411 ブリキ缶・その他のめっき板等製品製造業	缶詰用缶 18リットル缶 ブリキ缶 ブリキ製容器 バケツ エアゾール缶		
242 洋食器・刃物・手道具・金物類製造業			
2421 洋食器製造業	食卓用ナイフ・フォーク・スプーン 盆		
2422 機械刃物製造業	機械刃物 木材加工機械刃物 製紙機械刃物 製本機械刃物 たばこ製造機械刃物		
2423 利器工匠具・手道具製造業（やすり，のこぎり，食卓用刃物を除く）	おの かんな のみ きり 刃物（包丁，はさみ，肉切用・製靴用・彫刻用刃物など） 缶切 ポケットナイフ バリカン 安全かみそり（替刃を含む） かみそり 土工用具 ショベル つるはし ハンマ 石工用手道具 宝石加工手道具	65	1.2
2424 作業工具製造業	レンチ スパナ ペンチ ドライバ やすり やすり目立		
2425 手引のこぎり・のこ刃製造業	のこぎり（手引きのもの） のこ刃（丸・帯のこぎりのもの）		
2426 農業用器具製造業（農業用機械を除く）	耕作用具		

産　業　分　類	製造品名・賃加工品名	γ	α
	養蚕用機器（金属製のもの） 養きん用機器（金属製のもの） 養ほう機器（金属製のもの） 農業用刃物		
2429 その他の金物類製造業	建築用金物 架線金物 袋物用金具 家具用金具 建具用金具 自動車用金物 車両用金具 船舶用金具 かばん金具 錠前 かぎ 金庫錠 戸車（金属製） ドアクローザ・ヒンジ		
243 暖房・調理等装置、配管工事用附属品製造業			
2431 配管工事用附属品製造業（バルブ，コックを除く）	配管工事用附属品 金属製衛生器具 ノズル 止め栓		1.2
2432 ガス機器・石油機器製造業	ガス機器 石油機器 ふろバーナ	65	
2433 温風・温水暖房装置製造業	温風暖房機（熱交換式のもの） 温水ボイラ 放熱器 ユニットヒータ		
2439 その他の暖房・調理装置製造業（電気機械器具，ガス機器，石油機器を除く）	調理用機器・同装置（電気式を除く） 太陽熱利用温水装置 焼却器 焼却炉（産業用を除く）		
244 建設用・建築用金属製品製造業（製缶板金業を含む）			
2441 鉄骨製造業	鉄骨		
2442 建設用金属製品製造業（鉄骨を除く）	鉄塔 鉄橋 貯蔵槽 金属柵 鋼板煙突		1.3

Ⅳ　資料編

2443 金属製サッシ・ドア製造業					金属プレス（アルミニウム・同合金以外のスタンプ・プレス製品）	
	住宅用・ビル用アルミニウム製サッシ				王冠（アルミニウム・同合金を除く）	
	アルミニウム製ドア				台所用品（アルミニウム・同合金以外のスタンプ・プレス製品）	
	金属製サッシ・ドア				医療器具（アルミニウム・同合金以外のスタンプ・プレス製品）	
2444 鉄骨系プレハブ住宅製造業					打抜プレス加工製品（アルミニウム・同合金以外のスタンプ・プレス製品）	
	組立家屋（プレハブ）用金属製品					
	鉄骨系プレハブ住宅			2453 粉末や金製品製造業		
2445 建築用金属製品製造業（サッシ，ドア，建築用金物を除く）					機械部分品（粉末や金によるもの）	
					超硬チップ	
	建築用板金製品			246 金属被覆・彫刻業，熱処理業（ほうろう鉄器を除く）		
	建築用ラス製品					
	金属製よろい戸			2461 金属製品塗装業		
	建築装飾用金属製品				エナメル塗装（金属製品にエナメルを塗装するもの）	
	金属屋根製品				ラッカー塗装（金属製品にラッカーを塗装するもの）	
	金属製シャッタ					
2446 製缶板金業				2462 溶融めっき業（表面処理鋼材製造業を除く）		
	製缶					
	温水缶				亜鉛めっき（主として成形品に行うもの）	
	蒸気缶					
	鉄鋼板加工（溶接、折曲げ、ろう付けなど）				すずめっき（主として成形品に行うもの）	
	ガス容器（ボンベ）					
	板金製タンク					
	板金製煙突					
	ドラム缶					
	コンテナ（金属製のもの）	65	1.2	2463 金属彫刻業		65	1.2
	アッパータンク				金属彫刻	
	梱包容器（スチール）				なっ染ロール彫刻	
245 金属素形材製品製造業				2464 電気めっき業（表面処理鋼材製造業を除く）		
2451 アルミニウム・同合金プレス製品製造業						
					電気めっき	
	自動車車体部分品（アルミニウム・同合金）（スタンプ・プレス製品）			2465 金属熱処理業		
					機械部分品熱処理	
	機械部分品（アルミニウム・同合金）（スタンプ・プレス製品）				鋼材熱処理	
					非鉄金属熱処理	
	金属プレス（アルミニウム・同合金）（自動車部分品、機械部分品、口金、その他の器具を製造するもの）			2469 その他の金属表面処理業		
					電解研磨	
					金属張り	
	王冠（アルミニウムのもの）				陽極酸化処理	
	台所用品（アルミニウム・同合金）（スタンプ・プレス製品）				研磨	
					メタリコン（修理業を除く）	
	医療器具（アルミニウム・同合金）（スタンプ・プレス製品）				金属防せい（錆）処理加工	
					シリコン研磨	
	打抜プレス加工製品（アルミニウム・同合金）				シリコン加工	
				247 金属線製品製造業（ねじ類を除く）		
2452 金属プレス製品製造業（アルミニウム・同合金を除く）				2471 くぎ製造業		
					鉄くぎ（受け入れた鉄線によるもの）	
	自動車車体部分品（アルミニウム・同合金以外のスタンプ・プレス製品）				銅くぎ（受け入れた銅線によるもの）	
					くぎ・靴くぎ	
	機械部分品（アルミニウム・同合金以外のスタンプ・プレス製品）			2479 その他の金属線製品製造業		
					ざる（受け入れた線によるもの）	

第2節　参考資料

産業分類	製造品名・賃加工品名	γ	α
248 ボルト・ナット・リベット・小ねじ・木ねじ等製造業	ワイヤチェーン（受け入れた線によるもの） ビニル被覆鉄線 溶接棒 金網（線材から一貫作業によらないもの） ワイヤロープ（線材から一貫作業によらないもの）		
2481 ボルト・ナット・リベット・小ねじ・木ねじ等製造業	ボルト・ナット ビス 木ねじ リベット 犬くぎ 割ピン 座金 かすがい		
249 その他の金属製品製造業			
2491 金庫製造業	金庫（手提金庫を含む）	65	1.2
2492 金属製スプリング製造業	板ばね 火造りばね 火ばね ワイヤスプリング		
2499 他に分類されない金属製品製造業	ヘルメット（金属製のもの）（帽体） ドラム缶更生 18リットル缶更生 金属製ネームプレート（腐しょく製のもの以外のものも含む） フレキシブルチューブ 金属製押出しチューブ 金属製パッキング ガスケット ガス灯 カーバイド灯 反射鏡（金属製のもの） 打ちはく 石油灯 金属製はしご（可搬式のもの） 脚立		

中分類　25—はん用機械器具製造業

産業分類	製造品名・賃加工品名	γ	α
251 ボイラ・原動機製造業			
2511 ボイラ製造業	工業用ボイラ 原動機用ボイラ 発電用ボイラ	30	1.4
2512 蒸気機関・タービン・水力タービン製造業（舶用を除く）	蒸気機関 蒸気タービン 水力タービン		
2513 はん用内燃機関製造業	はん用ガソリン機関 はん用石油機関 はん用ディーゼル機関 はん用ガス機関	30	
2519 その他の原動機製造業	風力機関 圧縮空気機関 水車（水力タービンを除く） 特殊車両用エンジン		
252 ポンプ・圧縮機器製造業			
2521 ポンプ・同装置製造業	手動ポンプ 動力ポンプ 家庭用ポンプ 消防用ポンプ 舶用ポンプ		1.4
2522 空気圧縮機・ガス圧縮機・送風機製造業	圧縮機 吹付機械 ふいご 送風機 排風機		
2523 油圧・空圧機器製造業	油圧ポンプ 油圧モータ 油圧バルブ 油圧シリンダ 油圧アキュムレータ 油圧フィルタ 油圧ユニット機器 空気圧フィルタ 空気圧バルブ 空気圧シリンダ 空気圧ユニット機器 空気圧ルブリケータ 流体素子	65	
253 一般産業用機械・装置製造業			
2531 動力伝導装置製造業（玉軸受、ころ軸受を除く）	歯車（プラスチック製を含む） 軸・軸けい（頚）類 平軸受・同部分品 ベルト調車 軸受（玉、ころ軸受以外のもの） 動力伝導用鎖（機械用、自動車用、オートバイ用） 滑車		1.2

IV 資料編

産業分類	製造品名・賃加工品名	γ	α
2532 エレベータ・エスカレータ製造業			
	エレベータ（旅客又は貨物用のもの）		
	エスカレータ		
2533 物流運搬設備製造業			
	コンベヤ		
	ローラーコンベヤ		
	クレーン（建設用を除く）		
	貨物取扱装置		
	巻上機		
	自動立体倉庫装置		1.4
	索道		
	スキーリフト		
2534 工業窯炉製造業			
	工業窯炉（工業用のもの）		
2535 冷凍機・温湿調整装置製造業			
	冷凍機		
	製氷装置		
	冷蔵装置		
	工業用温湿調整装置		
	業務用エアコンディショナ		
	冷却塔		
	温度・湿度調整装置		
	空気調節装置		
259 その他のはん用機械・同部品製造業			
2591 消火器具・消火装置製造業			
	消化器		
	消火装置	65	
	消防自動車ぎ装		
2592 弁・同附属品製造業			
	一般バルブ・コック		
	自動調整バルブ		
	高温・高圧バルブ		
	給排水栓		
	蛇口		
	バルブ・同附属品		1.2
2593 パイプ加工・パイプ附属品加工業			
	異形管（購入管によるもの）		
	パイプ加工（購入パイプによるもの）		
2594 玉軸受・ころ軸受製造業			
	ころ軸受・同部品		
	玉軸受・同部品		
	プラスチック製軸受		
	ボールベアリング		
2595 ピストンリング製造業			
	ピストンリング		
2596 他に分類されないはん用機械・装置製造業			
	潜水装置		1.4
	潤滑装置		
	自動車用代燃装置		
	駐車装置		
	焼却炉		
	重油・ガス燃焼装置（ボイラ用、工業用炉用に限る）		1.4
	旋回窓		
	自動車用エレベータ		
2599 各種機械・同部分品製造修理業（注文製造・修理）		65	
	機械・同部分品製造修理（主な製品が定まらないもの）		1.2
	取付具製造請負（主な製品が定まらないもの）		
	各種機械製造修理（各種機械の製造と修理を行うもの）		

中分類 26―生産用機械器具製造業

産業分類	製造品名・賃加工品名	γ	α
261 農業用機械製造業（農業用器具を除く）			
2611 農業用機械製造業（農業用器具を除く）			
	農業用機械		
	動力耕うん機		
	は種機械		
	刈取機械		
	砕土機		
	噴霧機・散粉機		
	脱穀機		
	除草機		
	わら加工用機械		
	飼料・穀物乾燥機		
	ふ卵装置		
	育すう装置		
	ガーデントラクタ		
	電気ふ卵器		
	農業用トラクタ		
262 建設機械・鉱山機械製造業			
2621 建設機械・鉱山機械製造業		65	1.4
	建設機械・同装置・部分品・附属品		
	鉱山機械・同装置・部分品・附属品（ビット、スペード、スチールなど）		
	さく井機械		
	エキスカベータ		
	タンパーカ		
	油田用機械器具		
	ロードローラ		
	コンクリートミキサ		
	ふるい分機		
	破砕機		
	選別機		
	選鉱装置		
	建設用トラクタ		
	建設用クレーン		
	建設用ショベルトラック		
263 繊維機械製造業			

第2節　参考資料

2631	化学繊維機械・紡績機械製造業			
		綿・スフ紡織機械		
		毛紡織機械		
		麻紡織機械		
		絹紡織機械		
		ねん糸機械		
		蚕糸機械		
		化学繊維		
2632	製織機械・編組機械製造業			
		綿織機		
		絹・人絹織機		
		麻・毛織機		
		特殊織機（リボン、ビロード、じゅうたんなど）		
		製織用準備機械		
		製ちゅう（紐）機		
		ニット機械		
		製網機械		
		製綱機械		
		レース機械		
		刺しゅう機械		
2633	染色整理仕上機械製造業			
		繊維精錬・漂白機械		
		染色機械		
		なっ染機械		
		繊維仕上機械	65	1.4
		織物仕上機械		
		織物乾燥機械		
2634	繊維機械部品・取付具・附属品製造業			
		化学繊維機械部分品		
		紡績機械部分品		
		製織機械部分品		
		染色・整理・仕上機械部分品		
		スピンドル		
		針布		
		シャットル		
		ドビー		
		ジャガード		
		おさ		
		木管（紡績用のもの）		
		メリヤス針		
		ノズル（紡糸用のもの）		
		プラスチック製ボビン（繊維機械用）		
2635	縫製機械製造業			
		工業用ミシン		
		家庭用ミシン		
		毛糸手編機械（同附属品を含む）		
		ミシン部分品及び附属品（テーブルを除く）		
		縫製準備工程機械（縫製用裁断機、目打機、柄合機、延反機、解反機）		
264	生活関連産業用機械製造業			
2641	食品機械・同装置製造業			
		精米機械・同装置		
		精麦機械・同装置		
		製粉機械・同装置		
		製めん（麺）機械・同装置		
		製パン機械・同装置		
		製菓機械・同装置		
		醸造用機械・同装置		
		牛乳加工機械・同装置		
		飲料加工機械・同装置		
		肉類加工機械・同装置		
		水産加工機械・同装置		
		製茶用機械・同装置		
		豆腐製造機械・同装置		
		調理食品加工機械・同装置		
		食料品加工機械・同部分品・附属品		
2642	木材加工機械製造業			
		製材機械		
		木工旋盤		
		ベニヤ機械		
		自動かんな		
		繊維板機械		
		のこ盤		
2643	パルプ装置・製紙機械製造業			
		パルプ製造機械・同装置		
		製紙機械・同装置		
2644	印刷・製本・紙工機械製造業			
		印刷機械・同装置（事務用を除く）		
		石版印刷機械・同装置		
		亜鉛版印刷機械		
		製本機械・同装置		
		植字機・同装置	65	1.4
		活字鋳造機		
		電気版機械		
		印刷用ローラ		
		紙工機械		
2645	包装・荷造機械製造業			
		充てん機械		
		袋詰め機		
		容器成形充てん機		
		缶詰機械		
		瓶詰機械		
		シール機		
		結さつ機		
		ラベル貼り機		
		小箱詰機		
		上包み機（折畳み式、ひねり形式、かぶせ形式、真空吸着式、収縮式、ストレッチ式を含む）		
		真空包装機及びガス封入包装機		
		ケーサー		
		ケースのり付機		
		テープ貼り機		
		パレット包装機		
		バンド掛け機		
		ひも掛け機		
		ステープラ		
265	基礎素材産業用機械製造業			
2651	鋳造装置製造業			
		鋳造装置		
		造型装置		
		注湯装置		

Ⅳ　資料編

分類	品目				分類	品目		
	製品処理装置					ガス溶接機		
	砂処理装置					巻線機（コイルワインディングマシン）		
	ダイカストマシン・同附属装置					空気ハンマ		
2652 化学機械・同装置製造業					2663 金属工作機械用・金属加工機械用部分品・附属品製造業（機械工具，金型を除く）			1.4
	化学機械・同装置							
	ろ過機器・同装置							
	分離機器・同装置							
	集じん機器・同装置					金属工作機械部分品		
	圧搾機器・同装置					金属加工機械部分品		
	熱交換機・同装置					金属圧延用ロール		
	混合機・かくはん機・粉砕機・同装置				2664 機械工具製造業（粉末や金業を除く）			
	反応用機器・同装置							
	蒸煮機器・同装置					特殊鋼工具		
	化学装置用タンク・同装置					治具		
	乾燥機器・同装置					ダイヤモンド工具		1.2
	焼成機器・同装置					超硬工具		
	造水機器・同装置					切削工具		
	大気汚染防止機器・同装置					動力付手持工具（ドリル、びょう打ハンマ、グラインダなど）		
	水質汚濁防止機器・同装置							
	廃棄物処理機器・同装置					タップ・ダイス		
	純水製造装置					機械工具		
	廃液処理装置					空気動工具		
	クリーンルーム装置							
	遠心分離機				267 半導体・フラットパネルディスプレイ製造装置製造業			
	インテングミキサ							
	ニーダ				2671 半導体製造装置製造業			
	ブレンダ							
2653 プラスチック加工機械・同附属装置製造業						ウェーハ加工（スライシング、研削、ラッピング）装置		65
	圧縮成形機		65	1.4		ウェーハ熱処理（酸化、拡散）装置		
	射出成形機					ウェーハ露光装置		
	押出成形機					ウェーハレジスト処理装置		
	中空成形機					マスク・レチクル製造装置		
	カレンダ（プラスチック加工用）					ウェーハ洗浄・乾燥装置		
	真空成形機					ウェーハエッチング装置		
	合成樹脂用溶接機・同応用装置					ウェーハイオン注入装置		
	タブレットマシン					ウェーハ薄膜形成装置（CVD、スパッタリング、エピタキシャル成長）		
	ペレット装置							
	グラニュレータ							
	コーティング機					ウェーハ真空蒸着装置		
	プラスチック成形加工機					ウェーハダイジング装置		
266 金属加工機械製造業						チップボンディング装置		
2661 金属工作機械製造業						チップモールディング装置		1.4
	金属工作機械				2672 フラットパネルディスプレイ製造装置製造業			
	旋盤							
	ボール盤							
	フライス盤					液晶パネル熱処理（酸化、拡散）装置		
	研削盤					液晶パネル露光装置		
	歯切盤					液晶パネルレジスト処理装置		
	歯切盤及び歯車仕上げ機械					液晶パネル洗浄・乾燥装置		
	マシニングセンタ					液晶パネルエッチング装置		
	放電加工機械					液晶パネルイオン注入装置		
2662 金属加工機械製造業（金属工作機械を除く）						液晶パネル薄膜形成装置（CVD、スパッタリング、エピタキシャル成長）		
	圧延機械							
	線引機					液晶パネル真空蒸着装置		
	製管機					液晶パネルガラス加工装置		
	プレス機械					液晶パネル陽極酸化装置		
	せん断機					液晶パネルラビング装置		
	鍛造機							

第2節　参考資料

産業分類	製造品名・賃加工品名	γ	α
	液晶パネル基板貼合わせ装置		
	液晶パネル用塗布装置		
	液晶パネルエージング装置		
	液晶パネル用剥離装置		1.4
	液晶パネルレーザーリペア装置		
	液晶パネル真空注入装置		
	液晶パネルトリミング装置		
269 その他の生産用機械・同部分品製造業			
2691 金属用金型・同部分品・附属品製造業			
	金属製品用金型		
	金属用金型部分品・附属品		1.2
2692 非金属用金型・同部分品・附属品製造業			
	非金属製品用金型		
	非金属用金型部分品・附属品		
2693 真空装置・真空機器製造業			
	真空や金装置、真空化学装置、真空蒸着装置、スパッタリング装置、ドライエッチング装置、CVD装置、イオン注入装置等真空装置、真空ポンプ		1.4
	真空装置用部品		
	真空装置用附属機器	65	
2694 ロボット製造業			
	ロボット		1.2
2699 他に分類されない生産用機械・同部分品製造業			
	繰綿機械		
	帽子製造機械		
	皮革処理機械		
	ゴム製品製造機械		
	たばこ製造機械		
	製靴機械		
	石工機械		
	製瓶機械		1.4
	鉛筆製造機械		
	産業用銃機械		
	捕鯨砲機械		
	集材機械		
	金網製造機械		
	自動選瓶機械		
	のり刈取機械		
	目立機械		
	金属織物用機械		

中分類　27―業務用機械器具製造業

産業分類	製造品名・賃加工品名	γ	α
271 事務用機械器具製造業			
2711 複写機製造業			
	複写機		
2719 その他の事務用機械器具製造業		65	1.2
	事務用機械器具		
	事務用印刷機械		
	電子式卓上計算機		
	電子会計機（プログラム内蔵方式でないもの）		
	分類機、検孔機などのカード式関係機器		
	エアシュータ（気送管）		
	事務用シュレッダ		
	製図機械器具		
272 サービス用・娯楽用機械器具製造業			
2721 サービス用機械器具製造業			
	営業用洗濯機		
	ドライクリーニング機		
	プレス機		
	自動車整備・サービス機器（自動車電装試験機器、自動車整備リフト、自動車洗浄機、自動車ジャッキ、自動車車輪機器、自動車車体機器、自動車検機器、自動車給油機器等）		
2722 娯楽用機械製造業			
	アミューズメント機器		
	遊園施設機械		
	遊戯機械		
2723 自動販売機製造業			
	自動販売機・同部分品		
2729 その他のサービス用・娯楽用機械器具製造業			
	両替機		
	自動改札機		
	自動入場機		
	コインロッカー	65	1.2
	自動ドア		
	浄水器		
273 計量器・測定器・分析機器・試験機・測量機械器具・理化学機械器具製造業			
2731 体積計製造業			
	ます		
	メスフラスコ		
	ピペット		
	血沈計		
	ガスメータ		
	水量メータ		
	オイルメータ（積算式ガソリン量器を含む）		
2732 はかり製造業			
	電気抵抗線式はかり		
	誘導式はかり		
	電磁式はかり		
	手動天びん		
	等比皿手動はかり		
	棒はかり		
	手動指示はかり		
	ばね式はかり		
	自動はかり		
	分銅		
2733 圧力計・流量計・液面計等製造業			
	アネロイド形指示圧力計		

Ⅳ 資料編

	航空用指示圧力計（高度計、燃圧計など）			光度計	
	血圧計			照度計	
	差圧流量計			粘度計	
	面積式流量計			騒音計	
	容積式流量計		274 医療用機械器具・医療用品製造業	密度計	
	液面計		2741 医療用機械器具製造業		
	膨張式温度計				
	バイメタル式温度計			医療用鋼製器具	
	電子血圧計			医科用内視鏡	
	金属温度計			手術用機械器具	
2734 精密測定器製造業				血液体外循環機器（人工腎臓装置、透析器、人工心肺装置）	
	のぎす			人工呼吸器	
	ダイヤルゲージ			麻酔器具	
	マイクロメータ			注射器具	
	面測定機器			整形用機械器具	
	自動精密測定器			消毒滅菌器	
	工業用長さ計			医療用針	
2735 分析機器製造業				手術台	
	電気化学分析装置			光線治療器（レーザー応用治療装置を除く）	
	光分析装置				
	電磁分析装置			医療用刃物	
	クロマト装置		2742 歯科用機械器具製造業		
	蒸留・分離装置				
	熱分析装置			歯科用治療台	
2736 試験機製造業	ガス分析機器装置			歯科用ユニット	
	金属材料試験機			歯科用鋼製小物	
	繊維材料試験機			歯科用バー	
	ゴム試験機			歯科技工所用器具	
	プラスチック試験機			歯科用エンジン	
	木材試験機	65	1.2	2743 医療用品製造業（動物用医療機械器具を含む）	65	1.2
	木炭材料試験機				
	動つり合試験機			医療用縫合糸	
	制動試験機			人工血管	
	振動試験機			人工心臓弁	
	動力試験機			義肢・義足	
	環境試験機			検眼用品	
2737 測量機械器具製造業				医療用接着剤	
	測角測量機			家畜人工授精器具	
	水準測量機			動物専用標識器具	
	写真測量機			動物専用保定器具	
	磁気コンパス		2744 歯科材料製造業		
2738 理化学機械器具製造業				歯科用合金	
				歯冠材料	
	研究用化学機械器具			義歯床材料	
	教育用理化学機械器具			歯科用接着充てん材料	
2739 その他の計量器・測定器・分析機器・試験機・測量機械器具・理化学機械器具製造業				歯科用印象材料及びワックス	
				歯科用研削研磨材料	
			275 光学機械器具・レンズ製造業		
			2751 顕微鏡・望遠鏡等製造業		
	直尺			顕微鏡	
	曲尺			望遠鏡	
	巻尺			双眼鏡	
	畳尺			拡大鏡	
	物差			オペラグラス	
	体温計		2752 写真機・映画用機械・同附属品製造業		
	寒暖計				
	水銀温度計				
	回転計			写真機	
	速さ計			写真複写機	

第 2 節　参考資料

	引伸機		
	マガジン		
	現像タンク		
	三脚（写真機用）		
	露出計		
	映画撮影機		
	映写機		
	幻灯機		
	映画現像機械	1.2	
	映写幕		
2753 光学機械用レンズ・プリズム製造業			
	光学レンズ		
	写真機用レンズ		
	プリズム		
276 武器製造業			
2761 武器製造業			
	けん銃		
	小銃		
	機関銃		
	機関砲		
	高射砲		
	迫撃砲		
	バズーカ砲		
	銃弾	65	
	迫撃砲弾弾体		
	機関砲弾弾体		
	ロケット弾弾体		
	高射砲弾用薬きょう		
	無反動砲弾用薬きょう		
	銃弾用薬きょう		
	武器用信管		
	武器用信管の金属部品	1.3	
	武器時計信管の金属部品		
	武器用信管・火管・雷管装てん組立		
	爆雷弾体		
	爆雷外殻		
	魚雷の機関部		
	魚雷の操だ装置		
	機雷のけい器		
	迫撃砲弾装てん組立		
	特殊装甲車両		
	自走砲（無限軌道のもの）		
	ハーフトラック		
	銃剣		
	火えん放射機		
	照準器		
	射撃指揮装置		

中分類　28―電子部品・デバイス・電子回路製造業

産　業　分　類	製造品名・賃加工品名	γ	α
281 電子デバイス製造業			
2811 電子管製造業			
	真空管（通信用のもの）		
	X 線管	65	1.2
	水銀整流管		
	光電管		
	バラスト管		

	マイクロ波管		
2812 光電変換素子製造業			
	発光ダイオード		
	フォトカプラ		
	インタラプタ		
2813 半導体素子製造業（光電変換素子を除く）			
	ダイオード		
	トランジスタ		
	サイリスタ		
	サーミスタ		
2814 集積回路製造業			
	半導体集積回路		
	薄膜集積回路		
	混成集積回路		
	超小形構造集積回路		
2815 液晶パネル・フラットパネル製造業			
	液晶パネル		
	プラズマパネル		
	液晶素子		
282 電子部品製造業			
2821 抵抗器・コンデンサ・変成器・複合部品製造業			
	抵抗器（電力用を除く）		
	コンデンサ（電力用を除く）		
	変成器（電力用を除く）		
	複合部品		
	電子機器用小型電源変圧器		
	電子機器用蓄電器		
2822 音響部品・磁気ヘッド・小形モータ製造業		65	1.2
	スピーカ部品		
	マイクロホン部品		
	イヤホン部品		
	ヘッドホン部品		
	磁気ヘッド		
	小形モータ（入力電力3ワット未満）		
2823 コネクタ・スイッチ・リレー製造業			
	コネクタ（配線器具を除く）		
	スイッチ（配線器具及び電力用開閉器を除く）		
	リレー（電力用継電器及び遮断器を除く）		
283 記録メディア製造業			
2831 半導体メモリメディア製造業			
	SD メモリカード		
	メモリースティック		
	コンパクトフラッシュ		
	xD ピクチャーカード		
2832 光ディスク・磁気ディスク・磁気テープ製造業			
	光ディスク（生のもの）		
	CD・R／RW（生のもの）		

— 345 —

IV 資料編

産業分類	製造品名・賃加工品名	γ	α
	DVD・R／RW／RAM（生のもの）		
	磁気ディスク（生のもの）		
	フレキシブルディスク		
	MO		
	オーディオ用テープ		
	ビデオ用テープ		
	コンピュータ用テープ		
284 電子回路製造業			
2841 電子回路基板製造業			
	片面・両面・多層リジットプリント配線板		
	ビルドアップ配線板		
	フレキシブルプリント配線板		
	フレックスリジットプリント配線板		
	セラミックスプリント配線板		
	メタルコアプリント配線板		
	リジットモジュール基板		
	TAB・COF基板		
	セラミックスモジュール基板		
2842 電子回路実装基板製造業		65	1.2
	挿入部品実装基板		
	チップ部品実装基板		
	ICパッケージ実装基板		
	ワイヤボンディング実装基板		
	TAB・COF実装基板		
	フリップチップ実装基板		
285 ユニット部品製造業			
2851 電源ユニット・高周波ユニット・コントロールユニット製造業			
	スイッチング電源		
	放送（通信）受信チューナユニット		
	分配・分岐・混合・分波・整合器		
	ブースタユニット		
	コンバータユニット		
	エアコンユニット		
	選局ユニット		
	タイマユニット		
	モジュレータユニット		
2859 その他のユニット部品製造業			
	電子部品組立		
	紙幣識別ユニット		
	硬貨区分ユニット		
	液晶表示ユニット		
289 その他の電子部品・デバイス・電子回路製造業			
2899 その他の電子部品・デバイス・電子回路製造業			
	整流器（電力用を除く）		
	ダイヤル		
	プラグ・ジャック（電力用を除く）		
	磁性材部分品（粉末や金によるもの）		

（続き）

産業分類	製造品名・賃加工品名	γ	α
	雑音防止器		
	テレビ画面安定器		
	共振子・発振子	65	1.2
	フィルタ		
	ソケット（電球用を除く）		
	センサ		

中分類 29―電気機械器具製造業

産業分類	製造品名・賃加工品名	γ	α
291 発電用・送電用・配電用電気機械器具製造業			
2911 発電機・電動機・その他の回転電気機械製造業			
	発電機		
	電動発電機		
	回転変流機		
	ターボゼネレータ		
2912 変圧器類製造業（電子機器用を除く）			
	変圧器（送配電用、機器用、シグナル用）		
	ネオン変圧器		1.4
	計器用変成器		
	リアクトル		
	電圧調整器		
2913 電力開閉装置製造業			
	開閉器（電力用のもの）		
2914 配電盤・電力制御装置製造業			
	配電盤		
	遮断器		
	制御装置（車両用を含む）		
	起動器	65	
	抵抗器（電力用のもの）		
	継電器（電力用のもの）		
2915 配線器具・配線附属品製造業			
	小形開閉器		
	点滅器		
	接続器		
	電球保持器		
	鉄道用配線器		
	パネルボード		1.2
	小形配線ばこ		
	ヒューズ		
	電線管接続付属品		
	ベル用変圧器		
	プラスチック製差し込みプラグ		
	スイッチ		
292 産業用電気機械器具製造業			
2921 電気溶接機製造業			
	電弧溶接機		1.4
	抵抗溶接機		
	電極保持具（溶接用）		

第2節　参考資料

コード	分類	品目	値
2922	内燃機関電装品製造業		
		スターターモータ（自動車・航空機用）	
		航空機用電装品	
		点火せん・点火装置（内燃機関用）	
		電動機・発電機（内燃機関用）	
		電気式始動機	
		セルモータ	
2929	その他の産業用電気機械器具製造業（車両用、船舶用を含む）		
		蓄電器（電子機器用を除く）	1.4
		電熱装置	
		はんだごて（電気式）	
		電磁石	
		車両用集電装置	
		整流器	
		電気炉	
		赤外線乾燥装置	
293	民生用電気機械器具製造業		
2931	ちゅう房機器製造業		
		電気こんろ	
		電子レンジ	
		クッキングヒーター（電気式のもの）	
		電気がま	
		トースタ	
		ホットプレート	
		ジューサミキサ	
		ジャーポット	
		食器乾燥機	
		食器洗い機	
		電気冷蔵庫	65
		家庭用フリーザー	
2932	空調・住宅関連機器製造業		
		扇風機	
		換気扇	
		電気温水器	
		除湿機	
		家庭用エアコンディショナ	
		空気清浄機	1.2
2933	衣料衛生関連機器製造業		
		家庭用電気洗濯機	
		衣類乾燥機	
		電気アイロン	
		電気掃除機	
2939	その他の民生用電気機械器具製造業		
		電気ストーブ	
		電気こたつ	
		電気毛布	
		電気カーペット	
		電気かみそり	
		家庭用高周波及び低周波治療器	
		ヘアドライヤ	
		家庭用生ごみ処理機	
		温水洗浄便座	
294	電球・電気照明器具製造業		
2941	電球製造業		
		映写機用ランプ	
		ネオンランプ	
		蛍光灯	
		白熱電球	
		自動車用電球	
		フラッシュランプ	
		赤外線ランプ	
		殺菌灯	
		水銀放電灯	
2942	電気照明器具製造業		
		天井灯照明器具	
		電気スタンド	
		集魚灯器具	1.2
		坑内安全灯（蓄電池を除く）	
		投光器	
		乗物用照明器具	
		発電ランプ	
		携帯電灯	
		放電灯器具	
		プラスチック製携帯電灯器具	
		照明器具用安定器（スリムライン）	
		ヘッドライト	
		自動車用ウィンカ	
295	電池製造業		
2951	蓄電池製造業		
		蓄電池	1.3
		ニッケルカドニウム蓄電池	
		リチウムイオン蓄電池	
2952	一次電池（乾電池、湿電池）製造業		
		乾電池	
		湿電池	65
		水銀電池	
		アルカリ電池	
296	電子応用装置製造業		
2961	X線装置製造業		
		医療用・歯科用X線装置	
		X線探傷機	
2962	医療用電子応用装置製造業		
		医療用粒子加速装置	
		医療用放射性物質応用装置	
		超音波画像診断装置（循環器用、腹部用を含む）	
		超音波ドプラ診断装置	
		磁気共鳴画像診断装置	1.2
		高周波及び低周波治療器（家庭用を除く）	
		エミッションCT装置	
		レーザ応用治療装置	
		レーザ手術用機器	
		結石破砕装置	
2969	その他の電子応用装置製造業		
		水中聴音装置	
		魚群探知機	
		磁気探知機	
		高周波ミシン	
		電子顕微鏡	

Ⅳ　資料編

産業分類	製造品名・賃加工品名	γ	α
297 電気計測器製造業			
2971 電気計測器製造業（別掲を除く）	電子応用測定装置（医療用を除く） サイクロトロン 放射線応用計測器 レーザ装置（医療用を除く） 高周波加熱装置 産業用電子応用装置 電流計 電圧計 積算電力計 位相計 周波数計 検電計 音量計 電気動力計 電気測定器 検査・評価装置		
2972 工業計器製造業	温度自動調節装置 圧力自動調節装置 流体自動調節装置 流体組成自動調節装置 液面調節装置 自然燃焼調節装置 ガス制御装置 制御機器		
2973 医療用計測器製造業	生体物理現象検査用機器（体温・血圧等検査用モニタ、生体磁気計測器） 生体電気現象検査用機器（心電、脳波・筋電等検査用モニタ） 生体現象監視用機器（集中患者監視装置、新生児モニタ、多現象モニタ、分娩監視装置） 生体検査用機器（呼吸機能検査機器、視覚機能検査機器） 医療用検体検査機器（臨床化学検査機器、血液検査機器） 診断用機械器具 心電計	65	1.2
299 その他の電気機械器具製造業			
2999 その他の電気機械器具製造業	電球口金 導入線 接点 ジュメット線 永久磁石 太陽電池		

中分類　30―情報通信機械器具製造業

産業分類	製造品名・賃加工品名	γ	α
301 通信機械器具・同関連機械器具製造業		65	1.2
3011 有線通信機械器具製造業	電話機 交換装置 テレックス ファクシミリ 模写電送装置 搬送装置 有線テレビジョン放送装置 有線ラジオ放送装置		
3012 携帯電話機・PHS電話機製造業	携帯電話機 PHS電話機		
3013 無線通信機械器具製造業	ラジオ送信装置 無線送信機 無線受信機 ロラン装置 レーダ 着陸誘導装置 距離方位測定装置 気象観測装置 遠隔制御装置 無線応用航法装置 放送用テレビカメラ テレビジョン放送装置 GPS装置 カーナビゲーション	65	1.2
3014 ラジオ受信機・テレビジョン受信機製造業	ラジオ受信機 テレビジョン受信機		
3015 交通信号保安装置製造業	電気信号装置 鉄道信号機 自動転てつ器 分岐器		
3019 その他の通信機械器具・同関連機械器具製造業	火災警報装置 盗難警報装置 発光信号装置 通報信号装置		
302 映像・音響機械器具製造業			
3021 ビデオ機器製造業	磁気録画装置（V.T.R） 画像再生装置（E.V.R） DVDプレーヤ ビデオカメラ 防犯カメラ		
3022 デジタルカメラ製造業	デジタルカメラ		
3023 電気音響機械器具製造業	録音装置 ICレコーダ		

— 348 —

第 2 節　参考資料

産　業　分　類	製造品名・賃加工品名	γ	α
	ステレオ		
	拡声装置		
	スピーカシステム		
	マイクロホン		
	ヘッドホン		
	補聴器		
303　電子計算機・同附属装置製造業			
3031　電子計算機製造業（パーソナルコンピュータを除く）			
	デジタル形電子計算機		
	ハイブリッド形電子計算機		
	電子会計機		
	半導体設計用装置		
3032　パーソナルコンピュータ製造業			
	パーソナルコンピュータ		
3033　外部記憶装置製造業			
	外部記憶装置	65	1.2
	磁気ディスク装置		
	光ディスク装置		
	ディスクアレイ装置		
	内蔵型 HDD		
	DVD マルチメディアドライブ		
3034　印刷装置製造業			
	プロッタ（作図装置）		
3035　表示装置製造業			
	CRT ディスプレイ		
	液晶ディスプレイ（パーソナルコンピュータ用）		
3039　その他の附属装置製造業			
	スキャナー		
	現金自動預け払い機（ATM）		

中分類　31―輸送用機械器具製造業

産　業　分　類	製造品名・賃加工品名	γ	α
311　自動車・同附属品製造業			
3111　自動車製造業（二輪自動車を含む）			
	自動車（二輪自動車を製造するものを含む）		
	バス完成車（主として車体架装を行うものを除く）		
	電気自動車		
	ダンプトラック		
	自動車シャシー	65	1.3
	モータスクータ		
	消防自動車		
	自動車製造組立		
3112　自動車車体・附随車製造業			
	自動車車体		
	ボデー（自動車用）		
	トレーラ		
	消防自動車（主として自動車シャシーに架装を行うもの）		
3113　自動車部分品・附属品製造業			
	自動車エンジン・同部分品		
	二輪自動車用内燃機関		
	ブレーキ・同部分品（自動車用）		
	クラッチ（自動車用）		
	車軸（自動車用）		
	ラジエータ（自動車用）		
	変速機（自動車用）		
	デファレンシャルギヤ（自動車用）		
	トランスミッション（自動車用）		
	車輪（自動車用）		
	オイルフィルタ（自動車用）		
	オイルストレーナ（自動車用）		
	二輪自動車部分品		1.2
	自動車バルブ		
	カークーラー		
	カーヒーター		
	カーエアコン		
	ワイパー		
	クラクション		
	カーライター		
	ステアリング（自動車用）		
	自動車内燃機関		
	原動機付自転車内燃機関		
312　鉄道車両・同部分品製造業			
3121　鉄道車両製造業			
	機関車		
	客車		1.3
	電車		
	気動車		
	貨車		
	特殊車両		
3122　鉄道車両用部分品製造業			
	ブレーキ装置		1.2
	ジャンパ連結器	65	
	戸閉装置		
313　船舶製造・修理業, 舶用機関製造業			
3131　船舶製造・修理業			
	長さ250m 以上の船台またはドックを有するもの		1.3
	長さ250m 以上の船台またはドックを有していないもの		
3132　船体ブロック製造業			
	船体ブロック		
3133　舟艇製造・修理業		1.2	
	舟艇		
	ヨット製造・修理		
	ボート製造・修理		
	強化プラスチック製舟艇		
3134　舶用機関製造業			
	舶用機関		1.4
	舶用内燃機関		
314　航空機・同附属品製造業			
3141　航空機製造業			
	飛行機		1.3
	滑空機		

IV　資料編

中分類　32―その他の製造業

産　業　分　類	製造品名・賃加工品名	γ	α
321 貴金属・宝石製品製造業			
3211 貴金属・宝石製装身具（ジュエリー）製品製造業	装身具（貴金属、宝石製のもの） 装飾品具（貴金属、宝石製のもの）		
3212 貴金属・宝石製装身具（ジュエリー）附属品・同材料加工業	宝飾附属品加工 宝石切断・研磨 真珠穴あけ		
3219 その他の貴金属製品製造業	貴金属製ナイフ・フォーク・スプーン 洋食器（貴金属製品） 貴金属製仏具 賞杯（貴金属製品）		
322 装身具・装飾品・ボタン・同関連品製造業（貴金属・宝石製を除く）			
3221 装身具・装飾品製造業（貴金属・宝石製を除く）	装身具（貴金属、宝石製を除く） プラスチック製装身具 宝石箱（貴金属、宝石製を除く） 小物箱 くし（貴金属、宝石製を除く） 人造宝石装身具 身辺細貨品（貴金属製を除く）	65	1.2
3222 造花・装飾用羽毛製造業	造花 羽根 羽毛染色 羽毛成品		
3223 ボタン製造業	ボタン（貴金属、宝石製を除く）		
3224 針・ピン・ホック・スナップ・同関連品製造業	針 ミシン針 刺しゅう針 編針 レコード針 宝石針（レコード用） ピン 安全ピン ヘアピン 画びょう クリップ ホック		

産　業　分　類	製造品名・賃加工品名	γ	α
3142 航空機用原動機製造業	飛行船 気球		1.3
3149 その他の航空機部分品・補助装置製造業	航空機ピストンエンジン 航空原動機用ポンプ 航空機用内燃機関		
	主翼 プロペラ 胴体 尾部 降着装置 パラシュート 航空機用バルブ		1.2
315 産業用運搬車両・同部分品・附属品製造業			
3151 フォークリフトトラック・同部分品・附属品製造業			
3159 その他の産業用運搬車両・同部分品・附属品製造業	フォークリフトトラック・同部分品・附属品 動力付運搬車 構内トレーラ 構内運搬車 ショベルトラック（建設用を除く）	65	1.3
319 その他の輸送用機械器具製造業			
3191 自転車・同部分品製造業	自転車 車いす 自転車部分品（玉軸受を除く） 自転車フレーム 空気入ポンプ 自転車用バルブ		
3199 他に分類されない輸送用機械器具製造業	荷牛馬車 人力車 荷車 そり 畜力車部分品 人力車部分品 リヤカー ロケット（武器用を除く） ブースター 人工衛星 宇宙船 気象観測用バルン ハンドトラック		1.2

第 2 節　参考資料

		はとめ			ブラモデル	
		スナップボタン（糸付けスナップを含む）			乳母車	
					子供用自転車（径12インチ未満）	
		かしめ			三・四輪車（児童用）	
		ファスナー		3252 人形製造業		
		こはぜ			人形（材料を問わず）	
3229 その他の装身具・装飾品製造業					人形マスク	
					人形附属品（人形髪を除く）	
					ひな祭り用三方	
		かもじ		3253 運動用具製造業		
		かつら			スポーツ用具（衣類、靴を除く）	
		人形髪			運動用具（衣類、靴を除く）	
323 時計・同部分品製造業					ゴルフクラブ	
					なめし革製運動用品	
3231 時計・同部分品製造業					玉突台・玉突用品	
					体育設備（飛台、ろく木など）	
		時計			釣ざお	
		電気時計			釣針	
		時計部分品（文字板、ぜんまい、歯車、ねじなど）			空気銃	
					猟銃	
		時計側			猟銃実包用薬きょう	
324 楽器製造業					ゴムボール	
3241 ピアノ製造業					びく	
		ピアノ			釣り用リール	
3249 その他の楽器・楽器部品・同材料製造業					スキー用具	
					ウインドサーフィン用具	
					スケート（アイス、ローラ）	
		楽器（ピアノを除く）		326 ペン・鉛筆・絵画用品・その他の事務用品製造業		
		ギター				
		電気ギター				
		楽器部品		3261 万年筆・ペン類・鉛筆製造業		
		和楽器				
		管楽器	65	1.2	ペン先・ペン軸	65	1.2
		打楽器			シャープペンシル	
		弦楽器			万年筆	
		ハーモニカ			ガラスペン	
		オルゴール			鉄筆	
		オルガン			万年筆ペン先	
		電子ピアノ			ボールペン	
325 がん具・運動用具製造業					マーキングペン（マーカーペン）	
					鉛筆	
3251 娯楽用具・がん具製造業（人形を除く）					鉛筆しん	
					色鉛筆しん	
					鉛筆軸	
		家庭用テレビゲーム機			鉛筆塗装	
		携帯用電子ゲーム機		3262 毛筆・絵画用品製造業（鉛筆を除く）		
		ラジオコントロールカー				
		娯楽用具				
		がん具（人形、自動乗物を除く）			油絵具	
		囲碁用品			絵画用筆	
		将棋用品			パレット（絵画用のもの）	
		マージャンパイ			スケッチボックス	
		かるた			カンバス（絵画用のもの）	
		トランプ			水彩絵具	
		ゲーム盤			毛筆	
		教材がん具			画筆	
		風船			画布	
		折紙			画絹	
		積木			アーチストワックス	
		羽子板			美術用木炭	
		押絵羽子板			画架	
		パーティー用品			画板	
		モデルシップ			クレヨン	
		がん具用変圧器			パステル	
		塗り絵				

Ⅳ 資料編

3269 その他の事務用品製造業			羽根扇子
	手押スタンプ		ちょうちん・同部分品
	焼印		うちわ・うちわ骨
	形板	3284 ほうき・ブラシ製造業	
	そろばん		ブラシ類
	鉛筆箱（筆入れ）		竹ほうき
	ステープラ（ホッチキス）		草ほうき
	穴あけ器		くまで
	鉛筆削器		ささら
	墨		モップ
	墨汁		はけ
	朱肉		はたき
	事務用のり		たわし
	謄写版		毛はたき
	計算尺	3285 喫煙用具製造業（貴金属・宝石製を除く）	
	製図用具（三角・T定規、コンパス、烏口など）		
	印章		喫煙用具
327 漆器製造業			ライター
3271 漆器製造業			たばこケース
	家具（漆塗り）		たばこフィルター（カートリッジ式のもの）
	漆器（ぜん・わん・はしなど）		
	小物箱（漆塗り）		喫煙パイプ
	金属漆器		きせる
	漆工芸品	3289 その他の生活雑貨製品製造業	
	漆器研ぎ出し		
	漆器製宗教用具		洋傘・同部分品
	漆塗装		洋傘骨
	重箱（漆塗り）		洋傘手元
	漆塗り建具		和傘
	鏡縁・額縁（漆塗り）		蛇の目傘
328 畳等生活雑貨製品製造業		65 1.2	日傘	65 1.2
3281 麦わら・パナマ類帽子・わら工品製造業			和傘骨
			マッチ
	麦わら帽子		マッチ箱
	パナマ帽子		マッチ軸
	経木帽子		魔法瓶
	紙糸帽子	329 他に分類されない製造業	保温ジャー（電子式を除く）
	さなだ帽子		
	わら工品（畳を除く）	3291 煙火製造業	
	わら縄		煙火
	かます（わら製のもの）		花火
	俵（わら製のもの）		信号炎管
	わら草履		信号火せん
3282 畳製造業			信号弾・えい光弾・せん光弾
	畳	3292 看板・標識機製造業	
	畳床（プラスチック発泡製品とわら製品との合成品を含む）		広告装置
	畳表		展示装置
	い草畳表		標識機
	プラスチック製畳表		ネオンサイン
	むしろ		看板（看板書き業を除く）
	花むしろ		宣伝用気球（アドバルン）
	ござ	3293 パレット製造業	
	薄べり		パレット
	青むしろ	3294 モデル・模型製造業	
	七島むしろ		
	合成繊維製畳表		模型
3283 うちわ・扇子・ちょうちん製造業			人台
			マネキン人形
			人体模型
			食品模型
	扇子・扇子骨		果物模型

第2節　参考資料

産　業　分　類	製造品名・賃加工品名	γ	a
3295 工業用模型製造業	鋳造模型 金型加工用倣いモデル デザインモデル 試作品モデル 木型		
3296 情報記録物製造業（新聞, 書籍等の印刷物を除く）	オーディオディスクレコード ビデオディスクレコード オーディオテープレコード ビデオテープレコード 磁気カード（入力まで行っている事業所） 電子応用がん具用カセット		
3297 眼鏡製造業（枠を含む）	眼鏡レンズ（個人の注文によるものを除く） 眼鏡枠 眼鏡 サングラス		
3299 他に分類されないその他の製造業	押絵 靴中敷物（革製を除く） つえ 幻灯スライド 懐炉 救命具 獣毛整理（羊毛、羊毛類似の毛を除く） パールエッセンス 人体保護具（ヘルメット、顔面保護具など） 懐炉灰 鳥獣魚類はく製 たどん 真珠核 リノリウム・同製品 靴ふきマット 線香 葬具 繊維壁材 建築用吹付材 ルームユニット 種子帯 におい袋 はえ取紙 オガライト オガタン	65	1.2

中分類　33―電気業

産　業　分　類	製造品名・賃加工品名	γ	a
331 電気業	火力発電所 原子力発電所 ガスタービン発電所	50	1.3

中分類　34―ガス業

産　業　分　類	製造品名・賃加工品名	γ	a
341 ガス業	ガス製造工場 天然ガス業（導管により供給するもの）	65	1.3

中分類　35―熱供給業

産　業　分　類	製造品名・賃加工品名	γ	a
351 熱供給業	地域暖冷房業 地域暖房業 蒸気供給業	65	1.2

工場立地法解説

一般財団法人　日本立地センター

昭和49年8月10日初　版　発　行
平成27年2月6日第 8 版　発　行
平成29年6月28日第8版第2刷発行
平成31年4月22日第8版第3刷発行

編　経済産業省経済産業政策局立地環境整備課
　　経済産業省産業技術環境局環境指導室
発行所　　一般財団法人　日本立地センター
　　　　　東京都千代田区神田駿河台一丁目8番地11
　　　　　　　（東京YWCA会館）
　　　　　　　電話　03（3518）8962
　　　　　　　http://www.jilc.or.jp/
印刷所　　日　本　印　刷　株　式　会　社

（再生紙を使用しています）　　　　　　　　Printed in Japan